우정사업본부 · 우체국 · 지방우정청 우정 공무원 시험 대비

계리직 공무원

우편상식 기본서

SD에듀
(주)시대고시기획

계리직이란?

우정사업본부에서 하는 사업은?

우정사업본부(지방우정청)는 과학기술정보통신부 산하기관으로, 핵심 업무인 우편물의 접수·운송·배달과 같은 우정사업을 비롯하여 우체국보험 등 금융 관련 사업에 관한 정책을 수립하고 집행하는 일을 담당합니다.

우 편   예 금   보 험

계리직 공무원이 하는 일은?

계리직 공무원의 직무는 우체국 금융업무, 회계업무, 현업창구업무, 현금수납 등 각종 계산관리업무와 우편통계관련업무입니다.

우체국 금융업무   회계업무   현업창구업무   계산관리업무   우편통계관련업무

계리직 공무원을 선호하는 이유는?

하나. 시험 부담 DOWN

계리직 공무원의 필기시험 과목은 한국사, 우편상식, 금융상식, 컴퓨터일반 4과목으로 타 직렬에 비하여 비교적 시험과목이 적어 수험생들에게 인기 있는 직렬 중 하나입니다.

둘. 업무 만족도 UP

계리직은 대부분 발령이 거주지 안에서 이루어지므로 거주지 이전의 부담이 적습니다. 또한 업무 특성상 명절 기간 등을 제외하고는 야근을 하는 일이 드물어 업무 만족도가 높은 편입니다.

시험 안내

주관처

우정사업본부 및 지방우정청

응시자격

학력 · 경력	제한 없음
응시연령	만 18세 이상
결격사유	다음에 해당하는 자는 응시할 수 없음 ① 「국가공무원법」 제33조의 결격사유에 해당되는 자 ② 「국가공무원법」 제74조(정년)에 해당되는 자 ③ 「공무원임용시험령」 등 관계법령에 의하여 응시자격을 정지당한 자(판단 기준일: 면접시험 최종예정일)
구분모집 응시대상자	① 장애인 구분 모집 응시 대상자 「장애인복지법 시행령」 제2조에 따른 장애인 및 「국가유공자 등 예우 및 지원에 관한 법률 시행령」 제14조 제3항에 따른 상이등급 기준에 해당하는 자 ② 저소득층 구분 모집 응시 대상자 「국민기초생활 보장법」에 따른 수급자 또는 「한부모가족지원법」에 따른 지원대상자에 해당하는 기간이 응시원서 접수일 또는 접수마감일까지 계속하여 2년 이상인 자
거주지역 제한	공고일 현재 모집대상 권역에 주민등록이 되어 있어야 응시할 수 있음

시험과목 및 시험시간

시험과목	① 한국사(상용한자 2문항 포함) ② 우편상식 ③ 금융상식 ④ 컴퓨터일반(기초영어 2문항 포함)
문항 수	과목당 20문항
시험시간	80분(문항당 1분 기준, 과목별 20분)

※ 필기시험에서 과락(40점 미만) 과목이 있을 경우 불합격 처리됩니다.
※ 세부 사항은 시행처의 최신 공고를 확인해 주세요.

시험 총평 및 통계

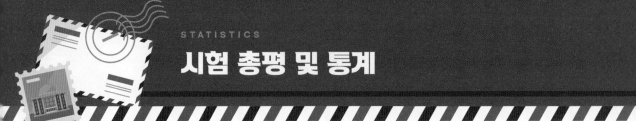

총평

우정사업본부 발표에 따르면 2022년 우정 9급(계리) 공무원 선발인원은 2021년 331명에서 464명으로 증가한 반면 지원자는 24,364명에서 17,999명으로 줄면서 경쟁률이 평균 73.6 대 1에서 38.8 대 1로 크게 하락하였습니다. 지원자 17,999명 중 11,035명이 응시하여 61.3%의 응시율을 나타냈는데, 이는 2021년 대비 4.6%p 하락한 것으로 2021년의 경우 지원자 24,364명 중 16,046명이 응시해 65.9%의 응시율을 기록하였습니다.

2022년의 필기시험은 기존의 우편상식 및 금융상식 과목이 분리되어 한국사, 우편상식, 금융상식, 컴퓨터일반 4과목으로 치러진 첫 시험이었습니다. 전체 문항 수도 60문항에서 80문항으로 증가했고, 과목이 분리된 만큼 공부해야 할 시험범위도 넓어져 수험생들에게는 부담이 될 수 있었습니다.

우정사업본부는 2024년 시행 시험부터 다음의 변경사항을 예고했습니다.

- **한국사능력검정제 도입** | 시험의 공신력 향상을 위해 기존 필기시험 과목 중 한국사를 한국사능력검정시험으로 대체
- **직무관련 과목 확대** | 직무관련성이 높은 금융상식(20문항)을 예금일반(20문항)과 보험일반(20문항)으로 세분화하여 업무전문성 및 시험 변별력 확보
- **실무위주 문제 출제** | 업무관련성이 낮은 컴퓨터일반의 알고리즘, 프로그래밍 언어론 및 학습동기 유발이 없는 상용한자를 출제범위에서 제외
- 창구업무를 주로 수행하는 계리직종의 특성을 고려하여 **기초영어는 생활영어 중심으로** 개선하고 문항 수 확대 (2문항 ➡ 7문항)

2024년 시험을 대비하기 위해서는 먼저 한국사능력검정시험을 준비해야 하며, 금융상식 과목이 분리·확대된 만큼 우정사업본부에서 제공하는 학습자료를 바탕으로 꼼꼼하게 학습해야 합니다. 또한 영어 과목의 문항이 생활영어 중심으로 확대·개편되므로 창구업무에서 사용될 수 있는 다양한 숙어와 표현을 학습해야 합니다.

2023년 시행 예정인 시험은 2022년과 동일하게 진행될 예정이므로, 2022년 시험을 준비하였던 수험생들에게는 좀 더 수월하게 느껴질 수도 있습니다. 다만, 2022년 필기시험의 전체적인 난도가 중상 이상으로 높게 체감되었던 만큼 좀 더 세분화해 꼼꼼하게 학습하는 자세가 필요합니다.

2022년 계리직 지역별 지원자 및 응시율

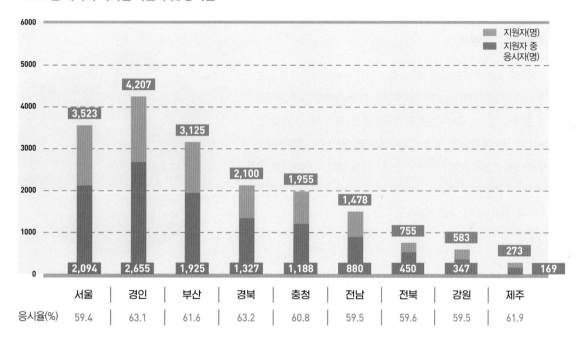

	서울	경인	부산	경북	충청	전남	전북	강원	제주
응시율(%)	59.4	63.1	61.6	63.2	60.8	59.5	59.6	59.5	61.9

2022년 계리직 시험 지역별 합격선 및 경쟁률

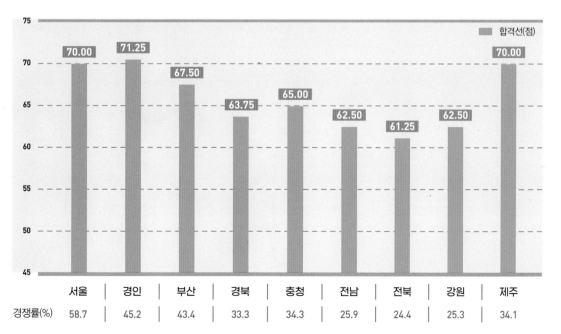

	서울	경인	부산	경북	충청	전남	전북	강원	제주
경쟁률(%)	58.7	45.2	43.4	33.3	34.3	25.9	24.4	25.3	34.1

※ 합격선은 각 지방 우정청별 '일반'부문 합격선을 기준으로 수록하였습니다.

우편상식 기출분석

2022년에 과목이 분리되어 처음으로 시행된 우편상식은 중상 정도의 난도로 출제되었습니다. 국내우편은 전 범위에서 고루 균형있게 출제되었으나, 국제우편은 국제우편 총설, 국제우편물 종별 접수요령, 국제우편요금, 주요 부가서비스 및 제도에서 집중적으로 출제되는 경향을 보였습니다. 또한 한 문제 내에서 여러 챕터를 아우르는 종합형 문제들도 있어 단순암기보다는 세부적인 특징과 흐름 및 처리과정에 대한 이해가 필요합니다.

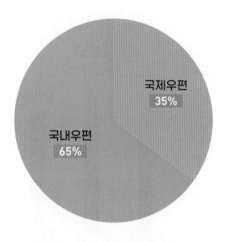

국제우편
35%

국내우편
65%

우편상식 학습 안내

기존의 우편 및 금융상식 과목은 2022년 시험부터 우편상식 · 금융상식 2과목으로 분리되어, 각 과목당 20문항씩 출제됩니다.

우편상식은 학습자료가 새로 공개될 때마다 기존 학습자료에서 추가되거나 삭제되는 내용들이 발생하기 때문에, 우정사업본부에서 최신 학습자료가 공개될 때까지 수험생들을 안심할 수 없게 만드는 과목입니다. 특히 금융상식과 분리되면서 공개된 학습자료를 보면, 늘어난 출제문항 수에 맞춰 내용도 꽤 많이 추가되었음을 알 수 있습니다.

법 과목 자체의 생소함과 시험 일자에 임박해서까지 암기해야 한다는 압박감에 계리직을 준비하는 수험생들이 가장 까다로운 과목으로 우편상식, 금융상식을 꼽고 있습니다.

한정된 수험준비기간 내에 고득점을 올리기 위해서는 핵심을 파악해서 집중적으로 학습하는 것이 중요합니다.

학습 포인트

▶ **하나**
우편상식은 수시로 개정되는 과목이므로 시험 공고와 함께 발표된 학습자료를 꼼꼼하게 체크해야 합니다.

▶ **둘**
우편의 특징들을 정리하여 자신만의 암기노트를 만들어 보는 것이 좋습니다.

▶ **셋**
처음부터 통독을 목표로, 독학보다는 온라인 강의와 함께 회독 수를 늘려가며 공부하는 방법이 효율적입니다.

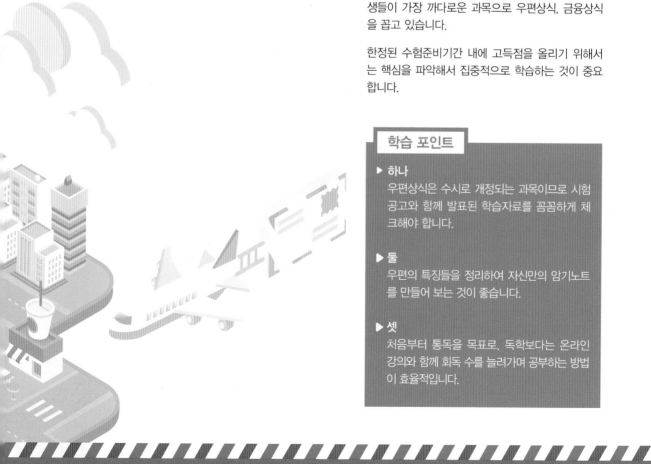

CONTENTS

목차

PART
01 | 국내우편

혼자 공부하기 힘드시다면 방법이 있습니다.
시대에듀의 동영상강의를 이용하시면 됩니다.
www.sdedu.co.kr → 회원가입(로그인) → 강의 살펴보기

총론

01 우편의 의의 및 사업의 특성

1 우편의 의의

(1) 우편의 개념
 ① 좁은 의미 : 우정사업본부가 책임지고 서신 등의 의사를 전달하는 문서나 통화 그 밖의 물건을 나라 안팎으로 보내는 업무
 ② 넓은 의미 : 우편관서가 문서나 물품을 전달하거나 이에 덧붙여 제공하는 업무를 통틀어 이르는 말

(2) 우편은 국민이 일상생활에서 평균적인 삶을 꾸릴 수 있도록 국가가 제공하는 기본적인 사회 서비스 가운데 하나. 이에 따라 우리나라뿐만 아니라 많은 나라에서 의무적으로 보편적 우편 서비스를 제공할 것을 법령에 규정하고 있다.

(3) 우편은 주요 통신수단의 하나로 정치 · 경제 · 사회 · 문화 · 행정 등의 모든 분야에서 정보를 전달하는 중추신경과 같은 임무를 수행한다.

(4) 다만, 서신이나 물건 등의 실체를 전달한다는 점에서 전기적인 방법으로 정보를 전달하는 전기통신과는 구별된다.

2 우편사업의 특성

(1) 우편사업은 「정부기업예산법」에 따라 정부기업*으로 정해져 있다. 구성원이 국가공무원일 뿐만 아니라 사업의 전반을 법령으로 정하고 있기 때문에 경영상 제약이 많지만, 적자가 났을 때에는 다른 회계에서 지원을 받을 수 있다.
 * 정부기업 : 국민의 이익을 추구하기 위해 정부가 출자 · 관리 · 경영하는 기업

(2) 우편사업의 회계 제도는 경영 합리성과 사업운영 효율성을 확보하고 예산을 신축적으로 사용하기 위해 특별회계로서 독립채산제를 채택하고 있다. 우편사업은 정부기업으로서의 공익성과 회계 상의 기업성을 다 가지고 있으므로 이 두 면의 조화가 과제이다.

(3) 우편사업은 콜린 클라크(Colin Clark)의 산업분류에 의하면 노동집약적 성격이 강한 3차 산업에 속한다. 많은 인력이 필요한 사업 성격 때문에 인건비는 사업경영에 있어서 큰 부담이 되고 있다.

3 우편의 이용관계

(1) 개념
① 우편 이용관계는 이용자가 우편 서비스 제공을 목적으로 마련된 인적 · 물적 시설을 이용하는 관계이다.
② 우편 이용자와 우편관서 간의 우편물 송달 계약을 내용으로 하는 사법(私法)상의 계약관계(통설)이다.
다만, 우편사업 경영 주체가 국가이며 공익적 성격을 띠고 있으므로 이용관계에서 다소 권위적인 면이
있다.

(2) 우편 이용관계자
우편 이용관계자는 우편관서, 발송인, 수취인이다.

(3) 우편 송달 계약의 권리와 의무
우편관서는 우편물 송달의 의무, 요금 · 수수료 징수권 등, 발송인은 송달요구권, 우편물 반환청구권 등,
수취인은 우편물 수취권, 수취거부권 등 권리와 의무관계를 가진다.

(4) 우편이용 계약의 성립시기
① 우체국 창구에서 직원이 접수한 때나 우체통에 넣은 때를 계약의 성립시기로 본다.
② 방문 접수와 집배원이 접수한 경우에는 영수증을 교부한 때가 계약 성립시기가 된다.

4 우편사업 경영주체 및 관계법률

(1) 경영주체
① 우편사업은 국가가 경영하며, 과학기술정보통신부장관이 관장한다. 다만, 과학기술정보통신부장관은
우편사업의 일부를 개인, 법인 또는 단체 등으로 하여금 경영하게 할 수 있으며, 그에 관한 사항은 따로
법률로 정한다(「우편법」 제2조 제1항).
※ "관장"이라 함은 관리와 장악을 말하는데 경영주체와 소유주체를 의미한다.
② 전국에 체계적인 조직을 갖춰 적정한 요금의 우편 서비스를 신속하고 정확하게 제공하기 위해서 국가
가 직접 경영한다.

(2) 우편에 관한 법률
경영 주체는 과학기술정보통신부장관이며, 전국에 체계적인 조직을 갖춰 적정한 요금의 우편 서비스를
신속하고 정확하게 제공하기 위해서 국가가 직접 경영한다.
① 「우편법」 : 「우편법」은 사실상의 우편에 관한 기본법으로서 우편사업 경영 형태 · 우편 특권 · 우편 서비
스의 종류 · 이용 조건 · 손해 배상 · 벌칙 등 기본적인 사항을 규정하고 있다.
※ 최초 제정 : 법률 제542호(1960.2.1.), 최근 개정 법률 제16753호(2019.12.10.)

② 「우체국창구업무의 위탁에 관한 법률」

　　㉠ 이 법은 개인이 우편창구 업무를 위임받아 운영하는 우편취급국의 업무, 이용자보호, 물품 보급 등에 대한 사항을 규정한 법령이다.

　　㉡ 우편취급국은 국민의 우체국 이용 수요를 맞추기 위해 일반인에게 우편창구의 업무를 위탁하여 운영하게 한 사업소이다.

　　※ 최초 제정 : 법률 제3601호(1982.12.31.), 최근 개정 법률 제14839호(2017.7.26.)

③ 「우정사업 운영에 관한 특례법」 : 우정사업의 경영 합리성과 우정 서비스의 품질을 높이기 위한 특례규정이다. 사업범위는 우편 · 우편환 · 우편대체 · 우체국예금 · 우체국보험에 관한 사업 및 이에 딸린 사업이다. 조직 · 인사 · 예산 · 경영평가, 요금 및 수수료 결정, 우정재산의 활용 등을 규정하고 있다.

　※ 최초 제정: 법률 제5216호(1996.12.30.), 최근 개정 법률 제17219호(2020.4.7.)

④ 「별정우체국법」 : 이 법은 개인이 국가의 위임을 받아 운영하는 별정우체국*의 업무, 직원 복무 · 급여 등에 대한 사항을 규정한 법령이다.

　* 별정우체국 : 우체국이 없는 지역의 주민 불편을 없애기 위해, 국가에서 위임을 받은 일반인이 건물과 시설을 마련하여 운영하는 우체국

　　※ 최초 제정 : 법률 제683호(1961.8.17.), 최근 개정 법률 제17347호(2020.6.9.)

⑤ **국제법규**

　　㉠ UPU 조약

　　　• 만국우편연합헌장(조약 제197호 1966.5.20. 공포)

　　　• 만국우편연합헌장 제9추가의정서(2018.1.1.)

　　　• 만국우편연합총칙 제1추가의정서(2018.1.1.)

　　　• 만국우편협약 및 최종의정서

　　　• 우편지급업무약정

　　　• 만국우편협약 통상우편규칙 및 최종의정서

　　　• 만국우편협약 소포우편규칙 및 최종의정서

　　　• 우편지급업무약정규칙

　　㉡ 아시아 · 태평양우편연합(APPU) 조약 : 1962년 4월 1일 창설된 APPU(아시아 · 태평양 우편연합, 종전 아시아 · 대양주 우편연합의 개칭)는 아시아와 태평양 지역에 있는 우정청 간에 광범위한 협력관계를 설정하고 이를 발전시킬 것을 목적으로 한다. 이 조약은 회원국 간의 조약으로 회원국 상호간의 우편물의 원활한 교환과 우편사업 발전을 위한 협력증진을 목적으로 하고 있다.

　　㉢ 표준다자간 협정 또는 양자협정 : 국제특급우편(EMS)을 교환하기 위하여 우리나라와 해당 국가(들) 사이에 맺는 표준 다자간 협정 또는 양자협정(쌍무협정)이 있다.

　　※ 양해각서(Memorandum of Understanding : MOU) : 우리나라와 상대국 사이에 이루어지는 문서로 된 합의

5 우편사업의 보호규정

우편사업은 성격상 국민생활에 많은 영향을 미친다. 그래서 공공의 이익과 국민의 권리를 보호하고 안정적인 우편 서비스를 제공하기 위하여 법률로 보호 규정을 두고 있다.

(1) 서신독점권

① 「우편법」 제2조 제2항에서 "누구든지 제1항과 제5항의 경우 외에는 타인을 위한 서신의 송달 행위를 업(業)으로 하지 못하며, 자기의 조직이나 계통을 이용하여 타인의 서신을 전달하는 행위를 하여서는 아니 된다."라고 규정함으로써 서신독점권이 국가에 있음을 분명히 하고 있다.

② 독점권의 대상은 서신이다. "서신"이라 함은 의사전달을 위하여 특정인이나 특정 주소로 송부하는 것으로서 문자 · 기호 · 부호 또는 그림 등으로 표시한 유형의 문서 또는 전단을 말한다(「우편법」 제1조의2 제7호). 다만, 다음에 해당하는 경우에는 예외로 한다(「우편법 시행령」 제3조).

  ㉠ 「신문 등의 진흥에 관한 법률」 제2조 제1호에 따른 신문

  ㉡ 「잡지 등 정기간행물의 진흥에 관한 법률」 제2조 제1호 가목에 따른 정기간행물

  ㉢ 다음 각 목의 요건을 모두 충족하는 서적

   • 표지를 제외한 48쪽 이상인 책자의 형태로 인쇄 · 제본되었을 것

   • 발행인 · 출판사나 인쇄소의 명칭 중 어느 하나가 표시되어 발행되었을 것

   • 쪽수가 표시되어 발행되었을 것

  ㉣ 상품의 가격 · 기능 · 특성 등을 문자 · 사진 · 그림으로 인쇄한 16쪽 이상(표지를 포함한다)인 책자 형태의 상품안내서

  ㉤ 화물에 첨부하는 봉하지 아니한 첨부서류 또는 송장

  ㉥ 외국과 주고받는 국제서류

  ㉦ 국내에서 회사(「공공기관의 운영에 관한 법률」에 따른 공공기관을 포함한다)의 본점과 지점 간 또는 지점 상호 간에 수발하는 우편물로써 발송 후 12시간 이내에 배달이 요구되는 상업용 서류

  ㉧ 「여신전문금융업법」 제2조 제3호에 해당하는 신용카드

③ "타인"이라 함은 자기 이외의 자를 말하며, 자연인이거나 법인임을 불문하며, 자기의 서신을 자기가 송달하는 행위는 금지되지 아니한다.

④ "업"이라 함은 일정한 행위를 계속적이고 반복적으로 하면서 유무형의 이익을 얻는 것을 말한다.

⑤ "조직" 또는 "계통"이라 함은 일정한 목적을 실현시키기 위하여 두 사람 이상이 의식적으로 결합한 활동체를 의미하며, 신문사, 통신사, 운송기관, 각종 판매조직 등 조직규모의 대소를 불문한다.

⑥ 조직 또는 계통을 이용하여 타인의 서신을 송달할 경우에는 서신송달의 정부독점권을 침해할 가능성이 많으므로 단 1회의 송달을 하는 것도 금지한다.

⑦ 타인을 위한 서신의 송달행위를 업(業)으로 하거나 자기의 조직 또는 계통을 이용하여 타인의 서신을 전달하는 행위가 금지됨은 물론 그러한 행위를 하는 자에게 서신의 송달을 위탁하는 행위도 금지된다. 단, 중량이 350그램을 넘거나 기본통상우편요금의 10배를 넘는 서신은 위탁이 가능하지만 국가기관이나 지방자치단체에서 발송하는 등기 취급 서신은 위탁이 불가하다.

⑧ 서신송달의 "위탁"이라 함은 당사자의 일방이 서신송달을 요청하고 상대방이 이를 승낙함으로써 성립되는 계약이며, 보수 기타의 반대급부를 조건으로 하는가의 여부를 불문한다.

(2) 우편물 운송요구권

우편관서는 철도, 궤도, 자동차, 선박, 항공기 등의 경영자에게 운송요구권을 가진다. 이 경우 우편물을 운송한 자에 대하여 정당한 보상을 한다.

※ 요구대상 : 철도 · 궤도사업 경영자 및 자동차 · 선박 · 항공기 운송사업 경영자

(3) 운송원 등의 조력청구권

우편업무를 집행 중인 우편운송원, 우편집배원과 우편물을 운송 중인 항공기, 차량, 선박 등이 사고를 당하였을 때에는 주위에 조력을 청구할 수 있으며, 조력의 요구를 받은 자는 정당한 사유 없이 이를 거부할 수 없다. 이 경우 우편관서는 도움을 준 자의 청구에 따라 적절한 보수를 지급하여야 한다.

(4) 운송원 등의 통행권

우편운송원, 우편집배원과 우편물을 운송 중인 항공기, 차량, 선박 등은 도로의 장애로 통행이 곤란할 경우에는 담장이나 울타리 없는 택지, 전답, 그 밖의 장소를 통행할 수 있다. 이 경우 우편관서는 피해자의 청구에 따라 손실을 보상하여야 한다.

(5) 운송원 등의 통행료 면제

우편물 운송 중인 우편운송원, 우편집배원은 언제든지 도선장의 도선을 요구할 수 있으며(법 제5조 제3항), 우편업무 집행 중에 있는 운송원 등에 대하여는 도선장, 운하, 도로, 교량 기타의 장소에 있어서 통행요금을 지급하지 아니하고 통행할 수 있다(법 제5조 제2항). 그러나 청구권자의 청구가 있을 때에는 우편관서는 정당한 보상을 하여야 한다.

(6) 우편업무 전용 물건의 압류 금지와 부과 면제

① 우편업무 전용 물건의 압류 금지 : 우편업무를 위해서만 사용하는 물건과 우편업무를 위해 사용 중인 물건은 압류할 수 없다.

② 우편업무 전용 물건의 부과 면제 : 우편업무를 위해서만 사용하는 물건(우편에 관한 서류를 포함)에 대해서는 국세 · 지방세 등의 제세공과금을 매기지 않는다.

(7) 공동 해상 손해 부담의 면제

공동 해상 손해 부담이라 함은 선박이 위험에 직면하였을 때 선장은 적하되어 있는 물건을 처분할 수 있으나, 이때의 손해에 대하여는 그 선박의 화주전원이 적재화물비례로 공동 분담하는 것을 말하며(상법) 이 경우에도 우편물에 대하여는 이를 분담시킬 수 없다.

(8) 우편물의 압류거부권

우편관서에서 운송 중이거나 발송 준비를 마친 우편물에 대해서는 압류를 거부할 수 있는 권리이다.

(9) 우편물의 우선검역권

우편물이 전염병의 유행지에서 발송되거나 유행지를 통과할 때 등에는 「검역법」에 의한 검역을 최우선으로 받을 수 있다.

(10) 제한능력자의 행위에 대한 법률적 판단

우편물의 발송·수취나 그 밖에 우편 이용에 관하여 제한능력자의 행위라도 능력자가 행한 것으로 간주된다. 이에 따라 제한능력자의 행위임을 이유로 우편관서에 대하여 임의로 이용관계의 무효 또는 취소를 주장할 수 없다. 다만, 법률행위에 하자가 발생한 경우에는 관련 규정에 따른다. 제한능력자라 함은 「민법」상의 제한능력자를 말하며, 행위제한능력자(미성년자, 피한정후견인, 피성년후견인)와 의사제한능력자(만취자, 광인 등)를 모두 포함한다.

우편서비스 종류와 이용조건

01 우편서비스의 구분 및 배달기한

1 우편서비스의 구분

우편서비스는 보편적 우편서비스와 선택적 우편서비스로 구분한다.

2 보편적 우편서비스

(1) 국가가 국민에게 제공하여야 할 가장 기본적인 보편적 통신서비스

(2) 전국에 걸쳐 효율적인 우편송달에 관한 체계적인 조직을 갖추어 모든 국민이 공평하게 적정한 요금으로 보내고 받을 수 있는 기본 우편서비스를 제공한다.

(3) 서비스 대상
① 2kg 이하의 통상우편물
② 20kg 이하의 소포우편물
③ 위 ①, ②의 우편물의 기록취급 등 특수취급우편물
④ 그 밖에 대통령령으로 정하는 우편물

3 선택적 우편서비스

(1) 보편적 우편서비스에 부가하거나 부수하여 제공하는 서비스로 이용자가 선택적으로 이용할 수 있는 서비스

(2) 서비스 대상
① 2kg을 초과하는 통상우편물
② 20kg을 초과하는 소포우편물
③ 위 ①, ②의 우편물의 기록취급 등 특수취급우편물
④ 우편과 다른 기술 또는 서비스가 결합된 서비스 : 전자우편, 모사전송(FAX)우편, 우편물 방문접수 등
⑤ 우편시설, 우표, 우편엽서, 우편요금 표시 인영이 인쇄된 봉투 또는 우편차량장비 등을 이용하는 서비스

⑥ 우편 이용과 관련된 용품의 제조 및 판매
⑦ 그 밖에 우편서비스에 부가하거나 부수하여 제공하는 서비스

4 배달기한

(1) 우정사업본부가 약속한 우편물 배달에 걸리는 시간

(2) 우편물 배달기한

구분	배달기한	비고
통상우편물(등기 포함)	접수한 다음날부터 3일 이내	
일반소포		
익일특급	접수한 다음날	※ 제주선편 : D+2일 (D : 우편물 접수한 날)
등기소포		
당일특급	접수한 당일 20:00 이내	

(3) 도서 · 산간 오지 등의 배달기한

① 교통 여건 등으로 인해 우편물 운송이 특별히 어려운 곳은 관할 지방우정청장이 별도로 배달기한을 정하여 공고한다.
② 일반적인 배달기한 적용이 어려운 지역 선정 기준
  ㉠ 접수 우편물 기준 : 접수한 그날에 관할 집중국으로 운송하기 어려운 지역
  ㉡ 배달 우편물 기준 : 관할 집중국에서 배달국의 당일 배달 우편물준비 시간 안에 운송하기 어려운 지역
③ 운송 곤란 지역의 배달 기한 계산 방법
  ㉠ 접수 · 배달 우편물의 운송이 모두 어려운 곳은 각각의 필요 일수를 배달기한에 합하여 계산한다.
  ㉡ 다른 지방우정청에서 다르게 적용하도록 공고한 지역이 있는 경우에도 각각의 필요 일수를 합하여 계산한다.
④ 배달 기한 적용의 예외
  ㉠ 예외 규정 : 일반우편물을 다음날까지 배달하도록 정한 규정
  ㉡ 예외 대상
    • 「신문 등의 진흥에 관한 법률」 제9조에 따라 주 5회 발행하는 일간신문
    • 관보규정에 따른 관보

02 통상우편물

1 개념

서신 등 의사전달물, 통화(송금통지서 포함), 소형포장우편물

(1) 서신 : 의사전달을 위하여 특정인이나 특정 주소로 송부하는 것으로서 문자 · 기호 · 부호 또는 그림 등으로 표시한 유형의 문서 또는 전단을 말한다. 다만, 신문, 정기간행물, 서적, 상품안내서 등 대통령령으로 정하는 것은 제외된다.

(2) 의사전달물 : 의사 전달이 목적이지만 '(1) 서신'의 조건을 갖추지 못한 것과, 대통령령에서 정하여 서신에서 제외한 통상우편물(「우편법」 제1조의2 제7호, 동법 시행령 제3조 관련) → 신문, 정기간행물, 서적, 상품안내서, 화물 첨부 서류 혹은 송장, 외국과 수발하는 국제서류, 본점과 지점 상호간 또는 지점 상호간 12시간 이내 수발하는 서류, 신용카드

(3) 통화 : 유통 수단이나 지불 수단으로 기능하는 화폐, 보조 화폐, 은행권 등

(4) 소형포장우편물 : 우편물의 용적, 무게와 포장방법 고시 규격에 맞는 작은 물건을 말한다.

2 발송요건

(1) 통상우편물은 봉투에 넣어 봉함하여 발송하는 것을 원칙으로 한다.
　① 다만, 봉투에 넣어 봉함하기가 적절하지 않은 우편물은 우정사업본부장이 정하여 고시한 기준에 적합하도록 포장하여 발송할 수 있다.
　② 예외적으로 우정사업본부장이 발행하는 우편엽서와 사제엽서 제조 요건에 적합하게 제조한 사제엽서 및 전자우편물은 그 특성상 봉함하지 아니하고 발송할 수 있다.
　③ 우편물 정기발송계약을 맺은 정기간행물은 고시에서 정하는 바에 따라 띠종이 등으로 묶어서 발송할 수 있다.

(2) 우편이용자는 우편물 접수 시 우편물의 외부에 다음 각 호의 사항을 표시하여 발송하여야 한다.
　① 발송인 및 수취인의 주소, 성명과 우편번호
　② 우편요금의 납부 표시

3 통상우편물의 규격 요건 및 외부표시(기재) 사항

(1) 봉투에 넣어 봉함하거나 포장하여 발송하는 우편물의 규격 요건 및 외부표시(기재) 사항

※ 위반 시 규격외 취급

요건		내용
① 크기	세로(D) 가로(W) 두께(T)	• 최소 90mm, 최대 130mm(허용 오차 ±5mm) • 최소 140mm, 최대 235mm(허용 오차 ±5mm) • 최소 0.16mm, 최대 5mm(누르지 않은 자연 상태)
② 모양		직사각형 형태
③ 무게		최소 3g, 최대 50g
④ 재질		종이(창문봉투의 경우 다른 소재로 투명하게 창문 제작)
⑤ 우편번호 기재		• 수취인 주소와 우편번호(국가기초구역 체계로 개편된 5자리 우편번호)를 정확히 기재해야 하며, 일체의 가려짐 및 겹침이 없어야 함 • 수취인 우편번호 여백규격 및 위치 • 여백규격 : 상 · 하 · 좌 · 우에 4mm 이상 여백 • 위치 : ⑦의 공백 공간 밖, 주소 · 성명 등 기재사항 보다 아래쪽 및 수취인 기재영역 좌우 너비 안쪽의 범위에 위치 ※ 해당 영역에는 우편번호 외에 다른 사항 표시 불가 • 우편번호 작성란을 인쇄하는 경우에는 5개의 칸으로 구성하여야 함 ※ 단, 여섯 자리 우편번호 작성란이 인쇄(2019년 10월 이전)된 봉투를 이용한 통상우편물은 우편번호 숫자를 왼쪽 칸부터 한 칸에 하나씩 차례대로 기입하고 마지막 칸은 공란으로 두어야 함
⑥ 표면 및 내용물		• 문자 · 도안 표시에 발광 · 형광 · 인광물질 사용 및 기계판독률을 떨어뜨릴 수 있는 배경 인쇄 불가 • 봉할 때는 풀, 접착제 사용(스테이플, 핀, 리벳 등 도드라진 것 사용 불가) • 우편물의 앞 · 뒤, 상 · 하 · 좌 · 우는 완전히 봉해야 함(접착식 우편물 포함) • 특정부분 튀어나옴 · 눌러찍기 · 돋아내기 · 구멍 뚫기 등이 없이 균일해야 함 ※ 종이 · 수입인지 등을 완전히 밀착하여 붙인 경우나 점자 기록은 허용
⑦ 기계 처리를 위한 공백 공간 ※ 허용 오차 ±5mm		• 앞면 : 오른쪽 끝에서 140mm × 밑면에서 17mm, 우편번호 오른쪽 끝에서 20mm • 뒷면 : 왼쪽 끝에서 140mm × 밑면에서 17mm

(2) 우정사업본부에서 발행하는 우편엽서의 규격 요건

※ 위반 시 규격외 취급

요건		내용
① 크기	세로(D) 가로(W)	• 최소 90mm, 최대 120mm(허용 오차 ±5mm) • 최소 140mm, 최대 170mm(허용 오차 ±5mm)
② 형식		• 직사각형 형태 • 별도 봉투로 봉함하지 않은 형태
③ 무게		최소 2g, 최대 5g(다만, 세로 크기가 110mm를 넘거나 가로 크기가 153mm를 넘는 경우에는 최소 4g, 최대 5g)

④ 재질	종이
⑤ 우편번호 기재	• 수취인 주소와 우편번호(국가기초구역 체계로 개편된 5자리 우편번호)를 정확히 기재해야 하며, 일체의 가려짐 및 겹침이 없어야 함 • 수취인 우편번호 여백규격 및 위치 • 여백규격 : 상 · 하 · 좌 · 우에 4mm 이상 여백 • 위치 : ⑦의 공백 공간 밖, 주소 · 성명 등 기재사항보다 아래쪽 및 수취인 기재영역 좌우 너비 안쪽의 범위에 위치 　※ 해당 영역에는 우편번호 외에 다른 사항 표시 불가 • 우편번호 작성란을 인쇄하는 경우에는 5개의 칸으로 구성하여야 함 　※ 단, 여섯 자리 우편번호 작성란이 인쇄(2019년 10월 이전)된 봉투를 이용한 통상우편물은 우편번호 숫자를 왼쪽 칸부터 한 칸에 하나씩 차례대로 기입하고 마지막 칸은 공란으로 두어야 함
⑥ 표면 및 내용물	• 문자 · 도안 표시에 발광 · 형광 · 인광물질 사용 및 기계판독률을 떨어뜨릴 수 있는 배경 인쇄 불가 • 특정부분 튀어나옴 · 눌러찍기 · 돋아내기 · 구멍 뚫기 등이 없이 균일해야 함 　※ 종이 · 수입인지 등을 완전히 밀착하여 붙인 경우나 점자 기록은 허용
⑦ 기계 처리를 위한 공백 공간 　※ 허용 오차 ±5mm	• 앞면 : 오른쪽 끝에서 140mm × 밑면에서 17mm, 우편번호 오른쪽 끝에서 20mm

(3) 사제하는 우편엽서

우정사업본부에서 발행하는 우편엽서의 규격 요건 및 외부표시(기록)사항을 충족하여야 한다.

※ 50g까지 규격외 엽서는 450원(규격봉투 25g 초과 50g까지) 요금을 적용

(4) 권장요건

① 색상은 70% 이상 반사율을 가진 흰 색이나 밝은 색
② 지질(재질)은 70g/㎡ 이상, 불투명도 75% 이상, 창봉투 창문은 불투명도 20% 이하
③ 정해진 위치에 우표를 붙이거나 우편요금납부 표시
④ 봉투 뒷면, 우편엽서 기재란, 띠종이 앞면의 윗부분 1/2과 뒷면 전체 등 허락된 공간에만 원하는 사항을 표시할 수 있음
⑤ 우편물의 뒷면과 우편엽서의 허락된 부분에는 광고 기재 가능
⑥ 우편엽서의 경우 평판(오프셋)으로 인쇄, 다만 사제엽서는 예외
⑦ 정기간행물 등을 묶어 발송하는 띠종이의 요건
　㉠ 띠종이의 크기
　　• 신문형태 정기간행물용 : 세로(70mm 이상)×가로(최소 90mm~최대 235mm)
　　• 다른 형태 정기간행물용 : 우편물을 전부 덮는 크기
　㉡ 그 밖의 사항
　　• 우편물 아랫부분에 고정하여 움직이지 않게 밀착
　　• 신문형태의 경우 발송인 주소 · 성명 · 우편번호는 뒷면 기재
　　• 신문형태가 아닌 정기간행물 크기가 A4(297mm×210mm) 이하인 경우 우편물 원형 그대로 띠종이 사용. 다만, 접어둔 상태가 편편하고 균일한 것은 접어서 발송 가능

4 통상우편물의 규격외 취급 대상

(1) 위의 **3** – (1)을 위반한 경우 통상우편물의 규격외 취급

(2) 위의 **3** – (2)를 위반한 경우 우편엽서의 규격외 취급

5 우편물의 외부표시(기재) 사항

(1) 우편번호는 우편물 구분을 편리하게 할 수 있도록 만든 일종의 코드로서, 문자로 기재된 수취인의 주소
정보를 일정한 기준에 따라 숫자로 변환한 것
※ 우편번호는 국가기초구역 도입에 따라 지형지물을 경계로 구역을 설정한 5자리 국가기초구역번호로
구성

[국가기초구역 체계의 우편번호 구성 체계도]

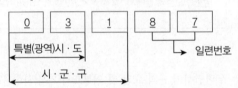

(2) 집배코드는 우편물의 구분 · 운송 · 배달에 필요한 구분정보를 가독성이 높은 단순한 문자와 숫자로 표기
한 것 – 집배코드는 총 9자리로 도착집중국 2자리, 배달국 3자리, 집배팀 2자리, 집배구 2자리로 구성

[집배코드 구성 체계]

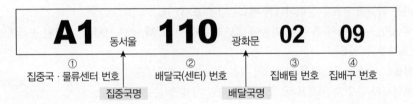

(3) 외부기재사항 표시
① 우편물에는 집배코드를 기재할 수 있다.
② 통상우편물 감액을 받기 위해서는 집배코드별로 구분하여 제출하여야 한다.

6 우편물의 외부표시(기재) 금지사항

(1) 우체국과 협의되지 않은 우편요금 표시인영은 표시할 수 없다.

(2) 공공의 안녕질서나 미풍양속을 저해하는 것으로 인정되는 사항은 기재할 수 없다.

    ① 인간의 존엄성, 국가 안전, 사회 공공질서를 해치는 내용

    ② 폭력, 마약 등 반사회적 · 반인륜적인 행태를 조장하는 내용

    ③ 건전한 성도덕을 해치는 음란하고 퇴폐적 내용

    ④ 청소년의 정신적, 신체적 건강에 해를 끼칠 우려가 있는 내용

(3) 개인정보보호 법령에 따른 주민등록번호 등 고유식별정보는 기재할 수 없다.

(4) 그 밖에 우편법령이나 다른 법령에서 금지하는 사항

7 제한용적 및 중량

(1) 최대용적

    ① 서신 등 의사전달물 및 통화

        ㉠ 가로 · 세로 및 두께를 합하여 90cm

        ㉡ 원통형은 "지름의 2배"와 길이를 합하여 1m

        ㉢ 다만, 어느 길이나 60cm를 초과할 수 없다.

    ② 소형포장우편물

        ㉠ 가로 · 세로 및 두께를 합하여 35cm 미만(서적 · 달력 · 다이어리 : 90cm)

        ㉡ 원통형은 "지름의 2배"와 길이를 합하여 35cm 미만(단, 서적 · 달력 · 다이어리 우편물은 1m까지 허용)

(2) 최소용적

평면의 크기가 길이 14cm, 너비 9cm 이상, 원통형으로 된 것은 직경의 2배와 길이를 합하여 23cm(다만, 길이는 14cm 이상이어야 한다.)

(3) 제한중량

    ① 최소 2g~최대 6,000g

    ② 단, 정기간행물과 서적 · 달력 · 다이어리로서 요금감액을 받는 우편물은 1,200g, 요금감액을 받지 않는 서적 · 달력 · 다이어리는 800g, 국내특급은 30kg이 최대 중량이다.

03 소포우편물

1 개념

(1) 소포우편물은 통상우편물 외의 물건을 포장한 우편물을 말한다.

(2) **보편적 우편서비스** : 20kg 이하의 소포우편물(기록 취급되는 특수취급우편물 포함)

(3) **선택적 우편서비스** : 20kg을 초과하는 소포우편물(기록 취급되는 특수취급우편물 포함)

(4) "우체국소포(KPS)"는 방문서비스의 브랜드명이다.

2 취급대상

(1) 서신 등 의사전달물, 통화 이외의 물건을 포장한 우편물
　※ 백지노트 등 의사전달 기능이 없는 물건은 소포로 취급해야 한다.

(2) 우편물 크기에 따라서 소형포장우편물과 소포우편물로 나뉘고, 소형포장우편물은 통상우편물로 구분하여 취급한다.

(3) 소포우편물에는 원칙적으로 서신을 넣을 수 없으나 물건과 관련이 있는 납품서, 영수증, 설명서, 감사인사 메모 등은 함께 보낼 수 있다.
　예 우체국쇼핑 상품설명서, 선물로 보내는 소포와 함께 보내는 감사인사 메모

3 제한중량 및 용적

(1) **최대 중량** : 30kg

(2) **최대 용적** : 가로, 세로, 높이를 합하여 160cm 이내(다만, 어느 길이도 1m를 초과할 수 없다.)

(3) **최소 용적**
　① 가로 · 세로 · 높이 세 변을 합하여 35cm(단, 가로는 17cm 이상, 세로는 12cm 이상)
　② 원통형은 "지름의 2배"와 길이를 합하여 35cm(단, 지름은 3.5cm 이상, 길이는 17cm 이상)

4 소포우편물의 접수

(1) 접수검사
① 내용품 문의
  ㉠ 폭발물 · 인화물질 · 마약류 등의 우편금지물품의 포함 여부
  ㉡ 다른 우편물을 훼손시키거나 침습을 초래할 가능성 여부
② 의심우편물의 개피 요구
  ㉠ 내용품에 대하여 발송인이 허위로 진술한다고 의심이 가는 경우에는 개피를 요구하고 내용품을 확인한다.
  ㉡ 발송인이 개피를 거부할 때에는 접수를 거절할 수 있다.
③ 우편물의 포장상태 검사 : 내용품의 성질, 모양, 용적, 중량 및 송달거리 등에 따라 송달 중에 파손되지 않고 다른 우편물에 손상을 주지 않으며 질긴 종이 등으로 튼튼하게 포장하였는지를 확인해야 한다.

(2) 요금납부
① 등기소포는 우편물의 운송수단, 배달지역, 중량, 부피 등에 해당하는 금액을 현금, 우표, 우편요금을 표시하는 증표, 「여신전문금융업법」에 따른 신용카드 또는 정보통신망을 이용한 전자화폐 · 전자결제 등으로 즉납 또는 후납으로 납부할 수 있다.
② 또한 우표로도 납부가 가능하며, 납부방법은 우표를 창구에 제출하거나 우편물 표면에 첨부한다.
③ 착불소포는 우편물 수취인에게 우편요금(수수료 포함)을 수납하여 세입 처리한다.

(3) 수기접수 시 표시인 날인
① 소포우편물의 표면 왼쪽 중간에는 "소포" 표시를 한다.
② 소포우편물의 내용에 대하여 발송인에게 문의하여 확인한 후에는 우편물 표면 왼쪽 중간부분에 "내용 문의 끝냄"을 표시한다.

(4) 소포번호 부여 및 바코드 라벨, 기타 안내스티커 부착
① 소포번호 부여는 우편물류시스템으로 접수국 일련번호로 자동으로 부여된다.
② 소포번호의 표시는 등기번호, 접수국명, 중량 및 요금을 표시한 등기번호 바코드 라벨을 우편물의 표면 왼쪽 하단에 부착한다.
③ 요금별 · 후납 등기소포는 우편물의 표면 오른쪽 윗부분에 요금별 · 후납 표시인을 날인해야 한다.
④ 부가서비스 안내 스티커는 우편물의 품위를 유지하면서 잘 보이는 곳에 깨끗하게 부착한다.

5 등기소포와 일반소포와의 차이

구분	등기소포	일반소포
취급방법	접수에서 배달까지의 송달과정에 대해 기록	기록하지 않음
요금납부 방법	현금, 우표첩부, 우표납부, 신용카드 결제 등	현금, 우표첩부, 신용카드 결제 등
손해배상	망실 · 훼손, 지연배달 시 손해배상청구 가능	없음
반송료	반송시 반송수수료(등기통상취급수수료) 징수	없음
부가취급서비스	가능	불가능

※ 보통소포(×) – 일반소포(○) // 일반등기통상(×) – 등기통상(○)

04 방문접수소포(우체국소포)

1 우체국소포 개요

(1) 우체국소포는 소포우편물 방문접수의 브랜드로 업무표장이다.
   ※ 영문표기 : KPS(Korea Parcel Service)

(2) 소포우편물 방문접수의 공식 브랜드 및 업무표장으로서 소포우편물의 방문접수를 나타낸다.

(3) 소포우편물 방문접수와 관련한 모든 업무를 대표할 수 있는 명칭으로 사용할 수 있다.

2 방문소포의 종류

(1) **방문접수소포** : 개인고객의 방문접수 신청 시 해당 우체국에서 픽업

(2) **계약소포** : 우체국과 사전 계약을 통해 별도의 요금을 적용하고 주기적(또는 필요시)으로 픽업

3 방문접수 지역

(1) 4급 또는 5급 우체국이 설치되어 있는 시 · 군의 시내 배달구(시내지역)

(2) 그 외 관할 우체국장이 방문접수를 실시하는 지역

4 이용 방법

(1) 우체국에 전화 : 전국 국번 없이 1588-1300번

(2) 인터넷우체국(www.epost.kr)을 통하여 방문접수 신청

(3) 소포우편물을 자주 발송하는 경우에는 정기·부정기 이용계약을 체결하여 별도의 전화 없이도 정해진 시간에 방문하여 접수한다.

(4) 요금수취인부담(요금 착불)도 가능하다.

5 계약 소포

(1) 계약요금 : 우편관서와 발송인이 발송물량, 우편물의 규격, 처리비용 등을 종합적으로 고려하여 상호계약에 의해 결정하는 계약소포의 요금

　① **규격·물량단계별 요금** : 계약요금 중 규격·물량단계에 따라 각 단계별로 구분하여 적용하는 요금
　② **평균 요금** : 계약요금 중 규격·물량단계별 요금을 발송물량의 규격별 점유비에 따라 산출된 요금을 합산하여 적용하는 단일요금. 단, 발송물량이 월 평균 10,000통 이상의 연간 계약자에 한하여 적용 가능
　③ **초소형 특정 요금** : 초소형 계약소포에 대하여 규격·물량 단계별 요금 및 평균요금을 적용하지 않고 본부장 또는 지방우정청장 승인으로 적용하는 요금. 단, 월 평균 10,000통 이상 발송업체 중 초소형 물량이 90% 이상인 경우 적용 가능

(2) 연간계약 : 계약기간이 12개월(1년)로 계약기간과 이용기간이 동일한 계약

　① **일반 계약** : 개인 또는 업체가 월 평균 300통 이상 발송하고 계약기간이 12개월(1년)로 계약기간과 이용기간이 동일한 일반적인 발송계약
　② **연합체 발송계약** : 상가나 시장 또는 농장 등을 중심으로 일정한 장소에 유사사업을 목적으로 연합되어 있는 법인, 임의단체의 회원들이 1개의 우편관서와 계약을 체결하고 한 장소에 집하하여 계약 소포를 발송하는 것
　③ **다수지 발송계약** : 계약자(계약업체)가 주계약 우체국을 지정하여 우체국 소포 이용계약을 체결하고 여러 우편관서에서 별도의 계약 없이 계약 소포를 이용·발송하는 것
　④ **반품계약** : 반품 등 다수의 발송인으로부터 소포를 수취하는 자와 체결하는 계약

(3) 한시적 발송계약 : 각종 행사 등 3개월 이내에 한시적으로 계약 소포를 발송하는 것

(4) 요금수취인 지불소포(착불소포) : 계약 소포 수취인이 요금을 납부하는 소포

(5) 반품우편물 : 수취인에게 정상적으로 배달한 우편물을 수취인 또는 발송인의 요구로 재접수하여 발송인에게 보내는 우편물

(6) **맞교환우편물** : 수취인에게 정상적으로 배달한 우편물을 수취인이 물품의 교환을 요구하여 발송인이 접수한 새로운 물품을 배달하면서 먼저 배달한 우편물을 회수하여 발송인에게 보내는 우편물

(7) **초소형 소포** : 중량이 1kg 이하이고 크기는 50cm 이하 계약 소포(상자 기준)

　※ 폴리백(비닐재질의 봉투) : 중량 1kg 이하

6 소포우편물 접수 시 유의사항

(1) **포장불량 소포우편물의 접수 거절**

① 포장방법이 포장기준에 적합하지 아니한 때에는 보완을 요구하고 이를 발송인이 거절한 때에는 그 우편물의 접수를 거절할 수 있다.

② 포장이 부실한 것을 알면서도 발송인의 요청을 거절하지 못하고 접수하여 다른 우편물을 오염 또는 훼손시킨 사례(화장품 파손, 유리액자 파손, 고추장 또는 김치 등의 누출)가 종종 발생하여 민원의 대상이 되고 있다. → 파손 변질에 취약한 물품 재포장 : 내부 완충재(에어캡, 비닐봉투 등)와 테이프를 이용 재포장

(2) 기표지가 탈락할 우려가 있는 우편물은 보완하여 발송해야 한다.

(3) 우편물류통합시스템에 관련 접수정보를 정확히 입력하여 분실을 사전에 예방하여야 한다.

(4) **내용품에 적합하게 포장된 소포우편물의 포장용 끈 사용 억제** : 우편집중국의 소포 구분기에 소포우편물 포장용 끈이 끼어 운행장애가 자주 발생되기 때문에 내용품에 적합하게 포장된 소포우편물은 끈으로 묶지 않도록 안내한다. 단, 끈으로 묶는 소포우편물도 송달과정에서 끈이 풀리지 않도록 확인해야 한다.

03 우편물의 접수

01 우편물의 접수 검사

1 우편물 접수 시 검사사항

(1) 우편물 접수할 때에는 발송인 · 수취인 등 기재사항이 제대로 적혀져 있는지 먼저 확인해야 한다.

(2) 검사 결과 규정에 위반된 것을 발견하였을 때에는 발송인이 보완하여 제출해야 하며, 불응할 때에는 접수를 거부할 수 있다. 다만 이때에는 이유를 자세히 설명해야 한다.

2 우편금지물품

(1) **다음과 같은 우편물은 접수 불가** : 폭발성 물질, 화약류, 폭약류, 화공품류, 발화성 물질, 인화성물질, 유독성물질, 강산류, 방사성물질

(2) **다음과 같은 경우에는 예외로 한다.**

① **독약류** : 독약 및 극약으로 관공서(학교 및 군대를 포함), 의사(군의관 포함), 치과의사, 한의사, 수의사, 약사, 제약업자, 약종상 또는 한약종상의 면허 또는 허가를 받은 자가 등기우편으로 발송하는 것은 예외로 한다.

② **병균류** : 살아있는 병균 또는 이를 함유하거나 부착되어 있다고 인정되는 물건으로 관공서 방역연구소, 세균검사소, 의사(군의관 포함), 치과의사, 수의사 또는 약사의 면허를 받은 자가 등기우편으로 발송하는 것은 예외로 한다.

③ **공안방해와 그 밖의 위험성의 물질** : 음란한 문서, 도화 그 밖의 사회질서에 해가 되는 물건으로서 법령으로 이동, 판매, 반포를 금하는 것으로 법적 · 행정적 목적으로 공공기관에서 등기우편으로 발송하는 것은 예외로 한다.

02 우편물의 포장

1 우편물의 포장 검사사항

(1) 내용품의 성질상 송달 도중 파손되거나 다른 우편물에 손상을 주지 않을 것인가

(2) 띠종이로 묶어서 발송하는 정기간행물의 경우 포장용 띠종이 크기는 발송요건에 적합한가

(3) 칼, 기타 위험한 우편물은 취급도중 위험하지 않도록 포장한 것인가

(4) 액체, 액화하기 쉬운 물건, 냄새나는 물건 또는 썩기 쉬운 물건은 적정한 용기를 사용하여 내용물이 새지 않도록 포장한 것인가

(5) 독·극물 또는 생병원체를 넣은 것은 전호와 같이 포장을 하고 우편물 표면에 품명 및 "위험물"이라고 표시하고 발송인의 자격 및 성명을 기재한 것인가

(6) 독·극물은 두 가지 종류를 함께 포장한 것이 아닌가

(7) 혐오성이 없는 산동물은 튼튼한 상자 또는 기타 적당한 용기에 넣어 완전히 그 탈출 및 배출물의 누출을 방지할 수 있는 포장을 한 것인가

2 물품에 따른 포장방법

구분	포장방법
1. 칼·기타 이에 유사한 것	적당한 칼집에 넣거나 싸서 상자에 넣는 등의 방법으로 포장할 것
2. 액체·액화하기 쉬운 물건	안전누출방지용기에 넣어 내용물이 새어나지 않도록 봉하고 외부의 압력에 견딜 수 있는 튼튼한 상자에 넣고, 만일 용기가 부서지더라도 완전히 누출물을 흡수할 수 있도록 솜, 톱밥 기타 부드러운 것으로 충분히 싸고 고루 다져 넣을 것
3. 독약·극약·독물 및 극물과 생병원체 및 생병원체를 포유하거나 생병원체가 부착한 것으로 인정되는 것	• 전호의 규정에 의한 포장을 하고 우편물 표면 보기 쉬운 곳에 품명 및 "위험물"이라고 표시할 것 • 우편물 외부에 발송인의 자격 및 성명을 기재할 것 • 독약·극약·독물 및 극물은 이를 2가지 종류로 함께 포장하지 말 것
4. 산꿀벌 등 일반적으로 혐오성이 없는 살아있는 동물	튼튼한 병, 상자 기타 적당한 용기에 넣어 완전히 그 탈출 및 배설물의 누출을 방지할 장치를 할 것

03 우편물의 제한 부피 및 무게

1 통상우편물

최대부피	• 서신 등 의사전달물 및 통화 − 가로, 세로, 두께를 합하여 90cm − 원통형은 "지름의 2배"와 길이를 합하여 1m − 다만, 가로 세로 어느 쪽이나 60cm를 초과할 수 없음 • 소형포장우편물 − 가로, 세로, 높이를 합이 35cm 미만(다만, 서적 · 달력 · 다이어리 우편물은 90cm까지 허용) − 원통형은 "지름의 2배"와 길이를 합하여 35cm 미만(다만, 서적 · 달력 · 다이어리 우편물은 1m까지 허용)
최소부피	• 평면의 길이 14cm, 너비 9cm • 원통형은 "지름의 2배"와 길이를 합하여 23cm(단, 길이는 14cm 이상)
최대무게	• 최소 2g ~ 최대 6,000g • 단, 정기간행물, 서적, 달력, 다이어리로서 요금감액을 받는 우편물은 1,200g, 요금감액을 받지 않는 서적과 달력, 다이어리는 800g, 국내특급은 30kg이 최대 무게임

2 소포우편물

최대부피	• 가로 · 세로 · 높이 세 변을 합하여 160cm • 다만, 어느 변이나 1m를 초과할 수 없음
최소부피	• 가로 · 세로 · 높이 세 변을 합하여 35cm(단, 가로는 17cm 이상, 세로는 12cm 이상) • 원통형은 "지름의 2배"와 길이를 합하여 35cm(단, 지름은 3.5cm 이상, 길이는 17cm 이상)
무게	30kg 이내이어야 함
기타사항	우편관서의 장과 발송인과의 사전계약에 따라 발송인을 방문하여 접수하는 경우에는 그 계약으로 달리 정할 수 있음

04 국내우편물의 부가서비스

01 등기취급

1 등기취급 제도의 의의

(1) 개념

① 우편물의 접수번호 기록에 따라 접수에서부터 받는 사람에게 배달되기까지의 모든 취급과정을 기록하며, 만일 우편물이 취급 도중에 망실되거나 훼손된 경우에는 그 손해를 배상하는 제도로서 우편물부가취급의 기본이 되는 서비스이다.

② 다른 여러 가지 특수취급을 부가하기 위해서는 기본적으로 등기취급이 되어야 한다.

③ 2kg 이하의 통상우편물과 20kg 이하의 소포우편물에 대한 등기취급을 보편적 우편서비스로 정함으로써 국민의 권리를 더욱 폭넓게 보장할 수 있다.

(2) 특징

① 등기취급은 각 우편물의 접수번호 기록에 따라 접수에서 배달에 이르는 모든 과정을 기록 취급함으로써 취급과정을 명확하게 추적할 수 있다.

② 보험취급이나 내용증명, 배달증명, 특급취급, 그 밖의 부가취급 우편물 등 고가의 물품을 송달하거나 공적증명을 요구하는 물품 송달에 유리하다.

③ 잃어버리거나 훼손하면 이용자의 불만이 많고 손해배상의 문제가 생기는 유가물이나 주관적 가치가 있다고 인정되는 신용카드나 중요 서류 등은 접수 검사할 때 내용품에 적합한 보험취급으로 발송하게 하고 이에 응하지 않을 때는 접수를 거절할 수 있다.

④ 우편물 취급과정에서 망실, 훼손 등의 사고가 일어날 경우에는 등기취급우편물과 보험등기우편물의 손해배상액이 서로 다르므로 이용자에게 사전에 반드시 고지하여 발송인이 선택하도록 조치하여야 한다.

(3) 등기취급의 대상

고객이 우편물의 취급과정을 기록할 필요가 있다고 판단한 우편물과 우편물의 내용이 통화, 귀중품, 주관적으로 가치가 있다고 신고하는 것

2 선택등기 서비스

(1) 개념

등기취급 및 발송인의 우편물의 반환거절을 전제로 우편물을 배달하되, 그 우편물을 수취인에게 배달할 수 없는 경우에는 준등기 취급에 따라 우편물을 배달하는 특수취급 제도이다.

※ 우체국이 임의로 우편물을 우편 수취함에 투함(배달)하는 것이 아니라 발송인의 선택(요청)에 의해 우편 수취함에 배달

(2) 취급대상

6kg까지 통상우편물(특급취급 시 30kg 가능)

(3) 요금체계

중량별 통상우편요금＋선택등기 취급수수료 2,100원

(4) 부가취급 서비스

전자우편, 익일특급, 발송 후 배달증명, 계약등기. 단, 발송 후 배달증명은 수령인의 수령사실 확인 후 배달 완료된 경우(무인우편함 포함)에 한해 청구가 가능하고, 우편함에 배달완료된 경우에는 청구가 불가하다.

(5) 배달기한

접수한 다음 날부터 3일 이내

(6) 배달방법

① 1회차 : 대면 배달(수령인 확인)
② 2회차 : 대면 배달 시도 후 폐문 부재일 경우 우편 수취함에 배달

(7) 손해배상

손실, 망실에 한하여 최대 10만 원까지 손해배상을 제공하며, 배달완료(우편함 등) 후에 발생된 손실, 망실은 손해배상 대상에서 제외

3 계약등기 서비스

(1) 개념

등기취급을 전제로 우체국장과 발송인과 별도의 계약에 따라 접수한 통상우편물을 배달하고, 배달결과를 발송인에게 전자적 방법 등으로 알려주는 부가취급제도이다.

(2) 종류와 취급대상

① 일반형 계약등기
- ㉠ 등기취급을 전제로 부가취급서비스를 선택적으로 포함하여 계약함으로써, 고객이 원하는 우편서비스를 제공하는 상품
- ㉡ 한 발송인이 1회에 500통 이상, 월 10,000통 이상(두 요건 모두 충족) 발송하는 등기통상 우편물

② 맞춤형 계약등기
- ㉠ 등기취급을 전제로 신분증류 등 배달 시 특별한 관리나 서비스가 필요한 우편물로 표준요금을 적용하는 상품
- ㉡ 1회 및 월 발송물량에 제한이 없다.
- ㉢ 취급상품과 요금에 대해서는 과학기술정보통신부장관이 고시한다.

(3) 계약업무

① 계약체결관서 : 우편집중국, 5급 이상 공무원이 우체국장으로 배치된 우체국. 단, 맞춤형 계약등기는 소속국(별정국, 우편취급국 제외)도 접수관서로 계약이 가능하다.
② 계약기간 : 1년, 계약기간 만료 1개월 전까지 계약체결 관서나 이용자가 계약해지·변경에 관한 의사 표시가 없을 경우에는 1년 단위로 자동연장
③ 제공서비스
- ㉠ 일반 계약등기 : 등기취급을 전제로 부가취급서비스를 선택적으로 포함하여 계약함으로써 고객이 원하는 우편서비스 제공
- ㉡ 맞춤형 계약등기 : 등기취급을 전제로 신분증류 등 배달 시 특별한 관리나 서비스가 필요한 우편물로 표준요금을 적용

(4) 부가취급서비스

① 착불배달
- ㉠ 계약등기 우편물의 요금을 배달할 때 수취인에게 받는 부가취급제도
- ㉡ 우편요금 등을 수취인이 지불하기로 발송인이 수취인의 승낙을 얻은 계약등기 우편물이어야 한다.
- ㉢ 발송인이 우편요금을 납부하지 않고, 우편요금(등기취급수수료 포함)과 착불배달 수수료를 수취인에게서 받는다.
- ㉣ 수취인에게 배달하지 못하고, 발송인에게 반송된 착불배달 계약등기 우편물은 발송인에게 우편물을 반환하고, 발송인에게서 착불요금을 제외한 우편요금(등기취급수수료 포함)과 반송수수료를 징수하되 맞춤형은 착불요금을 제외한 우편요금(등기취급수수료 포함)만 징수한다.

② 회신우편
- ㉠ 등기취급을 전제로 우체국과 발송인과 별도의 계약에 따라 수취인을 직접 만나서 우편물을 배달하면서 서명이나 도장을 받는 등 응답이 필요한 하는 사항을 받거나 서류를 넘겨받아 발송인이나 발송인이 지정하는 자에게 회신하는 부가취급제도

    ⓒ 발송인이 사전에 배달과 회신에 대한 상세한 사항을 계약관서와 협의하여 정한 계약등기 우편물이
       어야 한다.

    ⓒ 수취인을 직접 만나서 우편물을 배달하고, 회송통지서(개인정보활용동의서 등)에 필요한 서명, 날인
       을 받거나 수취인이 넘겨주는 서류를 인계받아 발송인 또는 발송인이 지정한 자에게 회신한다.

③ **본인지정배달**

    ㉠ 등기취급을 전제로 우편물을 수취인 본인에게만 배달하여 주는 부가취급제도

    ⓒ 수취인이 개인정보 누출이나 재산상의 피해를 예방하기 위하여 발송인이 수취인 본인에게 배달하도
       록 지정한 우편물이다.

    ⓒ 수취인 본인에게만 배달한다.

④ **우편주소정보 제공**

    ㉠ 등기취급을 전제로 이사 등 거주지 이전으로 우편주소가 바뀐 경우 우편물을 바뀐 우편주소로 배달
       하고, 수취인의 동의를 받아 발송인에게 바뀐 우편주소정보를 제공하는 부가취급제도

    ⓒ 이용조건 : 발송인이 계약관서와 미리 서비스에 대해 이용과 요금후납이 계약되어 있고, 수취인의
       바뀐 주소정보를 발송인에게 알려주기 위해 배달할 때 수취인의 동의를 받은 우편물이어야 한다.

    ⓒ 취급방법 : 우편주소 변경사유(이사 감, 주소불명, 수취인 미거주 등)가 생긴 때 해당 우편물을 바뀐
       수취인의 주소지로 전송해 주고 수취인의 동의를 받아 발송인에게 바뀐 우편주소정보를 제공한다.

⑤ **반환취급 사전납부**

    ㉠ 대상 : 일반형 계약등기 우편물

    ⓒ 납부방법 : 우편물 접수 시 우편요금 반환율을 적용한 반환취급수수료를 합산하여 납부한다.

    ⓒ 반환율 산정

      • 최초 적용 기준 : 최초 1년은 등기우편물 반환율에 0.5%를 가산하여 적용한다. 등기우편물 반환율
        적용 시에는 계약하고자 하는 등기우편물과 동일한 종류의 등기우편물 반환율, 계약하고자 하는
        등기우편물과 가장 유사한 종류의 등기우편물 반환율, 전체 등기우편물반환율 순으로 적용한다.

      • 재산정 적용 기준 : 계약 우편물의 최근 1년 간 반환율을 산정하여 적용한다.

(5) 요금 체계

① **일반형 계약등기** : 통상요금＋등기취급수수료＋부가취급수수료

    ※ 통상 우편요금 : 현행 무게별 요금체계 적용

② **맞춤형 계약등기** : 표준요금＋중량 구간별 요금＋부가취급수수료

    ㉠ 표준요금 : 상품별 서비스 수준에 맞추어 과학기술정보통신부장관 고시로 정한 요금

    ⓒ 중량 구간별 요금 적용

      • 100g까지는 종별 표준요금을 적용한다.

      • 100g부터 초과 100g마다 240원씩 추가한다(통상우편 초과 100g마다 추가요금 기준).

ⓒ 부가취급수수료

부가취급서비스	수수료	비고
회신우편	1,500원	일반 및 맞춤형 계약등기
본인지정배달	1,000원	
착불배달	500원	
우편주소정보 제공	1,000원	
반환취급 사전납부	반환취급수수료×반환율	일반형 계약등기

(6) 일반형 계약등기의 반환취급수수료 일부 면제

① 대상 : 「우편법 시행령」 제3조 제8호에 의거 서신 제외 대상인 신용카드 우편물

② 면제조건 : 면제적용 월 직전 3개월의 평균물량이 10만 통 이상이고, 해당 월 접수물량이 10만 통 이상인 경우

※ 월 단위 산정은 매월 1일에서 말일까지로 한다.

③ 면제비율 : 월 접수물량의 1~3%

   ㉠ 10만 통 이상 20만 통 미만 : 1% 이내

   ㉡ 20만 통 이상 30만 통 미만 : 2% 이내

   ㉢ 30만 통 이상 : 3% 이내

④ 징수방법 : 매월 면제비율에 의해 반환수수료의 일부를 면제하여 정산 후 우편요금과 동일하게 후납으로 징수한다.

4 선납 라벨 서비스

(1) 선납 등기 라벨

① 개념 : 등기번호 및 발행번호가 부여된 선납 라벨을 우체국 창구 등에서 구매하여 첨부하면 창구 외(우체통, 무인접수기)에서도 등기우편물을 접수할 수 있도록 하는 서비스

② 대상 : 등기통상우편물

③ 접수채널 : 전 관서 우편창구 및 우체통 투함, 무인우체국

④ 판매가격 : 중량별 차등 적용되는 등기통상우편물의 요금

   ㉠ 기본 : 중량별 통상우편요금+등기취급수수료

   ㉡ 선택 : 익일특급수수료, 배달증명수수료

⑤ 등기우편물로서 효력발생 시점

   ㉠ 창구접수 : 우체국 창구 접수 시

   ㉡ 우체통 투함 : 수거 후 우체국 창구 접수 시

   ㉢ 무인접수기 이용 : 무인우편접수기 접수 완료 시

(2) 선납 준등기 라벨

① **개념** : 준등기 번호 및 발행번호가 부여된 선납 라벨을 우체국 창구 등에서 구매하여 첨부하면 창구 외 (우체통, 무인접수기)에서도 준등기우편물을 접수할 수 있도록 하는 서비스

② **대상** : 준등기 우편물

③ **접수채널** : 전 관서 우편창구 및 우체통 투함, 무인우체국

④ **판매가격** : 200g까지 1,800원[정액(단일)요금]

⑤ **준등기우편물로 취급 시점**
- 창구접수 : 우체국 창구 접수 시
- 우체통 투함 : 수거 후 우체국 창구 접수 시
- 무인우편접수기 이용: 무인우편접수기 접수 완료 시

(3) 선납 일반통상 라벨

① **개념** : 우편요금과 발행번호가 부여된 선납 라벨을 우체국 창구에서 구매 후 일반통상우편물에 우표 대신 첨부하여 우편물을 접수할 수 있도록 하는 서비스

② **대상** : 일반통상우편물(등기우편물에도 부착 가능)

③ **접수채널** : 전 관서 우편창구 및 우체통 투함, 무인우체국우편접수기

④ **판매가격** : 중량별 일반통상우편요금

(4) 공통사항

① **판매채널** : 전국 우체국 우편창구(별정우체국, 우편취급국 포함)

② **사용권장기간** : 구입 후 1년 이내

③ 사용권장기간 경과로 인쇄상태가 불량하거나 라벨지 일부 훼손 등으로 사용이 어려운 경우 동일한 발행번호와 금액으로 재출력(교환)가능하다.

④ 선납라벨 훼손 정도가 심각하여 판매정보(발행번호, 바코드 등)의 식별이 불가능한 경우에는 재출력(교환)이 불가하다.

⑤ 선납 라벨로 접수된 우편물에 대해 접수를 취소하면, 선납 라벨을 재출력하여 교부한다.

⑥ 선납 라벨 구매 고객이 취소를 요청하는 경우 구매 당일에 한해 판매 우체국에서만 환불 처리가 가능하다(우표류 판매취소 프로세스 적용).

⑦ 우편물 접수 시 우편요금보다 라벨 금액이 많은 경우 잉여금액에 대한 환불은 불가하다.

⑧ 미사용 선납 일반통상 라벨에 한해 2매 이상으로 라벨 분할을 요구할 경우 라벨 가액 범위에서 분할하여 발행이 가능하다.

02 보험취급

1 보험취급 우편물의 종류

(1) 보험통상 : 통화등기, 물품등기, 유가증권등기, 외화등기

(2) 보험소포 : 안심소포

2 보험통상

(1) 통화등기

① 개념
  ㉠ 우편을 이용해서 현금을 직접 수취인에게 배달하는 제도로서 만일 취급하는 중에 잃어버린 경우에는 통화등기 금액 전액을 변상하여 주는 보험취급제도
  ㉡ 주소지까지 현금이 직접 배달되므로 우편환이나 수표와 같이 해당 관서를 방문해야 하는 번거로움이 없어 방문시간이 절약되고 번잡한 수속절차를 생략할 수 있으므로 소액 송금제도로서 많이 이용된다.

② 취급조건
  ㉠ 취급대상 : 강제 통용력이 있는 국내통화에 한정
  ※ 다음의 것은 통화등기로 취급할 수 없음
    • 현재 사용할 수 없는 옛날 통화
    • 마모 · 오염 · 손상의 정도가 심하여 통용하기가 곤란한 화폐
    • 외국화폐
  ㉡ 통화등기 취급의 한도액 : 100만 원 이하의 국내통화로서 10원 미만의 단수는 붙일 수 없다.
  ㉢ 통화등기우편물은 등기취급우편물로 발송하여야 한다.
  ㉣ 우편요금과 취급수수료 계산방법

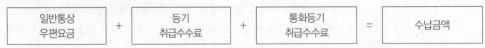

| 일반통상
우편요금 | + | 등기
취급수수료 | + | 통화등기
취급수수료 | = | 수납금액 |

    • 부가취급(배달증명, 특급취급 등)이 있을 때에는 그 수수료를 가산
    • 보험등기 봉투요금은 별도로 계산한다.

(2) 물품등기

① 귀금속, 보석, 옥석, 그 밖의 귀중품이나 주관적으로 가치가 있다고 신고하는 것을 보험등기 봉투에 넣어 수취인에게 직접 송달하고 취급 도중 망실되거나 훼손한 경우 표기금액을 배상하는 보험취급제도의 하나로 통상우편물에 한정한다.

② 취급대상
  ㉠ 귀금속 : 금, 은, 백금 및 이들을 재료로 한 제품
  ㉡ 보석류 : 다이아몬드, 진주, 자수정, 루비, 비취, 사파이어, 에메랄드, 오팔, 가닛 등 희소가치를 가진 것
  ㉢ 주관적 가치가 있다고 신고 되는 것 : 응시원서, 여권, 신용카드류 등
③ 취급가액 : 물품등기의 신고가액은 10원 이상 300만 원 이하의 물건만 취급하며, 10원 미만의 단수를 붙일 수 없다.
④ 취급조건
  ㉠ 물품 가액은 발송인이 정하며, 취급 담당자는 가액 판단에 관여할 필요가 없다.
  ㉡ 물품등기우편물은 등기취급우편물로 발송하여야 한다.
  ㉢ 발송할 물품의 가액은 취급한도액을 초과한 것이 아닌지를 확인하여야 한다. 다만, 취급한도액을 초과한 것은 취급할 수 없으나 발송인이 취급한도액까지만 기록하기로 하고 취급을 요구할 때에는 취급할 수 있다.

(3) 유가증권등기

① 현금과 교환할 수 있는 우편환증서나 수표 따위의 유가증권을 보험등기봉투에 넣어 직접 수취인에게 송달하는 서비스로 우편물을 망실하거나 훼손한 경우에는 봉투 표면에 기록된 금액을 배상하여 주는 보험취급제도이다.
② 취급대상 및 한도액 : 액면 또는 권면가액이 2천만 원 이하의 송금수표, 국고수표, 우편환증서, 자기앞수표, 상품권, 선하증권, 창고증권, 화물상환증, 주권, 어음 등의 유가증권으로 취급할 수 있다. 다만, 10원 미만의 단수를 붙일 수 없다.
  ※ 사용된 유가증권류, 기프트카드 등에 대하여 보험취급을 원할 경우 유가증권등기로 취급할 수 없으나 물품등기로는 접수가 가능하다.
③ 취급조건
  ㉠ 발송할 유가증권의 액면 금액과 봉투표기 금액을 대조하여 일치하는지 확인한다.
  ㉡ 등기취급우편물로 발송하여야 한다.
  ㉢ 발송할 물품의 가액은 취급한도액을 초과한 것이 아닌지를 확인하여야 한다. 다만, 취급한도액을 초과한 것은 취급할 수 없으나 발송인이 취급한도액까지만 기록하기로 하고 취급을 요구할 때에는 취급할 수 있다.

(4) 외화등기

① 우체국과 금융기관과의 계약을 통해 외국통화(현물)를 고객에게 직접 배달하는 맞춤형 우편서비스
② 맞춤형 계약등기(보험취급+본인지정+익일특급)
③ 이용방법 : 금융기관과의 계약을 통하여 외화현금을 접수 · 배달
  ㉠ 접수우체국 : 계약에 따라 지정된 우체국
  ㉡ 배달우체국 : 전국 우체국(익일특급 배달 불가능 지역은 제외함)
④ 취급 통화 : 계약기관별로 계약에 따라 지정된 외화

⑤ 취급 금액: 최소 10만 원 이상 150만 원 이하(원화 환산 시 기준, 지폐만 가능)

⑥ 적용요금: 표준요금 통당 10,000원

　　※ 중량구간별 요금 미적용, 과금에 의한 반송 등을 모두 포함한 금액

3 보험소포 : 안심소포

(1) 고가의 상품 등 등기소포우편물을 대상으로 하며, 손해가 생기면 해당 보험가액을 배상하여 주는 부가취급제도

(2) 취급조건

① 취급 대상

　㉠ 등기소포를 전제로 보험가액 300만 원 이하의 고가품, 귀중품 등 사회통념상 크기에 비하여 가격이 높다고 발송인이 신고한 것으로서 그 취급에 특히 유의할 필요가 있는 물품과 파손, 변질 등의 우려가 있는 물품

　㉡ 귀금속, 보석류 등의 소형포장 우편물은 물품등기로 접수하도록 안내해야 한다.

　㉢ 부패하기 쉬운 냉동·냉장 물품은 이튿날까지 도착이 가능한 지역이어야 한다.

　　※ 우편물 배달기한 내에 배달하기 곤란한 지역으로 가는 물품은 접수 제외

② 취급가액

　㉠ 안심소포의 가액은 300만 원 이하의 물건에 한정하여 취급하며 10원 미만의 단수를 붙일 수 없다.

　㉡ 신고가액은 발송인이 정하는 가격으로 하며 취급담당자는 상품가액의 판단에 관여할 필요가 없다.

③ 취급조건

　㉠ 등기소포 안의 내용물은 발송인이 참관하여 반드시 확인하여야 한다.

　㉡ 발송할 물품의 가액은 취급한도액을 초과한 것이 아닌지를 확인하여야 한다. 단, 취급한도액을 초과한 것은 취급할 수 없으나 발송인이 취급한도액까지만 기록하기로 하고 취급을 요구할 때에는 취급할 수 있다.

03 증명취급

1 내용증명

(1) 개념

① 발송인이 수취인에게 어떤 내용의 문서를 언제 발송하였다는 사실을 우편관서가 공적으로 증명해 주는 우편서비스이다.

② 내용증명제도는 개인끼리 채권·채무의 이행 등 권리의무의 득실 변경에 관하여 발송되는 우편물의 문서내용을 후일의 증거로 남길 필요가 있을 경우와 채무자에게 채무의 이행 등을 최고(催告)하기 위하여 주로 이용되는 제도이다.

③ 우편관서는 내용과 발송 사실만을 증명할 뿐, 그 사실만으로 법적효력이 발생되는 것은 아님에 주의해야 한다.

(2) 접수할 때 유의할 사항

① 문서의 내용

    ㉠ 내용문서는 한글이나 한자 또는 그 밖의 외국어로 자획을 명확하게 기록한 문서에 한정하여 취급하며, 숫자, 괄호, 구두점이나 그밖에 일반적으로 사용하는 단위 등의 기호를 함께 적을 수 있다.

    ㉡ 공공의 질서나 선량한 풍속에 반하는 내용이 아니어야 하며 내용문서의 원본과 등본이 같은 내용임이 쉽게 식별되어야 한다.

    ㉢ 내용증명의 대상은 문서에 한정하며 문서 이외의 물건(예 우표류, 유가증권, 사진, 설계도 등)은 그 자체 단독으로 내용증명의 취급대상이 될 수 없다.

    ㉣ 내용문서의 원본과 관계없는 물건을 함께 봉입할 수 없다.

② 내용문서의 원본 및 등본

    ㉠ 내용증명의 발송인은 내용문서의 원본과 그 등본 2통을 제출하여야 한다. 단, 발송인에게 등본이 필요하지 않은 경우에는 등본 1통만 제출이 가능하며, 이 경우 우체국 보관 등본 여백에 "발송인 등본 교부 않음"이라고 표시해야 한다.

    ㉡ 동문내용증명 우편물(문서의 내용은 같으나 2인 이상의 각기 다른 수취인에게 발송하는 내용증명 우편물)인 경우에는 각 수취인의 주소와 이름을 전부 기록한 등본 2통과 각 수취인 앞으로 발송할 내용문서의 원본을 함께 제출하여야 한다.

    ㉢ 내용문서의 원본이나 등본의 문자나 기호를 정정·삽입·삭제한 경우에는 정정·삽입·삭제한 문자와 정정·삽입·삭제한 글자 수를 난외나 끝부분 빈 곳에 적고 그곳에 발송인의 인장 또는 지장을 찍거나 서명을 하여야 하며, 고치거나 삭제한 문자나 기호는 명료하게 알아볼 수 있도록 하여야 한다.

    ㉣ 내용증명 우편물의 내용문서의 원본과 등본에 기록한 발송인과 수취인의 주소·성명은 우편물의 봉투에 기록한 것과 같아야 한다. 다만, 동문내용증명 우편물인 경우 각 수취인의 주소·성명을 전부 기록한 등본은 예외로 한다.

      ⓜ 다수인이 연명으로 발송하는 내용문서의 경우 그 발송인들 중 1인의 이름, 주소만을 우편물의 봉투에 기록한다.

③ 내용증명우편물 취급수수료의 계산

      ㉠ 내용증명 취급수수료는 글자 수나 행 수와는 관계없이 A4 용지규격을 기준으로 내용문서(첨부물 포함)의 매수에 따라 계산한다.

      ㉡ 내용문서의 원본과 등본의 작성은 양면을 사용하여 작성할 수 있으며, 양면에 내용을 기록한 경우에는 2매로 계산한다.

      ㉢ 내용문서의 크기가 A4 용지 규격보다 큰 것은 A4 용지의 크기로 접어서 총 매수를 계산하고, A4 용지보다 작은 것은 이를 A4용지로 보아 매수를 계산한다.

      ㉣ 내용문서의 매수가 2매 이상일 경우에는 2매부터 최초 1매의 반값으로 계산한다.

      ㉤ 동문내용증명의 경우 수취인 수 1명 초과마다 내용문서 매수와 관계없이 내용문서 최초 1매의 금액으로 계산한다.

④ 취급요령

      ㉠ 수취인에게 발송할 내용문서의 원본, 우체국에서 보관할 등본, 발송인에게 교부할 등본에는 우편날짜도장으로 계인한다. 다만, 동문내용증명인 때에는 우체국에서 보관하는 등본에 기록된 수취인의 주소·성명 아래쪽에 걸치도록 우편날짜도장으로 계인한다.

      ㉡ 내용문서의 원본이나 등본의 수량이 2장 이상일 때에는 내용문서의 원본 및 등본의 글자를 훼손하지 않도록 빈 여백에 우편날짜도장으로 간인하거나, 천공기로 간인하여야 한다.

      ※ 발송인의 인장이나 지장으로 간인하지 않음에 주의해야 한다.

      ㉢ 내용증명 취급수수료에 해당하는 우표는 우체국에 보관하는 등본의 빈 곳에 붙이고 우편날짜도장으로 소인한다. 다만, 즉납으로 출력된 요금증지를 첨부하거나 날짜가 표시되어 있는 후납인을 날인하는 경우에는 소인을 생략하며, 후납인 아래에 취급수수료 금액을 표시하여야 한다.

(3) 내용증명의 재증명과 열람 청구

① 개념 : 내용증명 발송인 또는 수취인이 내용증명 문서의 등본(수취인인 경우는 원본)을 망실하였거나 새로 등본이 필요할 때 우체국의 등본 보관 기간인 3년에 한정하여 발송인·수취인이나 발송인·수취인으로부터 위임을 받은 사람의 재증명 청구에 응하거나 열람 청구에 응하는 것을 말한다.

② 재증명 청구기간 : 내용증명 우편물을 접수한 다음 날부터 3년 이내

③ 청구국 : 전국 우체국(우편취급국 포함) 및 인터넷우체국

④ 청구인 : 내용증명 우편물의 발송인 또는 수취인, 발송인이나 수취인에게서 위임을 받은 사람

    ※ 인터넷우체국으로 신청할 경우 발송인 및 수취인 본인만 가능(아이핀, 휴대폰 본인인증 실시)

⑤ 재증명 취급수수료 : 재증명 당시 내용증명 취급수수료의 반액을 재증명 문서 1통마다 각각 징수한다.

    ※ 10원 미만의 금액이 발생할 경우에는 절사한다.

⑥ 재증명 취급수수료의 계산시점 : 재증명을 요청한 때

⑦ 열람 수수료 : 열람 당시의 내용증명 취급수수료 반액에 해당하는 수수료를 징수한다.

⑧ 열람방법 : 반드시 취급담당자가 보는 앞에서 열람(보고 옮겨 쓰는 것 포함)하도록 한다.

⑨ 타국 접수 내용증명 재증명 절차

    ㉠ 내용증명 등본보관국 외(타국) 재증명 청구
     • 청구인 본인(또는 대리인)임을 확인한 후, 발송 후 내용증명을 신청한다.
     • 등본보관국 외에 신청하는 경우에는 우편(규격외, 익일특급)으로 발송한다.
     • 등본보관국에서는 D+1일 이내에 내용증명 등본을 복사한 후, 재증명 처리하여 우편(익일특급+
      우편사무)으로 청구인에게 발송한다.
    ㉡ 등본보관국에서 확인하기 전까지는 취소가 가능하다. 하지만 등본보관국 확인 후에는 내용문서
     복사로 인해 취소가 불가능하다.
    ㉢ 내용증명 재증명 우편발송서비스 요금 : 내용증명 재증명 수수료(내용증명 수수료 1/2)+우편요금
     (규격외 중량별 요금)+등기취급수수료+익일특급수수료+복사비(장당 50원)+대봉투(100원)

2 배달증명

(1) 개념

  ① 수취인에게 우편물을 배달하거나 교부한 경우 그 사실을 배달우체국에서 증명하여 발송인에게 통지하
   는 부가취급 우편서비스
  ② 배달증명은 등기우편물을 발송할 때에 청구하는 발송 때의 배달증명과 등기우편물을 발송한 후에 필요
   에 따라 사후에 청구하는 발송 후의 배달증명으로 구분할 수 있다.

(2) 취급대상 : 등기우편물에 한정하여 취급할 수 있다.

(3) 요금체계

  ① 통상우편물 배달증명을 접수할 때

  ② 소포우편물 배달증명 접수할 때

(4) 발송 후의 배달증명 청구

  ① 개념 : 등기우편물을 발송할 당시에는 배달증명을 청구하지 않고 발송하였으나, 사후에 등기우편물의
   배달사실의 증명이 필요하게 된 경우에 발송인이나 수취인이 우체국에 청구하는 제도
  ② 처리절차 : 전국 우체국과 인터넷우체국에서 신청할 수 있으며, 청구 접수국은 정당한 발송인이나 수취
   인임을 확인한 후 처리한다.

③ 청구기간 : 발송한 다음 날부터 1년. 단, 내용증명 우편물에 대한 배달증명 청구는 발송한 다음 날부터 3년

(5) 인터넷우체국 발송 후 배달증명 서비스

① 우체국을 방문하지 않고 인터넷으로 조회하여 프린터로 직접 인쇄하는 서비스
② 등기우편물의 발송인이나 수취인만 신청할 수 있다.
③ 배달완료일 D+2일부터 신청이 가능하다.
④ 신청기한 : 등기우편물 발송한 다음 날부터 1년 이내(다만, 내용증명은 3년)
⑤ 이용요금 : 1건당 1,600원
⑥ 인터넷우체국 회원에 대해서만 신청이 가능하다(회원전용 서비스).
⑦ 결제 후 다음 날 24시까지 (재)출력이 가능하다.

---

04 특급취급

1 국내특급

(1) 개념

등기취급을 전제로 국내특급우편 취급지역 상호간에 수발하는 긴급한 우편물을 통상의 송달 방법보다 더 빠르게 송달하기 위하여 접수된 우편물을 약속한 시간 내에 신속히 배달하는 특수취급제도

(2) 특징

① 지정된 우체국에서만 접수가 가능하다.
② 일반우편물과 구별하여 운송한다.
③ 약속 시간 내에 배달한다.

(3) 종류 : 우편물의 접수에서 배달까지 걸리는 시간을 기준으로 구분

① 당일특급
  ㉠ 접수시간 : 행선지별로 고시된 접수 마감시간
  ㉡ 배달기한 : 접수한 날 20시 이내
② 익일특급
  ㉠ 접수시간 : 접수우체국의 그날 발송 우편물 마감시간
  ㉡ 배달시한 : 접수한 다음 날까지

(4) 취급조건

① 등기취급하는 우편물에 한하여 취급한다.

② 통상우편물 및 소포우편물의 제한 중량은 30kg까지이다. 단, 당일특급 소포우편물은 20kg까지 취급할 수 있다.

③ 우편물의 접수

ㄱ 익일특급 우편물 : 전국 모든 우체국

ㄴ 당일특급 우편물 : 관할 지방우정청장이 지정하여 고시하는 우체국

※ 취급지역 · 우체국 · 시간과 그 밖에 필요한 사항은 관할 지방우정청장이 고시

④ 접수마감시각 및 배달시간 : 관할 지방우정청장의 별도 고시에 따른다.

⑤ 국내특급 취급지역

ㄱ 익일특급

- 전국을 취급지역으로 하되, 접수 다음 날까지 배달이 곤란한 지역에 대해서는 별도의 추가 일수와 사유 등을 고시한다.
- 익일특급의 배달기한에 토요일과 공휴일(일요일)은 포함하지 않는다.
  ※ 익일특급은 금요일에 접수하더라도 토요일 배달대상 우편물에서 제외되므로 다음 영업일에 배달됨을 이용자에게 설명해야 한다.

ㄴ 당일특급

- 서울시와 각 지방 주요 도시 및 지방 주요 도시를 기점으로 한 지방 도시에서 지역 내로 가는 우편물로서 관할 지방우정청장이 지정 고시하는 지역에 한정하여 취급한다.
- 다만, 행정자치부의 시 · 군 통합에 따라 기존 국내특급우편 취급지역 중 광역시의 군지역과 도농복합형태 시의 읍 · 면 지역은 배달이 불가능하여 취급을 제한한다.

---

05 그 밖의 부가취급

1 특별송달

(1) 개념

특별송달은 다른 법령에 따라 「민사소송법」이 정하는 방법으로 송달하여야 하는 서류를 내용으로 하는 등기통상우편물을 송달하고, 그 송달의 사실을 우편송달 통지서로 발송인에게 알려주는 부가취급 서비스

(2) 취급조건

등기취급하는 통상우편물에 한하여 취급할 수 있다.

(3) 취급대상

「민사소송법」제187조에 따라 송달하여야 한다는 뜻을 명시하고 있는 서류에 한정하여 취급할 수 있다.

① 법원에서 발송하는 것
② 특허청에서 발송하는 것
③ 「군사법원법」에 따라 발송하는 군사재판절차에 관한 서류
④ 국제심판소, 소청심사위원회 등 준사법기관에서 관계규정에 의하여 발송하는 재결절차에 관한 서류
⑤ 공증인이 「공증인법」에 따라 발송하는 공정증서의 송달(「공증인법」 제56조의5) 서류
⑥ 병무청에서 「민사소송법」 제187조에 따라 송달하도록 명시한 서류
⑦ 선관위에서 「민사소송법」 제187조에 따라 송달하도록 명시한 서류
⑧ 검찰청에서 「민사소송법」 제187조에 따라 송달하도록 명시한 서류
⑨ 그 밖의 다른 법령에서 특별송달로 하도록 명시된 서류

(4) 요금체계

① 송달통지서가 1통인 소송서류를 발송하는 경우

② 송달통지서가 2통 첨부된 소송서류를 발송할 경우

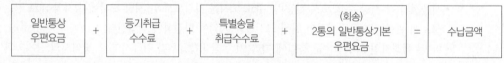

③ 특별송달우편물에 첨부된 우편송달통지서 용지의 무게는 우편물의 무게에 합산한다.
④ 일반통상기본우편요금은 25g 규격 우편물을 기준으로 한다.

2 민원우편

(1) 개념

국민들의 일상생활에 필요한 각종 민원서류를 관계기관에 직접 나가서 발급받는 대신 우편이나 인터넷으로 신청하고 그에 따라 발급된 민원서류를 등기취급하여 민원우편 봉투에 넣어 일반우편물보다 우선하여 송달하는 부가취급 서비스

(2) 제도의 특징

① 민원우편의 송달에 필요한 왕복우편요금과 민원우편 부가취급수수료를 접수(발송)할 때 미리 받는다.
② 우정사업본부에서 발행한 민원우편 취급용 봉투(발송용, 회송용)를 사용해야 한다.
③ 민원발급 수수료와 회송할 때의 민원발급 수수료 잔액을 현금으로 우편물에 봉입하여 발송할 수 있다.
④ 민원발급수수료의 송금액을 5,000원으로 제한한다(민원발급 수수료가 건당 5,000원을 초과하는 경우는 예외).

⑤ 민원우편은 익일특급의 배달방법에 따라 신속히 송달한다.

⑥ 우정사업본부장이 정하여 고시하는 민원서류에 한정하여 취급할 수 있다.

(3) 요금

발송할 때의 취급요금(우편요금＋등기취급수수료＋부가취급수수료)과 회송할 때의 취급요금(50g 규격요금＋등기취급수수료＋익일특급수수료)을 합하여 접수 시에 선납한다.

(4) 회송용 봉투의 요금선납 날짜도장 날인

민원우편 회송용 봉투에 날인하는 요금선납 날짜도장은 최초의 발송민원우편 접수우체국의 접수한 날의 우편날짜도장으로 날인하는 것이며, 회송민원우편 접수우체국에서 날인하는 것이 아님에 주의하여야 한다.

(5) 발송용 봉투의 봉함

발송인이 봉함할 때는 인장(지장) 또는 서명(자필 서명)으로 한다.

(6) 회송용 봉투의 봉함

회송용 민원우편물의 봉함은 민원발급기관의 취급담당자(우체국 취급담당자가 아님)가 인장(지장) 및 서명(자필)을 날인하여 봉함하여야 하며, 수수료 잔액 등 내용품 확인에 대하여는 우체국 담당자는 참관하지 않는다.

3 착불배달 우편물

(1) 등기취급 소포우편물과 계약등기우편물 등의 요금을 발송인이 신청할 때 납부하지 않고 우편물을 배달받은 수취인이 납부하는 제도

(2) 취급대상 : 수취인이 우편요금 등을 지불하기로 발송인이 수취인의 승낙을 얻은 등기우편물

(3) 발송인이 수취인의 승낙을 얻은 경우 착불배달 우편물로 접수할 수 있다.

(4) 착불배달 우편물이 수취인 불명, 수취거절 등으로 반송되는 경우 발송인에게 우편요금 및 반송수수료를 징수한다. 다만, 맞춤형 계약등기는 우편요금(표준요금＋무게구간별 요금)만 징수한다.

※ 접수담당자는 발송인에게 위 사항을 반드시 설명해야 한다.

그 밖의 우편서비스

01 우체국쇼핑

1 개념

전국 각 지역에서 생산되는 특산품과 중소기업 우수 제품을 우편망을 이용하여 주문자나 제3자에게 직접 공급하여 주는 서비스

구분	주요 내용
특산물	검증된 우수한 품질의 농·수·축산물을 전국 우편망을 이용해 생산자와 소비자를 연결해주는 서비스
제철식품	출하시기의 농수산 신선식품, 소포장 가공식품, 친환경 식품 등을 적기에 판매하는 서비스
생활마트	중소기업의 공산품을 개인에게 판매하는 오픈마켓 형태 서비스
B2B	우수 중소기업 상품의 판로를 확보하고 기업의 구매비용 절감과 투명성을 높이기 위하여 기업과 기업 간의 거래환경을 제공하는 서비스
꽃 배달	우체국이나 인터넷을 이용하여 꽃 배달 신청을 할 경우 전국의 업체에서 지정한 시간에 수취인에게 직접 배달하는 서비스
전통시장	대형 유통업체의 상권 확대로 어려워진 전통시장 소상인들의 판로 확보를 위해 전국의 전통시장 상품을 인터넷몰에서 판매하는 서비스
창구판매	창구에서 우체국쇼핑 상품을 즉시 판매하는 서비스

2 손실·망실 등에 따른 반품우편물의 처리

(1) 반품요청 접수관서에서의 처리

우체국쇼핑 상품이 운송 중 손실·망실·내용품 훼손 등의 사유로 수취인이 수취를 거절하는 경우에는 반품우편물의 교환, 환불 요구의 여부를 확인하고 우편물류시스템 반품관리에 등록한 후 우편물을 회수하여 반송 처리한다.

(2) 공급우체국에서의 처리

우체국쇼핑 상품의 반품우편물이 도착하면 우편물류시스템의 반품확인관리에서 '반품확인' 처리하고, 지정된 우체국 공급계좌에 환불요금 입금 여부를 수시로 확인하여 환불요금이 입금되는 즉시 등록된 입금계좌로 환불요금을 송금처리하고 우편물류시스템 환불관리에서 '환불처리'로 등록하여야 하며 신용카드로 결제한 경우에는 '신용카드 결제취소'로 처리하여야 한다.

3 꽃 배달 서비스

(1) 주문 및 환불: 특산물과 동일

(2) 상품배달

 ① 공급업체에서는 상품 주문내용(주문 상품, 수취인, 배달날짜, 시간, 리본 표시사항 등)을 확인하고 발송 상품을 제작한다.

  ※ 상품 발송할 때 반드시 우체국 꽃 배달 태그를 동봉하여야 한다.

 ② 주문자가 지정한 시간에 수취인에게 상품을 배달해야 한다.

(3) 배달결과 입력

 공급업체에서 직접 입력한다.

 ※ 입력과 동시에 배달결과가 주문자의 SMS나 이메일로 자동적으로 통보된다.

(4) 상품 배상

 ① 상품을 수취인에게 배달하는 중에 공급업체의 잘못으로 상품에 결함이 생기면 모든 비용은 공급업체에서 부담한다. 소비자가 교환이나 환불을 요구할 때에는 즉시 보상해야 한다.

 ② 전액 환불 조치

  ㉠ 상품을 정시에 배달하지 못한 경우

  ㉡ 신청인이 배달 하루 전 주문을 취소할 경우

  ㉢ 상품에 하자(상품의 수량·규격 부족, 변질, 훼손 등)가 발생할 경우

  ㉣ 주문과 다른 상품이 배달된 경우

 ③ **상품 교환 조치** : 상품의 훼손, 꽃송이의 부족 등으로 교환을 요구할 경우

 ④ **일부 환불 조치** : 주소 오기 등 주문자의 실수로 잘못 배달되거나 수취인이 수취를 거부할 경우 주문자가 환불을 요구하면 꽃은 30%, 화분은 50%를 환불한다.

---

02 전자우편 서비스

1 개념

고객(정부, 지자체, 기업체, 개인 등)이 우편물의 내용문과 발송인·수신인정보(주소·성명 등)를 전산매체에 저장하여 우체국에 접수하거나 인터넷우체국을 이용하여 신청하면 내용문 출력과 봉투 제작 등 우편물 제작에서 배달까지 전 과정을 우체국이 대신하여 주는 서비스로서, 편지, 안내문, DM 우편물을 빠르고 편리하게 보낼 수 있는 서비스

2 종류

구분		주요 내용	이용 수수료(장당)	
			흑백	컬러
봉함식	소형	편지, 안내문, 고지서 등의 안내문(최대 6장)을 편지형태로 인쇄하여 규격봉투에 넣어 발송하는 우편 서비스	90원	280원
			추가 1장당 30원	추가 1장당 180원
	대형	다량의 편지 등 내용문(최대 150장)을 A4용지에 인쇄하여 대형봉투에 넣어 발송하는 우편 서비스	130원	340원
			추가 1장당 30원	추가 1장당 180원
접착식		접착식 주차위반과태료, 교통범칙금, 통지서 등을 봉투 없이 제작 발송하는 우편 서비스	단면 양면	단면 양면
			60원 80원	220원 370원
그림엽서		동창회 모임안내 등 내용문을 간략하게 그림엽서에 인쇄하여 발송하는 우편 서비스	40원	–

3 부가서비스

부가서비스 명	서비스 내용	제작 수수료
내용증명	전자우편을 이용하여 다량의 내용증명을 제작, 발송	기존 제작수수료와 같음
계약등기	전자우편을 이용하여 우편물을 제작하고 계약등기로 배달	
한지(내지)	전자우편 내지의 기본사양(A4 복사용지) 대신 고급 한지 이용	30원 추가

4 접수방법

(1) 우체국(우편취급국 포함) 창구 접수

우체국 창구 접수는 발송인이 제출한 접수정보에 대하여 접수심사를 완료한 후 발송인에게서 우편요금과 제작수수료 수납으로 성립한다.

※ 우편물의 접수 취소 또는 수정 발송인이 우편물 접수를 철회하거나 해당 우체국 접수 담당자의 잘못으로 우편물 접수를 취소하거나 수정할 경우에는 접수 화면에서 해당 우편물의 접수번호를 검색한 후 접수 취소(수정)처리한다. 다만, 접수 취소나 수정은 배달국에서 우편물을 제작하기전이나 위탁제작센터에 접수정보를 전송하기 전인 접수한 당일에만 할 수 있다.

(2) 인터넷우체국 접수

이용자가 인터넷우체국이 제공하는 접수방법에 따라 접수하고, 우편요금 및 수수료 결제가 완료되면 접수가 성립된 것으로 본다.

(3) 계약고객 전용시스템 접수

우체국과 계약을 통해 정기적으로 등기우편물을 발송하는 고객이 계약고객시스템에서 주소록 및 내용문 파일을 가접수하고, 계약 우체국에서 가접수 내용을 검색하여 연계 접수하고 결제가 완료되면 접수가 성립된 것으로 본다.

5 기타 서비스

(1) 동봉 서비스

① 봉함식(소형봉투와 대형봉투) 전자우편을 이용할 때 내용문 외에 다른 인쇄물을 추가로 동봉하여 보낼 수 있는 서비스

② 이용할 때 별도의 수수료를 내야하며, 우체국 창구에서 신청할 때만 이용이 가능하다.

※ 인터넷우체국에서는 동봉 서비스의 이용이 불가하다.

③ 동봉 서비스로 접수된 동봉물은 최선편으로 위탁제작센터가 지정한 제작센터로 무료등기 소포우편물 (무게 20kg까지)로 발송한다.

④ 동봉물이 20kg을 초과하면 초과분에 대해 등기소포 우편요금을 적용하고 신청인이 그 요금을 납부하여야 한다.

(2) 맞춤형 서비스

다량으로 발송할 때 봉투 표면(앞면 · 뒷면) 또는 그림엽서에 발송인이 원하는 로고나 광고문안(이미지)을 인쇄하여 발송할 수 있는 서비스

03 기타 부가서비스

1 월요일 배달 일간신문

(1) 토요일 자 발행 조간신문과 금요일 자 발행 석간신문(주 3회, 5회 발행)을 토요일이 아닌 다음 주 월요일에 배달(월요일이 공휴일인 경우 다음 영업일)하는 일간신문

(2) 신문사가 토요일 자 신문을 월요일 자 신문과 함께 봉함하여 발송하려 할 때에 봉함을 허용하고 요금은 각각 적용한다.

2 모사전송(팩스) 우편 서비스

(1) **개념** : 우체국에서 신서, 서류 등의 통신문을 접수하여 전자적 수단(Facsimile)으로 수취인 모사전송기기 (팩스)에 직접 전송하는 제도

(2) **이용수수료**
  ① 시내, 시외 모두 동일한 요금을 적용한다.
  ② 최초 1매 500원, 추가 1매당 200원, 복사비 1장당 50원

(3) **취급조건**
  ① 취급대상은 서신, 서류, 도화 등을 내용으로 한 통상우편물이어야 한다.
  ② 통신문 용지의 규격은 A4규격(210mm×297mm)에 통신내용을 기록, 인쇄한 것으로 한다.
  ③ 통신문은 몹시 치밀하여 판독이 어려워서는 안 되고, 선명하여야 하며 검은색이나 진한 파란색으로 표시한 것이어야 한다. 다만, 발신·수신시 원형 그대로 재생이 곤란한 컬러통신문의 경우 취급은 하지만 그에 따른 불이익은 의뢰인이 부담한다.
  ④ 우정사업본부장이 지정 고시하는 우체국에서만 취급할 수 있다.
    ㉠ 우편취급국은 제외
    ㉡ 군부대 내에 소재하는 우체국은 우정사업본부장이 지정, 고시하는 우체국만 가능

3 광고우편엽서

(1) **개념**
  ① 우정사업본부에서 발행하는 우편엽서에 광고내용을 인쇄하여 광고주가 원하는 지역에서 판매하는 제도
  ② 광고주 측에서는 싼 비용으로 공신력 있는 기관을 이용하여 광고를 할 수 있고, 우편관서에서는 수익원이 될 수 있는 우편엽서 제도

(2) **접수창구** : 전국 우체국

(3) **접수요건**

① 발행량과 판매지역

    ㉠ 전국판 : 최저 20만 장 이상 300만 장까지 발행하여 특별시, 광역시 · 도 중 4개 이상의 광역지방자치단체 지역에서 동시에 판매

    ㉡ 지방판 : 최저 5만 장 이상 20만 장 미만으로 발행하여 특별시, 광역시 · 도 중 3개 이하의 광역지방자치단체 지역에서 판매

        ※ 다만, 1개 구역의 발행 신청량은 5만 장 이상으로 한다.

    ㉢ 광고주가 구입 요청을 한 경우에만 판매구역에 관계없이 광고주가 지정하는 우체국에서 판매한다(최소 구매량 1,000장).

② 신청요건

    ㉠ 발행일 50일 전에 광고디자인 설명서, 광고디자인 자료(필름, CD, 그 밖에 전자매체 자료 등)를 함께 접수한다.

        ※ 발행일 50일: 광고우편엽서 발행 최소 소요일

    ㉡ 광고디자인의 크기: 가로 60mm×35mm 이내

    ㉢ 광고디자인 조건: 5색 이내

4 나만의 우표

(1) 개념

개인의 사진, 기업의 로고 · 광고 등 고객이 원하는 내용을 신청 받아 우표를 인쇄할 때 비워놓은 여백에 컬러복사를 하거나 인쇄하여 신청고객에게 판매하는 IT기술을 활용한 신개념의 우표 서비스

(2) 종류 : 기본형, 홍보형, 시트형

(3) 접수 방법

① 전국 우체국(별정우체국, 우편취급국 포함), 인터넷우체국, 모바일 앱, (재)한국우편사업진흥원 및 접수위탁기관에서 접수할 수 있다.

② 신청인에게 신청서를 작성하게 한 후 사진, 데이터 파일 등과 함께 제출하도록 안내한다.

③ 신청서에 배달 희망주소와 이름, 우편번호, 전화번호 등이 정확히 기록하였는지 확인한다.

④ 신청자가 사진을 제출한 경우 사진 뒷면에 이름과 전화번호를 기록한다.

⑤ 접수할 때 제작과 발송에 걸리는 기간, 신청수량, 판매가격, 할인율 등을 신청자에게 안내한다.

⑥ 기본형 이용 시 이미지 1종이 기본이며, 홍보형 및 시트형은 기본종수(1종) 외에 큰 이미지 1종을 무상으로 제공한다.

    ※ 기본이미지 외 이미지를 추가적으로 요청할 경우 1종 추가마다 600원씩 요금을 징수하며, 전지 신청량에 따라 고객 이미지 최대 20종까지 무료로 제공할 수 있다.

전지 신청량	1장	2~10장	11~50장	51~100장	101장 이상
이미지 서비스 수량 (기본 종수)	1종	2종	5종	10종	20종

⑦ 접수자는 신청서에 우편날짜도장으로 날인하여 원본은 우체국에 1년 동안 보관하고, 신청자에게 사본 1부를 접수증으로 교부하며, 1부는 제작기관에 사진이나 데이터와 함께 송부한다.

(4) 접수할 때 거절해야 하는 사항

① 공공의 질서와 선량한 풍속, 국민의 건전한 소비생활에 해를 끼치는 내용
② 국가 정책을 비방하거나 우정사업에 지장을 주는 내용
③ 선거법 등 각종 법령에서 제한하는 내용
④ 과대이나 거짓임이 명백한 내용, 다른 사람을 모독하거나 명예를 훼손하는 내용
⑤ 그 밖에 사회적으로 물의를 일으킬 수 있다고 판단되는 내용

(5) 접수 시 유의사항

① 나만의 우표를 신청하는 사람은 사진 등의 자료를 사용할 수 있는 권한이 있어야 하며, 자료의 내용이 초상권, 저작권 등 다른 사람의 권리를 침해하면 이에 대한 법적 책임이 있다는 것을 설명해야 한다.
② 접수할 때 신청 자료의 내용이 다른 사람의 초상권, 저작권 등을 침해한 것으로 확인된 경우에는 신청 고객이 해당 권리자에게서 받은 사용허가서나 그 밖의 사용 권한을 증명할 수 있는 서류를 제출하도록 안내한다.
　※ 서류 보관기간 : 접수한 날부터 5년(이미지 : 3개월)
③ 접수자는 선명도가 낮은 사진 등에 대해서는 우표품질이 떨어진다는 사실을 설명한 후 신청자가 원하는 경우에만 접수하고, 그렇지 않은 경우에는 보완하여 제출하게 한다.
④ 접수자는 사진 등 관련 자료는 명함판(반명함판)이 적정하나 제출한 사진 자료의 크기가 너무 크거나 작을 경우에는 축소 또는 확대 복사, 인쇄에 따라 선명도가 낮아질 수 있음을 설명해야 한다.
⑤ 나만의 우표를 우편물에 붙인 경우 고객의 사진 부분에 우편날짜도장이 날인될 수 있음을 사전에 설명 해야 한다.
⑥ 접수된 이미지나 자료는 우표 제작이 완료된 후에 신청고객이 반환을 요구하는 경우에만 반환하고 반환하지 않은 이미지는 제작기관에서 일정기간 보관 후 폐기한다는 것을 설명한다.
⑦ 영원우표가 아닌 구 권종(300원, 270원, 250원 권 등)은 판매가 중지되었다.

5 고객맞춤형 엽서

(1) 개념

우편엽서에 고객이 원하는 그림·통신문과 함께 발송인과 수취인의 주소·성명, 통신문 등을 인쇄하여 발송까지 대행해 주는 서비스

(2) 종류

① 기본형

ㄱ 우편엽서의 앞면 왼쪽이나 뒷면 한 곳에 고객이 원하는 내용을 인쇄하여 신청고객에게 판매하는 서비스

ㄴ 앞면 왼쪽에 고객이 원하는 내용을 인쇄하는 경우에는 희망 고객에 한하여 발송인이나 수취인 주소 · 성명을 함께 인쇄

② 부가형

ㄱ 우편엽서의 앞면 왼쪽과 뒷면에 고객이 원하는 내용을 인쇄하여 신청 고객에게 판매하는 서비스

ㄴ 희망하는 고객에게만 발송인 · 수취인의 주소 · 성명, 통신문까지 함께 인쇄하여 신청고객이 지정한 수취인에게 발송까지 대행

(3) 접수방법

① **접수창구** : 전국 우체국(별정우체국, 우편취급국 포함), 인터넷우체국 및 모바일앱

② **접수 시 안내사항**

ㄱ 고객맞춤형 엽서를 신청하는 사람은 사진 등의 자료를 사용할 수 있는 권한이 있어야 하며, 자료의 내용이 초상권, 저작권 등 다른 사람의 권리를 침해하면 이에 대해 법적 책임이 있다는 사실을 설명해야 한다.

ㄴ 접수할 때 신청 자료의 내용이 다른 사람의 초상권, 저작권 등을 침해한 것으로 확인한 경우에는 신청고객이 해당 권리자에게서 받은 사용허가서나 그 밖의 사용권한을 증명할 수 있는 서류를 제출하도록 안내한다.

※ 서류 보관기간 : 접수한 날부터 5년(이미지: 3개월)

③ **접수에 따른 고지사항**

ㄱ 고객맞춤형 엽서를 우편물로 발송하기 이전에는 엽서에 표기되어 있는 액면금액만을 우편요금으로 인정하며, 교환을 청구할 때에 는 훼손엽서의 처리규정을 적용함을 안내해야 한다.

※ 다만, 부가형은 교환대상에서 제외

ㄴ 신청고객이 제출한 사진이나 이미지 데이터가 수록된 저장매체의 자료는 신청고객 본인이나 그 데이터의 소유자가 사용을 허락한 것으로 간주하며, 법적인 문제가 생길 경우에는 모든 손해배상 책임은 신청고객에게 있음을 안내한다.

ㄷ 신청고객이 제출한 사진이나 이미지 데이터의 선명도가 낮은 경우에는 신청고객이 원하는 경우에만 접수하고, 그렇지 않은 경우에는 보완하여 제출하게 한다.

ㄹ 사진이나 이미지 데이터의 규격이 너무 크거나 작을 경우에는 축소하거나 확대하여 인쇄해야 하므로 선명도가 낮아질 수 있음을 설명해야 한다.

(4) 고객맞춤형 엽서의 교환

고객이 교환을 요청한 때에는 훼손엽서로 규정하여 교환금액(현행 10원)을 수납한 후 액면금액에 해당하는 우표, 엽서, 항공서간으로 교환해 준다.

6 우체국 축하카드

(1) 개념
축하·감사의 뜻이 담긴 축하카드를 한국우편사업진흥원(위탁 제작처) 또는 배달우체국에서 만들어 수취인에게 배달하는 서비스

(2) 접수
우체국 창구, 인터넷우체국(epost.kr), 모바일앱, 우편고객만족센터(1588-1300)
단, 현품 판매의 경우 우편집중국 및 우편취급국은 제외

(3) 부가할 수 있는 서비스
① 등기통상, 당일특급, 익일특급, 배달증명 서비스
② 상품권 동봉서비스 : 경조카드와 함께 20만 원 한도 내에서 문화상품권을 함께 발송할 수 있다.
③ 예약배달 서비스
  ㉠ 예약 신청한 날짜에 배달한다.
  ㉡ 예약배달일은 접수한 날부터 영업일 기준 3일 이후부터 13개월 이내의 기간을 지정할 수 있다.
  ㉢ 당일특급, 익일특급, 배달증명 서비스의 경우에는 예약배달 서비스를 이용할 수 없다.

7 인터넷 우표

(1) 개념
① 고객이 인터넷우체국을 이용하여 발송 우편물에 해당하는 우편요금을 지불하고 본인의 프린터에서 직접 우표를 출력하여 사용하는 서비스
② 인터넷 우표는 고객편의 제고와 위조, 변조를 방지하기 위하여 단독으로 사용할 수 없으며 수취인 주소가 함께 있어야 한다.

(2) 종류
① 일반통상과 등기통상 두 종류가 있으며, 등기통상의 경우 익일특급 서비스도 부가할 수 있다.
② 국제우편물과 소포우편물은 이용대상이 아니다.

(3) 결제방법
신용카드, 즉시계좌이체, 전자지갑, 휴대폰, 간편 결제 등

(4) 구매 취소
① 구매한 후 출력하지 않은 인터넷 우표에 한정하여 구매 취소가 가능하다.
② 요금을 결제한 우표 중 일부 출력 우표가 있는 경우에는 구매 취소를 할 수 없다.
  ※ 1회에 10장을 구입하여 1장을 출력한 경우이면 구매 취소가 불가하다.

③ 결제 취소는 결제일 다음날 24시까지 가능하다.

　　※ 다만, 휴대폰 결제인 경우 당월 말까지 취소가 가능하다.

(5) 재출력 대상

① 인터넷 우표 출력 도중 비정상 출력된 우표

② 요금은 지불하였으나, 고객 컴퓨터의 시스템 장애로 출력하지 못한 우표

③ 정상 발행되었으나 유효기간 경과한 우표

④ 그 밖에 다시 출력할 필요가 있다고 인정되는 우표

(6) 우표류 교환

① 정가 판매한 인터넷 우표는 우표류 교환 대상에서 제외한다.

② 인터넷 우표는 장기간 보유하지 않으며, 수취인 주소가 기록되어 있어 다른 이용자에게 판매할 수 없기에 우표류 교환 대상에서 제외한다.

(7) 유효기간

① 인터넷 우표는 국가기관이 아닌 개별 고객의 프린터에서 출력하여 사용하기 때문에 우표의 품질이 일정하지 않으며, 또 장기간 보관에 따른 우표의 오염이나 훼손 우려가 있어 출력일 포함 10일 이내에 사용하도록 하였다.

② 유효기간이 경과한 인터넷 우표를 사용하려 할 경우에는 유효기간 경과 후 30일 이내에 재출력을 신청하여야 사용이 가능하다.

8 준등기 우편

(1) 개념

우편물의 접수에서 배달 전(前) 단계까지는 등기우편으로 취급하고 수취함에 투함하여 배달을 완료하는 제도로 등기우편으로 취급되는 단계까지만 손해배상을 하는 서비스

(2) 대상

200g 이하의 국내 통상우편물

(3) 요금

1,800원(정액 요금)

※ 전자우편 제작수수료 별도

(4) 접수채널

전국 우체국(우편집중국, 별정우체국 및 우편취급국 포함)

(5) 부가역무

전자우편(우편창구 및 연계 접수에 한한다.)

(6) 우편물의 처리

① 배달기한 : 접수한 다음 날부터 3일 이내
② 전송 : 준등기 우편물로 처리(수수료 없음)
③ 반송 : 일반 우편물로 처리(수수료 없음)
④ 반환 : 일반우편물로 처리 → 우편물이 우편집중국으로 발송되기 전까지 반환청구 수수료는 무료이나, 우편물이 우편집중국으로 발송한 후에는 반환청구 수수료를 징수해야 한다. 반환청구 수수료는 통상우편 기본요금을 적용한다.

(7) 번호체계

첫째 자리가 "5"로 시작하는 13자리 번호 체계로 구성

(8) 알림서비스

① 발송인은 준등기 우편서비스의 배달결과를 문자 또는 전자우편(e-Mail)으로 통지받을 수 있다.
② 다만, 우편물 접수 시에 발송인이 연락처 정보를 제공하지 않는 경우에는 배달결과 서비스를 받지 못함을 발송인에게 안내한 후 준등기 우편을 접수해야 한다.
③ 집배원이 배달결과를 PDA에 등록하면 배달결과 알림 문자가 자동으로 발송인에게 전송하며, 접수 시 발송인이 '통합알림'을 신청한 경우에는 배달완료일 다음날(최대 D+4일)에 발송인에게 배달결과를 함께 전송한다.

(9) 종적조회

접수 시부터 수취함 투함 등 배달완료 시까지 배달결과에 대한 종적조회가 가능(전송우편 포함)하다. 다만, 반송 시에는 결과 값이 반송우편물로만 조회가 되고, 발송인에게 도착되기까지의 종적정보는 제공되지 않는다.

(10) 손해배상

우체국 접수 시부터 배달국에서 배달증 생성 시까지만 최대 5만 원까지 손해배상을 제공하며, 배달완료 후에 발생된 손·망실은 손해배상 제공대상에서 제외된다.

우편에 관한 요금

01 요금별납 우편물

1 개념

(1) 동일인이 동시에 우편물의 종류, 중량, 우편요금 등이 동일한 우편물을 다량으로 발송할 경우에 개개의 우편물에 우표를 첨부하여 요금을 납부하는 대신 우편물 표면에 "요금별납"의 표시만을 하고, 요금은 일괄하여 현금(신용카드 결제 등 포함)으로 별도 납부하는 제도로서 관할 지방우정청장이 지정하는 우체국(우편취급국 포함)에서만 취급이 가능하다.

(2) 발송인이 개개의 우편물에 우표를 붙이는 일과 우체국의 우표 소인을 생략할 수 있어 발송인 및 우체국 모두에게 편리한 제도이다.

2 취급조건

(1) 우편물의 종별, 중량, 우편요금 등이 같고 동일인이 동시에 발송해야한다.

(2) 취급기준
　① 10통 이상의 통상우편물이나 소포우편물 발송 시 이용이 가능하다.
　② 동일한 10통 이상의 우편물에 중량이 다른 1통의 우편물이 추가되는 경우에도 별납으로 접수가 가능하다.

(3) 발송인이 우편물 표면에 '요금별납'을 표시해야 한다.

(4) 관할 지방우정청장이 별납우편물을 접수할 수 있도록 정한 우체국이나 우편취급국에서 이용이 가능하다.

3 접수요령

(1) 발송인이 요금별납 표시를 하지 않은 경우에는 라벨 증지를 출력하여 붙이거나, 우체국에 보관된 요금별납 고무인을 사용하여 표시해야 한다.

(2) 요금별납 고무인은 책임자(5급 이상 관서 : 과장, 6급 이하 관서 : 국장)가 수량을 정확히 파악해서 보관해야 하며, 담당자는 책임자에게 필요할 때마다 받아서 사용한다.

(3) 요금별납 우편물은 책임자가 보는 앞에서 접수하고, 접수담당자와 책임자는 요금별납 발송신청서의 해당 칸에 각각 서명한다.

(4) 요금별납 우편물에는 원칙적으로 우편날짜도장을 찍지 않는다.

(5) 요금별납 우편물은 창구업무 시간 내에 접수하는 것이 원칙이다.

(6) 요금별납 우편물은 우편창구에서 접수하는 것이 원칙이다.

02 요금후납 우편물

1 개념

(1) 우편물의 요금(부가취급수수료 포함)을 우편물을 발송할 때에 납부하지 않고 1개월간 발송 예정 우편요금 액의 2배에 해당하는 금액을 담보금으로 제공받고, 1개월 간의 요금을 다음 달 20일까지 납부하는 제도

(2) 접수 시 신용카드로 결제할 수 있다.

(3) 이 제도는 우편물을 자주 발송하는 공공기관, 은행, 회사 등이 요금납부를 위한 회계 절차상의 번잡함을 줄이는 동시에 우체국은 우표의 소인 절차를 생략할 수 있다.

2 취급대상

(1) 대상우편물

① 한 사람이 매월 100통 이상 발송하는 통상우편물, 소포우편물
② 모사전송(팩스)우편물, 전자우편
③ 우편요금표시기 사용 우편물
④ 우편요금 수취인부담 우편물
⑤ 반환우편물 중에서 요금후납으로 발송한 등기우편물
⑥ 발송우체국장이 정한 조건에 맞는 국가 또는 지방자치단체 우편물
⑦ 우체통에서 발견된 습득물 중 우편물에서 이탈된 것으로 인정되지 않는 주민등록증

(2) 이용 가능 우체국

① 우편물을 발송할 우체국 또는 배달할 우체국

② 우편취급국은 총괄우체국장의 사전 승인을 받은 후 이용 가능

3 요금후납 계약을 위한 담보금

(1) 담보금의 제공

① 담보금액 : 계약자가 납부할 1개월분의 우편요금을 개략적으로 추산한 금액의 2배 이상

② 제공방법 : 보증금, 본부장이 지정하는 이행보증보험증권이나 지급보증서

③ 담보금액의 조정 : 납부한 담보금액이 실제 1개월 발송 우편요금의 2배액에 미달되거나 초과되는 경우에는 담보금액을 증감 조치할 수 있다.

(2) 담보금의 면제

① 1/2 면제 대상 : 최초 계약한 날부터 체납하지 않고 2년간 성실히 납부한 사람

② 전액 면제 대상

    ㉠ 국가, 지방자치단체, 공공기관, 「은행법」에 따른 금융기관과 특별법에 따라 설립된 공공기관

    ㉡ 최초 후납계약일부터 체납하지 않고 4년간 성실히 납부한 사람

    ㉢ 우체국장이 신청자의 재무상태 등을 조사하여 건실하다고 판단한 사람

    ㉣ 1개월간 납부하는 요금이 100만 원 이하인 사람

    ㉤ 신용카드사 회원으로 등록하고, 그 카드로 우편요금을 결제하는 사람

    ㉥ 우체국소포 및 국제특급(EMS) 계약자 면제

> • 우편관서 물류창고 입점업체로서 담보금 수준의 물품을 담보로 제공하는 사람
> • 최근 2년간 체납하지 않은 사람
> • 신용보증 및 신용조사 전문기관의 신용평가 결과가 B등급 이상인 사람

(3) 담보금 제공 면제의 취소

① 담보금 제공을 면제받은 후 2년 안에 요금납부를 2회 체납한 경우

    ㉠ 담보금 1/2 면제 대상인 경우 담보금 제공 면제 취소

    ㉡ 담보금 전액 면제 대상인 경우 담보금 제공 1/2 면제

② 담보금 제공을 면제받은 후 2년 안에 요금납부를 3회 이상 체납한 경우 : 담보금 제공 면제 취소

③ 우체국소포 및 국제특급(EMS) 계약자인 경우

    ㉠ 신용보증 및 신용조사 전문기관의 평가 결과가 B등급 미만으로 떨어진 경우

    ㉡ 면제 받은 후 납부기준일부터 요금을 1개월 이상 체납한 경우

    ㉢ 면제 받은 후 연속 2회 이상 체납하거나, 최근 1년 안에 3회 이상 체납한 경우

④ 계약우체국장은 체납을 이유로 면제 취소를 받은 사람에 대해서 담보금 면제 혜택을 2년간 금지할 수 있다.

4 요금후납 계약국 변경 신청 제도

(1) 개념 : 계약자가 다른 우체국으로 요금후납 계약국을 변경하는 제도

(2) 신청 대상 : 모든 우편요금후납 계약

(3) 처리 절차

① 이용자의 요금후납 계약국에 변경신청서를 제출한다.

② 접수국은 인수하는 우체국이 업무처리가 가능한지 검토한다.

　　※ 고려해야 할 사항

　　　• 인수하는 우체국의 운송 여력과 운송시간표

　　　• 인수하는 우체국의 업무량 수준

　　　• 고객 불편이 예상되는 경우 사전 안내하여 변경 신청 여부를 다시 확인

③ 계약국 변경이 가능한 경우에는 계약국, 이관국, 이용자에게 변경사항을 알리고 우편요금후납 계약서류와 담보금을 이관국으로 송부한다.

　　※ 이행보증증권(피보험자＝계약우체국장)인 경우 계약국 변경 시 보증증권 재발행 필요

④ 인수국은 계약사항을 우편물류시스템에 입력한 후 후납계약 업무를 시작한다.

03　요금수취인부담 우편물

1 개념

(1) 요금수취인부담이란 배달우체국장(계약등기와 등기소포는 접수우체국장)과의 계약을 통해 그 우편요금을 발송인에게 부담시키지 않고 수취인 자신이 부담하는 제도이다.

(2) 통상우편물은 주로 "우편요금수취인부담"의 표시를 한 사제엽서 또는 봉투 등을 조제하여 이를 배부하고 배부를 받은 자는 우표를 붙이지 않고 그대로 발송하여 그 요금은 우편물을 배달할 때에 또는 우체국의 창구에서 교부받을 때는 수취인이 취급수수료와 함께 지불하거나 요금후납계약을 체결하여 일괄 납부하는 형태이다.

(3) 일반통상우편물은 통신판매 등을 하는 상품 제조회사가 주문을 받기 위한 경우 또는 자기 회사의 판매제품에 관한 소비자의 의견을 알아보기 위한 경우 등에 많이 이용되고 있다.

2 취급 방법

(1) 취급대상은 통상우편물, 등기소포우편물, 계약등기이며, 각 우편물에 부가서비스도 취급할 수 있다.

(2) 국가기관 등에 있어서의 발송 유효기간

발송 유효기간은 요금수취인부담 계약일로부터 2년이 원칙이다. 다만, 국가기관, 지방자치단체 또는 정부투자기관에 있어서는 발송 유효기간을 제한하지 아니할 수 있어 2년을 초과하여 발송 유효기간을 정할 수 있다.

(3) 발송 유효기간의 표시의 생략

국가기관, 지방자치단체 또는 정부투자기관에 있어서는 발송 유효기간을 표시하지 아니할 수 있다.

(4) 발송 유효기간을 경과한 요금수취인부담 우편물 처리

발송 유효기간을 경과하여 발송한 요금수취인부담 우편물은 발송인에게 반환한다.

(5) 계약의 해지 후 발송 유효기간 내에 발송된 요금수취인부담 우편물은 수취인에게 배달한다.

(6) 요금수취인부담 우편물에는 우편날짜도장의 날인을 생략한다.

(7) 요금의 징수

① 요금수취인부담 우편물의 우편요금은 수취인이 우편물을 받을 때에 납부한다. 다만, 요금후납 계약을 맺은 때에는 요금후납의 예에 준하여 처리한다.

② 우편요금은 부가취급 수수료를 포함한 금액의 110%이다. 우편요금합계금액에 원 단위가 있을 경우에는 절사한다.

04 우편요금의 감액

1 우편요금 감액제도 개요

우편 이용의 편의와 우편물의 원활한 송달을 확보할 수 있는 방법으로 발송하는 다량우편물에 대하여 그 요금의 일부를 감액할 수 있다.

2 통상우편물의 감액

(1) 정기간행물

① 감액대상 : 「신문 등의 진흥에 관한 법률」(이하 "신문법"이라 함) 제2조 제1호에 따른 신문(관련된 호외 · 부록 또는 증간을 포함)과 「잡지 등 정기간행물의 진흥에 관한 법률」(이하 "잡지법"이라 함) 제2조 제1호 가목 · 나목 및 라목의 정기간행물(관련된 호외 · 부록 또는 증간을 포함)

　㉠ 발행주기를 일간 · 주간 또는 월간으로 하여 월 1회 이상 정기적으로 발송해야 한다.

　㉡ 요금별납 또는 요금후납 일반우편물로서 무게와 규격이 같아야 한다.

② 감액 제외대상

　㉠ 「신문법」 제9조에 따라 등록하지 않은 신문과 「잡지법」 제15조, 제16조에 따라 등록 또는 신고하지 않은 정기간행물, 「잡지법」 제16조에 따라 신고한 정보간행물 및 기타간행물 중 상품의 선전 및 그에 관한 광고가 앞 · 뒤 표지 포함 전 지면의 60%를 초과하는 정기간행물

　㉡ 우편물의 내용 중 받는 사람에 관한 정보나 서신 성격의 안내문이 포함되어 있는 경우

③ 우편요금 감액요건

　㉠ 우편물 정기발송계약

　　• 계약당사자

　　　– 「신문법」 제2조 제3호에 따른 '신문사업자'

　　　– 「신문법」 제2조 제7호에 따른 '발행인'

　　　– 「신문법」 제2조 제11호에 따른 '지사 또는 지국장'

　　　– 「잡지법」 제2조 제2호에 따른 '정기간행물사업자'

　　　– 「잡지법」 제2조 제3호에 따른 '발행인'

　　　– 「잡지법」 제2조 제5호에 따른 '지사 또는 지국장'

　　　– 정기간행물의 원활한 보급을 위하여 보급업무를 대행하는 자(이하 '보급대행인'이라 함)

　　　　※ 보급대행인이란 정기간행물의 보급 및 배포를 위하여 정기간행물의 발행인과 계약을 통하여 맺은 이해관계인을 말한다.

　　　　※ 계약당사자가 아닌 대리점, 영업사원, 개인 등이 발송하는 정기간행물은 감액대상에서 제외한다.

- 계약을 체결할 우체국
  - 우편집중국(우편물 접수부서가 없는 집중국에 설치된 우체국 포함)
  - 직접 배달할 우체국
  - 5급 이상 공무원이 우체국장으로 배치된 우체국
- 계약 체결에 필요한 사항
  - 우편물 정기발송계약신청서, 계약서
  - 사업자등록증 사본
  - 신문 또는 잡지 사업 등록증, 정보간행물, 기타 간행물 신고증(최근 6개월 이내인 것으로 한다)
  - 미등록물은 발행주기와 동일하게 계속해서 계약일 이전 일간은 10회 이상, 주간은 5회 이상, 월간은 3회 이상의 발행 실적을 증빙하는 서류 및 기 발행된 간행물(또는 표지)을 제출할 것
  - 계약체결 신청인이 신문(정기간행물)사업자, 발행인이 아닌 지사 또는 지국일 경우 그 설치를 입증할 수 있는 서류 사본, 보급대행인일 경우 보급 대행에 관한 계약을 입증할 수 있는 서류를 추가적으로 제출해야 한다.
- 계약 내용의 변경 신고 : 정기간행물의 등록사항 변경과 휴간, 정간 등의 사유가 생기거나 계약서의 내용이 변경되었을 경우에는 그 사유가 발생한 날로부터 10일 이내에 서면으로 신고하여야 하며, 이에 따른 정기간행물은 정기 발송일에 발송한 것으로 간주한다. 단, 휴간 횟수는 최근 6개월간(일간은 1개월간) 정기발송 횟수의 20% 이하로 제한한다.
- 계약의 해지
  - 우편물의 정기 발송일에 우편물을 3회(일간은 10회) 이상 계속해서 발송하지 아니하는 경우
  - 최근 6개월간(일간은 1개월간) 우편물 발송 횟수가 80%에 미달한 경우
  - 우편요금 감액대상이 아닌 우편물을 우편물 정기발송계약에 따라 발송한 경우
  - 정기간행물의 등록사항 변경과 휴간, 정간 등의 사유가 생기거나 정기발송 계약서의 내용이 변경되었음에도 그 사유가 발생한 날로부터 10일 이내에 서면으로 신고하지 아니한 경우
- 계약해지 후 재계약의 제한 : 계약 해지일로부터 1년(일간신문은 4개월)이 지나야 재계약이 가능하다.
- 계약체결 우체국의 이관 : 계약당사자가 계약체결 우체국 변경을 요청할 경우 당초 계약체결 우체국은 관련서류를 계약변경 우체국으로 옮겨야 한다.

ⓛ 감액대상 우편물 취급 우체국
- 계약을 체결한 우체국
- 요금후납으로 계약한 정기간행물은 계약을 체결하지 않은 배달국 관할 우편집중국에도 접수 가능
- 결제방법을 요금별납으로 계약한 정기간행물은 계약우체국에 타국접수 신청을 한 후 계약을 체결하지 않은 우체국(우편집중국 포함)에도 접수 가능

ⓒ 1회 발송 최소 우편물 수

기본 감액	구분 감액	비고
요금별납 100통 요금후납 50통	요금별납 2천 통 요금후납 1천 통	「우편법 시행규칙」 제14조 관련 우편물은 '1회 발송 최소 우편물 수'의 적용을 받지 않음

ⓐ 기본 감액 적용 요건
- 우편물의 발송은 발행 주기와 같아야 한다.
- 우편물에는 본지 또는 부록의 게재 내용과 관련된 물건(이하 '부록'이라 함)이나 호외 등을 첨부하거나 제본할 수 있다.
  - 부록은 본지의 부록임을 알 수 있도록 본지 및 부록의 표지에 '부록'의 문자를 표시해야 하며, 호외는 표지에 '호외'의 문자를 표시해야 한다(부록 및 호외임을 판단하기 어려운 경우에는 감액을 받을 수 없다).
  - 부록은 본지와 별도로 발송할 때는 감액을 받을 수 없으나, 호외는 본지와 별도로 발송 시 감액을 받을 수 있다.
- 본지, 부록, 호외 등을 포함한 우편물 1통의 총 무게는 1,200g을 초과할 수 없으며, 본지 외 내용물의 무게가 본지의 무게를 초과해서는 안 된다. 다만, 1통의 우편물에 여러 부의 간행물을 함께 넣어 발송하는 경우에는 350g을 초과할 수 없다.
- 관보는 우편물 1통의 무게 및 부록의 매수에 제한 없이 접수할 수 있다.
- 우편물을 봉함하여 발송할 경우에는 우편물의 표면 왼쪽 중간 부분에 '정기간행물'이라고 표시해야 한다.

ⓜ 구분 감액 적용 요건 : 기본 감액 적용에 필요한 기준을 준수한 자는 감액대상 우편물 취급 우체국에 따라 「서적우편물, 다량우편물 및 상품광고우편물의 우편요금 감액대상, 감액요건, 감액범위 등에 관한 고시」의 '구분 감액 적용 요건'을 갖춘 감액대상 우편물에 대하여 구분 감액을 받을 수 있다. 다만, 우편물을 직접 배달할 우체국을 제외한 5급 이상 공무원이 우체국장으로 배치된 우체국에 접수하는 경우에는 구분 감액을 받을 수 없다.

④ 우편요금 감액 범위
ⓗ 기본 감액률

요금감액대상		요금 감액률	비고
종별	간별		
등록	신문 / 일간	62%	주 3회 이상 발행하여 발송하는 정기간행물
등록	신문/잡지 / 주간	59%	월 4회 이상 발행하여 발송하는 정기간행물. 단, 월 4회 미만 발행하여 발송하는 격주간 신문 등은 잡지(월간) 감액률 적용
등록	잡지 / 월간	50%	월 1회 이상 발행하여 발송하는 정기간행물
미등록	일간/주간/월간	37%	• 「잡지법」 제2조 제1호 나목·라목에 의한 정기간행물 • 「신문법」 제9조 제1항 단서조항 및 동법 시행령 제7조 제1호에 의한 신문 • 「잡지법」 제15조 제1항 단서조항 및 동법 시행령 제8조 제1항 제1호에 의한 잡지 • 「잡지법」 제16조 제1항 단서조항 및 동법 시행령 제8조 제2항 제1호에 의한 정보간행물, 기타간행물

※ 「신문법」 제9조 및 「잡지법」 제15조, 제16조에 의거 등록관청에 등록 및 신고하지 아니하는 정기간행물 중 국가 및 지방자치단체가 발행하는 정기간행물은 그 간별에 따라 신문 또는 잡지에 해당하는 감액률을 적용

ⓛ 구분 감액률

구분			규격·규격외 우편물			규격	규격외	비고(최고)	
			접수국 기준	도로명 주소	우편집중국별 운반차적재	수취인 주소 인쇄규격	우편집중국별(배달국별) 적재	규격	규격외
집배코드	배달국별 구분	집중국 접수	0.5%	0.5%	1%	0.5%	0.5%	2.5%	2.5%
		집중국 접수 (배달국관할)	3%	0.5%		0.5%	0.5%	4%	4%
	배달국-집재팀별 구분	집중국 접수	2%	0.5%	1%	0.5%	0.5%	4%	4%
		집중국 접수 (배달국관할)	4%	0.5%		0.5%	0.5%	5%	5%
		배달국 접수	7%	0.5%		0.5%		8%	7.5%

ⓒ 감액률 상한기준 : 기본 감액률과 구분 감액률 합계가 신문(일간) 67%, 신문(주간) 64%, 잡지 55%, 잡지 외 미등록물 42%를 초과하지 않는 범위 내에서 감액률 적용한다.

ⓔ 일간신문의 물량감액 적용 : 다량우편물에 적용하는 물량감액 적용 기준에 따라 감액

(2) 서적 우편물

① **감액대상 우편물** : 표지를 제외한 쪽수가 48쪽 이상인 책자의 형태로 인쇄·제본되어 발행인·출판사 또는 인쇄소의 명칭 중 어느 하나와 쪽수가 각각 표시되어 발행된 종류와 규격이 같은 서적으로서 우편요금 감액요건을 갖춰 접수하는 요금별납 또는 요금후납 일반우편물

ⓖ 공중이 이용할 수 있도록 가격정보(출판물에 가격이 표시된) 또는 국제표준도서번호(International Standard Book Number; ISBN), 국제표준일련간행물번호(International Standard Serial Number; ISSN)가 인쇄된 출판물에 대해 감액을 적용한다.

ⓛ 비정기적으로 발간되는 출판물에 대해서만 감액을 적용한다. 다만, 「정기간행물의 우편요금 감액대상, 감액범위, 감액요건 등에 관한 고시」에 따라 감액을 적용 받지 않는 정기간행물(격월간, 계간 등)은 비정기적 간행물로 간주한다.

ⓒ 우편물의 표면 왼쪽 중간 부분에 '서적'이라고 표기해야 한다.

ⓔ 우편엽서, 빈 봉투, 지로용지, 발행인(발송인) 명함은 각각 1장만 동봉이 가능하고, 이를 본지 및 부록과 함께 제본할 때는 수량의 제한이 없다.

ⓜ 우편물에는 본지의 게재내용과 관련된 물건(이하 '부록'이라 함)을 첨부하거나 제본할 수 있다.
  • 부록은 본지에는 부록이 첨부되었음을 표시하고, 부록의 표지에는 '부록'이라고 표기해야 한다.
  • 부록을 본지와 별도로 발송하거나 부록임을 판단하기 어려운 경우에는 감액을 받을 수 없다.

ⓗ 본지, 부록 등을 포함한 우편물 1통의 총 무게는 1,200g을 초과할 수 없으며, 본지 외 내용물(부록, 기타 동봉물)의 무게는 본지의 무게를 초과해서는 안 된다.

ⓢ 서신성 인사말, 안내서, 소개서, 보험안내장을 본지(부록 포함)에 제본하거나 동봉하는 우편물은 감액을 받을 수 없다.

② 감액 제외대상 : 상품의 선전 및 광고가 전 지면의 10%를 초과하는 것은 감액대상에서 제외한다.

③ 우편요금 감액요건

　㉠ 우편물을 제출할 우체국

　　• 우편물을 직접 배달할 우체국

　　• 5급 이상 공무원이 우체국장으로 배치된 우체국

　　• 우편집중국(우편물 접수부서가 없는 우편집중국에 설치된 우체국 포함)

　㉡ 1회 발송 최소 우편물수

구분	물량(기본) 감액	구분 감액	환부불필요 감액
서적우편물	요금별납 100통 이상 요금후납 50통 이상	요금별납 2천 통 요금후납 1천 통	

　㉢ 물량(기본) 감액 적용요건

　　• 우편물 집배코드별로 구분하여 제출

　　　– 집배코드를 사용하여 배달국 번호, 또는 배달국–집배팀 번호별로 구분하여 제출하여야 한다.

　　　– 1개의 묶음 및 용기에는 집배코드의 배달국 번호가 동일한 우편물을 담아 제출해야 한다.

　　• 묶음 제출

　　　– 묶음 1개의 두께는 20cm 이하로 하여야 하며, 흐트러지지 않도록 가로, 세로 '+' 형태 등으로 단단히 묶어야 한다.

　　　– 각 묶음에는 집배코드의 배달국 번호와 배달국명, 우편물 수량을 기재한 표지를 끼워야 한다. 단, 집배코드 글자 크기가 14포인트 이상일 경우 표지 부착을 생략할 수 있다(한글 표기 도착집 중국명과 배달국명은 최소 9포인트 가능).

　　• 발송인이 준비한 종이상자에 담아서 제출

　　　– 상자 표면에는 상자 속에 들어 있는 우편물의 행선지별 집배코드, 배달국명 등을 정확히 표시 해야 한다.

　　　– 종이 상자는 크기, 재질 등이 같고 우편물 운반 시 변형되지 않는 골판지 등을 사용해야 한다.

　　• 우정사업본부장이 지정하는 운반차(pallet)에 실어서 제출

　　　– 우편물은 도착 우편집중국별로 분류하여 운반차(pallet)에 실어야 하며, 운반차(pallet) 높이 기준으로 최소 50% 이상, 최대 100% 이하를 실어야 한다.

　　　– 우편물은 집배코드 순서로 정렬하거나 도착 우편집중국별 기계구분계획 순서(sorting plan)(규 격 우편물), 우편집중국별(시, 군, 구)(규격외 우편물)로 정렬하되, 구별할 수 있도록 종이 등을 끼워야 한다(집배코드 정렬 시에는 배달국 번호단위로 간지 삽입). 다만, 대형우편물(가로 360mm, 높이 265mm, 두께 20mm 초과)과 띠지, 반봉투를 사용한 우편물은 묶어서 실어야 한다.

　　• 우편물의 종류, 구분정도, 묶음 및 용기 수, 우편물 수 등을 기재한 접수신청서와 일련번호, 집배 코드, 우편물 수 등을 기재한 접수목록표를 제출해야 한다.

– 접수국별 접수신청서 및 접수목록표 제출방법

구분	제출방법
접수신청서	서면
접수목록표	파일(엑셀)

※ 서적우편물 소량 접수 분은 접수우체국과 협의한 경우 접수목록표 생략 가능

ㄹ 기타 사항

• 수취인 주소, 우편번호, 요금인영 등 우편물의 외부기재 사항이 국내 통상우편물 기준에 적합해야 하며, 수취인의 주소는 한글로 표기해야 한다.

• 집배코드 표기는 다음 항목별 규격에 모두 적합해야 한다.

항목		규격
글꼴 및 속성	글씨체	바탕체, 명조체, 고딕체, 굴림체, 돋움체, 중고딕, 맑은 고딕 등
	글씨크기	9point 이상(최소)
	글씨모양	기울임체, 밑줄, 위줄, ( )를 제외한 특수문자[@, /, –(하이픈), &, 쉼표 등] 사용 제한
	인쇄품질	200dpi 이상(최소)
단어 간 공백		단어와 단어 사이는 일정 간격을 유지(예) 키보드 자판의 스페이스 1칸 이상)
인쇄 위치		우편번호 하단에 표기하되 우편물 밑면에 17mm 이상, 오른쪽 면에 20mm 이상 여백 필요 ※ 우편물의 표기면이 부족할 경우 우편번호 바코드 인쇄 생략 가능
표기 형식		• 집배코드와 도착집중국 및 배달국명 표기 • 도착집중국명과 배달국명은 한글 표기하되 집배코드 바로 하단 또는 집배코드와 나란히 기재 ※ A1 110 01 05 동서울집 광화문　또는　A1(동서울집) 110(광화문) 01 05

• 요금후납 표시 인영에는 우편물을 접수하는 우체국(우편집중국 포함)의 이름으로 표기해야 한다.

• 요금후납 계약 체결 우편집중국이 아닌 배달국 관할 우편집중국으로 접수 시에는 계약승인번호를 제출해야 하며, 요금납부는 계약 체결 시에 등록된 신용카드로 결제해야 한다.

ㅁ 구분 감액 적용 요건

• 기본요건 : 물량(기본) 감액 적용요건 충족하되 집배코드를 사용하여야 한다.

• 우편집중국에 접수하는 경우 적용되는 감액항목별 요건

– 올바른 집배코드 사용 인증

ⓐ 집중국(우체국)에서 발급한 "올바른 집배코드 사용률 인증서(유효기간 : 발급일로부터 1개월)"를 우편물과 함께 제출해야 한다.

ⓑ 배달국별 구분감액은 집배코드의 집배팀 번호 정확도가 92% 이상, 배달국–집배팀별 구분감액은 집배구 번호 정확도가 92% 이상 되어야 감액을 적용한다.

ⓒ 올바른 집배코드 사용률 인증서의 발급을 위해서는 최근 1개월간 발송한 우편물량(1개월 이내 발송물량이 없을 경우 최근 3개월 이내 발송한 우편물량) 중 1회 접수물량(정기 발송하는 고지서 등 동일한 내용의 우편물을 분할 접수하는 경우에는 분할 접수한 물량을 합산) 최대치의 90% 이상의 '주소목록 전산자료(우편번호, 주소, 집배코드 9자리)'를 제출해야 하며, 접수국은 그 중 10만 건을 무작위 추출(제출된 주소 목록이 10만 건 이하일 경우 제출 목록 전체)하여 사용한다.

ⓓ 올바른 집배코드 사용률 인증서 발급 신청 시 제출한 주소목록 전산자료를 가지고 도로명주소 사용률 인증서 발급을 동시에 신청할 수 있다.

ⓔ 배달국별로 구분(묶음)하여 제출할 경우 1개의 묶음에 들어 있는 우편물은 배달국이 동일하여야 하며, 동일 묶음내의 우편물은 집배팀 번호가 오름차순으로 정렬되어 있어야 한다.

ⓕ 배달국−집배팀별로 구분(묶음)하여 제출할 경우 1개의 묶음에 들어 있는 우편물은 집배팀이 동일하여야 하며, 동일 묶음내의 우편물은 집배구 번호가 연번으로 정렬되어 있어야 한다. 다만, 묶음 두께가 10cm 이하의 자투리 물량은 2개 이상의 팀을 한 묶음으로 제출할 수 있으며, 이때 집배팀은 연번으로 정렬하고 팀 간에 간지를 삽입해야 한다.

- 도로명주소 사용

ⓐ 우편집중국에서 발급한 "도로명주소 사용률 인증서(유효기간 : 발급일로부터 3개월)"를 우편물과 함께 우편집중국에 제출해야 한다.

ⓑ 도로명주소 사용률은 50% 이상 되어야 감액을 적용한다.

ⓒ 도로명주소 사용률 인증서의 발급을 위해서는 최근 3개월간 발송한 우편물량 중 1회 접수물량 최대치의 90% 이상의 '주소목록 전산자료(DB)'를 제출해야 하며, 정기 발송하는 고지서 등 동일한 내용의 우편물을 분할 접수하는 경우에는 분할 접수한 물량을 합산한다.

ⓓ 발송우편물이 도로명주소 사용률 인증서에 제시된 사용률 대비 80% 이하인 경우에는 발송 인에게 해당 사실을 통보하고, 통보한 날의 다음 달부터 3개월간 도로명주소 사용 감액 적용을 받을 수 없다. 다만, 도로명주소 사용이 전체 우편물의 50% 이상인 경우에는 감액을 적용한다.

- 수취인 주소 인쇄 규격 준수

ⓐ 우편집중국에서 발급한 "수취인 주소 인쇄규격 사용 인증서(유효기간 : 발급일로부터 3개월)"를 우편물과 함께 우편집중국에 제출해야 한다.

ⓑ 우편물의 수취인 주소의 인쇄표기는 다음 항목별 규격에 모두 적합해야 한다.

항목	규격(필수 요구사항)	
1. 글꼴 및 속성	1-1. 글씨체	바탕체, 명조체, 고딕체, 굴림체, 돋움체, 중고딕, 맑은 고딕, Arial 등
	1-2. 글씨크기	9~14Point
	1-3. 글씨모양	• 볼드체, 이탤릭체(기울임체), 주소 밑줄, 윗점 사용금지 • 주소 정보 표현 특수 문자[@, /, −(하이픈), ( ), [ ], &, ,(쉼표)] 이외의 특수문자 사용금지
	1-4. 인쇄품질	200dpi 이상(최소)

2. 글자간격	2-1. 최소	0.35mm 이상
3. 단어 간 공백	3-1. 최소	단어와 단어 사이는 일정간격(예 키보드 자판의 스페이스 1칸 이상)을 유지해야 함
4. 문단간격	4-1. 최소	1.5mm 이상
5. 주소와 바코드 간격	5-1. 상하	2mm 이상(최소)
	5-2. 좌우	7mm 이상(최소)
6. 주소와 홍보 문구 사이의 공백확보 (도안 포함)	6-1. 상하	10mm 이상(최소)
	6-2. 좌우	10mm 이상(최소)
7. 행정구역 명칭	7-1. 명칭 표기 방법	"시", "군", "동", "읍", "면", "리", "가", "길", "로", "대로" 등은 생략 금지(지번, 도로명 주소 공통사항) ※ 예시) 수원시 권선구 권선동(○), 수원 권선 권선(×) 　　　　수원시 권선구 권선대로(○), 수원 권선 권선(×)

  - 우편집중국별 운반차(pallet) 적재
    ⓐ 1개의 운반차(pallet)에는 단일 우편집중국에서 처리할 우편물만 실어야 한다.
    ⓑ 운반차(pallet) 높이 기준으로 80% 이상을 채워야 한다.
  - 집중국(시, 군, 구)별 적재 : 집중국 관할지역(우정사업본부 홈페이지에 게시)에 따라 묶음 제출의 형태로 집중국별로 운반차(pallet)에 실어서 접수해야 한다.

  ⓒ 우편물을 직접 배달할 우체국에 접수하는 경우 적용되는 감액항목별 요건
  • 집배코드의 배달국-집배팀 단위로 구분 제출
    - 묶음 제출 및 발송인이 준비한 종이상자에 담아서 제출방법을 준수하여야 한다.
    - 집배코드 인쇄 시 한글 표기 도착집중국명과 배달국명은 생략을 할 수 있다.
  • 올바른 집배코드 사용 인증 : 우편집중국에 접수하는 경우 적용되는 감액항목별 요건 중 올바른 집배코드 사용 인증 참고
  • 도로명주소 사용 : 우편집중국에 접수하는 경우 적용되는 감액항목별 요건 중 도로명주소 사용 참고
    - 주소목록 전산자료(DB)의 제출이 곤란할 경우 우편물을 구분하여 제출해야 하며, 수작업에 의한 도로명주소 사용 여부를 검사하여 감액을 적용한다.
  • 수취인 주소 인쇄 규격 준수 : 우편집중국에 접수하는 경우 적용되는 감액항목별 요건 중 수취인 주소 인쇄 규격 준수 참고

  ⓓ 우편물을 직접 배달할 우체국을 제외한 5급 이상 공무원이 우체국장으로 배치된 우체국인 경우
    : 구분 감액 해당사항 없음

④ 우편요금 감액률
  ⓐ 물량(기본) 감액률 : 일반우편요금의 40%
  ⓒ 구분 감액률 : 정기간행물 구분 감액률과 동일

(3) 다량 우편물

① 감액대상우편물 : 우편물의 종류와 중량 및 규격이 같은 우편물로서 1회에 2천 통 이상 발송하는 요금별납 일반우편물 또는 1회에 1천 통 이상 발송하는 요금후납 일반우편물

② 우편요금 감액요건

    ㉠ 우편물을 제출할 우체국

       • 우편물을 직접 배달할 우체국

       • 5급 이상 공무원이 우체국장으로 배치된 우체국

       • 우편집중국(우편물 접수부서가 없는 우편집중국에 설치된 우체국 포함)

    ㉡ 1회 발송 최소우편물 수

구분	물량(기본) 감액	구분 감액	환부불필요 감액
다량우편물	1만 통 이상	요금별납 2천 통 요금후납 1천 통	요금별납 2천 통 요금후납 1천 통

    ㉢ 물량(기본) 감액 적용요건 : 서적우편물 요건과 동일

    ㉣ 기타 사항 : 서적우편물 요건과 동일

    ㉤ 구분 감액 적용 요건 : 서적우편물 요건과 동일

    ㉥ 환부불필요(반송정보이용) 감액 적용요건

       • 환부불필요 우편물인 경우 우편물 표면 왼쪽 중간에 "환부불필요 우편"이라고 표시해야 한다.

       • 반송정보이용 우편물(다량, 상품광고)인 경우 우정사업본부장이 정한 별도 취급조건(우정사업본부 고시 "우편물 반송정보제공서비스")에 적합하여야 한다.

③ 우편요금 감액률

    ㉠ 물량(기본) 감액률

구분	1만 통 이상		5만 통 이상		10만 통 이상	
1회 접수물량	동일지역	타 지역	동일지역	타 지역	동일지역	타 지역
다량우편물	1%	0.5%	2%	1%	4%	2%

    • 우편물의 1회 접수물량, 우편물 접수 · 배달권역(동일지역 또는 타 지역)에 따라 감액률을 적용

    • 동일지역 타 지역 미 구분 시 전체물량에 대해 타 지역 감액률 적용

    • 동일지역(우편물 접수지역과 배달지역을 권역화하여 권역 내인 경우)과 타 지역(접수지역과 배달지역을 달리할 경우)으로 구분함

[우편물 접수 · 배달권역 분류 기준]

구분	동일지역(아래 표 1개의 지역을 1개의 권역으로 구분)									타 지역
지역명	서울 경기 인천	부산 울산 경남	대전 충남 세종	광주 전남	대구 경북	충북	전북	강원	제주	접수권역과 다른 권역으로 배달되는 우편물

ⓛ 구분 감액률 : 정기간행물 감액률과 동일

ⓒ 환부불필요 우편물 감액률 : 일반우편요금의 0.5%

ⓔ 반송정보이용 우편물 감액률 : 일반우편요금의 0.3%

(4) 상품광고 우편물

① 감액대상 우편물

　ⓐ 상품의 광고에 관한 우편물로서 종류와 중량 및 규격이 같고 1회에 2천 통 이상 발송하는 요금별납 일반우편물 또는 1회에 1천 통 이상 발송하는 요금후납 일반우편물

　ⓑ 부동산을 제외한 유형상품에 대한 광고를 수록한 인쇄물(별도 쿠폰 동봉) 또는 시디(CD)[디브이디(DVD) 포함]에 대해서만 감액을 적용한다.

② 우편요금 감액요건

　ⓐ 우편물을 제출할 우체국

　　• 우편물을 직접 배달할 우체국

　　• 5급 이상 공무원이 우체국장으로 배치된 우체국

　　• 우편집중국(우편물 접수부서가 없는 우편집중국에 설치된 우체국 포함)

　ⓑ 1회 발송 최소우편물 수

구분	물량(기본) 감액	구분 감액	환부불필요 감액
상품광고 우편물	1만 통 이상	요금별납 2천 통 요금후납 1천 통	요금별납 2천 통 요금후납 1천 통

　ⓒ 물량(기본) 감액 적용요건 : 서적우편물 요건과 동일

　ⓓ 기타 사항 : 서적우편물 요건과 동일

　ⓔ 구분 감액 적용 요건 : 서적우편물 요건과 동일

　ⓕ 환부불필요(반송정보이용) 감액 적용요건

　　• 환부불필요 우편물인 경우 우편물 표면 왼쪽 중간에 "환부불필요 우편"이라고 표시해야 한다.

　　• 반송정보이용 우편물(다량, 상품광고)인 경우 우정사업본부장이 정한 별도 취급조건(우정사업본부 고시 '우편물 반송정보 제공서비스')에 적합하여야 한다.

③ 우편요금 감액률

　ⓐ 물량(기본) 감액률

구분	1회 접수물량	1만 통 이상		5만 통 이상		10만 통 이상	
		동일지역	타 지역	동일지역	타 지역	동일지역	타 지역
상품광고 우편물		1%	0.5%	2%	1%	4%	2%

　　• 우편물의 1회 접수물량, 우편물 접수·배달권역(동일지역 또는 타 지역)에 따라 감액률을 적용

　　• 동일지역 타 지역 미 구분 시 전체물량에 대해 타 지역 감액률 적용

　　• 동일지역(우편물 접수지역과 배달지역을 권역화하여 권역 내인 경우)과 타 지역(접수지역과 배달지역을 달리할 경우)으로 구분함

[우편물 접수 · 배달권역 분류 기준]

구분	동일지역(아래 표 1개의 지역을 1개의 권역으로 구분)									타 지역
지역명	서울 경기 인천	부산 울산 경남	대전 충남 세종	광주 전남	대구 경북	충북	전북	강원	제주	접수권역과 다른 권역 으로 배달되는 우편물

ⓛ 구분 감액률 : 정기간행물 감액률과 동일

ⓒ 환부불필요 우편물 감액률 : 일반우편요금의 0.5%

ⓔ 반송정보이용 우편물 감액률 : 일반우편요금의 0.3%

(5) 비영리민간단체 우편물

① 요금 감액대상

「비영리민간단체 지원법」 제4조에 따라 등록된 비영리민간단체가 공익활동을 위하여 발송하는 요금별납 또는 요금후납 일반우편물로 공익활동을 위한 직접적인 내용이어야 한다.

② 우편요금 감액요건

㉠ 우편물을 제출할 우체국

• 5급 이상 공무원이 우체국장으로 배치된 우체국

• 우편집중국(우편물 접수부서가 없는 우편집중국에 설치된 우체국 포함)

㉡ 우편물의 제출방법

• 집배코드를 사용하여 배달국 번호 또는 배달국−집배팀 번호별로 구분하여 제출해야 한다.

• 1묶음은 100통 이내로 하여야 하며 그 두께는 20cm를 초과할 수 없다.

• 각 묶음에는 집배코드의 배달국 번호와 배달국명, 우편물 수량을 기재한 표지를 끼워야 한다. 단, 집배코드 글자 크기가 14포인트 이상일 경우 표지 부착을 생략할 수 있다(한글 표기 도착집중국 명과 배달국명은 최소 9포인트 가능).

• 우편물 제출 시에는 우편물의 종류, 구분정도, 묶음 및 용기 수, 우편물 수 등을 기재한 접수신청 서와 일련번호, 집배코드, 우편물 수 등을 기재한 접수목록표를 같이 제출하여야 한다.

• 접수국별 접수신청서 및 접수목록표 제출방법

구분	제출방법
접수신청서	서면
접수목록표	파일(엑셀)

• 우편물 제출 시(최초) 비영리민간단체는 주무장관이나 시 · 도지사에게 등록된 비영리민간단체 등록증 사본을 제출해야 한다.

• 우편물 발송은 비영리민간단체 또는 대표 명의로 발송해야 한다. 다만, 비영리민간단체의 하부 기관(지사, 지점 등)에서 발송 시에는 비영리민간단체 등록증 사본과 본사와의 관계를 증명하는 서류를 제출해야 한다.

③ 우편요금 감액률

㉠ 일반우편요금의 100분의 25를 감액한다.

ⓛ 다만, 우정사업본부장이 고시한 감액율이 100분의 25를 상회하는 정기간행물, 서적, 상품광고 우편물은 그 감액기준을 적용한다.

(6) 국회의원 의정활동 보고서

① 요금 감액대상

ⓐ 국회의원이 의정활동을 당해 지역구 주민에게 알리기 위하여 연간 3회의 범위에서 1회 5천 통 이상 발송하는 요금별납 또는 요금후납 일반우편물

ⓛ 2개 이상의 행정구역으로 구성되어 있는 복합선거구에서 발송 시 복합선거구 내 소재 4급 또는 5급 우체국이 둘 이상 있는 경우에 접수우체국별로 각각 연간 3회 범위 내에서 감액을 적용한다.

② 우편요금 감액요건

ⓐ 우편물을 제출할 우체국
  • 5급 이상 공무원이 우체국장으로 배치된 우체국
  • 우편집중국(우편물 접수부서가 없는 우편집중국에 설치된 우체국 포함)

ⓛ 우편물의 제출방법
  • 집배코드를 사용하여 배달국 번호 또는 배달국−집배팀 번호별로 구분하여 제출해야 한다.
  • 1묶음은 100통 이내로 하여야 하며 그 두께는 20cm를 초과할 수 없다.
  • 각 묶음에는 집배코드의 배달국 번호와 배달국명, 우편물 수량을 기재한 표지를 끼워야 한다. 단, 집배코드 글자 크기가 14포인트 이상일 경우 표지 부착을 생략할 수 있다(한글 표기 도착집중국명과 배달국명은 최소 9포인트 가능).
  • 우편물 제출 시에는 우편물의 종류, 구분정도, 묶음 및 용기 수, 우편물 수 등을 기재한 접수신청서와 일련번호, 집배코드, 우편물 수 등을 기재한 접수목록표를 같이 제출하여야 한다.
  • 접수국별 접수신청서 및 접수목록표 제출방법

구분	제출방법
접수신청서	서면
접수목록표	파일(엑셀)

③ 우편요금 감액률 : 일반우편요금의 100분의 15를 감액한다.

(7) 상품안내서(카탈로그) 우편물

① 요금 감액대상

각각의 파렛에 적재되는 중량·규격이 같은 16면 이상(표지 포함)의 책자 형태로서 상품의 판매를 위해 가격·기능·특성 등을 문자·사진·그림으로 인쇄한 요금후납 일반우편물

ⓐ 상품안내서(카탈로그) 한 면의 크기는 최소 12mm×19mm 이상, 최대 255mm×350mm 이하, 두께는 20mm 이하로 한다.

ⓛ 상품안내서(카탈로그) 중 최대·최소 규격의 범위를 벗어나는 내용물이 전지면의 10%를 초과하지 못한다.

ⓒ 책자 형태에 포함되지 않은 추가 동봉물은 8매까지 인정한다.

ⓔ 우편물 1통의 무게는 1,200g을 초과할 수 없으며, 추가 동봉물은 상품안내서(카탈로그)의 무게를 초과하지 못한다.

  ⑩ 봉함된 우편물 전체의 내용은 광고가 80% 이상이어야 한다.

② 우편요금 감액요건

 ⑦ 우편물 발송 계약 체결

  • 계약 당사자 : 우편집중국장과 상품안내서(카탈로그) 우편물 발행인

   ※ 우편집중국장은 계약 체결 전 소속 지방우정청장과 사전 협의 필요

  • 계약 체결 시 구비 사항 : 카탈로그 요금제 우편물 발송 계약 신청서

 ⓒ 우편물 제출 요건

  • 우편물은 모든 우편집중국에 접수 가능(우편물 접수부서가 없는 집중국에 설치된 우체국 포함)

  • 우편물의 우편번호별 또는 집배코드별로 구분하여 제출

   – 우편번호를 사용하여 5자리까지 구분하거나, 집배코드를 사용하여 배달국–집배팀 번호별로 구분하여 제출해야 한다.

   – 1개의 묶음에 들어 있는 우편물은 우편번호 또는 집배코드의 배달국–집배팀 번호가 동일하여야 한다. 다만, 10통 미만의 자투리 물량은 우편번호 앞에서 셋째 자리 또는 배달국별로 묶거나 집배코드의 배달국 번호별로 묶어서 제출할 수 있다.

  • 묶음 처리된 우편물은 우정사업본부장이 지정하는 운반차(pallet)에 실어서 제출

   – 묶음 1개의 두께는 30㎝ 이하로 최소 10통 이상이어야 하나, 동일한 행선지의 자투리 우편물은 10통 이내로 할 수 있다.

   – 우편물을 묶을 때에는 흐트러지지 않도록 가로, 세로 '+'형태 등으로 견고하게 묶어야 한다.

   – 각 묶음에는 정확한 행선지별 우편번호 또는 집배코드 및 배달국명이 기재된 표지가 잘 보이도록 앞뒤에 끼워야 한다. 단, 집배코드 글자 크기가 14포인트 이상일 경우 표지 부착을 생략할 수 있다.

   – 운반차(pallet)에는 우편집중국별로 분류하여 실어야 하며, 운반차(pallet) 높이 기준으로 최소 50% 이상, 최대 100% 이하를 실어야 한다.

   – 운반차(pallet) 적재한 후 자투리 물량도 접수 우편집중국의 요청에 따라 우편집중국별로 구분할 수 있도록 표시하여야 한다.

   – 각 운반차(pallet)에는 도착 우편집중국명과 우편번호 3자리 또는 집배코드 배달국 번호를 기재한 국명표(표지)를 붙여야 한다.

   – 우편물을 운반차(pallet) 제출 시에는 운반차(pallet)에 공간이 최소화되도록 가지런히 실어야 한다.

  • 올바른 집배코드 사용 인증(집배코드별로 구분할 경우)

   – 우편집중국에서 발급한 "올바른 집배코드 사용률 인증서(유효기간 : 발급일로부터 1개월)"를 우편물과 함께 우편집중국에 제출해야 한다.

   – 집배구 번호 정확도가 92% 이상 되어야 감액을 적용한다.

   – '올바른 집배코드 사용률 인증서'의 발급을 위해서는 최근 1개월간 발송한 우편물량(1개월 이내 발송물량이 없을 경우 최근 3개월 이내 발송한 우편물량) 중 1회 접수물량(동일한 내용의 우편물을 분할 접수하는 경우에는 분할 접수한 물량을 합산) 최대치의 90% 이상의 '주소목록 전산자료(우편번호, 주소, 집배코드 9자리)'를 제출해야 하며, 접수국은 그 중 10만 건을 무작위 추출(제출된 주소 목록이 10만 건 이하일 경우 제출 목록 전체)하여 사용한다.

– 배달국–집배팀별로 구분(묶음)하여 제출하되 1개의 묶음에 들어 있는 우편물은 집배팀이 동일하여야 하며, 동일 묶음 내의 우편물은 집배구 번호가 연번으로 정렬되어 있어야 한다. 다만, 10통 미만의 자투리 물량은 2개 이상의 팀을 한 묶음으로 제출할 수 있으며, 이때 집배팀은 연번으로 정렬하고 팀 간에 간지를 삽입해야 한다.

• 우편물 제출 시에는 우편물의 종류, 구분정도, 묶음 및 용기 수, 우편물 수 등을 기재한 접수신청서와 일련번호, 우편번호(또는 집배코드), 우편물 수 등을 기재한 접수목록표를 같이 제출하여야 한다.

– 접수국별 접수신청서 및 접수목록표 제출방법

구분	제출방법
접수신청서	서면
접수목록표	파일(엑셀)

③ 우편요금 감액범위

1회 접수물량	동일지역		타 지역	비고
	배달국 관할 집중국	기타 집중국		
10,000통 이상	46%	40%	38%	'배달국 관할 집중국 현황'은 우정사업본부 홈페이지에 게시
50,000통 이상	48%	43%	40%	
100,000통 이상	50%	45%	42%	

3 창구접수 및 방문접수 소포우편물의 감액

(1) 감액대상 : 창구접수(등기소포), 방문접수 우편요금(부가취급수수료 제외)

※ 창구접수 감액은 접수정보를 고객이 사전에 제공 시에만 적용

(2) 감액접수 대상관서 : 전국 모든 우편관서(우편취급국 포함)

(3) 요금감액 범위

구분		3%	5%	10%	15%
창구접수	요금즉납	1~2개	3개 이상	10개 이상	50개 이상
	요금후납	–	70개 이상	100개 이상	130개 이상
방문접수	접수정보 사전연계	개당 500원 감액 (접수정보 입력, 사전결제, 픽업장소 지정 시)			
분할접수		중량 20kg 초과 소포 1개를 2개로 분할하여 접수할 경우 2,000원 감액 ※ 동일 시간대, 동일 발송인, 동일 수취인이고, 분할한 소포 1개의 무게는 10kg을 초과할 것			

05 우편요금 등의 반환청구

1 개념

(1) 우편요금은 과학기술정보통신부가 제공하는 우편의 서비스에 대한 대가로 납부하는 것이기 때문에 이 서비스를 제공하지 않은 경우에는 채무불이행으로 요금을 발송인에게 반환해야 하며, 또 발송인이 요금을 초과 납부한 경우에는 부당이득이 되므로 발송인에게 반환해야 한다.

(2) 그러나 이 모든 경우에 요금을 반환하면 반환사유의 인정이 극히 곤란한 경우가 있을 뿐만 아니라, 이의 해결을 위해 시간이 걸리므로 우편업무의 신속성을 해칠 염려가 있어 한 번 납부한 요금이나 초과납부한 요금은 원칙적으로 반환하지 않으나, 대통령령으로 정한 경우에만 납부한 사람의 청구에 따라 요금을 반환하고 있다.

2 우편요금 등의 반환사유, 반환범위 및 반환청구기간

(1) 우편요금 등의 반환사유, 반환범위 및 반환기간(「우편법 시행령」 제35조)

반환사유 및 반환범위	근거규정	반환청구우체국	청구기간
1. 과다 징수한 우편요금 등 우편관서의 잘못으로 너무 많이 징수한 우편요금 등	영 제35조 제1항 제1호	해당 우편요금 등을 납부한 우체국	해당 우편요금 등을 납부한 날부터 60일
2. 부가취급을 하지 아니한 경우의 그 부가취급수수료 – 우편관서에서 우편물의 부가취급의 수수료를 받은 후 우편관서의 잘못으로 부가취급을 하지 아니한 경우의 그 부가취급수수료	영 제35조 제1항 제2호	〃	〃
3. 사설우체통 사용계약을 해지하거나 해지시킨 경우의 납부수수료 잔액 – 사설우체통의 사용계약을 해지한 날 이후의 납부수수료 잔액	영 제35조 제1항 제3호	〃	해지한 날부터 30일
4. 납부인이 우편물을 접수한 후 우편관서에서 발송이 완료되지 아니한 우편물의 접수를 취소한 경우	영 제35조 제1항 제4호	〃	우편물 접수 당일

(2) 우편요금 반환 청구서의 접수

청구인의 반환청구를 검토하여 지급하기로 결정한 때에는 우편요금 반환청구서에 해당사항을 적은 후에 봉투 등의 증거자료를 첨부하여 제출하도록 한다.

(3) 우편요금 등의 반환

① 우표로 반환하는 경우 : 우표로 반환할 때에는 우선 창구에서 보관 중인 우표로 반환 금액에 상당하는 우표를 청구인에게 교부하고 영수증을 받는다.

② 현금으로 반환하는 경우 : 현금으로 반환할 때에는 지출관이 반환금 등에서 반환 후 청구인에게서 영수증을 받는다.

손해배상 및 손실보상

1 개념 및 성격

(1) 개념

우편관서가 고의나 잘못으로 취급 중인 국내우편물에 끼친 재산적 손해에 대해 물어 주는 제도

(2) 성격

① 손해배상은 위법한 행위에 대한 보전을 말하는 것

② 적법한 행위 때문에 생긴 손실을 보전하는 손실보상과 재산적인 손해와 상관없이 일정 금액을 지급하는 이용자 실비지급 제도와는 성격상 차이가 있다.

2 손해배상의 범위 및 금액

<table>
<tr><th colspan="3">구분</th><th>손실, 분실
(최고)</th><th>지연 배달</th></tr>
<tr><td rowspan="5">통상</td><td colspan="2">일반</td><td>없음</td><td>없음</td></tr>
<tr><td colspan="2">준등기</td><td>5만 원</td><td>없음</td></tr>
<tr><td colspan="2">등기취급</td><td>10만 원</td><td>D+5일 배달분부터 : 우편요금과 등기취급수수료</td></tr>
<tr><td rowspan="2">국내
특급</td><td>당일
특급</td><td>10만 원</td><td>D+1일 0시~20시까지 배달분 : 국내특급수수료
D+1일 20시 이후 배달분 : 우편요금과 국내특급수수료</td></tr>
<tr><td>익일
특급</td><td>10만 원</td><td>D+3일 배달분부터 : 우편요금 및 국내특급수수료</td></tr>
<tr><td rowspan="3">소포</td><td colspan="2">일반</td><td>없음</td><td>없음</td></tr>
<tr><td colspan="2">등기취급</td><td>50만 원</td><td>D+3일 배달분부터 : 우편요금 및 등기취급수수료</td></tr>
<tr><td>국내
특급</td><td>당일
특급</td><td>50만 원</td><td>D+1일 0시~20시까지 배달분 : 국내특급수수료
D+1일 20시 이후 배달분 : 우편요금과 국내특급수수료</td></tr>
</table>

① 파손, 훼손, 분실로 손해배상을 하는 경우 '손실, 분실'에 해당하는 금액을 한도로 하여 배상한다. 다만, 실제 손해액이 최고 배상금액보다 적을 때는 실제 손해액으로 배상한다.

② 등기 취급하지 않은 우편물은 손해배상을 하지 않는다.

③ 'D'는 우편물을 접수한 날을 말하며, 공휴일과 우정사업본부장이 배달하지 않기로 정한 날은 배달기한에서 제외한다.

④ 다음과 같은 경우 지연 배달로 보지 않는다.
- ㉠ 설 · 추석 등 특수한 기간에 우편물이 대량으로 늘어나 늦게 배달되는 경우
- ㉡ 우편번호 잘못 표시, 수취인 부재 등 발송인이나 수취인의 책임으로 지연 배달된 경우
- ㉢ 천재지변 등 불가항력적인 이유로 지연 배달 되는 경우

3 손해배상 청구권

(1) 우편물 발송인

(2) 우편물 발송인의 승인을 얻은 수취인

4 손해배상 제한사유

(1) 발송인이나 수취인의 잘못으로 손해가 생긴 경우

(2) 우편물의 성질 · 결함 또는 불가항력적인 이유로 손해가 생긴 경우

(3) 우편물을 배달(교부)할 때 외부에 파손 흔적이 없고, 무게도 차이가 없는 경우

(4) 수취인이 우편물을 정당하게 받았을 경우

5 청구절차

(1) 우편물 수취거부와 손해 신고 접수

① 발송인이나 수취인이 우편물에 이상이 있다고 주장하는 경우, 우편물을 수취를 거부하고 신고하도록 안내한다.

② 신고를 받은 직원은 업무 담당자에게 전달하고, 업무 담당자는 우편물류시스템에 '사고접수내역'을 등록한 후 배달우체국에 검사(검사자 : 집배원 또는 책임자)를 요청한다.

(2) 신고 사실의 검사

배달우체국에서는 손해사실의 신고를 받았을 때에는 집배원 또는 책임직이 수취거부 우편물의 외장 또는 무게의 이상 유무, 직원의 고의나 잘못이 있는지 등을 검사하여야 한다.

(3) 손해검사조서 작성 및 등록

손해가 있다고 인정될 때는 우편물 수취를 거부한 다음 날부터 15일 안에 수취 거부자(신고인)에게 손해검사에 참관하도록 연락해야 한다.

(4) 손해배상 결정

① 손해가 있는 것으로 판단되면 배상 청구를 심사하며, 심사할 사항은 다음과 같다.
  ㉠ 우편물을 발송한 날로부터 1년 내에 청구한 것인지
  ㉡ 원인이 발송인이나 수취인에게 있거나 불가항력적이었던 것은 아닌지
  ㉢ 우편물의 외부에 파손 흔적이 없고, 무게 차이도 없는지
  ㉣ 우편물을 정상적으로 수취한 다음에 신고한 것은 아닌지
  ㉤ 청구자가 수취인이라면 발송인의 승인을 얻은 것인지
② 청구 심사가 끝나면 적정한 감정기관의 의견이나 증빙자료를 바탕으로 배상 금액을 결정하고 손해배상 결정서를 청구인에게 보낸다. 청구인은 금융창구를 통해 배상액을 청구할 수 있다.

(5) 우편물의 처리

① 손해를 배상한 우편물은 배상한 우체국에서 반송불능우편물 처리방법에 따라서 처리한다. 다만, 수리비용 등 일부 손해를 배상한 경우에는 우편물을 내어줄 수 있다.
② 검사결과 손해가 없는 것으로 드러나는 경우, 손해검사조사서 1통은 우편물과 함께 수취 거부자에게 보내고 1통은 해당 우체국에서 보관한다.
③ 손해가 있다고 신고한 우편물을 우체국에서 보관하거나 총괄우체국으로 보내는 경우, 우편물 상태를 책임자가 정확하게 확인하고 주고받아야 하며 손해 상태가 달라지지 않도록 취급해야 한다.

(6) 기타 법적 사항

① 손해배상 청구권은 우편물을 발송한 날부터 1년이다. 다만, 손해배상결정서를 받은 청구인은 우편물을 받은 날부터 5년 안에 배상액을 청구할 수 있다. 그 이후에는 시효로 인해 권리가 소멸된다.
② 손해배상에 이의가 있을 때는 결정 통지를 받은 날부터 3개월 안에 민사소송을 제기할 수 있다.
③ 해당 손해배상에 대해 공무원의 고의 또는 중대한 잘못이 있는 경우, 배상책임을 물을 수 있다.

---

02 손실보상제도

1 손실보상 등의 범위

(1) 우편업무를 수행중인 운송원·집배원과 항공기·차량·선박 등이 통행료를 내지 않고 도로나 다리를 지나간 경우

(2) 우편업무를 수행 중에 도로 장애로 담장 없는 집터, 논밭이나 그 밖의 장소를 통행하여 생긴 손실에 대한 보상을 피해자가 청구하는 경우

(3) 운송원이 도움을 받은 경우 도와준 사람에게 보상한다.

2 손실보상 청구

(1) 도와준 사람에게 줄 보수나 손실보상을 청구할 때에는 청구인의 주소, 성명, 청구사유, 청구금액을 적은 청구서를 운송원 등이 소속하고 있는 우체국장을 거쳐 관할 지방우정청장에게 제출하여야 한다. 이때 소속 우체국장은 손실보상의 청구내용에 대한 의견서를 첨부하여야 한다.

(2) 청구서와 의견서를 받은 지방우정청장은 그 내용을 심사하여 청구내용이 정당하지 아니하다고 인정하는 때에는 그 사유서를 청구인에게 보내고, 청구내용이 정당하다고 인정하는 때에는 청구한 보수나 손실보상 금을 청구인에게 지급하여야 한다.

(3) 지방우정청장은 필요하다고 인정하는 경우에는 청구인의 출석을 요구하여 질문하거나 관계 자료를 제출 하도록 할 수 있다.

(4) 그 사실이 있었던 날부터 1년 이내에 청구하여야 한다.

3 보수 및 손실보상금액의 산정

(1) 보수 및 손실보상금액은 청구인이 입은 희생 및 조력의 정도에 따라 다음 기준에 의하여 판단한 금액으로 결정한다.
  ① 「우편법」 제4조 제1항에 의한 조력자의 경우에는 일반노무비, 교통비, 도움에 소요된 실비
  ② 「우편법」 제5조의 택지나 전답을 통행한 경우에는 그 보수비나 피해를 입은 당시의 곡식 등의 가액
  ③ 도선이나 유료 도로 등을 통행한 경우에는 그 도선료나 통행료
  ④ 운송의 편의를 위하여 시설을 제공한 경우에는 그 보관료나 주차료 등

(2) 보수와 손실보상금액은 현금(일시불)으로 지급해야 한다.

4 손실보상 등 결정에 대한 불복

보수 또는 손실보상의 결정에 대하여 불복하는 사람은 그 통지를 받은 날부터 3개월 이내에 소송을 제기 할 수 있다.

03 이용자 실비지급제도

1 의의

(1) 우정사업본부장이 공표한 기준에 맞는 우편서비스를 제공하지 못할 경우에 예산의 범위에서 교통비 등 실비의 전부나 일부를 지급하는 제도

(2) 부가취급 여부·재산적 손해 유무를 요건으로 하지 않고 실비를 보전하는 점에서 손해배상과 성질상 차이가 있다.

2 지급조건 및 지급액

(1) 사유가 발생한 날부터 15일 이내에 해당 우체국에 신고해야 한다.

(2) **지급 여부 결정**

이용자가 직원의 불친절한 안내 때문에 2회 이상 우체국을 방문하였다고 문서, 구두, 전화, 이메일 등으로 신고한 경우에는 해당 부서 책임자는 신고내용을 참고하여 신속히 지급 여부를 결정해야 한다(무기명 신고자는 제외).

(3) **실비지급 제한** : 우편서비스 제공과 관계없이 스스로 우체국을 방문한 때

(4) **이용자 실비지급제도의 범위와 지급액**

구분	지급 사유	실비 지급액
모든 우편	우체국 직원의 잘못이나 불친절한 응대 등으로 2회 이상 우체국을 방문하였다고 신고한 경우	1만 원 상당의 문화상품권 등 지급
EMS	종·추적조사나 손해배상을 청구한 때 3일 이상 지연 응대한 경우	무료발송권(1회 3만 원 권)
	한 발송인에게 월 2회 이상 손실이나 망실이 생긴 때	무료발송권(1회 10kg까지) ※ 보험가입여부와 관계없이 월 2회 이상 손실이나 망실이 생긴 때

08 그 밖의 청구와 계약

국내우편물 수취인의 주소 · 성명 변경청구 및 우편물의 반환청구

1 개념

(1) 수취인의 주소 · 성명의 변경 청구

우편물이 배달되기 전에 발송인이나 수취인이 수취인의 주소나 성명을 바꾸려고 하는 경우 우편관서에 요청하는 청구(단, 수취인은 주소변경 청구만 가능)

(2) 우편물의 반환 청구

발송인이 우편물을 보낸 후, 그 우편물이 배달되지 않아야 하는 이유가 생겼을 때 우편관서에 요청하는 청구

2 처리요령

(1) 청구의 수리 여부 검토
- ① 청구인의 정당 여부 확인
  - ㉠ 발송인 : 증명서, 신분증, 영수증 등
  - ㉡ 수취인 : 증명서, 신분증, 배달안내 문자 또는 우편물 도착통지서
- ② 청구가능 우편물 여부 확인
  - ㉠ 발송인이 수취인의 주소나 성명을 변경청구한 경우 내용증명 우편물이 아닌지 확인해야 한다.
  - ㉡ 내용증명 우편물의 수취인 주소 · 성명을 변경할 경우 우편물을 반환한 뒤 새로운 내용물로 다시 작성하여 발송하거나, 봉투와 원본, 등본의 내용을 모두 같게 고친 후 발송해야 한다.
  - ㉢ 수취인 주소 변경청구인 경우, 배달우체국에 도착한 등기우편물 중에서 관련 고시에서 제외하고 있는 특별송달, 내용증명, 선거우편, 냉장 · 냉동 보관이 필요한 우편물이 아닌지 확인한다.
- ③ 우편물이 이미 배달(교부) 되었거나 배달준비가 완료된 것은 아닌지 확인한다.
- ④ 우편물이 이미 발송되었거나 발송준비가 완료가 된 경우 우편물 배달 전에 배달국에 알릴 수 있는 상황인지 확인한다.
- ⑤ 우편물 배달기한을 생각할 때 청구가 실효성이 있을지 확인한다.
- ⑥ 그 밖에 발송인의 청구를 받아들여도 업무상 지장이 없는지 확인한다.

(2) 청구서의 접수 : 수리를 결정한 때에는 청구서를 교부하여 접수하고 수수료를 받는다.

※ 취급수수료

구분	서비스 이용 구간	수수료
발송인 청구에 의한 성명·주소 변경 및 우편물 반환	① 우편집중국으로 발송 전	무료
	② 우편집중국으로 발송 후	• 일반우편물 : 기본통상우편요금 • 등기우편물 : 등기취급수수료*
수취인 청구에 의한 주소변경		등기취급수수료**

* 수취인 성명 변경 및 동일 총괄우체국 내 주소 변경 시 기본통상우편요금 징수
** 동일 총괄우체국 내 변경 청구 시 무료

(3) 우편물의 처리

① 발송준비 완료 전이나 자국 배달 전인 경우
　㉠ 수취인의 주소·성명 변경 청구 : 변경 전의 사항은 검은 선을 두 줄 그어 지우고, 그 밑에 새로운 사항을 기록한다.
　㉡ 우편물 반환 청구 : 접수 취소로 처리(우편물·수납요금 반환, 라벨·증지 회수)하거나 반환청구에 준해서 처리(라벨·증지 회수 불필요. 우편물만 반환하고 요금은 미반환)한다.

② 배달 완료 전이나 배달준비 완료 전인 경우
　㉠ 수취인의 주소·성명 변경 청구 : 변경 전의 사항은 검은 선을 두 줄 그어 지우고, 그 밑에 새로운 사항을 기록한다.
　㉡ 우편물 반환 청구 : 우편물에 반환사유를 적은 쪽지를 붙여 발송인에게 반송한다.

02　국내우편물 보관우편물의 보관국 변경청구 및 배달청구

1 개념

(1) 보관우편물이란 '우체국 보관' 표시가 있는 우편물과 교통 불편 등의 이유로 일반적인 방법으로 접근하기 어려운 지역으로 배달하는 우편물로써, 배달우체국의 창구에서 보관한 후 수취인에게 내어주는 우편물을 말한다.

(2) 해당 개념에 포함되지 않는 보관우편물

① 수취인 부재 등의 이유로 우체국에서 보관하고 있는 우편물
② 우편함 설치대상 건축물(「우편법」제37조의2)인데도 이를 설치하지 않아 배달우체국에서 보관·교부하는 우편물(「우편법 시행령」제51조 제2항)

(3) 보관우체국이 변경된 경우에는 보관기간이 다시 시작된다.

2 처리요령

(1) 요청한 고객이 정당한 수취인인지 확인(정당한 수취인만 가능)

(2) 보관국 변경청구인 경우, 이미 다른 우체국을 보관국으로 변경 청구한 것은 아닌지 확인(1회만 가능)

(3) 해당 우편물을 수취인이 수령하지 않았는지 확인(수령 전 우편물만 가능)

(4) 특히, 청구인이 수취인이 아닌 경우에는 정당하게 위임을 받은 사람인지 제출한 서류를 근거로 주의해서 확인하여야 한다.
  ① 일반적인 경우
    ㉠ 위임장과 위임인(수취인)의 인감증명서, 대리인의 신분증 확인인감증명서는 본인발급분이나 대리발급분 모두 가능하며, '본인서명 사실확인서'도 가능
    ㉡ 위임하는 사람이 법인의 대표인 경우에는 대표자의 위임장과 법인인감증명서, 대리인 신분증 확인
  ② 정당한 청구권자가 특별한 상황인 경우
    ㉠ 수감자 : 위임장과 교도소장의 위임사실 확인(명판과 직인 날인), 대리인 신분증 확인
    ㉡ 군복무자 : 위임장과 부대장(대대장 이상)의 위임사실 확인(명판과 직인 날인), 대리인 신분증 확인

---

03 우편사서함 사용계약

1 개요

우편사서함이란 신청인이 우체국장과 계약을 하여 우체국에 설치된 우편함에서 우편물을 직접 찾아가는 서비스이다. 우편물을 다량으로 받는 고객이 우편물을 수시로 찾아갈 수 있으며, 수취인 주거지나 주소변경에 관계없이 이용할 수 있는 장점이 있다.

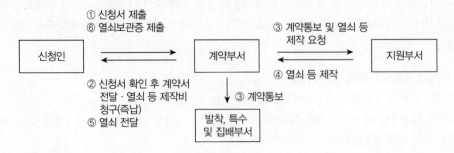

2 사용계약 : 신청서 접수

(1) 우편사서함의 사용계약을 하려는 사람은 주소·성명 등을 기록한 계약신청서와 등기우편물 수령을 위하여 본인과 대리수령인의 서명표를 사서함 시설이 갖춰진 우체국에 제출한다.

① 우편물 수령을 위한 서명표를 받고 우체국에 우편물 수령인으로 신고한 사람의 인적사항과 서명 이미지를 우편물류시스템에 등록하고 관리해야 한다.

② 법인, 공공기관 등 단체의 우편물 수령인은 5명까지 등록 가능하며, 신규 개설할 때나 대리수령인이 바뀐 때에는 미리 신고할 경우에만 가능하다.

(2) 사용인과 신청인의 일치 여부는 주민등록증의 확인으로 하되, 대리인이 신청하는 경우에는 위임장, 대리인의 신분증 등을 확인하고 접수해야 한다.

(3) 사서함 신청을 받은 우체국장은 국가기관, 지방자치단체, 일일 배달 예정물량이 100통 이상인 다량이용자, 우편물 배달 주소지가 사서함설치 우체국의 관할구역인 신청자 순서로 우선적으로 계약할 수 있다.

(4) 사서함을 2인 이상이 공동으로 사용할 수 없다.

(5) 사서함 관리를 위해 필요한 경우 신청인(사서함 사용 중인 사람 포함)의 주소, 사무소나 사업소의 소재지를 확인할 수 있다.

3 신고사항의 처리

(1) 사서함 사용자는 다음 각 호의 경우에는 즉시 계약우체국장에게 알려야 한다.

① 사서함이 훼손된 경우

② 사서함의 열쇠를 망실한 경우

③ 사서함 사용자의 주소 또는 명의가 변경된 경우

④ 사서함 우편물 대리수령인이 바뀐 경우

※ 사서함 사용자의 주소 이전 여부를 파악하기 위하여, 수시로 연락하거나 그 밖의 통지사항을 사용자 주소지에 무료우편물로 보내는 방법으로 사용자 거주 여부를 확인하여야 한다.

(2) 신고사항 처리절차

① 변경신고서 접수

㉠ 사서함 사용자에게서 변경사항에 대한 신고서를 접수한다.

㉡ 변경사항의 확인이 필요한 경우에는 증빙서류를 제출하도록 안내한다.

㉢ 기록사항을 원부와 대조하여 확인한다.

② 원부정리

㉠ 원부의 변경사항을 정정하거나 해지사항을 기록한다.

㉡ 우편물 대리수령인이 바뀐 경우 인적사항과 서명표를 재작성해야 한다.

③ 통보

    ㉠ 인적사항과 서명표를 다시 작성하였을 때에는 사서함 우편물교부 담당자에게 인적사항과 서명표를 통보하고 송부해야 한다.

    ㉡ 주소, 상호, 명의 변경, 대리수령인 변경 시에는 변경신고서를 공람하게 하고 담당자에게 통보한다.

4 사용계약의 해지

(1) 사서함 사용계약 우체국장은 다음의 경우 사서함 사용계약을 해지할 수 있다.

    ① 사서함에 배달된 우편물을 정당한 사유 없이 30일 이상 수령하지 않을 경우

    ② 최근 3개월간 계속하여 사서함에 배달된 우편물의 총 수량이 월 30통에 미달한 경우

    ③ 우편 관계 법령을 위반한 때

    ④ 공공의 질서나 선량한 풍속에 반하여 사서함을 사용한 때

(2) 사서함 사용자가 사서함 사용을 해지하려 할 때에는 해지예정일 10일 전까지 해지예정일 및 계약을 해지한 후의 우편물 수취장소 등을 기록하여 계약우체국에 통보해야 한다.

(3) 사서함 사용계약을 해지한 경우 원부, 대리수령인 인적사항, 서명표를 정리해야 한다.

    ※ 해지 사유가 생긴 때에는 사용자에게 충분한 설명하여, 사용자의 의사와 관계없이 일방적으로 취소하는 일이 없도록 해야 한다.

(4) 열쇠는 반납할 필요가 없다.

5 사서함의 관리

사서함을 운영하고 있는 관서의 우체국장은 연 2회 이상 운영 실태를 점검하고 사용계약 해지 대상자 등을 정비하여야 한다.

우편물류

01 **우체국 물류의 흐름**

1 우편물의 처리과정

우편물의 일반취급은 우편물의 접수부터 배달까지의 전반적인 처리과정을 말한다. 우편물의 처리과정을 살펴보면 다음과 같다.

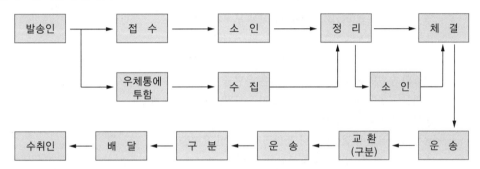

2 발착업무

(1) 개념

우편물 발착업무는 접수우편물을 행선지별로 구분·발송하고 배달우편물은 배달국의 집배원별로 구분·인계하는 작업을 말하며, 그 처리과정은 분류·정리, 구분, 발송, 도착 작업으로 구성되어 있다.

(2) 작업내용

① **분류·정리작업** : 우편물을 우편물 종류별로 구분하고 우편물 구분작업을 쉽게 하기 위하여 기계구분 우편물과 수구분우편물로 분류하여 구분기계에 인입이 가능하도록 정리하는 등의 작업이다.

② **구분작업** : 발송구분과 도착구분, 우편집중국별 구분과 집배원별 구분 등이 있다.

③ **발송작업** : 구분이 완료된 우편물을 보내기 위한 송달증 생성, 체결, 우편물 적재 등의 작업이다.

④ **도착작업** : 도착한 운송용기를 검사하고 개봉하여 확인하는 작업이다.

(3) 우편물의 분류

우편집중국에서 구분작업을 쉽게 할 수 있도록 우편물 접수국에서는 다음과 같이 분류해야 한다.

① 우편물 종류별 분류 : 통상, 등기, 소포 등 우편물 종류별로 분류한다.

② 기계구분우편물과 수구분우편물로 분류

　　㉠ 기계구분우편물 : 기계구분이 가능한 우편물로 다음 규격에 적합하면 기계구분우편물로 분류한다.
　　　단, 부가취급우편물은 규격과 관계없이 수구분우편물로 분류하되, 등기통상구분기가 설치된 우편
　　　집중국과 권역국에서는 규격의 소형 등기통상(익일특급, 등기우편)우편물에 한해서 기계구분우편
　　　물로 분류할 수 있다.

　　㉡ 수구분우편물

　　　• 부가취급우편물, 잘못 도착한 우편물, 반송우편물 및 기계구분불가능우편물은 수구분으로 분류
　　　　한다.

　　　• 기계구분불가능우편물은 다음과 같다.

　　　　– 주소와 우편번호 미기재 및 기재위치가 부적정한 우편물

　　　　– 주소와 우편번호를 각종 흘림체로 수기 기재한 우편물

　　　　– 주소와 우편번호 주위에 다른 문자가 표시된 우편물

　　　　– 주소와 우편번호 숫자 선명도가 낮은 우편물

　　　　– 우편물 표면이 균일하지 아니한 우편물(도장, 동전, 병 덮개 등)

　　　　– 봉투색상이 짙은 우편물

　　　　– 봉투의 끝부분이 접혀있거나 봉함되지 아니한 우편물

　　　　– 스테플러, 핀 등으로 봉투를 봉함한 우편물

　　　　– 내용물의 글씨가 봉투에 비치는 우편물

　　　　– 둥근 소포, 쌀자루 및 취약소포 등

③ 자국접수 자국배달 우편물 분류

　　㉠ 접수우편물 중 자국에서 배달할 우편물은 골라내어 처리함. 단, 일반통상 다량우편물의 경우 자국발췌
　　　및 집배원별 구분이 곤란할 때에 한하여 우편집중국으로 발송한다.

　　㉡ 요금부족 및 미납, 습득물 등의 법규위반 우편물은 골라내어 규정대로 처리한다.

(4) 우편물의 정리

① 우편물을 우편상자에 넣을 때에는 주소가 기재된 면을 동일한 방향으로 정리하고, 수취인 주소는 위쪽
　으로 향하도록 담는다.

② 소포우편물을 우편운반차(팔레트)에 적재할 때는 수취인주소가 기재된 앞면이 위쪽으로 향하도록 적재
　한다.

③ 우편물 정리 시 유의사항

　　㉠ 전산용지로 만든 우편물은 양쪽 끝 천공 부분을 제거하고 정리한다.

　　㉡ 우편물이 접착력으로 인해 붙어 있는 우편물은 낱개로 분리하여 정리한다.

3 우편물의 발송

(1) 발송기준

① 발송 · 도착 구분 작업이 끝난 우편물은 운송방법 지정서에 지정된 운송편으로 발송한다.
② 우편물의 발송순서는 특급우편물, 일반등기우편물, 일반우편물 순으로 발송한다.
③ 우편물 발송 시 운송확인서를 운전자와 교환하여 발송한다.

(2) 일반우편물

① 일반우편물을 담은 운송용기는 운송송달증을 등록한 뒤에 발송한다.
② 우편물은 형태별로 분류하여 해당 우편상자에 담되 우편물량이 적을 경우에는 형태별로 묶어 담고 운송용기 국명표는 혼재 표시된 국명표를 사용한다.

(3) 부가취급우편물

① 부가취급우편물을 운송용기에 담을 때에는 책임자나 책임자가 지정하는 사람이 참관하여 우편물류시스템으로 부가취급우편물 송달증을 생성하고 송달증과 현품 수량을 대조 확인한 후 발송. 다만, 관리 작업이 끝난 우편물을 발송할 때 부가취급우편물 송달증은 전산 송부(e-송달증시스템)
② 덮개가 있는 우편상자에 담아 덮개에 운송용기 국명표를 부착하고 묶음 끈을 사용하여 반드시 봉함한 후 발송
③ 당일특급우편물은 국내특급우편자루를 사용하고 다른 우편물과 구별하여 해당 배달국이나 집중국으로 별도로 묶어서 발송

(4) 운반차의 우편물 적재

① 분류하거나 구분한 우편물은 섞이지 않게 운송용기에 적재
② 여러 형태의 우편물을 함께 넣을 때에는 작업을 쉽게 하기 위하여 일반소포 → 등기소포 → 일반통상 → 등기통상 → 중계우편물의 순으로 적재
③ 소포우편물을 적재할 때에는 가벼운 소포와 취약한 소포를 위에 적재하여 우편물이 파손되지 않게 주의

(5) 우편물의 교환

행선지별로 구분한 우편물을 효율적으로 운송하기 위하여 운송거점에서 운송용기(우편자루, 우편상자, 운반차 등)를 서로 교환하거나 중계하는 작업

4 우편물의 운송

(1) 운송개념

① 우편물(운송용기)을 발송국에서 도착국까지 운반하는 것
② 운송계획에 따라 정기운송, 임시운송, 특별운송으로 구분

(2) 운송의 종류

① 정기운송 : 우편물의 안정적인 운송을 위하여 관할 지방우정청장이 운송구간, 수수국, 수수시각, 차량 톤수 등을 우편물 운송방법 지정서에 지정하고 정기운송 시행

② 임시운송

　㉠ 우편물의 증감에 따라 정기운송편 이외의 방법으로 운송함

　㉡ 운송선로의 임시운송 방법

운행을 변경할 때	감편	우편물의 발송량이 적어 정기편을 운행하지 아니함
	증편	우편물의 과다 증가 등으로 정기편 외 추가로 운행함
거리를 변경할 때	거리연장	운송구간에 추가로 수수국을 연장하여 운행함
	거리감축	정기운송편 수수국의 일부 구간을 운행하지 아니함
차량톤급 변경 시	증차	우편물의 과다 증가로 운송편의 톤급을 상향 조정(예 2.5톤→4.5톤)
	감차	우편물 감소로 운송편의 톤급을 하향 조정(예 4.5톤→2.5톤)

③ 특별운송

　㉠ 우편물의 일시적인 폭주와 교통의 장애 등 그 밖의 특별한 사정이 있다고 인정되는 경우에는 우편물의 원활한 송달을 위하여 전세차량·선박·항공기 등을 이용하여 운송

　㉡ 우편물 정시송달이 가능하도록 최선편에 운송하고 운송료는 사후에 정산

(3) 운송선로

① 개념 : 우편물을 운송하는 경로

② 운송선로의 구분

　㉠ 운송수단에 따른 구분 : 육로우편운송선로, 항공우편운송선로, 선편우편운송선로, 철도우편운송선로

　㉡ 운영방법에 따른 구분

　　• 운영방법에 따라 우체국 보유 차량으로 운송하는 직영운송과 운송업체에 위탁하여 운송하는 위탁운송으로 구분

　　• 위탁운송은 우정사업본부장이 지정하는 비영리법인 및 운송사업자 등에게 우편물을 위탁하여 운송하는 방식으로 육로위탁운송, 항공위탁운송, 선편위탁운송, 철도위탁운송 등으로 구분

③ 운송선로 용어 설명

　㉠ 구간 : 최초 발송국에서 최종 도착국까지의 운송경로

　㉡ 편 : 정해진 운송구간을 운송형태별(교환, 수집, 배분 등)로 운행(예 수집 1호, 배분 1호, 배집 1호)

　㉢ 수집 : 접수한 우편물을 우편집중국 등으로 모아오는 운송 형태

　㉣ 배분 : 우편집중국 등에서 배달할 우편물을 배달국으로 보내는 운송 형태

　㉤ 배집 : 배분과 수집이 통합된 운송 형태

(4) 우편물 운송의 우선순위

운송할 우편 물량이 많아 차량, 선박, 항공기, 열차 등의 운송수단으로 운송할 수 없는 경우에는 다음 순위에 따라 처리

① 1순위 : 당일특급우편물, EMS우편물
② 2순위 : 익일특급우편물, 등기소포우편물(방문소포 포함), 일반등기 · 선택등기우편물 및 준등기우편물, 국제항공우편물
③ 3순위 : 일반소포우편물, 일반통상우편물, 국제선편우편물

(5) 운송용기

① 개념 : 우편물 보호, 차량적재, 발송 · 도착, 운반 작업을 효율적이고 원활하게 할 수 있도록 만든 규격화된 용기
② 운송용기의 종류와 용도

종류		용도	비고
운반차	우편운반차(롤팔레트)	통상 · 소포우편물, 우편상자, 우편자루의 담기와 운반	
	우편운반대(평팔레트)	소포 등 규격화된 우편물 담기와 운반	
	상자운반차(트롤리)	우편상자(소형, 중형, 대형) 담기와 운반	
우편상자	소형상자	소형상자 소형통상우편물 담기	부가취급우편물을 적재할 때에는 상자덮개를 사용하여 봉함하여야 함
	중형상자	얇은 대형통상우편물 담기	
	대형상자	두꺼운 대형통상우편물 담기	
접수상자		소형통상 다량우편물 접수, 소형통상우편물 담기	
우편자루	일반자루	일반우편물(통상 · 소포) 담기	크기에 따라 가호, 나호
	특수자루	부가취급우편물 담기	가호, 나호
	특급자루	국내특급우편물(익일특급우편물 제외) 담기	가호, 나호, 다호

5 도착작업 및 우편물 수수

(1) 운송용기의 도착검사

① 운송용기가 도착한 때에는 책임자나 책임자가 지정하는 사람이 참관하고, 담당자는 다음사항에 적합한지를 검사한 후 운송송달증을 조회하여 확인
　㉠ 운송용기의 외장과 봉함 상태는 이상이 없어야 함
　㉡ 용기송달증의 기록내용과 종류별 운송용기 수가 일치해야 함
　㉢ 국명표와 우편물의 행선지가 일치해야 함
② 운송용기의 도착 검사가 끝난 후에 해당 부서에 넘기고 중계우편물을 담은 운송용기는 해당 운송편에 연결될 때까지 안전하게 보관

③ 도착장에 도착하는 일반통상우편물, 소포우편물, 등기우편물은 그 내용과 운송송달증을 대조 확인한 후 해당 작업장으로 이동
- ㉠ 소형통상우편물 : 소형우편물 작업장
- ㉡ 대형통상우편물 : 대형통상 작업장
- ㉢ 소포와 등기우편물 : 소포 작업장과 특수계 작업장
- ※ 부가취급우편물을 담은 운송용기는 해당부서에 곧바로 넘겨야 함

(2) 운송용기의 개봉작업

도착검사가 끝난 운송용기가 해당 부서에 도착하면 운송용기에 부착된 국명표를 제거하고 다음과 같이 처리
① 인계 · 인수가 끝난 우편물은 익일특급, 등기우편 순으로 개봉하여 처리
② 부가취급우편물을 담은 운송용기를 개봉할 때에는 책임자나 책임자가 지정하는 사람이 참관하고 담당자는 부가취급우편물 송달증의 기록명세와 우편물의 등기번호와 통수에 이상이 없는지 확인해야 함
③ 개봉이 끝난 운송용기는 운송용기 관리지침에 따르고 우편자루는 뒤집어서 남은 우편물이 없는가를 확인해야 함

(3) 우편물의 수수

① 우편우편물을 인수인계할 때는 운송송달증, 용기송달증, 접수송달증에 따라 수수하는 방법 등이 있음
② 운송송달증에 따른 수수 : 운송차량에 적재한 운반차 등의 명세를 수수
- 예 의정부우편집중국 ↔ 서울중랑우체국, 동서울우편집중국 ↔ 우체국물류지원단
③ 용기송달증에 따른 수수 : 운반차 등에 적재한 운송용기 명세를 수수
- 예 부가취급부서(특수계) ↔ 발송부서(발착계)
④ 접수송달증에 따른 수수 : 접수된 부가취급우편물 명세를 수수
- 예 접수부서 ↔ 발송부서

---

02 우편물 배달

1 집배의 정의

집배국에서 근무하는 집배원이 우체통에 투입된 우편물을 지정한 시간에 수집하고, 우편물에 표기된 수취인(반송하는 경우에는 발송인)의 주소지로 배달하는 우편서비스

2 우편물 배달 흐름도

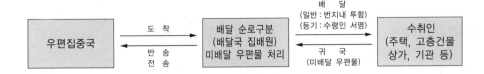

3 우편물 배달의 원칙

(1) 배달의 일반원칙
① 우편물은 그 표면에 기재된 곳에 배달한다.
② 수취인이 2명 이상인 경우에는 그 중 1인에게 배달한다.
③ 우편사서함 번호를 기록한 우편물은 당해 사서함에 배달한다.
④ 취급과정을 기록하는 우편물은 정당 수령인으로부터 그 수령사실의 확인[서명(전자서명 포함)] 또는 날인을 받고 배달하여야 한다.

(2) 우편물 배달 기준
① 모든 지역의 일반우편물의 배달은 우편물이 도착한 날 순로 구분을 하여 다음날에 배달한다. 단, 집배 순로구분기 설치국에 오후 시간대에 도착한 우편물은 도착한 다음날 순로 구분을 하여, 순로 구분한 다음날에 배달한다.
② 시한성 우편물, 특급(당일, 익일)우편물, 등기소포는 도착 당일 구분하여 당일 배달한다.

(3) 배달의 우선순위
① 제1순위 : 기록취급우편물, 국제항공우편물
② 제2순위 : 준등기우편물, 일반통상우편물(국제선편통상우편물 중 서장 및 엽서 포함)
③ 제3순위 : 제1순위, 제2순위 이외의 우편물
④ 제1순위부터 제3순위까지 우편물 중 한 번에 배달하지 못하고 잔량이 있을 때에는 다음 편에 우선 배달한다.

4 배달의 특례(「우편법 시행령」 제43조)

(1) 동일건물 내의 일괄배달
① 같은 건축물이나 같은 구내의 수취인에게 배달할 우편물은 그 건축물이나 구내의 관리사무소, 접수처, 관리인에게 배달이 가능하다.
예 공공기관, 단체, 학교, 병원, 회사, 법인 등

② 관리사무소, 접수처, 관리인 등이 없는 경우에는 일반우편물은 우편함에 배달하고 우편함에 넣을 수 없는 우편물(소포 · 대형 · 다량우편물)과 부가취급우편물, 요금수취인부담우편물을 수취인에게 직접 배달한다.

(2) 우편물의 사서함 교부

① 사서함우편물 교부방법
  ㉠ 우편사서함에 교부하는 우편물은 운송편이나 수집편이 도착할 때마다 구분하여 즉시 사서함에 투입
  ㉡ 등기우편물, 요금수취인부담, 요금미납부족우편물과 용적이 크거나 수량이 많아 사서함에 투입할 수 없는 우편물은 이를 따로 보관하고, 우편물을 따로 보관하고 있다는 내용(사용자가 외국인인 경우에는 'Please, Contact the counter for your mail')의 표찰을 투입
  ㉢ 사서함 이용자가 사서함에서 안내 표찰을 꺼내 창구에 제출하면 담당자는 따로 보관하고 있는 우편물을 내어줌
  ㉣ 등기우편물을 내줄 때에는 주민등록증 등 신분증으로 정당한 수령인(본인이나 대리수령인)인지 반드시 확인
  ㉤ 전자서명방식[개인휴대용단말기(PDA), 펜패드(PENPAD) 등]으로 수령인의 서명을 받고 배달결과를 우편물류시스템에 등록
② 사서함번호만 기록한 우편물 : 해당 사서함에 정확하게 넣고 수취인에게 우편물 도착사실을 알려주며, 생물 등 변질이 우려되는 소포는 냉동 · 냉장고에 보관하였다가 수취인에게 내어줌
③ 사서함번호와 주소가 함께 기록된 우편물 : 우편물을 사서함에 넣을 수 있으며, 당일특급, 특별송달, 보험취급, 맞춤형 계약등기 우편물은 주소지에 배달
④ 사서함번호를 기록하지 않은 우편물 : 우편사서함 번호를 기록하지 않은 우편물이라도 우편사서함 사용자에게 가는 우편물이 확실할 때에는 우편사서함에 투입 가능. 다만 당일특급, 특별송달, 보험취급, 맞춤형 계약등기, 등기소포 우편물은 사서함에 넣지 않고 주소지에 배달

(3) 보관우편물 교부

① 자국에서 보관 교부할 우편물이 도착하였을 때에는 해당 우편물에 도착날짜도장을 날인하고 따로 보관
② 종이배달증의 처리 : 등기취급한 보관우편물은 배달증의 적요란에 '보관'이라고 적은 후 수취인에게 내어줄 때까지 보관
③ 우편물 교부
  ㉠ '우체국 보관'의 표시가 있는 우편물은 그 우체국 창구에서 수취인에게 우편물을 내어줌. 이때, 등기우편물은 정당한 수취인인지 확인한 후 수령인의 서명(전자서명 포함)을 받고 우편물을 내어주고 우편물류시스템에 배달결과를 등록
  ㉡ ㉠의 따른 보관기간은 우편물이 도착한 다음 날부터 계산하여 10일로 함. 다만, 교통이 불편하거나 그 밖의 사유로 수취인이 10일 이내에 우편물을 교부받을 수 없다고 인정될 때에는 20일 이내로 교부기간을 연장할 수 있음

(4) 수취인 청구에 의한 창구교부

① 집배원 배달 전이나 배달하지 못해 반송하기 전 보관하고 있는 우편물은 수취인의 청구에 의해서 창구 교부한다.

② 선박이나 등대로 가는 우편물에 대해서도 창구에서 교부한다.

(5) 공동우편함 배달

교통이 불편한 도서·농어촌 지역, 공동생활 지역 등 정상적인 우편물의 배달이 어려울 경우 마을공동수취함을 설치하고 우편물을 배달

(6) 수취인 신고에 의한 등기우편물 대리수령인 배달

① 장기간 집을 비우는 경우나 많은 세대가 사는 아파트 같은 경우 수취인과 대리수령인의 신고를 통해서 등기우편물 대리수령인으로 지정할 수 있다.

② 일반우편물은 원래 주소지에 배달하고 등기우편물은 1차 배달이 안 되었을 경우 대리수령인에게 배달한다.

(7) 수취인 장기부재 시 우편물 배달

휴가 등으로 수취인이 장기간 집을 비울 때 등기우편물은 다음과 같이 배달할 수 있다.

① 주소지에 동거인이 있는 경우에는 그 동거인에게 배달

② 수취인 장기부재신고서에 돌아올 날짜를 미리 신고한 경우

    ㉠ 15일 이내 : 돌아올 날짜의 다음날에 배달

    ㉡ 15일 이후 : "수취인장기부재" 표시하여 반송

(8) 무인우편물 보관함 배달

① 수취인이 부재하여 무인우편물 보관함에 배달할 때에는 수취인의 동의를 받은 후 배달해야 함. 다만 사전에 수취인이 무인우편물 보관함에 배달해 달라고 신청한 경우에는 수취인을 방문하지 않고 배달할 수 있음

② 특별송달, 보험취급 등 수취인의 직접 수령한 사실의 확인이 필요한 우편물은 무인우편물 보관함에 배달할 수 없음

(9) 주거이전 우편물의 전송

주거를 이전한 우편물의 수취인이 주거이전 우편물 전송서비스를 신청한 경우 서비스 기간 동안 표면에 구 주소지가 기재된 우편물을 이전한 주소로 전송

(10) 수취인의 배달장소 변경

우편물 표기 주소지에서 우편물 수령이 어려운 등기우편물의 수취인이 배달장소 변경을 신청한 경우 수취인이 지정한 수령지로 배달

5 등기취급 우편물의 배달

(1) 정당 수령인

① 우편물 표면에 기재된 주소지의 수취인이나 동거인(같은 직장 근무자 포함)
② 같은 건축물 및 같은 구내의 관리사무소, 접수처, 관리인
③ 대리수령인으로 지정되어 우편관서에 등록된 사람
④ 수취인과 같은 집배구에 있고 수취인의 배달동의를 받은 무인우편물 보관함

(2) 수령인의 확인

① 등기로 취급하는 우편물을 수취인이나 그 대리인에게 배달(교부)할 때에는 수령인에게 확인(전자서명 포함)을 받아야 함
② 수령인의 확인 방법은 수령인이 인장을 날인하거나 수령인 성명을 직접 자필로 기록하게 하며(외국인 포함), 수령인이 본인이 아닌 경우에는 수취인과의 관계를 정확히 기록하여야 하고, 실제 우편물을 수령한 수령인을 반드시 입력
③ 수령인이 한글 해독 불가능자 또는 기타의 사유로 서명이 불가능한 경우에는 우편물 여백에 인장이나 지장을 날인하게 한 후 PDA에 장착된 카메라로 촬영하여 수령 확인
④ '무인우편물 보관함'에 배달하는 경우에는 '무인우편물 보관함'에서 제공하는 배달확인이 가능한 증명자 료(영수증 또는 배달완료 모니터화면)를 PDA(개인휴대용단말기)에 장착된 카메라로 촬영하여 수령사 실을 갈음할 수 있음

(3) 우편물 도착 안내

등기우편물을 수취인 부재 등의 사유로 배달하지 못한 경우와 대리수령인에게 배달한 경우에는 '우편물 도착안내서'를 수취인이 잘 보이는 장소에 부착하거나 메시지 서비스(문자 메시지, 포스트톡)를 통해 수취 인에게 우편물 도착사실을 알림

(4) 종류별 배달방법

우편물 종류	배달방법
당일특급, 특별송달	3회 배달 후 보관하지 않고 반송
맞춤형 계약등기	3회 배달, 2일 보관 후 반송
내용증명, 보험취급(외화 제외), 선거우편, 등기소포	2회 배달, 2일 보관 후 반송
기타 등기통상	2회 배달, 4일 보관 후 반송

(5) 보험취급 우편물의 배달

① 통화등기우편물 취급 시 유의사항
  ㉠ 통화등기 송금통지서와 현금 교환업무 취급 시 반드시 참관자를 선정하여 서로 확인하고 봉투의 표면에 처리자와 참관자가 확인 날인
  ㉡ 국내특급으로 취급된 통화등기우편물이 현금출납업무 마감시간 이후(또는 공휴일 · 토요일 · 일요일)에 도착하였을 때에는 시간외 현금 중에서 대체하여 배달하고, 시간외 현금이 없으면 다음날 현금출납업무 시작 즉시 처리
  ㉢ 통화등기우편물을 배달할 때에는 수취인으로 하여금 집배원이 보는 앞에서 그 우편물을 확인하게 하여 내용금액을 표기금액과 서로 비교 확인

② 통화등기우편물의 반송 및 전송
  ㉠ 반송 또는 전송하는 곳을 관할하는 집배국 앞으로 송금통지서 및 원부를 발행하여 우편물에 넣어 반송 또는 전송
  ㉡ 송금통지서 및 원부의 금액란 말미와 송금액 수수부 비고란에는 '반송' 또는 '○○국 전송'이라 표시

③ 물품등기우편물 배달 시 유의사항
  ㉠ 우편물을 확인하지 않고, 수취인에게 봉투와 포장상태의 이상유무만 확인
  ㉡ 이후 사고발생으로 인한 민원발생 및 우편서비스 품질이 저하되는 사례가 없도록 유의

④ 유가증권등기우편물 배달 시 유의사항
  ㉠ 수취인에게 겉봉을 열어 확인하게 한 후 표기된 유가증권 증서류명, 금액, 내용을 서로 비교 확인
  ㉡ 관공서, 회사 등 다량의 등기우편물 배달 시 유가증권 등기우편물이 포함된 사실을 모르고 상호 대조 확인 없이 일괄 배달하는 사례가 없도록 유의

6 특급취급 우편물의 배달

(1) 배달기한

① 당일특급
  ㉠ 가장 빠른 배달 편에 의하여 접수 당일 20:00까지 수취인에게 배달
  ㉡ 오후 특급 편에 도착한 당일특급 우편물은 당일에 전량 배달
  ㉢ 국제특급(EMS)우편물은 당일특급에 준하여 배달처리

② 익일특급
  ㉠ 접수한 다음 날까지 수취인에게 배달
  ㉡ 취급지역은 관할 지방우정청장(규칙 제61조 제6항)이 고시하되, 접수한 날의 다음 날까지 배달이 곤란한 지역에 대해서는 별도로 추가일수를 더하여 고시
  ㉢ 우체국 축하카드 및 온라인환은 익일특급과 같이 처리

(2) 당일특급 우편물 배달할 때의 유의사항

① 배달증에 수령인의 서명(전자서명 포함) 및 배달시각을 함께 확인

② 특급구, 특구 담당 집배원 등이 배달자료를 생성하여 배달

(3) 재배달 · 전송 · 반송 처리

① 재배달할 우편물은 2회째에는 가장 빠른 방법으로 배달하고 3회째에는 통상적인 배달 예에 의함(단, 익일특급 우편물은 제외)

② 수취인 부재 시에는 재방문 예정시각을 기재한 '우편물 도착안내서'를 주소지에 부착(2회째까지)하고 수취인이 전화 등으로 재배달을 요구할 경우 재배달

③ 특급우편물(익일특급 포함)을 전송하거나 반송하는 경우에는 전송 또는 반송하는 날의 다음 근무일까지 배달

PART

02 | 국제우편

합격의 공식
온라인 강의

잠깐!

혼자 공부하기 힘드시다면 방법이 있습니다.
시대에듀의 동영상강의를 이용하시면 됩니다.
www.sdedu.co.kr → 회원가입(로그인) → 강의 살펴보기

01 국제우편 총설

01 국제우편의 의의

(1) 국제우편은 국가 또는 그 관할 영토의 경계선을 넘어 상호 간에 의사나 사상을 전달, 매개하거나 물건을 송달하는 제도이며 이 같은 목적으로 취급되는 우편물을 국제우편물이라고 정의함

(2) 초창기에는 개별 당사국 간의 조약에 의하여 국제우편물을 교환하였으나 운송수단의 발달, 교역의 확대 등에 따른 우편수요의 증가와 이용조건 및 취급방법의 상이함에서 오는 불편 등을 해소하기 위하여 범세계적인 국제우편기구인 만국우편연합(UPU)을 창설하였음

(3) 국제우편은 나라(지역)와 나라(지역)사이의 우편 교환이기 때문에 요금의 결정방법, 우편물의 통관, 우정당국 간의 요금 및 운송료의 정산 등 국내우편과 비교해 볼 때 차별되고 독특한 취급내용과 절차가 있음

02 우편에 관한 국제기구

1 만국우편연합(UPU : Universal Postal Union)

(1) UPU의 창설

① 1868년 북부독일연방의 우정청장인 하인리히 본 스테판이 문명국가 사이에 우편연합(Postal Union of civilized Countries)의 구성을 제안

② 1874년 스위스 베른에서 독일·미국·러시아 등 22개국의 전권대표들이 회합을 하여 스테판이 기초한 조약안을 검토해 같은 해 10월 9일에 서명함으로써 국제우편 서비스를 관장하는 최초의 국제협약인 '1874 베른 조약(1874 Treaty of Bern)'이 채택됨

③ 이에 따라 일반우편연합(General Postal Union)이 창설되었으며 1875년 7월 1일에 이 조약이 발효됨. 1878년의 제2차 파리총회에서 만국우편연합(Universal Postal Union)이라 개명됨

(2) UPU의 임무 : 전 세계 사람들 사이의 통신을 증진하기 위하여 다음과 같이 효율적이고 편리한 보편적 우편서비스의 지속적인 발전을 촉진

 ① 상호 연결된 단일 우편 영역에서 우편물의 자유로운 교환을 보장

 ② 공정하고 공통된 표준을 채택하고, 기술 이용을 촉진

 ③ 이해관계자들 간의 협력과 상호작용의 보장

 ④ 효과적인 기술협력 증진

 ⑤ 고객의 변화하는 요구에 대한 충족을 보장

(3) UPU의 조직

 ① 총회(Congress) : 연합의 최고 의결기관으로서 매 4년마다 개최되고, 전 회원국의 전권대표로 구성되며, 전 세계 우편사업의 기본 발전방향 설정함

 ② 연합의 상설기관

  ㉠ 관리이사회(Council of Administration : CA) : 우편에 관한 정부정책 및 감사 등과 관련된 사안을 담당

  ㉡ 우편운영이사회(Postal Operations Council : POC) : 우편업무에 관한 운영적, 상업적, 기술적, 경제적 사안을 담당

  ㉢ 국제사무국(International Bureau : IB) : 연합업무의 수행, 지원, 연락, 통보 및 협의기관으로 기능

(4) UPU에 관한 기타 사항

 ① 기준화폐 : 국제통화기금(IMF)의 국제준비통화인 SDR(Special Drawing Right). 국제우편에 관한 모든 요금, 중계료, 운송료, 각종 할당요금 등은 모두 SDR을 기초로 하여 일정 비율의 자국 통화로 환산함

 ② 공용어 : 공용어는 프랑스어(「만국우편연합헌장」 제6조)이며, 국제사무국 내에서는 업무용 언어로 프랑스어 및 영어 사용(「만국우편연합총칙」 제154조). 따라서 조약문의 해석상 문제가 있을 때에는 프랑스어를 기준으로 하지만 UPU에서 1개 언어만을 사용하면 불편이 많으므로 각종 회의와 문서 발간을 위하여 프랑스어, 영어, 아랍어, 스페인어, 러시아어, 중국어, 독일어, 포르투갈어를 함께 사용함

(5) 우리나라와 UPU와의 관계

 ① 우리나라는 1897년 제5차 워싱턴 총회에 참석하여 가입신청서 제출하였으며 1900년 1월 1일에 '대한제국(Empire of Korea)' 국호로 정식 가입. 1922년 일본이 '조선'으로 개칭하였으나 1949년 '대한민국(Republic of Korea)' 국호로 회원국 자격 회복하였음

  ※ 북한은 1974년 6월 6일에 로잔느 총회에서 가입

 ② 1952년 제13차 UPU 브뤼셀 총회 때부터 대표를 계속 파견하여왔으며 1989년 UPU 워싱턴 총회에서 집행이사회(EC) 이사국으로 선출, EC의 10개 위원회 중 우편금융위원회 의장직 5년간 수행

 ③ 1994년 8월 22일부터 9월 14일까지 제21차 UPU 총회를 서울에서 성공리에 개최. 서울 총회 개최국으로서 1995년부터 1999년까지 관리이사회(CA) 의장국으로 활동, 우편운영이사회(POC) 이사국으로 선출되어 2012년까지 활동. 2016년 이스탄불총회에서 다시 양대 이사국으로 재선출되어 활동. 2021년 아비장 총회에서 우편운영이사회(POC) 이사국으로 당선

2 아시아 · 태평양우편연합(APPU : Asian-Pacific Postal Union)

(1) 개요
① 한국과 필리핀이 공동 제의하여 1961년 1월 23일 마닐라에서 한국, 태국, 대만, 필리핀 4개국이 협약에 서명함으로써 창설
② 이에 따라 서명된 아시아 · 태평양 우편협약이 1962년 4월 1일에 발효되었으며 이후 지역 내 상호 협력과 기술 협조에 기여
③ 대만은 UN 및 UPU의 회원 자격이 중국으로 대체됨에 따라 1974년에 이 연합의 회원 자격도 중국이 대체함
④ 사무국은 태국 방콕에 소재하고 있으며 현재 회원국은 32개국

(2) 설립 목적
① 지역우편연합의 구성을 허용하고 있는 「UPU 헌장」 제8조에 따라, 지역 내 각 회원국 간의 우편관계를 확장 · 촉진 · 개선하고 우편업무분야에서 국제협력을 증진하는 것이 목적임
② 구체적 실현 방법으로 우편업무의 발전과 개선에 관한 연구를 목적으로 우정 직원을 서로 교환하거나 독자적 파견하기 위한 협정을 체결할 수 있음
③ 공용어는 영어를 사용함

(3) 기관
① **총회(Congress)** : 연합의 최고 기관이며 4년마다 개최되는 비상설기구. 회원국의 전권대표로 구성되며 APPU 헌장 및 총칙을 수정하거나 공동 관심사 토의를 위해 소집. 제9차 총회는 2005년에 한국의 서울에서, 제10차 총회는 2009년에 뉴질랜드의 오클랜드에서, 제11차 총회는 2013년에 인도의 뉴델리에서 개최
② **집행이사회(Executive Council)** : 총회와 총회 사이에 연합 업무의 계속성을 유지하기 위하여 원칙적으로 매년 1회 개최. 총회의 결정에 따라 부여받은 임무를 수행하고 연합의 연차 예산 검토 · 승인
　※ 우리나라는 제9차 APPU 총회를 2005년에 개최하여 2006년부터 2009년까지 집행이사회 의장국으로 활동
③ **아시아 · 태평양우정대학(APPC; Asian-Pacific Postal College)**
　㉠ 아 · 태지역의 우편업무 개선 · 발전을 위한 우정 직원 훈련을 목적으로 1970년 9월 10일에 4개국(우리나라, 태국, 필리핀, 대만)이 유엔개발계획(UNDP)의 지원을 받아 창설한 지역훈련센터로, 태국 방콕에 소재
　　※ 설립 당시 명칭 : 아 · 태 우정연수소(APPTC; Asian-Pacific Postal Training Center)
　㉡ 우리나라는 연수소의 창설국인 동시에 관리이사국(GB)으로서 초대 교수부장을 비롯한 교수요원과 자문관을 파견했으며, 교과과목으로는 우편관리자과정(PMC)을 비롯하여 20여 과목. 1971년부터 매년 연수생 약 15명을 파견
④ **사무국(Bureau)** : 집행이사회의 감독 아래 회원국을 위한 연락, 통보, 문의에 대하여 중간 역할을 함. 태국 방콕에 소재

3 카할라 우정연합(Kahala Posts Group)

(1) 결성 : 아시아 · 태평양 연안 지역 내 6개 우정당국(한국, 미국, 일본, 중국, 호주, 홍콩)이 국제특송시장에서의 주도권 확보 및 국제특급우편(EMS) 경쟁력 향상을 목적으로 2002년 6월에 결성하여 회원국을 유럽까지 확대하고 있음. 사무국은 홍콩에 소재하고 있으며, 회원국은 11개국('21.12월 현재)이 가입되어 있음

※ Kahala는 최초 회의가 개최된 미국(하와이) 내 지명(地名)

※ 회원국 : 한국, 미국, 일본, 중국, 호주, 홍콩, 스페인, 영국, 프랑스, 태국, 캐나다

(2) 주요사업

① 국제특급우편(EMS) 서비스 품질 향상(정시배달 목표 96%)을 추진하고 항공운송구간 문제점 해소를 위한 최적 운송방안 마련

② 민간특송사에 대한 경쟁력 확보를 위한 사전통관 정보 제공 및 카할라 우정연합 국가 간 서비스 품질을 제고하여 국제특급우편(EMS) 매출 성장에 기여

③「The Power to Deliver」라는 슬로건 하에 공동으로 구축한 단일통합네트워크를 기반으로 2005년 7월부터 EMS 배달보장서비스를 시행. EMS 배달보장서비스는 배달보장일수 계산 프로그램에 따라 우편물 접수 시 발송지와 수취인 주소의 우편번호 입력을 기반으로 예상배달일자를 약속하고 정시배달을 보장해주며, 배달이 지연된 경우 납부한 국제우편요금을 전액 배상해 주는 서비스

4 우정사업분야 국제협력 확대

(1) 만국우편연합 활동 참여로 한국 우정 위상 제고

① 한국은 UPU 우편운영이사회(POC) 및 관리이사회(CA), 고위급 포럼 등에 대표단을 지속적으로 파견하고 있고, UPU 지역회의를 후원하며, 전자상거래 회의, IT 회의, 통관회의 등에 참가하여 UPU와의 협력활동을 계속하고 있음

② 1990년부터 한국정부는 UPU 국제사무국에 전문가를 파견하여 UPU 활동에 기여하는 동시에 국제우편 전문가를 양성하고 있음

(2) 아 · 태 우편연합(APPU) 활동 참여

① 한국은 2005년 제9차 APPU 총회 주최국으로서 총회 이후 집행이사회 의장직 수행, 2009년 3월 9일부터 13일까지 진행된 뉴질랜드 오클랜드의 APPU 총회에서 다음 의장 · 부의장의 선출을 끝으로 4년간의 집행이사회 의장직을 성공적으로 마무리하였음

② 특히, 4년간의 APPU EC 의장국으로 인터넷 및 IT 확산 등 우편 환경 변화에 대응하기 위한 공동 활동과 EMS 등 우편 서비스의 경쟁력 강화로 APPU 소속 각 우정당국의 품질 개선에 이바지하였음

③ APPU 총회 기간 중 한국 우정의 우정IT 홍보와 함께 회원국 대표들과의 협력 관계를 더욱 공고히 하였으며 앞으로도 아 · 태 지역 내 우편 발전을 선도할 예정

더 알아보기❶

UPU 회원국 현황

번호	국가명	약호	가입일	APPU
1	AFGHANISTAN(아프가니스탄)	AF	1928-04-01	○
2	ALBANIA(알바니아)	AL	1922-03-01	
3	ALGERIA(알제리)	DZ	1907-10-01	
4	ANGOLA(앙골라)	AO	1977-03-03	
5	ANTIGUA AND BARBUDA(엔티과바부다)	AG	1994-01-20	
6	ARGENTINA(아르헨티나)	AR	1878-04-01	
7	ARMENIA(아르메니아)	AM	1992-09-14	
8	Aruba, Curaço and Sint Maarten		1875-07-01	
9	AUSTRALIA(오스트레일리아)	AU	1907-10-01	○
10	AUSTRIA(오스트리아)	AT	1875-07-01	
11	AZERBAIJAN(아제르바이잔)	AZ	1993-04-01	
12	BAHAMAS(바하마)	BS	1974-04-24	
13	BAHRAIN(바레인)	BH	1973-12-21	
14	BANGLADESH(방글라데시)	BD	1973-02-07	○
15	BARBADOS(바베이도스)	BB	1967-11-11	
16	BELARUS(벨라루스)	BY	1947-05-13	
17	BELGIUM(벨기에)	BE	1875-07-01	
18	BELIZE(벨리세)	BZ	1982-10-01	
19	BENIN(베넹)	BJ	1961-04-27	
20	BHUTAN(부탄)	BT	1969-03-07	○
21	BOLIVIA(볼리비아)	BO	1886-04-01	
22	BOSNIA AND HERZEGOVINA(보스니아헤르체코비나)	BA	1993-01-26	
23	BOTSWANA(보츠와나)	BW	1968-01-12	
24	BRAZIL(브라질)	BR	1877-07-01	
25	BRUNEI DARUSSALAM(브루네이(나이))	BN	1985-01-15	○
26	BULGARIA(REP.)(불가리아)	BG	1879-07-01	
27	BURKINA FASO(부르키나 파소)	BF	1963-03-29	
28	BURUNDI(부룬디)	BI	1963-04-06	
29	CAMBODIA(캄보디아)	KH	1951-12-21	○
30	CAMEROON(카메룬)	CM	1960-07-26	

안심Touch

31	CANADA(캐나다)	CA	1878-07-01	
32	CAPE VERDE(카보 베르데)	CV	1976-09-30	
33	CENTRAL AFRICAN REP.(중앙아프리카)	CF	1961-06-28	
34	CHAD(차드)	TD	1961-06-23	
35	CHILE(칠레)	CL	1881-04-01	
36	CHINA(PEOPLE'S REP.)(중국)	CN	1914-03-01	o
37	COLOMBIA(콜롬비아)	CO	1881-07-01	
38	COMOROS(코모로)	KM	1976-07-29	
39	CONGO(REP.)(콩고)	CG	1961-05-23	
40	COSTA RICA(코스타리카)	CR	1883-01-01	
41	CÔTE D'IVOIRE(REP.)(코트디봐르)	CI	1961-05-23	
42	CROATIA(크로아티아)	HR	1992-07-20	
43	CUBA(쿠바)	CU	1902-10-04	
44	CYPRUS(사이프러스)	CY	1961-11-23	
45	CZECH REP.(체코)	CZ	1993-03-18	
46	DEM PEOPLE'S REP. OF KOREA(북한)	KP	1974-06-06	
47	DEMOCRATIC REPUBLIC OF THE CONGO(콩고민주공화국)	CD	1886-01-01	
48	DENMARK(덴마크)	DK	1875-07-01	
49	DJIBOUTI(지부티)	DJ	1978-06-06	
50	DOMINICA(도미니카 연방)	DM	1980-01-31	
51	DOMINICAN REPUBLIC(도미니카 공화국)	DO	1880-10-01	
52	ECUADOR(에콰도르)	EC	1880-07-01	
53	EGYPT(이집트)	EG	1875-07-01	
54	EL SALVADOR(엘살바도르)	SV	1879-04-01	
55	EQUATORIAL GUINEA(적도기니)	GQ	1970-07-24	
56	ERITREA(에리트리아)	ER	1993-08-19	
57	ESTONIA(에스토니아)	EE	1992-04-30	
58	ESWATINI(에스와티니)	SZ	1969-11-07	
59	ETHIOPIA(에티오피아)	ET	1908-11-01	
60	FIJI(피지)	FJ	1971-06-18	o
61	FINLAND(INCLUDING THE ÅLAND ISLANDS)(핀란드)	FI	1918-02-12	
62	FRANCE(프랑스)	FR	1876-01-01	

63	GABON(가봉)	GA	1961-07-17	
64	GAMBIA(감비아)	GM	1974-10-09	
65	GEORGIA(조지아)	GE	1993-04-01	
66	GERMANY(독일)	DE	1875-07-01	
67	GHANA(가나)	GH	1957-10-10	
68	GREAT BRITAIN(영국)	GB	1875-07-01	
69	GREECE(그리스)	GR	1875-07-01	
70	GRENADA(그레나다)	GD	1978-01-30	
71	GUATEMALA(과테말라)	GT	1881-08-01	
72	GUINEA(기니)	GN	1959-05-06	
73	GUINEA-BISSAU(기니비소)	GW	1974-05-30	
74	GUYANA(가이아나)	GY	1967-03-22	
75	HAITI(아이티)	HT	1881-07-01	
76	HONDURAS(REP.)(온두라스)	HN	1879-04-01	
77	HUNGARY(헝가리)	HU	1875-07-01	
78	ICELAND(아이슬란드)	IS	1919-11-15	
79	INDIA(인도)	IN	1876-07-01	○
80	INDONESIA(인도네시아)	ID	1877-05-01	○
81	IRAN(ISLAMIC REP.)(이란)	IR	1877-09-01	○
82	IRAQ(이라크)	IQ	1929-04-22	
83	IRELAND(아일란드(에이레))	IE	1923-09-06	
84	ISRAEL(이스라엘)	IL	1949-12-24	
85	ITALY(이탈리아(이태리))	IT	1875-07-01	
86	JAMAICA(자메이카)	JM	1963-08-29	
87	JAPAN(일본)	JP	1877-06-01	○
88	JORDAN(요르단)	JO	1947-05-16	
89	KAZAKHSTAN(카자흐스탄)	KZ	1992-08-27	
90	KENYA(케냐)	KE	1964-10-27	
91	KIRIBATI(키리바티)	KI	1984-08-14	
92	KOREA REP.(대한민국)	KR	1900-01-01	○
93	KUWAIT(쿠웨이트)	KW	1960-02-16	
94	KYRGYZSTAN(키르키즈스탄)	KG	1993-01-26	

95	LAO PEOPLE'S DEM. REP.(라오스)	LA	1952-05-20	o
96	LATVIA(라트비아)	LV	1992-06-17	
97	LEBANON(레바논)	LB	1946-05-15	
98	LESOTHO(레소토)	LS	1967-09-06	
99	LIBERIA(라이베리아)	LR	1879-04-01	
100	LIBYA(리비아)	LY	1952-06-04	
101	LIECHTENSTEIN(리첸쉬테인)	LI	1962-04-13	
102	LITHUANIA(리투아니아)	LT	1992-01-10	
103	LUXEMBURG(룩셈부르크)	LU	1875-07-01	
104	MADAGASCAR(마다가스카르)	MG	1961-11-02	
105	MALAWI(말라위)	MW	1966-10-25	
106	MALAYSIA(말레이지아)	MY	1958-01-17	o
107	MALDIVES(몰디브)	MV	1967-08-15	o
108	MALI(말리)	ML	1961-04-21	
109	MALTA(몰타)	MT	1965-05-21	
110	MAURITANIA(모리타니)	MR	1967-03-22	
111	MAURITIUS(모리셔스)	MU	1969-08-29	
112	MEXICO(멕시코)	MX	1879-04-01	
113	MOLDOVA(몰도바)	MD	1992-11-16	
114	MONACO(모나코)	MC	1955-10-12	
115	MONGOLIA(몽골)	MN	1963-08-24	o
116	MONTENEGRO(REP.)(몬테네그로)	ME	2006-07-26	
117	MOROCCO(모로코)	MA	1920-10-01	
118	MOZAMBIQUE(모잠비크)	MZ	1978-10-11	
119	MYANMAR(미얀마)	MM	1949-10-04	o
120	NAMIBIA(나미비아)	NA	1992-04-30	
121	NAURU(나우루)	NR	1969-04-17	o
122	NEPAL(네팔)	NP	1956-10-11	o
123	NETHERLANDS(네덜란드)	NL	1875-07-01	
124	NEW ZEALAND(INCLUDING THE ROSS DEPENDENCY)(뉴질랜드)	NZ	1907-10-01	o
125	NICARAGUA(니카라과)	NI	1882-05-01	
126	NIGER(니제르)	NE	1961-06-12	

127	NIGERIA(나이지리아)	NG	1961-07-10	
128	NORWAY(노르웨이)	NO	1875-07-01	
129	OMAN(오만)	OM	1971-08-17	
130	Overseas Territories(United Kingdom of Great Britain and Northern Ireland)		1877-04-01	
131	PAKISTAN(파키스탄)	PK	1947-11-10	○
132	PANAMA(REP.)(파나마)	PA	1904-06-11	
133	PAPUA NEW GUINEA(파푸아뉴기니)	PG	1976-06-04	○
134	PARAGUAY(파라과이)	PY	1881-07-01	
135	PERU(페루)	PE	1879-04-01	
136	PHILIPPINES(필리핀)	PH	1922-01-01	○
137	POLAND(폴란드)	PL	1919-05-01	
138	PORTUGAL(포르투갈)	PT	1875-07-01	
139	QATAR(카타르)	QA	1969-01-31	
140	Republic of North Macedonia(북마케도니아)	MK	1993-07-12	
141	ROMANIA(루마니아)	RO	1875-07-01	
142	RUSSIAN FEDERATION(러시아)	RU	1875-07-01	
143	RWANDA(르완다)	RW	1963-04-06	
144	Saint Christopher(Saint Kitts) and Nevis	KN	1988-01-11	
145	Saint Lucia(세인트루시아)	LC	1980-07-10	
146	Saint Vincent and the Grenadines	VC	1981-02-03	
147	SAMOA(사모아)	WS	1989-08-09	○
148	SAN MARINO(산마리노)	SM	1915-07-01	
149	Sao Tome and Principe(상투메프린시페)	ST	1977-08-22	
150	SAUDI ARABIA(사우디아라비아)	SA	1927-01-01	
151	SENEGAL(세네갈)	SN	1961-06-14	
152	SERBIA(REP.)(세르비아)	RS	2001-06-18	
153	SEYCHELLES(세이셸)	SC	1977-10-07	
154	SIERRA LEONE(시에라리온)	SL	1962-01-29	
155	SINGAPORE(싱가포르)	SG	1966-01-08	○
156	SLOVAKIA(슬로바키아)	SK	1993-03-18	
157	SLOVENIA(슬로베니아)	SI	1992-08-27	

158	SOLOMON ISLANDS(솔로몬 제도)	SB	1984 – 05 – 04	o
159	SOMALIA(소말리아)	SO	1959 – 04 – 01	
160	SOUTH AFRICA(남아프리카 공화국)	ZA	1994 – 08 – 22	
161	SOUTH SUDAN(REP.)(남수단)	SS	2011 – 10 – 04	
162	SPAIN(스페인)	ES	1875 – 07 – 01	
163	SRI LANKA(스리랑카)	LK	1949 – 07 – 13	o
164	SUDAN(수단)	SD	1956 – 07 – 27	
165	SURINAME(수리남)	SR	1976 – 04 – 20	
166	SWEDEN(스웨덴)	SE	1875 – 07 – 01	
167	SWITZERLAND(스위스)	CH	1875 – 07 – 01	
168	SYRIAN ARAB REP.(시리아)	SY	1946 – 05 – 15	
169	TAJIKISTAN(타지키스탄)	TJ	1994 – 06 – 09	
170	TANZANIA(UNITED REP.)(탄자니아)	TZ	1963 – 03 – 29	
171	THAILAND(타이(태국))	TH	1885 – 07 – 01	o
172	Timor – Leste(Dem. Rep.)(동티모르)	TL	2003 – 11 – 28	
173	TOGO(토고)	TG	1962 – 03 – 21	
174	TONGA(INCLUDING NIUAFO'OU)(통가)	TO	1972 – 01 – 26	o
175	TRINIDAD AND TOBAGO(트리니다드 토바고)	TT	1963 – 06 – 15	
176	TUNISIA(튀니지)	TN	1888 – 07 – 01	
177	TURKEY(터키)	TR	1875 – 07 – 01	
178	TURKMENISTAN(투르크메니스탄)	TM	1993 – 01 – 26	
179	TUVALU(투발루)	TV	1981 – 02 – 03	
180	UNITED ARAB EMIRATES(아랍에미리트)	AE	1973 – 03 – 30	
181	UGANDA(우간다)	UG	1964 – 02 – 13	
182	UKRAINE(우크라이나)	UA	1947 – 05 – 13	
183	URUGUAY(우루과이)	UY	1880 – 07 – 01	
184	UNITED STATES OF AMERICA(미국)	US	1875 – 07 – 01	
185	UZBEKISTAN(우즈베키스탄)	UZ	1994 – 02 – 24	
186	VANUATU(바누아투)	VU	1982 – 07 – 16	o
187	VATICAN(바티칸)	VA	1929 – 06 – 01	
188	VENEZUELA(베네수엘라)	VE	1880 – 01 – 01	
189	VIET NAM(베트남)	VN	1951 – 10 – 20	o

190	YEMEN(예멘)	YE	1930 – 01 – 01	
191	ZAMBIA(잠비아)	ZM	1967 – 03 – 22	
192	ZIMBABWE(짐바브웨)	ZW	1981 – 07 – 31	

03 국제우편물의 종류 및 취급우체국의 구분

1 개요

(1) 국제우편물은 통상우편물, 소포우편물, 특급우편물(EMS) 그 밖에 과학기술정보통신부장관이 필요하다고 인정하여 고시하는 우편물로 구분(「국제우편규정」 제3조)

(2) **국제통상우편물** : 「만국우편협약」 제13조에 따라 통상우편물은 취급 속도나 내용물에 근거하여 분류하며, 이는 각 국가의 우정당국이 자유롭게 선택하여 발송우편물의 종류 및 취급 방법을 적용

① 우편물의 내용물을 근거로 하여 구분(우리나라 구분방식)
  ㉠ 서장(Letters), 소형포장물(Small packet) : 무게한계 2kg
  ㉡ 인쇄물(Printed papers) : 무게한계 5kg
  ㉢ 시각장애인용 우편물(Items for the blind) : 무게한계 7kg
  ㉣ 우편자루 배달인쇄물(M – bag) : 10kg~30kg
  ㉤ 기타 : 항공서간(Aerogramme), 우편엽서(Postcard) : 무게한계 5g
    ※ 항공소형포장물, 항공소포, K – Packet, 국제특급(비서류), 보세화물 우편물은 실제중량(Actual weight)과 부피중량(Volume weight) 두 가지 중량을 비교하여 더 큰 중량의 요금을 적용
    ※ 부피(체적)중량 산출식 : 가로(cm)×세로(cm)×높이(cm)÷6,000

② 취급 속도에 따라 우선취급우편물(Priority items)과 비우선취급우편물(Non – priority items)로 구분(일부국가 구분방식)
  ㉠ 우선취급우편물 : 우선적 취급을 받으며 최선편(항공 또는 선편)으로 운송되는 우편물(무게한계 2kg)
  ㉡ 비우선취급우편물 : 우선취급우편물보다 상대적으로 송달이 늦고 요금도 상대적으로 싼 우편물 (무게한계 2kg)

(3) **국제소포우편물**
① 「만국우편연합 소포우편규칙」에 규정된 바에 따라 우정당국 간에 교환하는 소포
② 국제소포는 모두 기록 취급하는 우편물로 발송(운송)수단에 따라 항공소포(Air Parcel)와 선편소포 (Surface Parcel)로 구분

(4) K-Packet : 2kg 이하 소형물품의 해외배송에 적합한 우편서비스로 우체국과의 계약을 통해 이용하는 전자상거래용 국제우편서비스

① 인터넷우체국을 통해 우편물 접수를 신청하면 우체국에서 방문 접수

② 고객에게 주소와 세관신고서(CN22)를 한 장으로 사용 가능한 기표지(운송장)와 발송(접수)정보를 입력할 수 있는 정보시스템(API) 제공

③ 다량 이용자등에 대하여 요금감액 혜택 제공

(5) 국제특급우편물(EMS : Express Mail Service)

① 서류와 상품의 우편으로써 실물 수단에 따른 국제우편물 중 가장 신속한 우편업무

②「만국우편협약」제36조에 근거, 국가 간 표준 다자간 협정이나 양자협정으로 합의한 내용에 따라 취급

③ 서류용과 비서류용으로 구분하여 취급하며, 다른 우편물보다 우선 취급하고 통신문, 서류, 물품을 매우 짧은 시간 내에 접수·발송·배달(서류용과 비서류용 모두 세관검사 대상에 해당함)

　㉠ 서류용(Document) : 편지, 유학 서류, 각종 서류 등 발송할 때 이용. 서류용 운송장 사용

　㉡ 비서류용(Non-Document) : 서류용 특급우편물 이외의 우편물로 상품견본(Sample)과 물품(Gift, Merchandise) 등의 내용품을 발송할 때 이용. 비서류용 운송장 사용

(6) 한·중 해상특송서비스(POST Sea Express) : 30kg 이하 물품의 해외 다량발송에 적합한 서비스로서 우체국과 계약하여 이용하는 전자상거래 전용 국제우편서비스

① e-Shipping을 이용하는 고객에 한하여 이용 가능

② 운송수단 : 인천-위해(威海, Weihai) 간 운항하는 여객선 및 화물선

(7) 그 밖의 운송편에 따른 구분

운송편에 따라 항공우편물(Air Mail), 선편우편물(Surface Mail)로 구분

(8) 국제우편물 취급우체국의 구분

① 교환국

　㉠ 대상 : 국제우편물류센터, 부산국제우체국, 인천해상교환우체국

　㉡ 개념 : 국제우편물을 직접 외국으로 발송하고, 외국에서 오는 우편물을 받는 업무를 수행하는, 즉 교환업무를 취급하는 우체국. 현재 국제우편물류센터, 부산국제우체국, 인천해상교환우체국 세 곳이 있으며, 국제우편물류센터와 부산국제우체국은 통관국과 통상국의 업무를 겸하고 있으며, 인천해상교환우체국은 통관국의 업무를 수행하고 있음. 국제우편물류센터는 항공우편물의 교환업무, 부산국제우체국은 선편우편물의 교환업무, 인천해상교환우체국은 해상특송우편물, 복합환적우편서비스*의 교환업무 담당. 국제우편의 관문 구실을 함

　　* 복합환적우편서비스(Sea to Air) : 중국 등 제3국에서 미국·캐나다 등 제3국으로 발송하는 전자상거래 상품을 EMS, K-Packet, 등기소형포장물 등으로 유지·발송하는 복합환적 서비스 시범운영 추진

② 통관국

　㉠ 대상 : 통관업무 취급국

ⓛ 개념 : 「관세법」 제256조에 따라 관세청장이 지정한 우체국으로써, 세관 공무원이 주재하거나 파견
되어 국제우편물의 수출입에 관한 세관검사를 실시하는 우체국. 현재 국제우편물류센터, 부산국제
우체국, 인천해상교환우체국 세 곳이 있음

③ 통상국
　㉠ 대상 : 일반우체국
　ⓛ 개념 : 국제우편물의 접수와 배달 업무를 수행하는 일반우체국
　　※ 국제우편물류센터와 부산국제우체국은 통상국의 업무를 수행하나 인천해상교환우체국은 통상국
　　　업무를 하지 않음

더 알아보기 ⊕

국제우편물의 종류(분류)

국제통상 우편물	내용물에 따른 구분	L/C	서장(Letters)	우리나라 구분방식
			우편엽서(Postcard)	
			항공서간(Aerogramme)	
		A/O	인쇄물(Printed papers)	
			소형포장물(Small packet) ※ 사전통관정보 제공, 실제중량과 　 부피중량 비교적용	
			시각장애인용우편물 (Items for the blind)	
			우편자루 배달인쇄물(M-bag)	
	취급 속도에 따른 구분		우선취급(Priority)우편물	일부국가 구분방식
			비우선취급(Non-priority)우편물	
국제소포 우편물	「만국우편연합 소포우편규칙」에 규정된 바에 따라 우정당국 간에 교환하는 소포 ※ (항공·선편)사전통관정보 제공, (항공)실제중량과 부피중량 비교적용			
K-Packet	(계약고객 전용) 온라인으로 접수되는 2kg 이하의 소형물품 ※ 사전통관정보 제공, 실제중량과 부피중량 비교적용			
국제특급 우편물 (EMS)	서류	서류 등을 발송할 때 이용하며, 번호가 주로 EE로 시작하는 주소기표지(운송장)를 이용(서류기준 : 종이로 된 문서 형식의 편지류, 계약서, 입학서류, 서류와 함께 보내는 팸플릿 등 홍보용 첨부물. 다만, 서적, CD, 달력 등은 비서류 취급)		
	비서류	서류 이외의 우편물을 발송할 때 이용하며, 일반적으로 번호가 EM, ES 등으로 시작하는 주소기표지(운송장)를 사용 ※ 사전통관정보 제공, 실제중량과 부피중량 비교적용		
한·중 해상 특송우편물	(계약고객 전용) 온라인으로 접수되는 30kg 이하의 전자상거래 물품 전용 서비스, 인천항·위해항 간 운행 선박 이용			

※ 사전통관정보 제공은 향후 L/C를 제외한 모든 우편물로 확대될 예정이며, 대상국가도 추가될 있는 추세임

2 국제통상우편물 종별 세부내용

(1) 서장(Letters)

① 특정인에게 보내는 통신문(Correspondence)을 기록한 우편물(타자한 것을 포함)

② 일반적으로 서장이라 함은 통신문의 성질을 갖는 서류를 말하나 국제우편에 있어서는 그 이외에 서장 이외의 종류로 정해진 조건을 충족시키지 못한 것, 즉 타종에 속하지 않는 우편물, 멸실성 생물학적 물질(Perishable biological substance)이 들어있는 서장 및 방사성 물질이 들어있는 우편물도 포함

③ 서장에 관한 요건

　㉠ 서장은 규격 우편물과 우편물의 포장에 관련된 규정을 따름

　㉡ 봉투에 넣은 우편물은 취급 중 어려움이 없도록 직사각형 형태일 것

　㉢ 우편엽서와 모양은 다르지만 지질이 같은 우편물도 직사각형 봉투에 넣어야 함

　㉣ 물량이나 포장 상태를 보아 할인 요금을 미리 낸 우편물과 혼동할 수 있는 우편물인 경우에는 우편물의 주소 면에 서장임을 표시하는 'Letter'라는 단어를 추가

④ 서장 취급 예시

　㉠ 법규 위반 엽서

　　• 우편엽서의 형태(직사각형), 지질, 규격을 갖추지 못한 것

　　• 앞면의 우측 절반을 수취인 주소 · 성명, 우표, 우편물 취급과 관련된 지시 사항 등 이외의 것을 기재하거나 붙인 것

　　• 우편엽서의 앞면 표제에 Postcard(우편엽서)임을 분명히 표시하지 않은 엽서(다만, 그림엽서의 경우에 Postcard임을 분명히 표시하지 않은 엽서라도 꼭 서장으로 취급해야 하는 것은 아님)

　㉡ 법규 위반 항공서간

　　• 원형을 변경하여 사용한 것

　　　- 우표 이외의 것을 붙이거나 넣어 발송한 것

　　• 사제항공서간 조제 기준에 적합하지 않은 것

　　　- 과학기술정보통신부 고시 내용에 부적합한 것

　　　- 발송인이 아닌 사람의 광고를 게재한 것

　　　- 우편요금을 표시하는 증표를 인쇄한 것

(2) 우편엽서(Postcard)

① 의의

　㉠ 우편엽서는 조약에 규정된 조건에 따라 정부가 발행하는 것(관제엽서)과 정부 이외의 사람이 조제하는 것(사제엽서)으로 구분. 관제엽서는 우편요금을 표시하는 증표 인쇄 가능

　㉡ 사제엽서는 관제엽서에 준하여 조제하되 우편요금을 표시하는 증표를 인쇄할 수 없음

② 요건

    ㉠ 우편엽서는 직사각형이어야 하고 우편물 취급에 어려움이 없도록 튼튼한 판지나 견고한 종이로 제조하여야 하며, 튀어나오거나 도드라진 양각 부분이 없어야 함

    ㉡ 앞면 윗부분에 우편엽서를 뜻하는 영어나 프랑스어로 표시(Postcard 또는 Carte postale). 다만 그림엽서의 경우에 꼭 영어나 프랑스어로 표시해야 하는 것은 아님

    ㉢ 엽서는 봉함하지 않은 상태로 발송

    ㉣ 적어도 앞면의 오른쪽 반은 수취인의 주소와 성명 · 요금납부표시, 업무지시나 업무 표지를 위하여 사용할 수 있도록 통신문을 기록하지 않고 남겨두어야 함

    ㉤ 엽서에 관한 규정을 따르지 아니한 우편엽서는 서장으로 취급함

(3) 항공서간(Aerogramme)

① 의의 : 항공통상우편물로써 세계 어느 지역이나 단일 요금으로 보낼 수 있는 국제우편 특유의 우편물 종류. 항공서간은 종이 한 장으로 되어 있으며 편지지와 봉투를 겸한 봉함엽서의 형태로 되어 있어 간편하고 편리할 뿐 아니라 요금이 저렴함

② 요건

    ㉠ 직사각형이어야 하며, 우편물 취급에 지장이 없도록 제작

    ㉡ 항공서간에는 외부에 'Aerogramme' 표시

③ 종류

    ㉠ 정부에서 발행하는 항공서간과 사제(私製)항공서간으로 구분

    ㉡ 정부 발행하는 항공서간에는 우편요금을 표시하는 증표를 인쇄할 수 있으나 사제항공서간에는 우편 요금을 표시하는 증표를 인쇄할 수 없음

더 알아보기 ➕

항공서간 견본 예시

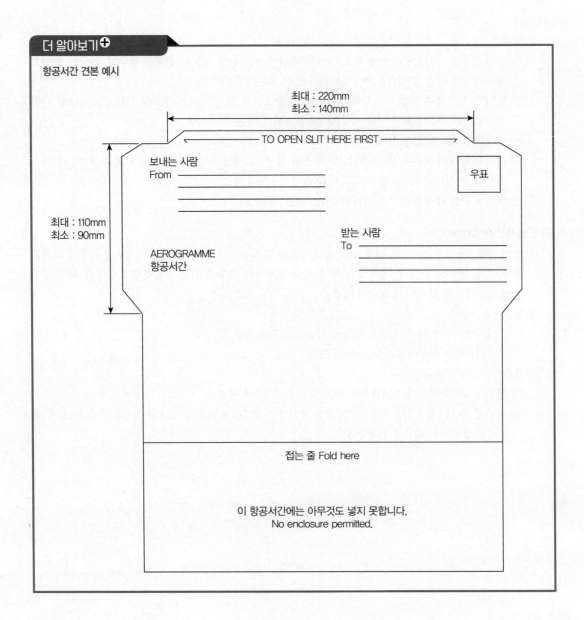

최대 : 220mm
최소 : 140mm

TO OPEN SLIT HERE FIRST

보내는 사람
From

우표

최대 : 110mm
최소 : 90mm

받는 사람
To

AEROGRAMME
항공서간

접는 줄 Fold here

이 항공서간에는 아무것도 넣지 못합니다.
No enclosure permitted.

④ 사제항공서간의 조제 기준

　㉠ 「항공서간의 견본과 무게」에 따라서 과학기술정보통신부장관이 고시한 다음 내용에 적합할 것

　　• 최대 규격 : 110×220mm, 허용 오차 2mm

　　• 최소 규격 : 90×140mm, 허용 오차 2mm

　　• 가로와 세로의 비율 : 가로는 세로의 1.4배 이상

　　• 무게 : 5g 이내

　　• 색깔 : 바탕은 연청색, 앞면 가장자리는 붉은색과 청색

　　• 표면 기록사항과 그 밖의 규격 : 관제(官製)항공서간에 준함

　㉡ 발송인이 아닌 자의 광고를 게재하지 아니할 것

　㉢ 우편요금을 표시하는 증표를 인쇄하지 아니할 것

⑤ 주요 발송 조건

　㉠ 원형을 변경하여 사용할 수 없으며 등기로 발송 가능

　㉡ 항공서간에는 우표 이외의 물품을 붙이지 못하며 어떠한 것도 넣을 수 없음

(4) 인쇄물(Printed papers)

① 종이, 판지나 일반적으로 인쇄에 사용되는 재료에 접수국가 우정당국이 인정한 방법에 따라 여러 개의 동일한 사본으로 생산된 복사물

② 요건

　㉠ 허용된 물질(종이, 판지나 일반적으로 인쇄에 사용되는 재료 등)에 2부 이상을 생산한 복사물일 것

　㉡ 인쇄물에는 굵은 글자로 주소 면(가급적 왼쪽 윗부분, 발송인의 주소ㆍ성명이 있을 경우 그 아래)에 인쇄물의 표시인 'Printed papers' 또는 'Imprimé'를 표시할 것

　㉢ 인쇄물은 신속하고 간편하게 검사를 받을 수 있으면서도 그 내용품이 충분히 보호받을 수 있도록 포장하여야 함

③ 인쇄물 접수 물품

　㉠ 접수 가능 물품 : 서적, 정기간행물, 홍보용 팸플릿, 잡지, 상업광고물, 달력, 사진, 명함, 도면 등

　㉡ 접수 불가 물품 : CD, 비디오테이프, OCR, 포장박스, 봉인한 서류

　　※ 종이, 판지 등의 인쇄물 형태로 정보 전달의 내용이 포함된 인쇄물에 한함

　　※ 종이류로 제작된 포토카드는 인쇄물로 취급이 가능하나 플라스틱, 알루미늄 등을 활용하여 제작한 것은 인쇄물 적용 불가

④ 인쇄물의 요건을 갖추지 않은 것 중 인쇄물로 취급하는 것

　㉠ 관계 학교의 교장을 통하여 발송하는 것으로 학교의 학생끼리 교환하는 서장이나 엽서

　㉡ 학교에서 학생들에게 보낸 통신강의록, 학생들의 과제 원본과 채점답안(다만, 성적과 직접 관계되지 않는 사항은 기록할 수 없음)

　㉢ 소설이나 신문의 원고

　㉣ 필사한 악보

　㉤ 인쇄한 사진

　㉥ 동시에 여러 통을 발송하는 타자기로 치거나 컴퓨터 프린터로 출력한 인쇄물

⑤ 인쇄물에 기록할 수 있는 사항

    ㉠ 발송인과 수취인의 주소 · 성명(신분, 직업, 상호 기록 가능)

    ㉡ 우편물의 발송 장소와 일자

    ㉢ 우편물과 관련되는 일련번호와 등기번호

    ㉣ 인쇄물 본문 내용의 단어나 일정 부분을 삭제하거나 기호를 붙이거나 밑줄을 친 것

    ㉤ 인쇄의 오류를 정정하는 것

    ㉥ 간행물, 서적, 팸플릿, 신문, 조각 및 악보에 관한 주문서, 예약신청서 또는 판매서에는 주문하거나 주문받은 물건과 그 수량, 물건의 가격과 가격의 주요 명세를 표시한 기록, 지불 방법, 판, 저자 및 발행자명, 목록 번호와 'paper-backed', 'stiff-backed' 또는 'bound'의 표시

    ㉦ 도서관의 대출 업무에 사용되는 용지에는 간행물명, 신청 · 송부부수, 저자, 발행자명, 목록 번호, 대출 일수, 대출 희망자의 성명

    ㉧ 인쇄한 문학작품이나 예술 작품에는 간단한 관례적 증정 인사말

    ㉨ 신문이나 정기간행물에서 오려낸 것에는 이를 게재한 간행물의 제목, 발행 일자, 발행사

    ㉩ 인쇄용 교정본에는 교정, 편집, 인쇄에 관한 변경 · 추가 및 'Passed for press', 'Read-passed for press'와 같은 기록 또는 발행과 관련된 이와 비슷한 표시. 여백이 없을 경우, 별지에 추가 기록 가능

    ㉪ 주소변경 통지서에는 신 · 구 주소와 변경 일자

⑥ 인쇄물의 첨부물

    ㉠ 우편물 발송인의 주소나 원래의 우편물의 접수국가나 배달국가 내의 대리인의 주소를 인쇄한 카드, 봉투, 포장재 첨부 가능, 이 첨부물에는 반송을 위하여 원래 우편물 배달국가의 우표나 우편요금선납인, 우편요금선납도장으로 요금 선납 가능

    ㉡ 인쇄된 문학작품과 예술적 작품에는 관련 송장(송장 사본, 대체 용지)

    ㉢ 패션 간행물에 대하여는 그 간행물의 일부를 이루는 도려낸 옷본

(5) 소형포장물(Small packet)

① 의의 : 소형으로 무게가 가벼운 상품이나 선물 등 물품을 그 내용으로 하는 것으로서 성질상으로는 그 내용품이 소포우편물과 같은 것이나 일정한 조건에서 간편하게 취급할 수 있도록 통상우편물의 한 종류로 정함

② 소형포장물의 특색

    ㉠ 소형포장물은 「만국우편협약」에 따라 정하여진 우편물 종류로서 소포우편물과는 달리 이용 조건 등에 각 국 공통점이 많아 이용이 편리

    ㉡ 발송 절차가 소포에 비해 간단. 내용품의 가격이 300SDR 이하인 경우에는 기록 요령이 간단한 세관표지(CN22)를, 내용품의 가격이 300SDR이 초과되는 경우에는 세관신고서(CN23)를 첨부

    ※ SDR(Special Drawing Right; 특별인출권) 환율 : 1SDR = 1,749원(2020.09.01.우정사업본부 고시 제2020-45호)

③ 발송 요건

　　㉠ 주소기록이면 좌측 상단이나 발송인 주소·성명기록란 아래에 굵은 글씨로 소형포장물을 나타내는 'Small packet' 또는 'Petit paquet'를 표시

　　㉡ 현실적이고 개인적인 통신문과 같은 성질의 그 밖의 서류 동봉 가능. 다만, 그러한 서류는 해당 소형포장물의 발송인이 아닌 다른 발송인이 작성하거나 다른 수취인 앞으로 주소를 쓸 수 없음

　　㉢ 소형포장물을 봉할 때에 특별 조건이 필요한 것은 아니나, 내용품 검사를 위하여 이를 쉽게 열어볼 수 있도록 하여야 함

④ 소형포장물의 첨부물 등 기타 사항

　　㉠ 소형포장물의 내부나 외부에 상품송장(Invoice) 첨부 가능

　　㉡ 우편물의 내부나 외부에 다음 사항 기록 가능

　　　• 상거래용 지시 사항

　　　• 수취인과 발송인의 주소·성명

　　　• 제조회사의 마크나 상표

　　　• 발송인과 수취인 사이에 교환되는 통신문에 관한 참고 사항

　　　• 물품의 제조업자 또는 공급자에 관한 간단한 메모, 일련번호나 등기번호, 가격·무게·수량·규격에 관한 사항, 상품의 성질, 출처에 관한 사항

(6) 시각장애인용 우편물(Items for the blind)

① 의의 : 시각장애인이나 공인된 시각장애인기관에서 발송하거나 수신하는 경우에 해당하며, 녹음물, 서장, 시각장애인용 활자를 표시된 금속판을 포함함

② 요금의 면제 : 항공부가요금을 제외한 모든 요금을 면제. 즉 선편으로 접수할 때에는 무료로 취급하며 항공 등기로 접수할 때에는 등기요금은 무료, 항공부가요금만 징수

③ 발송요건

　　㉠ 시각장애인용 우편물은 신속하고 간편하게 확인을 받을 수 있으면서도 그 내용물을 보호할 수 있도록 포장되어야 함

　　㉡ 봉함하지 않고 보내면서 시각장애인용 문자를 포함하고 있는 서장과 시각장애인용 활자가 표시된 금속판을 포함

　　　※ 위의 우편물에는 어떠한 내용도 적을 수 없음

　　㉢ 소인 여부를 떠나 우표나 요금인영증지나 금전적 가치를 나타내는 어떠한 증서도 포함할 수 없음

　　㉣ 시각장애인용 점자우편물의 수취인 주소가 있는 면에 이용자가 아래의 상징이 그려진 흰색 표지 부착

　　㉤ 봉투 겉표지에 Items for the blind를 고무인으로 날인

　← 흰색 바탕

　← 검정색과 흰색 상징

(크기 52×65mm)

(7) 우편자루배달 인쇄물(M-bag)

① 의의

    ㉠ 동일인이 동일수취인에게 한꺼번에 다량으로 발송하고자 하는 인쇄물 등을 넣은 우편자루를 한 개의 우편물로 취급

    ㉡ 보낼 수 있는 우편자루배달 인쇄물의 내용물

      • 인쇄물에 동봉하거나 첨부하여 발송하는 물품 : 디스크, 테이프, 카세트, 제조업자나 판매자가 선적하는 상품 견본, 또는 관세가 부과되지 않는 그 밖의 상업용 물품이나 재판매 목적이 아닌 정보 자료

      • 인쇄물과 함께 발송되는 인쇄물 관련 물품

      • 인쇄물에 동봉하거나 첨부하여 발송하는 물품을 담고 있는 각 우편물의 무게는 2kg을 초과할 수 없음

    ㉢ 인쇄물을 넣은 우편자루 하나를 하나의 우편물로 취급하는 것이며 제한무게는 10kg 이상 30kg까지

② 접수우체국 : 전국의 모든 우체국(우편취급국은 제외)

③ 취급 조건

    ㉠ 10kg 이상 인쇄물에 한하여 접수, kg 단위로 요금 계산

    ㉡ 일반으로는 어느 나라든지 보낼 수 있으나, 등기는 취급하는 나라가 제한됨

      ※ 미국, 캐나다는 우편자루배달 인쇄물 등기 미취급(2021.12. 현재)

    ㉢ 부가취급 가능 : 등기, 배달통지

    ㉣ 내용품 가격이 300SDR 이하인 경우에는 세관표지(CN22)를, 내용품 가격이 300SDR을 초과하는 경우에는 세관신고서(CN23)를 첨부

    ㉤ M-bag에 담긴 인쇄물의 각 묶음에 수취인의 주소를 표시하여 동일주소의 동일수취인에게 발송

    ㉥ M-bag에는 발송인의 수취인에 관한 모든 정보를 기록한 직사각형 운송장을 첨부해야 하며, 운송장은 다음과 같아야 함

      • 충분히 견고한 천, 튼튼한 판지, 플라스틱, 양피지나 나무에 접착한 종이로 만들어진 것이어야 하며, 구멍이 있을 것

      • 우편자루에 매달 수 있도록 끈으로 연결되어 있을 것

      • 90×140mm 이상일 것(허용 오차 2mm)

3 국제소포우편물

(1) 의의 : 서장(letters)과 통화 이외의 물건을 포장한 만국우편연합 회원국 또는 지역 상호 간에 교환하는 우편물

(2) 종류

① 기록 취급하며 항공, 배달통지 등의 부가취급[*] 가능

    [*] 나라별 취급 여부는 국제우편 발송조건(포스트넷 또는 인터넷우체국) 참조

② 국제소포는 서비스 적용에 따라 일반적으로 다음과 같이 분류

    ㉠ 보통소포(Ordinary parcel)

    ㉡ 보험소포(Insured parcel) : 내용품을 보험에 가입하여 만일 내용품의 전부나 일부가 분실·도난·훼손이 된 경우에는 보험가액 한도 내에서 실제로 발생한 손해액을 배상하는 소포

    ㉢ 우편사무소포(Postal Service parcel) : 우편업무와 관련하여 「만국우편협약」 제7조 제1.1항에서 정한 기관 사이에서 교환하는 것으로서 모든 우편 요금이 면제되는 소포

        • UPU 국제사무국에서 우정청과 지역우편연합에 발송하는 소포

        • 회원국 우정청(우체국)끼리 또는 국제사무국과 교환하는 소포

    ㉣ 전쟁 포로 및 민간인 피억류자 소포(Prisoner-of-war and civilian internee parcel) : 전쟁 포로에게 보내거나 전쟁 포로가 발송하는 우편소포 및 「전쟁 포로의 대우에 관한 1949년 8월 12일의 제네바협약」에서 규정한 민간인 피억류자에게 보내거나 민간인 피억류자가 발송하는 우편소포

        • 전쟁 포로에게 보내거나 전쟁 포로가 발송하는 통상우편물, 우편소포, 우편 금융 업무에 관한 우편물은 항공부가요금을 제외한 모든 우편 요금이 면제(「만국우편협약」 제7조 제2.1항)

        • 「전시에 있어서의 민간인 보호에 관한 1949년 8월 12일의 제네바협약」에서 규정한 민간인 피억류자에게 보내거나 민간인 피억류자가 발송하는 우편물, 우편소포, 우편 금융 업무에 관한 우편물에도 항공부가요금을 제외한 모든 우편 요금을 면제

        • 소포는 무게 5kg까지 우편 요금이 면제되지만, 다음의 경우에는 10kg까지 발송 가능

          - 내용물을 분할할 수 없는 소포

          - 포로에게 분배하기 위하여 수용소나 포로 대표자에게 발송되는 소포

    ㉤ 이외 속달소포, 대금교환소포 등(다만, 우리나라에서는 취급하지 않음)

4 K-Packet

(1) 의의 : 「국제우편규정」 제3조, 제9조에 따라 과학기술정보통신부장관이 고시한 전자상거래용 국제우편서비스

(2) 명칭 : 우리나라를 상징하는 의미를 담아 'Korea'를 뜻하는 K-Packet으로 정함

    ※ 해외 전자상거래용 우편서비스

        중국 : e-Packet, 일본 : e-small packet, 싱가포르 : e-pak, 홍콩 : e-express

(3) 특징

① EMS와 같은 경쟁서비스이며 고객맞춤형 국제우편 서비스로서 평균 송달기간은 7~10일

② 우체국과 계약하여 이용*하며, 인터넷우체국이나 인터넷우체국이 제공하는 API 시스템**을 통해 온라인으로 접수

> * 우체국과 계약 시 최소 발송물량에 대한 제한 없음
> ** API(Application Program Interface) 시스템 : 이용자의 정보시스템과 인터넷우체국 사업자포털시스템 간 우편번호, 종추적 정보, 접수정보 등을 교환할 수 있도록 제공하는 IT서비스

③ 온라인으로 판매되는 소형물품(2kg 이하)의 해외배송에 적합한 서비스로 'L'로 시작하는 우편물번호를 사용하며, 1회 배달 성공률 향상을 위해 해외 우정당국과 제휴하여 수취인 서명 없이 배달하기로 약정한 국제우편서비스

> ※ K-Packet 제휴(서비스) 국가는 우정사업본부장이 고시로 정함

④ 월 이용금액에 따라 이용요금 감액

⑤ 지방우정청, 총괄우체국 및 6급 이하 우체국(별정국 포함)에서 계약 가능하며 우편취급국은 총괄우체국이 접수국으로 지정한 경우 가능

⑥ 무료 방문접수서비스 제공 및 전국의 모든 우체국에서 접수 가능

> ※ 월 발송물량이 50통 미만 및 6급 이하 우체국은 방문접수를 제공하지 않음
> ※ 계약관서의 인력 · 차량 사정에 따라 방문접수 또는 별도의 접수장소를 상호 협의하여 결정

⑦ 국내에서 K-Packet을 등기소형포장물보다 우선 취급

⑧ 보험 등 부가서비스 이용 불가

⑨ 취급조건

　　㉠ 제한무게 : 2kg,

　　㉡ 제한규격 : 최대길이 60cm, 가로+세로+높이≤90cm

(4) 손해배상

① 발송우정당국 책임으로 손해배상 처리절차는 기존 국제등기우편과 동일하지만, 종추적 배달결과가 없는 경우에 한하여 행방조사 청구가 가능함에 유의(e-Shipping 고객에 대한 사전안내 필요)

> ※ 배상액 : 기존 국제등기우편물 손해배상 지급기준과 동일

② 미국행 K-Packet은 상대국가에서 제공하는 종추적 정보 외의 행방조사, 손해배상 등 기타 청구는 할 수 없음

(5) 제휴 국가(지역) : 한국 포함 21개

중국, 홍콩, 일본, 태국, 대만, 베트남, 싱가포르, 말레이시아, 인도네시아, 필리핀, 호주, 뉴질랜드, 독일, 스페인, 프랑스, 영국, 러시아, 미국, 캐나다, 브라질

5 국제특급우편(EMS)

(1) 의의

① 「만국우편협약」 제36조에 근거하여 다른 우편물보다 최우선으로 취급하는 가장 신속한 우편 업무

② 국가 간 EMS 표준다자간 협정이나 양자 협정으로 합의한 내용에 따라 취급(국가별 상세한 취급 사항은 EMS 운영 가이드에 따름)

※ EMS 운영 가이드(EMS Operational Guide) : UPU 산하 EMS 협동조합(Cooperative)에서 각 국의 EMS 취급 조건을 모아서 웹사이트에 게시

(2) 명칭 : EMS에 대하여 만국우편협약에서 정한 공통로고가 있지만, 그 명칭은 나라마다 다름

※ (한국) EMS 국제특급우편, (미국) Express Mail International, (일본) EMS 국제스피드우편, (호주) Express Post International

※ 우리나라는 UPU에서 정한 공통 로고 규정에 맞춰 다음과 같은 EMS 브랜드 공공 디자인을 개발하여 사용

(3) 특성

① 신속성 · 신뢰성 · 정기성 · 안전성 보장

② 모든 우체국과 우편취급국에서 접수 및 발송 가능

③ 각 접수우체국마다 그날 업무마감시간이 제한되어 있어, 마감시간 이후 분은 다음 날 국외 발송 승인 후 접수

④ 행방조사 결과 우체국의 잘못으로 배달예정일* 보다 48시간 이상 지연배달된 것으로 판정된 경우 납부한 우편요금 환불(다만, 배달을 시도했으나 수취인이 부재한 경우와 공휴일 및 통관 소요일은 송달예정기간에서 제외)

* 배달예정일은 포스트넷 발송조건을 참고

※ EMS 배달보장서비스 적용 우편물의 경우, 우체국에서 제공한 배달예정일보다 하루라도 늦어진 경우 우편요금 반환(세관계류 등은 기간에서 제외)

⑤ 외국에서 국내 배달우체국에 도착한 국제특급우편물은 국내당일특급우편물의 예에 따라 배달

(4) 종류

① 계약국제특급우편(Contracted EMS)

㉠ 국제특급우편물을 발송하는 사람이 우체국과 미리 계약을 하고 그 계약에 따라 우체국에서 우편물을 수집(접수) · 발송

㉡ 월 50만 원을 초과하여 EMS를 발송하는 고객이 계약을 맺을 수 있으며, 월간 이용 금액에 따라 4%에서 최대 18%까지 할인

※ 특별감액 : 장기이용고객(1~2%), e-Shipping(5%) 등

② 수시국제특급우편(On demand EMS)

㉠ 이용자가 정기발송 계약을 체결하지 아니하고 발송물량이 있을 때마다 수시로 발송(대부분의 창구접수 일반고객을 말함)

㉡ 1회에 30만 원을 초과하여 EMS를 발송하는 이용자에 대하여 50만 원까지는 3%, 50만 원을 초과하는 금액에 대하여는 계약국제특급우편 감액률을 적용하여 할인

※ 수시특급우편 감액률 적용은 창구접수에 한함(방문접수분 제외)

(5) 국제특급우편으로 보낼 수 있는 물품

접수 가능 물품	접수 금지 물품

가. 업무용 서류(Business Documents)
 나. 상업용 서류(Commercial papers)
 다. 컴퓨터 데이터(Computer data)
 라. 상품 견본(Business samples)
 마. 마그네틱테이프(Magnetic tape)
 바. 마이크로필름(Microfilm)
 사. 상품(Merchandise : 나라에 따라 취급을 금지하는 경우도 있음)
	가. 동전, 화폐(Coins, Bank notes)
	 나. 송금환(Money remittances)
	 다. 유가증권류(Negotiable articles)
	 라. 금융기관 간 교환 수표(Check clearance)
	 마. UPU일반우편금지물품(Prohibited articles)
	   • 취급상 위험하거나 다른 우편물을 더럽히거나 깨뜨릴 우려가 있는 것
	   • 마약류 및 향정신성 물질
	   • 폭발성 · 가연성 또는 위험한 물질
	   • 외설적이거나 비도덕적인 물품 등
	 바. 가공 또는 비가공의 금, 은, 백금과 귀금속, 보석 등 귀중품
	 사. 상대국가에서 수입을 금하는 물품
	 아. 여권을 포함한 신분증

※ 국가별 통관 규정이나 국내 법규 등에 따라 수시로 변경되므로, 반드시 『포스트넷(내부망) 발송조건 또는 인터넷우체국(외부망)』 확인하여 접수

(6) 배달국가와 우편물 접수 관서

① 배달(교환) 국가 : 홍콩, 일본과 1979년 7월 1일 업무 개시 이후 계속 배달(교환) 국가를 확대. 2021.11월 현재 우리나라와 EMS 우편물의 교환이 가능한 국가는 99개국

※ 항공편 사정, 천재지변, 상대국 통관, 배달 상황 등에 따라 배달(취급) 중지되는 경우가 있으므로 EMS 우편물 접수할 때 취급 가능한 국가를 반드시 국제우편물 발송조건(포스트넷 또는 인터넷우체국)에서 확인해야 함

② 접수 관서 : 전국의 모든 우체국 및 우편취급국

(7) 주요 부가취급의 종류(EMS는 항공 및 등기를 기본으로 취급)

　① 배달통지
　② 보험취급
　③ 배달보장서비스(카할라 우정연합 국가에 한함)

6 한·중 해상특송서비스(POST Sea Express)

(1) 의의 : 30kg 이하 물품의 해외 다량발송에 적합한 서비스로서 우체국과 계약하여 이용하는 전자상거래 전용 국제우편서비스

　① e-Shipping을 이용하는 고객에 한하여 이용 가능
　② 운송수단 : 인천-위해(威海, Weihai) 간 운항하는 여객선 및 화물선

(2) 특징

　① EMS와 같은 경쟁서비스이며 고객맞춤형 국제우편 서비스로서 표준송달기간은 평균적으로 중국 6일, 한국 4일
　② 온라인으로 판매되는 물품의 중국배송에 적합한 국제우편 서비스
　③ 월 발송물량에 따라 이용 요금 감액
　④ 지방우정청, 총괄우체국에서 이용계약 가능하며 6급 이하 우체국(별정국, 우편취급국 포함)은 총괄 우체국장의 승인을 받은 경우에 한함

02 국제우편물 종별 접수요령

01 국제우편물의 접수

1 개요

(1) 우편물이 접수된 때부터 우편이용관계 발생, 우편관서와 발송인 사이에 우편물송달계약 성립. 따라서 우편관서에서는 접수한 우편물을 도착국가로 안전하게 송달하여야 할 의무가 있으며 발송인은 국제우편 이용관계에 따른 각종 청구권을 갖는 등 권리의무가 성립

(2) 국내우편물과 마찬가지로 우편물을 우체통에 넣거나 우체국에서 접수. 다만, EMS는 발송인의 요청에 따라 우체국에서 발송인을 방문하여 접수 가능

① 다음의 우편물은 창구에서 접수

㉠ 소포우편물, 국제특급우편물(EMS), 한ㆍ중 해상특송우편물

㉡ 부가취급을 요하는 우편물

㉢ 소형포장물, K-Packet

㉣ 통관검사를 받아야 할 물품이 들어있는 우편물

㉤ 요금별납, 요금후납, 요금계기별납으로 하는 우편물

㉥ 항공취급하는 시각장애인용 우편물

㉦ 「만국우편협약」에서 정한 우편요금감면대상 우편물

② 용적이 크기 때문에 우체통에 넣을 수 없는 우편물과 한꺼번에 여러 통을 발송하는 우편물의 경우, 이를 우체국 창구에 제출 가능

(3) 통상우편물은 우편물에 붙인 우표 소인. 다만, 우편사무우편물, 요금별납, 요금후납, 요금계기별납에 따른 우편물은 우편날짜도장을 날인하지 않음

(4) 국제우편물의 소인, 그 밖의 업무취급에는 국제우편날짜도장 사용

2 일반 사항

(1) 접수우편물의 점검

① 통상우편물 접수(창구접수, 수집)할 때 주요 확인할 사항

  ㉠ 도착국가는 어디인지

  ㉡ 통상우편물로 발송할 수 있는 내용인가. 내용품은 우편 금지물품이 아닌지

  ㉢ 종별은 무엇인지

  ㉣ 부가취급 요청은 없는지

  ㉤ 부가취급은 이를 상대 국가에서 취급을 허용하는 것인지

  ㉥ 용적 · 무게 및 규격의 제한에 어긋나는 것은 아닌지

  ㉦ 포장은 적절한지

  ㉧ 투명창문봉투를 사용하고 있는 우편물은 창문을 통하여 주소를 쉽게 읽을 수 있는지

  ㉨ 봉투 전부가 투명한 창문으로 된 것을 사용하고 있는지

  ㉩ 외부 기록 사항은 적당한지

  ㉪ 각종 표시는 어떠한지

  ㉫ 첨부 서류는 어떠한지

② 검사 결과 규정 위반이 발견된 때, 발송인에게 보완하여 제출하도록 요구. 이에 거부할 때는 그 이유를 상세히 설명하고 접수 거절

(2) 수집 우편물의 처리

① 국제특급우편물은 따로 가려내어 가장 빠른 운송편으로 송달

② 요금 검사 철저. 요금 미납 · 부족 우편물은 다음과 같이 처리

  ㉠ 수집우체국에서는 부전을 붙여 발송인에게 반송, 미납 요금 보정 요구

  ㉡ 발송인의 주소가 없는 우편물은 수집우체국에서 국제우체국으로 별도 송부하고 국제우체국에서는 'T' 처리하여 발송

  ㉢ 국제우체국에 보내진 발송우편물 중 요금 등의 전부나 일부가 납부되지 아니한 우편물의 처리

    • 발송인 주소 · 성명이 기록된 우편물에 대하여는 해당 우편물에 '요금미납' 등의 표시를 하여 수취인에게 발송, 그 사실과 미납요금액을 발송인에게 통지, 발송인에게 미납 · 부족 요금 징수. 미납 · 부족 요금 추징이 불가능할 경우 사유를 확인한 후 관서장 판단으로 종결 처리

    • 발송인의 주소와 성명이 분명하지 아니한 우편물은 'T' 처리 후 발송. 항공보통통상우편물은 항공편으로, 선편보통통상우편물은 선편으로 발송

  ㉣ 등기우편물, 소포우편물, 특급우편물 등의 요금이 부족하게 납부되거나 미납된 사실을 발견한 경우에는 다음과 같이 처리

    • 우편물은 정당 수취인 앞으로 우선 발송

    • 발견우체국에서 접수우체국으로 사고통지서 발송

    • 접수우체국에서는 접수담당자 책임으로 미납 · 부족 요금을 즉납 처리

③ 요금 검사 결과 등기취급요금 상당의 우표가 붙여진 우편물은 '취급 중 발견'으로 취급

(3) 통관검사대상우편물의 처리

① 통상우편물 중 통관에 회부하여야 할 우편물

    ㉠ 소형포장물

    ㉡ 세관표지(CN22) 및 세관신고서(CN23)가 붙어있는 통상우편물

    ㉢ 통관우체국장이나 세관장이 특히 통관검사에 부칠 필요가 있다고 인정하는 그 밖의 통상우편물

② 세관검사에 회부하는 우편물은 반드시 그 표면에 녹색의 세관표지(CN22)를 부착. 발송인이 표시한 내용품의 가격이 300SDR을 초과하거나 발송인이 원할 때에는 세관신고서(CN23)를 첨부

    ※ 국제소포, K-Packet 및 국제특급(비서류용)은 기표지(운송장)에 CN23 내용이 포함되어 있음

    ※ 국제특급(서류용)의 기표지(운송장)에는 CN22 포함

---

02 종류별 접수방법

1 주요 통상우편물의 접수

(1) 우편자루배달 인쇄물(M-bag)의 접수

① 등기취급의 경우에는 도착국가가 등기로 발송 가능한 나라인지를 국제우편요금, 발송조건표, 우편물류시스템을 이용하여 확인(미국, 캐나다 등기 취급불가, 2021.12.현재)

② 접수할 때에는 하나의 통상우편물로 취급

③ 국제우편자루에 우편물을 넣도록 하되, 접수우체국에서 국제우편자루 미확보 등 부득이한 경우에는 국내우편자루를 활용하고, 국제우편물류센터에서 국제우편자루로 다시 묶을 수 있음

④ 주소기록용 꼬리표(90×140mm, 두꺼운 종이 또는 플라스틱이나 나무에 붙인 종이 등으로 만들고, 두 개의 구멍이 있어야 함)를 2장 작성하여, 1장은 우편물에 붙이고 1장은 우편자루 목에 묶어 봉인

⑤ 요금은 우표나 우편요금인영증지를 주소기록용 꼬리표(우편자루 목에 붙인 꼬리표) 뒷면이나 우편물 표면(꼬리표를 달기 어려울 때)에 부착

⑥ 통관대상물품이 들어 있는 경우에는 세관표지(CN22)를 작성하여 붙이고 내용품의 가액이 300SDR을 초과할 때에는 세관신고서(CN23)를 작성하여 붙임

⑦ 통관절차대행수수료 4,000원 징수(우편요금과 별도로 징수)

⑧ 우편물을 넣은 국제우편자루(M-bag)를 다시 국내용 우편자루에 넣어 교환우체국으로 발송하되, 국명표와 송달증에 'M' 표시

    ㉠ 항공편일 경우에는 국제우편물류센터로 발송

    ㉡ 선편일 경우에는 부산국제우체국으로 발송

더 알아보기⊕

CN22

(앞면)

CUSTOMS DECLARATION 세관신고서
May be opened officially
공식적으로 개봉할 수 있음
CN 22

Designated operator
Korea Post

Important!
See instructions
on the back(뒷면 확인)

Gift(선물)	Commercial sample(상업샘플)
Documents(서류)	Other(기타)

Quantity and detailed description of contents(1) 내용품명, 수량 등 자세한 설명	Weight (in kg)(2)	value (3 가격)
For commercial items only if known, HS tariff number(4) and country of origin of goods(5X상업물품인 경우 원산지 및 HS코드(상품분류번호) 기입	Total weight (in kg) (6)	Total value (7)

I, the undersigned, whose name and address are given on the item, certify that the particulars given in this declaration are correct and that this item does not contain any dangerous article or articles prohibited by legislation or by postal or customs regulations
신고서에 신고한 물품이 정확하며, 법규, 우편 및 관세법에 규정된 금지물품이나 위험물품을 포함하지 않음을 증명합니다.
Date and sender's signature(8)

(뒷면)

Instruction(안내말씀)

To accelerate customs clearance, fill in this form in English, French or in a language accepted by the destination country. If the value of the contents is over 300 SDR, you must use a CN23 form. You must give the sender's full name and address on the front of the item. 내용품이 524,700원 이상은 CN23양식을 사용, 반드시 발송인 이름과 주소를 우편물 앞 표면에 기입할 것

(1) Give a detailed description, quantity and unit of measurement for each article, e.g. 2 men's cotton shirts, especially for articles subject to quarantine(plant, animal, food products, etc.) 내용품 수량 및 자세한 내용 기입(예, 남자면셔츠2개로 표시, 동식물검역대상 특히 주의)

(2),(3),(6), and (7) Give the weight and value of each article and the total weight and value of the item. Indicate the currency used, e.g. CHF for Swiss francs.(각각 중량 및 가액 기입, 단위표시 반드시 기재)

(4) and (5) The HS tariff number(6-digit) must be based on the Harmonized Commodity Description and Coding System developed by the World Customs Organization. Country of origin means the country where the goods originated, e.g. were produced, manufactured or assembled. It is recommended you supply this information and attach an invoice to the outside as this will assist Customs in processing the items.
-www.hscode.co.kr 에서 상품에 부여된 HS코드 확인 가능
원산지국가란 상품이 생산된 국가로 즉 제조, 조립 또는 생산된 경우
(6) Your signature and the date confirm your liability for the item.
발송인 서명 및 일자 기입

(규격 74 × 105mm, 흰색 또는 초록색)

CN23

CUSTOMS DECLARATION CN 23

(2) 시각장애인용 우편물의 접수

① 시각장애인용우편물 취급 요건 충족 여부

② 봉투 표면에 Items for the blind 표시

③ 항공으로 발송할 때에는 항공요금을 부가하여 수납

　※ 항공부가요금은 시각장애인용 우편물 등 무료우편물에 부가되는 요금으로 접수시스템에서 자동으로
　　계산됨

④ 등기를 접수할 때 등기료는 무료

⑤ AIR MAIL 또는 SURFACE MAIL 고무인

⑥ 국제우편날짜도장으로 소인

(3) 항공서간 등 : 항공서간 취급 요건 충족 여부 확인, 국제우편날짜도장 소인

2 소포우편물의 접수

(1) 보통소포우편물의 접수

① 접수 검사

　㉠ 도착국가와 우리나라의 소포 교환 여부, 접수 중지 여부

　㉡ 금지물품 여부(도착국가 취급불가, 항공보안 위반 등), 포장상태

　㉢ 용적과 중량제한(국제우편요금, 발송조건표, 포트스넷 참조)

　㉣ 운송장 기록 사항

　　• 내용품의 영문 표기 및 수량과 가격 표기

　　• 잘못을 발견하였을 때에는 발송인에게 보완 요구, 불응하면 접수 거절

② 국제소포우편물 운송장의 작성과 첨부

　㉠ 발송인으로 하여금 국제소포우편물 운송장을 작성하게 하여 소포우편물 외부에 떨어지지 않도록
　　부착(발송인 작성원칙)

　㉡ 국제소포우편물 운송장은 다음과 같이 5연식으로 되어 있으며, 별도의 복사지 없이도 제1면의 기록
　　내용이 제5면까지 복사됨(2019년 이후부터 2021년 12월 현재까지 제조된 기표지 기준)

　　• 제1면 : 주소, 세관신고서, 부가취급 등 작성

　　• 제2면 : 접수우체국보관용

　　• 제3면 : 발송인보관용

　　• 제4, 5면 : 세관신고서

　㉢ 국제소포우편물 운송장에는 도착국가에서 필요한 서식(송장·세관신고서)이 포함되어 있으므로 별
　　도 작성할 필요 없음. 다만, 발송인이 필요하다고 인정하는 경우, 우리나라와 도착국가에서의 통관
　　수속에 필요한 모든 서류(상업송장, 수출허가서, 수입허가서, 원산지증명서, 건강증명서 등) 첨부
　　가능

ⓔ 발송인이 주소기표지(운송장)를 기재할 때에는 왼쪽 아래 부분의 지시사항 란을 반드시 기록하여야 하며, 지시사항(Sender's instructions~)은 도착국가에서 배달 불능 시 처리 방법을 명확히 하는데 필요할 뿐 아니라 특히 소포우편물이 반송되는 경우에 발송인으로부터 반착료(반송료)를 징수하는 근거가 되므로 아주 중요함

Sender's instructions in case of non-delivery 배달불능 시 다음과 같이 처리 바람 (반송비는 발송인 부담)		
☐ Treat as abandoned 포기	Return 반송	☐ 항공 · 우선편 Priority
		☐ 선박 · 비우선편 non-Priority

ⓜ 도착국가 우체국 소포우편물 배달시도 시 배달 불능의 경우 '포기'와 '반송'을 발송인이 우편물 접수 시 선택하도록 한다.
- 발송인이 반송받기를 원하지 않은 경우 '☐ Treat as abandoned 포기'를 선택하여 ∨ 또는 ×표시 한다.
- 발송인이 반송받기를 원할 경우, 항공 또는 선편 중 하나를 반드시 선택하여 ∨ 또는 ×표시한다 (해당 운송편으로 반송 가능한지 포스트넷에 확인 후 기표지에 표시).

ⓗ 발송인의 지시사항이 없거나 지시사항이 모순되는 경우에는 별도통보 없이 소포우편물을 반송 조치 토록 되어 있음에 유의

ⓢ 발송인이 작성 제출한 주소기표지(운송장)에는 도착국가명, 중량, 요금, 접수우체국명/접수일자 등을 접수담당자가 명확히 기재
- 이 경우 100g 미만의 단수는 100g 단위로 절상
  ※ 소포우편물 중량이 5kg 740g인 경우 5,800g으로 기록
- 실제중량(Actual weight)과 부피중량(Volume weight)을 기록한 후 두 가지 중량 중 높은 쪽의 중량에 해당하는 요금을 적용한다(선편소포는 부피중량 적용대상이 아님).
  ※ 부피중량 산정을 위해 우편물의 가로(cm) · 세로(cm) · 높이(cm)를 정확히 기재한다.

Width 가로	Length 세로	Height 높이	Actual weight 실중량	Volume weight 부피중량
cm	cm	cm	g	g

- 운송장의 소포우편물 중량과 요금은 고쳐 쓸 수 없으므로 잘못적지 않도록 각별히 주의

ⓞ 소포우편물의 운송편(편별)에 따라 'AIR 항공', 'SURFACE 선편'의 해당 ☐속에 체크 표시(∨또는 ×)를 명확하게 표시하여 발송

③ 기타
ⓞ 요금납부방법 : 현금, 신용카드(체크카드 포함), 우표, 우편요금을 표시하는 증표, 정보통신망을 이용한 전자화폐(전자결제)
ⓜ 접수된 우편물은 발송 전에 처리부서 책임자가 반드시 정당 요금징수여부를 검사하고 국제소포우편 물 운송장, 국제발송소포우편물 송달증, 별 · 후납 취급기록, 우편요금즉납서 등과 철저히 대조 확인

(2) 보험소포우편물의 접수

① 접수검사

　㉠ 보험소포우편물은 특히 포장을 튼튼히 한 후 뜯지 못하도록 봉함

　㉡ 통관검사를 위하여 개봉한 후에는 통관우체국에서 가능한 한 원상태에 가깝도록 다시 봉함

　㉢ 그 밖의 사항은 보통소포우편물의 접수 검사 절차와 동일

② 국제보험소포우편물 기표지(운송장)의 작성 및 첨부

　㉠ 국제보험소포우편물 운송장의 구성, 통관에 필요한 첨부서류 추가, 배달이 불가능할 때의 처리 방법에 관한 지시사항 표시 등에 관하여는 앞에 서술한 보통소포우편물 접수 예와 같음

　㉡ 보험소포우편물의 중량은 10g 단위로 표시, 10g 미만의 단수는 10g 단위로 절상

　　※ 중량이 7kg 542g인 경우 7,550g으로 기록

　　※ 우편요금산정을 위한 실제중량과 부피중량의 적용방법에 대해서는 앞에 서술한 보통소포우편물의 접수 예와 같음

　㉢ 보험가액을 기록할 때의 유의사항

　　• 내용품은 반드시 객관적인 가치가 있는 물품이어야 함

　　• 보험가액은 소포우편물 내용물의 실제 가격을 초과할 수 없지만 소포우편물 가격의 일부만을 보험에 가입하는 것은 허용

　　• 보험가액은 발송인이 'Insured Value-words 보험가액-문자'란과 'Figures 숫자'란에 영문과 아라비아 숫자로 원화(KRW) 단위로 기재(접수담당자가 '보험가액-문자' 작성 등에 도움을 주는 것이 바람직함)

Insured Value-words 보험가액-문자	Figures 숫자

　　• 보험가액을 잘못 기재한 경우 지우거나 수정하지 말고 주소기표지(운송장)를 다시 작성하도록 발송인에게 요구

　　• 발송우체국은 발송인이 원화(KRW)로 기록한 보험가액을 SDR로 환산하여 기표지(운송장) 해당란에 기록하며 환산할 때에는 소수점 둘째자리 미만은 올려서 소수점 둘째자리까지 기록함. 이 가액은 어떠한 경우에도 고쳐 쓸 수 없음(보험 가액 최고한도액 4,000SDR)

　　※ 포스트넷에 원화입력 시 SDR 환산금액을 알 수 있음

Insured Value SDR 보험가액
SDR

　　• 소포우편물 내용물의 실제 가격보다 높은 가액을 보험가액으로 할 수 없으며 이러한 경우 사기보험으로 간주

③ 그 밖의 사항 : 보통소포우편물의 경우에 준하여 처리

(3) 소포우편물 접수 시 유의사항

① 주소기표지(운송장) : '보통소포 · 보험소포 겸용(Parcel)' 기표지를 사용하되 가급적 부피중량 기재가 가능한 신형 주소기표지를 사용

② 소포 표면에 붙인 주소기표지는 전산 처리되므로 운송 도중 탈락되지 않도록 부착(바코드 부분을 제외하고 기표지 가장자리에 투명테이프를 사용하여 부착)하고 바코드 부분은 구겨지거나 손상되지 않도록 각별히 유의

③ 주소기표지의 크기보다 작은 소포를 접수할 경우 등기우편을 권유하거나 최소한 주소기표지(운송장) 보다 크게 포장을 해서 접수

④ 당일 우편물 접수내역은 반드시 전산입력 및 자료 전송을 해야 함

⑤ 미국, 프랑스, 호주는 반송 시 항공만 가능하므로 반착료(반송료)가 발송요금보다 비싸 민원이 자주 발생함

⑥ 주소기표지(운송장) 양식

더 알아보기 ➕

선편우편물 접수 국가(29국, 2019.8. 현재)

직접운송국가(8국)		1지역 : 중국, 홍콩, 일본 2지역 : 태국 3지역 : 호주, 캐나다, 독일, 미국
중계	홍콩(13국)	2지역 : 방글라데시, 말레이시아, 싱가포르, 인도네시아 3지역 : 핀란드, 프랑스, 영국, 아일랜드, 네덜란드, 노르웨이, 폴란드, 스페인, 스웨덴
	일본(8국)	1지역 : 대만 2지역 : 필리핀, 베트남 3지역 : 인도, 러시아 4지역 : 남아프리카공화국, 페루, 브라질

더 알아보기 ➕

선편반송 중지국가 목록

연번	국가명	약호	연번	국가명	약호
1	UNITED ARAB EMIRATES	AE	31	LEBANON	LB
2	ARGENTINA	AR	32	LIBERIA	LR
3	AUSTRIA	AT	33	LITHUANIA	LT
4	AZERBAIJAN	AZ	34	MADAGASCAR	MG
5	BELGIUM	BE	35	MONTENEGRO	MJ
6	BOLIVIA	BO	36	MOROCCO	MO
7	CENTRAL AFRICA	CF	37	MAURITANIA	MR
8	SWITZERLAND	CH	38	MALTA	MT
9	COOK Is.	CK	39	MALAWI	MW
10	CHILE	CL	40	NIGERIA	NG
11	CAMEROON	CM	41	PAPUA NEW GUINEA	PG
12	CYPRUS	CY	42	PORTUGAL	PT
13	DENMARK	DK	43	SERBIA – Kosovo	RB
14	FAROE Is.	FO	44	REUNION	RE
15	GABON	GA	45	SAUDI ARABIA	SA
16	GHANA	GH	46	St. HELENA	SH

17	GIBRALTAR	GI	47	SENEGAL	SN
18	GREENLAND	GL	48	SURINAME	SR
19	GAMBIA	GM	49	SAO TOME AND PRINCIPE	ST
20	GUINEA	GN	50	SWAZILAND	SZ
21	GUADELOUPE	GP	51	TAJIKISTAN	TJ
22	EQUATORIAL GUINEA	GQ	52	EAST TIMOR	TL
23	GREECE	GR	53	TURKMENISTAN	TM
24	GUINEA BISSAU	GW	54	UKRAINE	UA
25	CROATIA	HR	55	UZBEKISTAN	UZ
26	HUNGARY	HU	56	VATICAN City	VA
27	ITALY	IT	57	VENEZUELA	VE
28	JORDAN	JO	58	YUGOSLAVIA	YU
29	KYRGYZSTAN	KG	59	ZIMBABWE	ZW
30	COMOROS Is.	KM			

3 K-Packet 접수

(1) 일반사항

① 내용품이 파손되거나 이탈되지 않도록 단단하게 포장하되 사각형태의 상자에 포장하고 액체는 내용물이 새지 않도록 봉하여 외부 압력에 견딜 수 있는 용기에 넣어 포장

※ 2개 이상의 포장물품을 테이프, 끈 등으로 묶어 K-Packet 하나로 발송 금지

② 라벨기표지 작성

㉠ 인터넷 접수시스템으로 발송인과 수취인의 주소, 내용품명, 내용품가액 등 필수 입력사항을 영문으로 입력

㉡ 기표지(운송장)를 작성할 때에는 요금을 올바르게 계산하기 위해 반드시 규격 및 무게를 정확히 기재

㉢ 표시한 무게와 실제 우편물 무게가 달라 요금에 차이가 발생한 경우 즉시 이용고객에게 알림

㉣ 기표지(운송장)의 발송인 란에는 통관, 손해배상, 반송 등의 업무처리를 위하여 반드시 한 명의 주소·성명을 기재

(2) 우편물의 접수 장소 : 계약 관서의 장은 인력과 차량의 사정에 따라 K-Packet을 방문접수할지 별도의 장소에서 접수할지를 협의하여 결정하고 이를 계약사항에 표시할 수 있음

(3) 접수제한 물품 : 「만국우편협약」과 「우편법」 제17조 제1항(우편금지물품)에서 정한 폭발성 물질, 발화성물질, 인화성물질, 유독성물질, 공공안전의 위해를 끼칠 수 있는 물질, 그 밖의 위험성 물질 등

4 국제특급우편물(EMS)의 접수

(1) EMS 기표지 기재요령

① 접수우체국 기재 사항

ㄱ 해당 칸에 접수 년 · 월 · 일 · 시 · 분까지 기재

ㄴ 중량 : 10g 단위로 기재, 우편물의 가로(cm) · 세로(cm) · 높이(cm), Actual weight(실제중량), Volume weight(부피중량) 등을 접수담당자가 명확하게 기재(신형 기표지 ; 국제사업과−55, 2021.1.11. 국제특급, 국제소포 기표지 변경)

ㄷ 우편요금 : 원화표시 및 아라비아 숫자로 기재

ㄹ 배달보장서비스 : 해당 국가(카할라 우정연합 국가)에 한하여 포스트넷 조회결과 일자를 기재

ㅁ 도착국명 : 영문과 한글로 기재(기존 국가약호 기재는 공식적으로 생략)

ㅂ 요금납부방법 및 기타 : 해당 칸에 표시

ㅅ 보험이용여부 및 보험가액 : 고액의 물품일 경우 반드시 고객에게 보험이용여부 문의 후 이용 시 해당 칸에 표시. 보험가액은 원화로 기재

② 발송인 기재사항 : 우체국(취급국)은 아래 기재사항의 이상 유무를 반드시 확인 후 우편물 접수

ㄱ 보내는 사람 및 받는 사람의 전화번호 : 보내는 사람뿐만 아니라 받는 사람 란의 전화번호를 반드시 기재(일부 국가의 경우 전화번호가 기재되지 않는 경우 배달지연 요소로 작용함을 안내)

ㄴ 보내는 사람 및 받는 사람의 성명 및 주소 : 보내는 사람의 성명 · 주소 란도 영문으로 기재(상대국에서 배달 및 행방조사 시 유용함)

ㄷ 우편번호(Postal code) : 신속한 통관 및 정확한 배달을 위하여 필요하므로 반드시 기재

ㄹ 세관표지(CN22, 서류용 주소기표지) : 내용품명, 개수, 가격 등을 해당 란에 정확히 기재하고 내용품 구분(서류, 인쇄물) 란의 해당 칸에 표시

※ 주소 기표지(운송장) 가격의 화폐 단위는 미화(USD)로 기재

ㅁ 세관신고서(CN23, 비서류용 주소기표지) : 내용품명, 개수, 순중량, 가격, HS 코드번호, 생산지 등을 품목별로 정확히 기재하고, 상품 견본용, 개인용, 판매용 중 해당되는 칸(ㅁ안)에 ∨또는 × 표시

ㅂ 발송인 서명 : 성명 · 주소, 전화번호, 세관표지 또는 세관신고서 기재 내용에 틀림이 없음을 확인하는 것이므로 반드시 발송인이 직접 서명

(2) EMS 보험취급

① 보험취급 한도액 및 수수료

보험취급 한도액	보험취급 수수료
4,000SDR 또는 7백만 원 ※ EMS프리미엄 : 5천만 원	− 보험가액 최초 65.34SDR 또는 최초114,300원까지 : 2,800원 − 보험가액 65.34SDR 또는 114,300원 추가마다 : 550원 추가

② 우리나라와 EMS를 교환하는 모든 나라로 발송하는 EMS에 대하여 보험취급이 가능(상대국의 보험 취급 여부와 관계없이 취급)

③ 보험가액의 기재

    ㉠ 보험가액은 내용품의 실제 가치를 초과할 수 없으며, 이를 속여 기재한 경우 보험사기로 취급

    ㉡ 내용품은 주관적인 가치가 아니고 객관적인 가치를 갖고 있는 것

    ㉢ 보험가액은 주소기표지 보험가액 란에 'OOO원(예시 150,000원)'으로 기재하고 보험취급수수료는 별도 기재 없이 요금에 포함하여 기재

    ㉣ 기타 사항에 대하여는 보험소포우편물의 취급요령에 준하여 처리

[EMS 접수 시 안내 및 확인 사항]

접수 시 안내	확인 사항
국가별 휴일정보	• www.epost.kr에서 수시로 각 국가별 휴일정보 확인(월별 업그레이드) • 중동지역 일부 국가의 경우 목, 금이 우리나라 주말의 개념임
금제품(우편금제품)	• 주화, 항공권, 유레일패스, 신용카드, 여권 • 금은보석 및 귀금속, UPU금제품, 항공기탑재 금제품 ※ 금제품은 손해배상 대상이 아님을 안내
보험가입권유	• 고액물품(10만 원 이상) 우편물 ※ 10만 원 이상인 물품의 경우 중량이 무거운 접수품은 손해배상액을 살펴본 후 보험 권유
보험취급(보험 한도액)	• EMS : 7백만 원 • EMS프리미엄 : 5천만 원

선적, 유학, 상업서류
(선하증권, 계약서 등)
	• EMS프리미엄으로 접수
	  – 미배달 시 간접적으로 손실우려가 있는 것/ 주소지 P.O Box는 접수 불가
	  ※ 간접손실은 손해배상 대상이 아님
	• 유학서류는 학교 Mail Room으로 배달됨
	• 유학서류 및 선하증권이 포함된 우편물은 EMS 접수 불가(EMS프리미엄으로 접수)
	  (국제사업과–325, 2021.2.23. 국제특급우편 접수제한 안내)

세관신고서 작성	• 내용품명은 반드시 영문 기재 • 내용품 가격(물품가)은 미화(USD)로 기재 • 금액은 발송인이 직접 기재 • 손해배상 시 기재한 금액만큼 배상됨을 안내 • 의약품은 처방전 첨부 • Sample도 내용품 가격 기재
전자제품 (보험취급 불가)	• 전자제품(특히, 컴퓨터 및 노트북)은 약간의 충격에도 파손의 우려가 크며, 외관에 이상은 없으나 기능 미작동에 따른 대형 민원이 제기되므로 접수 지양하도록 정중히 안내 • 부득이하게 접수하여야 하는 경우는 우편물 내부와 외부의 견고한 포장을 확인하여 접수

음식물	• 김치, 한약, 액젓, 고추장, 된장 등과 같은 부패성 음식물 　- 기후, 기온, 기압 등에 의하여 운송 중 파손의 우려가 크고 　- 상대국 세관에서 악취를 이유로 폐기하는 경우가 발생하며 　- 약간의 지연에도 내용물이 상하여 쓸모없게 됨 　※ 파손되더라도 내용물이 유출되지 않도록 충분한 완충제를 넣고 겹겹으로 포장되었는 　　지 확인하고 접수 • 모든 음식물은 통관보류 및 불허판정을 받는 경우가 다수 발생 　※ 보험취급 불가(지연되어 음식이 상한 경우 내용품에 대한 손해배상은 없고 우편요금만 　　배상. 단, 통관에 의한 지연은 제외)
주소가 P.O Box인 경우	• EMS프리미엄 접수 시 원칙적으로 사서함 발송 불가 　- 도착국에서 일반보통우편으로 전환되어 종추적 불가(특히, 미국, 캐나다) • 예외적으로 중동지역 사서함 발송 가능(반드시 전화번호 기재) 　- 오만, 예멘, 아랍 에미리트, 이란, 카타르, 쿠웨이트, 사우디아라비아 　※ EMS사서함 취급하지 않는 국가 : 중국, 독일, 프랑스, 영국, 인도, 터키, 스웨덴, 말레이 　　시아 등
통관 진행방법	• 세관신고서(CN23) 란에 선물, 사용한 물품 또는 샘플을 반드시 체크 • 샘플 또는 상품인 경우 Invoice 3부 작성 　- Invoice 원본이 필요한 국가 : 프랑스, 동유럽 국가, 남미 등 　※ Invoice 작성 예시는 바로 뒷장에 첨부되어 있음 • 프랑스행 EMS(비서류) 접수 시 개인물품, 상업물품 모두 면세한도와 관계없이 Invoice를 　반드시 작성해야함
통관대행불가	• 세관 계류 시 수취인이 직접 통관 　- 통관으로 인한 배달지연에 대한 손해배상 불가함 • 서류도 통관대상 　※ 현지국 사정에 따라 통관대행이 발생할 수 있음(수수료 부과 가능)
기타	• 음식물 관련 포장상자(사과, 배, 포도, 고구마, 감자 등이 그려진 농산물 박스)에 해당 음식 　물이나 다른 내용품을 포장 발송하는 경우 통관이 지연될 수 있음

더 알아보기➕

상품(상업)송장 작성요령

상업송장(Commercial Invoice) 작성요령

1. **상업송장 필요수량**
   상업송장은 총 3부 필요함(물품 부착용 1부 / 발송지 통관용 1부 / 목적지 통관용 1부)

2. **상업송장 작성언어**
   신속한 통관을 위하여 상업송장은 반드시 영문(English)으로 작성함

3. **상업송장 양식** : 샘플 상업송장 양식은 권유 양식이며, 대다수의 국가의 통관규정에 바탕하여 작성된 것임

4. **상업송장 기재내용** : 화물의 신속한 통관과 관세 등의 정확한 부과를 위하여, 상업송장에 기입되어야 할 항목들을 확인하고 내용을 정확히 기재함

   ① Shipper/Seller : 발송인 성명(상호), 주소 기재

   ② Consignee : 수취인 성명(상호), 주소 기재

   ③ Departure Date : 화물을 적재한 비행기 등의 출발일자를 기재하며, 우편물 기표지상의 일자와 일치시켜야 한다. 송장 작성시점에서는 정확한 날짜를 알 수 없으므로, 우편물 접수 예상일자의 7일 전후로 기재하면 된다.

   ④ From : 화물 적재지로 예정된 공항 등의 명칭을 기재. ex) Incheon Korea

   ⑤ To : 화물이 도착하기로 예정된 최종 목적지인 공항 등의 명칭 기재

   ⑥ Invoice No. and Date : 발송인이 상업송장에 부여한 참조번호 및 송장 발행일자 기재

   ⑦ L/C No. and date : 신용장 번호 및 발행일자 기재

   ⑧ Buyer(if other than consignee) : 우편물 수취인과 수입자(구매자)가 다른 경우, 화물 수입자의 성명(상호) 및 주소를 기재한다.

   ⑨ Other reference : 기타 참조사항을 기재하는 난이며, 보통 원산지(country of origin) 등을 기재한다.

   ⑩ Terms of delivery and payment : 인도조건과 지불조건을 기재한다.

   ⑪ Shipping marks : 화물에 표시된 화인을 기재한다.

   ⑫ No. & kinds of Pkgs : 화물 포장의 개수와 포장형태를 기재한다.

   ⑬ Goods Description : 해당 물품의 규격, 품질 등 정확한 명세를 기재한다.

   ⑭ Quantity : 물품의 단위당 수량을 기재한다.

   ※ 수량 단위 : piece(개수), set(세트), case(상자), bag(포대), kg(킬로그램), ton(톤) 등

   ⑮ Unit price : 단위 수량당 가격, 즉 단가를 기재

   ⑯ amount : 단가에 수량을 곱한 총금액을 기재한다.

※ 위의 작성요령은 대다수 국가의 통관규정에 바탕하여 작성하였음. 그러나 이 내용은 각국의 사정에 따라 통보 없이 변경될 수 있음. 추가 정보가 필요하신 경우에는 우체국콜센터(1588-1300)로 문의할 것

더 알아보기⊕

상업(상품)송장 예시

COMMERCIAL INVOICE

① Shipper/Seller	⑥ Invoice No. and date
	⑦ L/C No. and date
② Consignee	⑧ Buyer(if other than consignee)
	⑨ Other references
③ Departure date	
④ From	⑩ Terms of delivery and payment
⑤ To	

⑪ Shipping Marks	⑫ No.&kind of packages	⑬ Goods description	⑭ Quantity	⑮ Unit price	⑯ Amount
			⑰ Signed by		

더 알아보기➕

프랑스행 개인발송용 송장(Invoice) 작성방법

프랑스행 EMS 개인발송용 송장(Invoice) 작성요령

1. 필요수량

   상업송장은 총 2부가 필요함(물품 부착용 1부 / 목적지 통관용 1부)

2. 작성언어

   신속한 통관을 위하여 상업송장은 반드시 영문(English)으로 작성함

3. 기재내용

   화물의 신속한 통관과 관세 등의 정확한 부과를 위하여, 상업송장에 기입되어야 할 항목들을 확인하고 내용을 정확히 기재하여야 함

   ① Date : 우편물 접수일자

   ② Sender : 발송인 성명(상호), 주소 기재

   ③ Addressee : 수취인 성명(상호), 주소 기재

   ④ Item number : 우편물(등기)번호

   ⑤ Designation : 해당 물품명, 규격, 품질 등 정확한 명세 기재

   ⑥ Quantity : 물품의 단위당 수량 기재

   ⑦ Unit price : 단위 수량 당 가격, 즉 단가 기재(현재 가격)

   ⑧ Total Value : 단가에 수량을 곱한 총금액 기재

   ⑨ Total : 품목별 합계

안심Touch

더 알아보기⊕

프랑스행 상품(상품)송장 예시

PROFORMA INVOICE

① Date :

② Sender :
③ Addressee :

④ Item number :

⑤ Designation	⑥ Quantity	⑦ Unit Price	⑧ Total Value
⑨ Total			

03 **기타 특수취급우편물의 접수**

1 등기(Registered)

(1) 의의 : 우편물에 접수번호를 부여하고 접수한 때부터 배달되기까지의 취급과정을 그 번호에 따라 기록하여 우편물 취급과 송달의 확실성을 보장하기 위한 제도. 망실 · 도난 · 파손의 경우 손해배상 청구 가능

(2) 대상

① 모든 통상우편물은 등기로 발송될 수 있음. 등기우편물을 발송하는 사람은 일반우편요금 이외에 등기 취급수수료를 납부

② 도착국의 국내법이 허용하는 경우 봉함된 등기서장에 각종 지참인불 유가증권, 여행자수표, 백금, 금, 은, 가공 또는 비가공의 보석과 그 밖의 귀중품을 넣을 수 있음(국내 관련 법규에서 허용하는 범위에서만 취급)

(3) 발송요건(「만국우편협약 통상우편규칙」 제18 – 101조)

① 주소를 연필로 쓰거나, 그 밖에 지워질 우려가 있거나 약자로 기록한 우편물은 등기로 접수하지 않음. 다만, 투명 창문봉투에 넣어 발송하는 우편물 이외 우편물의 주소는 복사용 잉크 연필로 표시 가능

② 국제등기접수증은 우편물 접수 시 등기우편물의 발송인에게 무료 발행

ㄱ 창구 접수 시 등기번호 자동 부여하거나 등기라벨 사용 시 국제등기접수증 원부 작성 제출(등기번호 RR~, RM~)

※ 전자상거래 업체 등 주소, 내용품 정보를 전산으로 관리하는 경우에는 우체국과 협의하여 발송인이 직접 작성해 온 접수증 원부 사용 가능

ㄴ 국제등기우편물 주소기표지(등기번호 RA~, VA~)를 사용하거나 포스트넷(우편물접수시스템)에 우편물 정보 입력 시에는 접수증 원부 제출 생략

ㄷ 국제등기접수증 원부는 행방조사 청구, 손해배상 지급 등의 사유 발생 시 기초자료로 사용되므로 고객이 작성한 주소, 내용품 가액 등 정당 여부 확인 철저

③ 등기우편물에는 굵은 문자로 명확하게 등기임을 표시하는 'Registered'를 가능한 한 왼쪽 윗부분 발송인의 주소 · 성명 아래에 기록하거나 표시함

④ 접수우체국에서는 국제등기번호표(등기라벨) CN04를 우편물 앞면의 알맞은 자리에 부착

2 배달통지(Advice of delivery)

(1) 의의 : 배달통지는 우편물 접수 시 발송인의 청구에 따라 우편물을 수취인에게 배달하고 수취인에게서 수령 확인을 받아 발송인에게 알려주는 제도이며, 국내우편의 배달증명과 유사한 서비스

(2) 취급 대상 우편물 : 모든 우편물(통상우편물, 소포우편물, 특급우편물)에 가능

(3) 취급방법

① 배달통지를 청구한 우편물에는 발송인의 주소·성명 아래에 굵은 활자로 A.R.(또는 Avis de reception)를 기록하거나 표시함(소포의 경우 기표지(dispatch note)에 A.R.인영 표시)

② 배달통지(A.R.) 서식(CN07)은 발송인이 로마문자로 서식의 여러 해당 항목을 정확히 기록. 앞면은 접수 우체국에서 기록하여 우편물에 단단히 부착(소포의 경우 기표지(dispatch note) 바로 옆에 단단히 부착)

③ 배달통지 수수료 : 1,500원

더 알아보기 ⊕

배달통지서

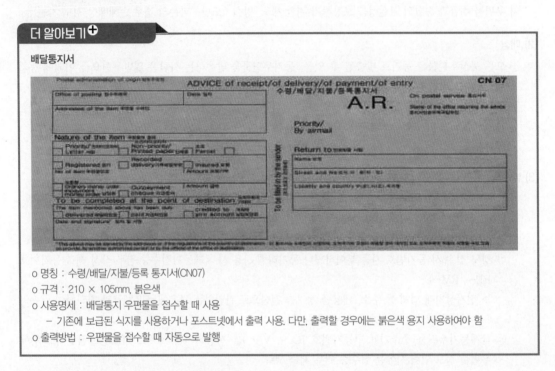

o 명칭 : 수령/배달/지불/등록 통지서(CN07)

o 규격 : 210 × 105mm, 붉은색

o 사용명세 : 배달통지 우편물을 접수할 때 사용

　– 기존에 보급된 식지를 사용하거나 포스트넷에서 출력 사용. 다만, 출력할 경우에는 붉은색 용지 사용하여야 함

o 출력방법 : 우편물을 접수할 때 자동으로 발행

---

3 보험취급(Insured)

(1) 의의 : 수표 등의 유가증권, 금전적 가치가 있는 서류나 귀중품 등이 들어있는 우편물을 내용품의 실제적·객관적 가치에 따라 보험 취급하여 송달하고, 분실·훼손되거나 도난당한 경우 보험가액의 범위에서 실제로 생긴 손해액을 배상하는 제도

(2) 취급 대상 우편물 : 보험취급은 모든 우편물(통상우편물, 소포우편물, 특급우편물)에 가능

※ 보험취급되는 통상우편물은 등기보험서장(Insured Letter)이며, 소포우편물은 보험소포(Insured parcel)임. 신중하게 취급하기 위해 중요 서류, 유가증권 등 부피가 작은 귀중품은 등기보험서장으로 접수 권유

(3) 취급우체국 : 모든 우체국(우편취급국 포함)에서 가능

(4) 발송 가능한 나라 : 국제우편물 발송조건(포스트넷·인터넷우체국)에서 취급국가와 보험가액 한도액 확인

(5) 보험가액 및 보험료

① 보험가액

　㉠ 건당 최고한도액은 4,000SDR(7백만 원)까지이나, 상대국에서 취급하는 최고한도액이 그 이하인 경우에는 상대국의 취급한도액 범위에서 취급(국제우편물 발송조건 참조)

　　※ EMS프리미엄의 경우 50백만 원

　㉡ 보험가액은 내용품의 실제 가치를 초과할 수 없으며, 이를 위반하면 보험사기로 취급

　㉢ 내용품의 일부가치만 보험취급 가능

　㉣ 그 가치가 작성비용에 있는 서류의 보험가액은 분실의 경우 이를 대치하는데 소요되는 비용을 초과할 수 없음

　㉤ 보험취급 대상 내용품은 객관적인 가치가 있는 것이어야 하며, 주관적인 가치로 평가되는 물품은 보험취급 불가

② 보험료

　㉠ 통상

　　• 기본요금 : 550원

　　• 추가배달료(보험가입 시 필수) : 1,300원

　　• 추가요금(보험가액 65.34SDR 또는 114,300원 초과마다) : 550원

　㉡ 소포 및 EMS

　　• 기본요금 : 2,800원

　　• 추가요금(보험가액 65.34SDR 또는 114,300원 초과마다) : 550원

(6) 보험취급하여 발송할 수 있는 물건

① 수표, 지참인불 유가증권

② 우표, 복권, 기차표 등과 같은 금전적 가치가 있는 서류

③ 귀금속, 보석류

④ 고급시계, 만년필 등 귀중품

⑤ 수출입 관련 법령(「대외무역법」 등)에서 허용하는 범위에서 취급

　※ 발송조건은 포스트넷 또는 인터넷우체국 참조

　※ 보험취급 가능 품목 비교

국제통상	EMS(국제특급)
수표, 지참인불 유가증권, 우표, 복권, 기차표, 귀금속, 보석류, 고급시계, 만년필 등 귀중품	물품류(10만 원 이상), 우표(일부 가능)

※ 국제통상과 EMS(국제특급)의 보험취급 가능 품목은 다를 수 있음

(7) 보험취급하여 발송할 수 없는 물건

① 국제우편에 관한 조약에서 취급을 금지하는 품목

    ㉠ 마약류, 향정신성 물질

    ㉡ 폭발성 · 가연성 물질, 그 밖의 위험한 물질, 방사성 물질

    ㉢ 외설적이거나 비도덕적인 물품

    ㉣ 배달국가에서 수입이나 유포를 금하는 물품

② 우편관계 국내 법규에서 우편취급을 금지하는 품목

③ 상대국에서 수입을 금지하는 물품(국제우편물 발송조건 참조)

④ 기타 : 동전 등 화폐(수집용도의 화폐도 발송할 수 없음)

⑤ 전자제품, 음식물, 파손되기 쉬운 물품(도자기, 유리컵 등)

    (과학기술정보통신부장관 고시 제2018−62호, 국제우편물의 종류별 이용조건 및 취급 절차)

(8) 접수 시 보험 관련 고객 안내 사항

① 손해배상 기준액보다 물품가액이 낮은 경우 보험에 가입하여도 손해배상금액이 동일함을 안내(보험 가입의 실익이 없음)

② 손해배상 기준액보다 물품가액이 높은 경우 보험 가입에 대한 안내 강화

국제우편요금

01　개요

1 국제우편요금의 결정

(1) 만국우편협약에서 정한 범위 안에서 과학기술정보통신부장관이 결정(정함)

(2) 국제우편요금이 결정되면 고시하여야 함

2 국제우편 요금체계

(1) 운송편별에 따라 선편요금과 항공요금으로 구분

 ① 선편우편요금은 접수부터 배달까지 선편으로 송달할 경우에 납부하여야 하는 요금으로 통상우편물의 요금, 소포우편물의 요금과 한 · 중 해상특송우편물의 요금으로 구분
 ② 항공우편요금은 항공통상우편물의 요금, 항공소포우편물의 요금, 국제특급우편물의 요금과 K-Packet요금으로 구분

(2) 우편물 종별에 따라 통상우편물, 소포우편물, EMS(국제특급), K-Packet, 한 · 중 해상특송의 요금 등으로 구분하며, 부가취급에 따른 부가취급수수료가 있음

(3) 구성 내용에 따라 국내취급비, 도착국까지의 운송요금과 도착국 내에서의 취급비로 구분

3 국제우편요금 적용방식

(1) 무게중량(실제중량) 적용 : 물품을 포함하지 않은 서장 등의 항공우편물, 선편우편물

(2) 무게중량(Actual weight)과 부피중량(Volume weight) 병행 적용

 ① 개요 : 실제중량과 부피중량* 중 더 큰 중량의 요금을 적용하여 우편요금 계산
  * 부피중량 : 항공화물 부피를 kg 단위로 전환하기 위해 국제항공운송협회(IATA)에서 정의한 개념으로 항공화물시장에서 통용되는 용어(우체국에서는 부피중량과 체적중량을 혼용하여 같은 의미로 사용하고 있음)

② **대상** : 소형포장물, K-Packet, 항공소포, 국제특급(비서류) 등 물품을 포함하는 국제항공우편물 및 민간과 제휴하여 제공하는 서비스(EMS프리미엄, 국제물류서비스)

③ **부피중량 산식** : 가로(cm)×세로(cm)×높이(cm)÷부피계수 6,000

> (부피중량 적용 예시)
> 가로 20cm, 세로 20cm, 높이 20cm인 우편물의 실제 중량이 1kg인 경우, 부피중량은 1.33kg(20×20×20÷6000)으로 부피중량이 실제중량보다 더 높으므로 부피(체적)중량을 적용하여 우편요금 계산

④ **부피측정 방식**

　㉠ 포장된 우편물의 모양이 사각형이 아닐 경우에는 우편물의 가장 튀어나온 곳을 기준으로 가로·세로·높이의 길이를 측정

　㉡ 서로 다른 크기의 상자 2개를 연결하였을 경우에는 각각의 부피를 구해 더하지 않고 1개의 물건으로 간주하여 가장 긴 길이를 측정

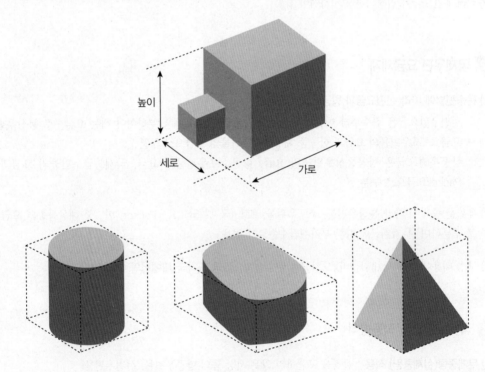

⑤ 소포상자별 규격과 부피중량 예시

구분		1호	2호	2-1호	3호
규격(cm)		22×19×9	27×18×15	35×25×10	34×25×21
부피중량(kg)	EMS	0.75	1.25	1.50	3.00
	항공소포	1.00	1.50	1.50	3.00
	소형포장물, K-Packet	0.70	1.30	1.50	최대중량 초과

구분		4호	5호	EMS(M)	EMS(L)
규격(cm)		41×31×28	48×38×34	38×30×25	54×39×34
부피중량(kg)	EMS	6.00	10.50	5.00	12.00
	항공소포	6.00	10.50	5.00	12.00
	소형포장물, K-Packet	최대중량 초과	최대중량 초과	최대중량 초과	최대중량 초과

02 국제우편요금의 별납

1 한 사람이 한 번에 같은 우편물(동일무게)을 보낼 때에 우편물 외부에 요금별납(POSTAGE PAID) 표시를 하여 발송하고 우편요금은 별도로 즉납하는 제도

2 **취급우체국 :** 우편취급국을 제외한 모든 우체국

3 취급요건

(1) 통상우편물 : 10통 이상

※ 우편물의 종별, 무게, 우편요금 등이 같고 한사람이 한 번에 발송하는 우편물

(2) 국제특급우편물과 소포우편물의 우편요금은 현금과 신용카드(혹은 체크카드)로 결제하므로 별납취급에 특별한 요건이 없음

4 취급요령

(1) 발송인이 적어 제출한 별납신청서를 접수(별납신청서는 전산으로 출력)

(2) **접수검사** : 신청서 기록사항과 현물과의 다른 점은 없는지 확인

(3) **외부 기록사항 확인**
    ① 우편물 앞면의 오른쪽 윗부분에 요금별납 표시(날인 또는 인쇄) 유무
    ② 발송인이 표시를 하지 아니한 경우에는 우체국에서 요금별납인 날인

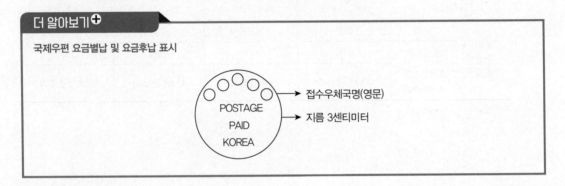

더 알아보기➕

국제우편 요금별납 및 요금후납 표시

POSTAGE PAID KOREA → 접수우체국명(영문)
→ 지름 3센티미터

(4) **접수와 참관**
    ① 요금별납우편물의 접수담당자는 접수담당책임자(6급 이하 관서의 경우에는 국장)가 보는 앞에서 확인
     · 접수
    ② 접수와 입회 확인 절차는 국내우편 요금별납의 취급 예에 따름

(5) 요금별납우편물에는 우편날짜도장의 날인은 생략

(6) 접수된 우편물은 국제우체국 앞으로 별도우편자루 체결 · 발송을 원칙으로 함. 다만, 물량이 적을 경우에
는 단단히 묶어서 다른 우편물과 함께 발송

(7) **별납신청서 처리**
    ① 국제우편물 별납 접수 시는 발송신청서, 접수증, 접수통지서, 송부서 등 4부가 전산으로 출력
    ② 발송신청서는 접수담당부서에서 보관, 접수증은 발송인에게 교부, 접수통지서는 우편물 발송부서에 보
     관하고, 송부서는 우편물과 함께 국제우편물류센터(항공) 또는 부산국제우체국(선편)으로 발송

03 국제우편요금의 후납

1 의의 : 국제우편물의 요금(특수취급수수료 포함)을 우편물을 접수할 때에 납부하지 않고 발송우체국의 승인을 얻어 1개월 간 발송예정 우편물 요금액의 2배에 해당하는 금액을 담보금으로 제공하고 1개월간의 요금을 다음달 20일까지 납부하는 제도

※ 다만, 카드로 납부할 때에는 담보금 면제

2 취급조건 : 한 사람(후납 승인을 받은 사람)이 매월 100통 이상 발송하는 통상 및 국제소포우편물

3 취급우체국 : 후납계약을 맺은 우체국에서 발송(우편취급국 포함)

※ 다만, 취급국의 경우 등기취급 우편물과 공공기관에서 발송하는 일반 우편물에만 허용

4 취급요령

(1) 우편물 및 발송표의 제출 : 우편물의 발송인은 국제우편 요금후납우편물 발송신청서를 작성하여 우편물과 함께 요금후납 계약우체국에 제출

(2) 우편물 및 발송신청서의 검사
  ① 우편물의 검사
    ㉠ 요금후납우편물이 우리나라를 발송국으로 하는지 확인
    ㉡ 우편물의 오른쪽 윗부분에는 요금별(후)납(Postage Paid)의 표시 확인
    ㉢ 발송인이 표시를 하지 아니한 경우에는 우체국 보관 요금별(후)납인 날인
  ② 발송신청서의 검사
    ㉠ 요금후납우편물 발송표 기록사항이 발송하는 우편물과 다름없는지 확인
    ㉡ 발송표의 그 밖의 기록사항 확인

(3) 접수 및 입회 확인
  ① 요금후납우편물의 접수담당자는 접수담당책임자(6급 이하 관서의 경우에는 국장)가 보는 앞에서 확인
    · 접수
  ② 요금후납우편물 발송신청서는 요금별납우편물 접수 및 입회 확인 방법에 준하여 상호 확인인을 날인

(4) 날짜도장 날인 : 요금후납우편물에는 우편날짜도장 날인 생략

(5) 요금후납우편물 발송신청서의 처리

① 접수검사가 끝난 요금후납우편물 발송표는 우편날짜도장을 날인한 후 접수담당부서에서 보관, 발송접수증을 비롯한 서류는 다음과 같이 처리(수령증과 접수통지서는 전산에서 출력하여 처리)

　　㉠ 우편물 발송표 : 접수창구에 보관

　　㉡ 우편물 수령증 : 발송인에게 교부

　　㉢ 우편물접수통지서 : 항공은 국제우편물류센터로, 선편은 부산국제우체국으로 송부

② 접수우체국에 보관하는 요금후납우편물 발송표는 일련번호를 매기고 매월 분을 정리해야 하며, 발송기간과 발송표 매수를 적은 표지를 붙여 보관

더 알아보기 ✚

국제우편 요금후납우편물 발송표

국제우편 요금후납우편물 발송표

승인번호

No. 14

구분	종별	편별	지역	통당 무게	통당 요금	통수	합계 금액	비고
일반통상	서장	항공	1	21	0	840	1	840
등기통상	소형포장물	항공	1	44	0	1,220	1	1,220
계							2	2,060

위 명세와 같이 발송하여 주시기 바랍니다.

20 ． ． ．

발송인 주소
　　　　상호
　　　　성명　　　　　　　　　　　　　　　　(인)

우체국장 귀하

결재	담당	팀장	인수자	과장	우편날짜도장 날인
	접수당무자	접수책임자	발송책임자	영업과장	

04 국제우편요금수취인부담(International Business Reply Service : IBRS)

1 우편물을 외국으로 발송하는 자가 국내 배달우체국과 계약을 체결하여 회신요금을 자신이 부담할 수 있도록 하는 제도

2 취급우체국과 발송가능 국가

(1) **취급우체국** : 집배우체국에 한하여 취급

(2) **발송가능국가** : 불가리아를 제외한 모든 국가

3 취급 대상 우편물

(1) **종류** : 인쇄물(봉투)과 엽서에 한함

(2) **최대중량** : 50g

4 요금징수

(1) 수취인이 우편물을 받을 때 납부하며 후납 취급도 가능

(2) **인쇄물(봉투)** : 1,100원 / 엽서 : 500원

5 이용계약

(1) IBRS의 이용계약을 체결하려는 자는 신청서와 수취할 우편물의 견본 2매를 배달우체국에 제출

(2) 계약체결 후 우편물을 발송하는 자는 우편물 표시사항과 배달우체국장이 부여한 계약번호를 수취할 봉투 또는 엽서에 인쇄한 견본 2매를 배달우체국에 제출

6 IBRS 접수 우체국의 취급

(1) IBRS 우편물은 발송유효기간에 한정하여 발송. 발송유효기간이 끝난 다음에 발송한 IBRS 우편물은 발송인에게 돌려보냄

(2) IBRS 우편물에는 날짜도장을 날인하지 않음

(3) IBRS 우편물은 모두 항공 취급하며, 그 밖의 부가취급 불가

(4) 유효기간 등이 정상적으로 표시된 IBRS 우편물은 접수시스템에 별도로 입력하지 않고 국제항공우편물과 같이 국제우편물류센터로 보냄

7 외국에서 도착된 IBRS 우편물의 취급 : 국내우편요금수취인부담 우편물의 배달 예에 준해 배달하고 '**4**'의 요금 징수

---

05 해외 전자상거래용 반품서비스(IBRS EMS)

1 인터넷쇼핑몰 등을 이용하는 온라인 해외거래 물량 증가에 따라 늘어나는 반품 요구를 충족하기 위해 기존의 국제우편요금수취인부담 제도를 활용하여 반품을 수월하게 하는 제도

2 서비스 개요

(1) 취급우체국과 발송가능국가
　① 취급우체국 : 계약국제특급 이용우체국(집배국)에 한정함
　② 발송가능국가 : 일본

(2) 취급대상 우편물
　① 종류 : EMS에 한정함(최대 무게 2kg)
　② 우편물의 규격 : 국가별 EMS 발송조건의 규격과 같음

③ 구매자가 반품을 요청할 경우 반품서비스 이용계약을 체결한 판매자는 전자적인 방법으로 아래 서식의 반품서비스 라벨을 구매자에게 전송, 구매자는 해당 우편물 표면에 반품서비스 라벨을 부착하여 접수

표시 내용	표시 위치
NO STAMP REQUIRED/ NE PAS AFFRANCHIR (우편요금납부 불요)	라벨 오른쪽 윗부분
REPLY PAID/ RESPONSE PAYEE (우편요금수취인부담) 및 KOREA(SEOUL) • 두 줄의 횡선 사이에 대문자로 인쇄 – 선의 굵기 : 3mm 이상 – 선의 길이 : 90mm 이상 – 두 선의 인접변의 간격 : 14mm	수취인 주소 · 성명 표시란 윗부분
수취인의 주소 · 성명 • 당초 판매물품의 발송 주소와 반송처가 다를 경우 반송처 주소 표시	'REPLY PAID' 표시 아랫부분
EMS 표시	라벨 좌측 상단
IBRS/CCRI No. (승인번호)	'EMS' 표시 아랫부분

④ 라벨의 규격 : 최소 90×140mm, 최대 140×235mm

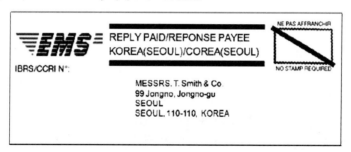

(3) 부가취급 : EMS 우편물로 취급, 그 밖의 부가취급은 할 수 없음

(4) 요금의 징수

① IBRS EMS 우편물의 요금은 수취인이 우편물을 받을 때 납부하게 하며 후납 취급도 가능
② 수취인으로부터 징수할 IBRS EMS우편물의 요금은 통당 10,000원

06 국제회신우표권(International Reply Coupons)

1 개요

(1) 국제회신우표권(IRC)은 수취인에게 회신요금의 부담을 지우지 아니하고 외국으로부터 회답을 받는 데 편리한 제도

(2) 국제회신우표권은 UPU 총회가 개최되는 매 4년마다 총회 개최지명으로 국제회신우표권을 발행하며(4년마다 디자인 변경) 국제회신우표권의 유효기간은 앞면 우측과 뒷면 하단에 표시
　※ 2004년 베이징(중국), 2008년 나이로비(케냐), 2012년 도하(카타르), 2016년 이스탄불(터키) 2021년 아비장(코트디부아르, 코로나19로 1년 연기)

(3) 만국우편연합 국제사무국에서 발행하며 각 회원국에서 판매. 국제회신우표권 1장은 그 나라에서 외국으로 발송되는 항공보통서장 최저 요금의 우표와 교환

2 판매

(1) 우리나라에서 1매당 1,450원에 판매

(2) 판매할 때에는 국제회신우표권의 왼쪽 해당란에 우편날짜도장을 날인(의무사항은 아님)

(3) 국제회신우표권의 수급을 원활하게 조절하고, 통신목적 이외의 용역 · 물품대금 지급수단으로 이용하거나 환투기 목적의 사용을 방지하기 위하여, 다음과 같이 판매수량을 제한
　① 판매 제한 내용 : 20장 이하는 자유 판매, 이상을 요구할 때에는 구체적인 사용 목적을 확인한 후 판매하는 등 판매수량을 합리적으로 제한
　② 다량 판매를 요구할 때에는 판매방법 : 신청서에는 최소한 신청인의 주소 · 성명과 사용 용도를 기록하도록 함
　　예 판매 제한과 거절 사유
　　　• 현재 필요한 상태에 있지 않으면서 한꺼번에 다량 구매를 요구하는 경우
　　　• 외국에 서적대금 지불수단 등으로 사용하려는 경우
　　　• 외국의 우표를 다량 구입할 수단으로 다량 구매를 요청하는 경우

더 알아보기⊕

이스탄불 및 아비장 국제회신우표권 판매 및 처리일정(2021~2026)

날짜	주요 내용	비고
2021.8.31.	이스탄불 국제회신우표권 판매 마감	우체국
2021.9.1.	아비장 국제회신우표권 판매 시작	우체국
2021.12.31.	이스탄불 국제회신우표권 교환 마감(유효기간 만료)	우체국
2022.1.31.	이스탄불 국제회신우표권 미판매분 및 교환분 반납 마감	우체국 → 조달센터
2022.4.30.	이스탄불 국제회신우표권 미판매분 및 교환분 반납 마감	조달센터 → UPU
2025.8.31.	아비장 국제회신우표권 판매 마감	우체국
2025.12.31.	아비장 국제회신우표권 교환 마감(유효기간 만료)	우체국
2026.1.31.	아비장 국제회신우표권 미판매분 및 교환분 반납 마감	우체국→조달센터
2026.4.30.	아비장 국제회신우표권 미판매분 및 교환분 반납 마감	조달센터→UPU

※ 국제회신우표권 판매 시 교환 마감일(유효기간) 안내 철저
※ 우표류와 교환을 마친 국제회신우표권은 발생 즉시 수시로 조달센터로 반납 가능

더 알아보기⊕

국제회신우표권(2021년 아비장 총회 발행, 유효기간 : 2025.12.31.)

앞면	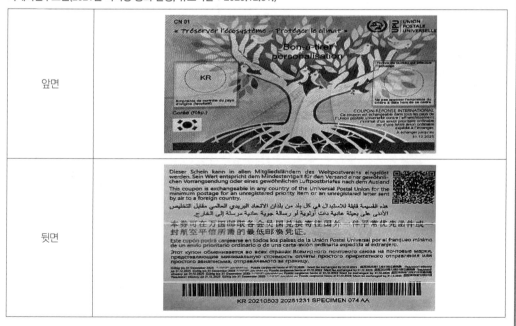
뒷면	

3 교환

(1) 외국에서 판매한 국제회신우표권은 우리나라에서 외국으로 발송되는 항공보통서장의 4지역 20g 요금 (850원)에 해당하는 우표류[*]와 교환

> * '우표류'란 과학기술정보통신부장관이 발행한 우표(소형시트 포함), 우편요금을 표시하는 증표와 우표책, 우편물의 부가취급에 필요한 봉투 등
>
> ※ 국제회신우표권은 '우표류'에 속하나 할인판매 불가

(2) 우리나라에서 판매된 국제회신우표권은 우리나라에서 교환할 수 없음

(3) 국제회신우표권을 교환하여 줄 때에는 반드시 진위 여부를 검사(UPU의 문자가 선명하게 인쇄되었는지 등)하여야 하며, 오른쪽 해당란에 국제날짜도장을 날인(유효기간이 경과한 국제회신우표권은 교환 불가능)

(4) 우표류와 교환을 마친 국제회신우표권은 포스트넷에 '반납 및 인수증(청구 및 송증)'을 등록(첨부)하고 우정사업조달센터로 반납

더 알아보기⊕

국제회신우표권 다량구입 신청서

		국제회신우표권 다량구입 신청서	
신청인	성명		
	주소		
	연락처		
구매수량	장	※ 20장 이상 다량구매의 경우 아래 사항 필수 확인	
사용목적			
	※ 아래의 경우 판매가 제한됩니다. • 현재 필요하지 않으면서 한꺼번에 구매하는 경우 • 외국에 서적대금 지불 수단 등으로 사용하는 경우 • 외국의 우표를 다량 구입할 수단으로 구매 요청하는 경우		

확인사항
1. 구입한 국제회신우표권은 수취인의 우편물 회신용도 외 다른 용도로 사용하지 않음을 확인합니다.
2. 국제회신우표권을 구입한 후 제1항과 관련 없는 곳에 동 우표권이 사용되어 일어난 일련의 사고에 대해서는 판매 우체국에 책임을 묻지 않겠습니다.
년　　　월　　　일 　신청인　　　　　　　　　　서명 또는 (인) 　　우체국장 귀하

주의사항
1. 우리나라에서 판매된 국제회신우표권은 우리나라에서 교환할 수 없습니다.
2. 국제회신우표권의 유효기간을 반드시 확인하시기 바랍니다.
3. 국제회신우표권은 현금으로 교환 불가능합니다.

개인정보 수집이용 동의서(구입고객)			
개인정보보호법 제15조 제1항 제1호에 따라 구매내역 및 본인확인을 위해 개인정보를 수집 · 이용함에 동의합니다.			
수집 · 이용항목	수집 · 이용목적	보유 및 이용기간	동의확인
구매자의 성명, 주소, 연락처	구매내역 및 정당본인 확인	1년	[ ]
동의를 거부할 권리 및 불이익	개인정보를 수집 · 이용함에 동의를 거부할 권리가 있으며, 동의를 거부할 경우에는 서비스 이용에 제한이 있을 수 있습니다.		

정당 본인 확인필	담당자	팀장	책임자

04 주요 부가서비스 및 제도

01 EMS 배달보장 서비스

1 정의

(1) 최상의 EMS 배송서비스를 제공하는 고품질 서비스로써, 카할라 우정연합 국가 간에 'EMS 배달보장일 계산프로그램'에 발송지(접수 우체국)와 수취인의 우편번호를 입력하면 상대국 공휴일, 근무일, 항공스케줄을 참고하여 배달보장날짜를 알려주는데 만약 알려준 배달예정일보다 늦게 배달되면 지연사실 확인 즉시 우편요금을 배상해 주는 보장성 서비스

(2) 우편취급국을 포함한 모든 우체국에서 위 국가로 발송하는 EMS 우편물에 대하여 배달보장일 제공 가능
 ※ 단, EMS 접수 시 수취인의 우편번호를 포스트넷에 입력하는 경우에 한하여 배달보장일이 제공됨에 유의하여야 함
 ※ 다만, 통관 보류나 수취인 부재 등의 사유로 인한 미배달은 배달완료로 간주

2 카할라 우정연합 회원국가(한국포함 11개국) : 일본, 미국, 중국, 호주, 홍콩, 영국, 스페인, 프랑스, 태국, 캐나다

 ※ 해당국가 사정에 따라 중지 될 수 있음

3 서비스 최초 시행일 : 2005.7.25.

4 서비스 요약

구분	주요내용
대상지역	11개 국가 우정당국간 공동시행(카할라 우정연합체) • 11개 우정당국이 모든 지역에 대해 EMS 배달보장서비스 제공
배달기한	배달보장일 계산프로그램 활용 • 배달보장일 계산프로그램에서 안내되는 배달보장일자가 EMS 배달보장서비스 배달기한이 됨 • 아시아지역 : 접수 + 2일 이내 배달보장 • 미국, 호주, 유럽 : 접수 + 3일 이내 배달보장
배달기한보다 지연될 경우 손해배상	책임우정당국 책임과 배상
우정당국 정산방법	우정당국간 상호 정산 • 책임소재를 확인한 후 발송국가 우정당국 변상 또는 사후 우정당국간 정산

02 수출우편물 발송확인 서비스

1 외국으로 발송하는 국제우편물 중 수출신고 대상물품이 들어 있는 경우 우체국에서 해당 우편물의 발송 사실을 세관에 확인하여 주는 서비스

2 **절차 :** 사후증빙 또는 관세 환급 심사를 위하여 수출하고자 하는 물품을 세관에 수출 신고한 후 필요한 검사를 거쳐 수출신고를 받아 물품을 외국무역선에 적재하기까지의 절차

3 **대상우편물 :** 발송인이 사전에 세관에 수출신고를 하여 수리된 물품이 들어 있는 우편물

※ 수출신고수리를 받은 물품은 「관세법」상 외국물품으로, 수리일로부터 30일내에 선(기)적 하여야 하며, 이 기일까지 선(기)적하지 아니한 경우에는 과태료(10만 원) 부과와 수출신고수리가 취소될 수 있음. 또한, 수출신고가 수리된 물품이 관세청의 전산시스템상 선(기)적 확인이 되지 않는 경우에는 관세 등의 환급이 불가

4 **취급국 :** 전국우체국(별정우체국 및 우편취급국 포함)

5 **포스트넷 입력 :** 통합접수 > 접수관리 > 수출우편물관리 > 수출우편물 등록

6 **이용매체 :** 전산으로 입력, EDI(Electronic Data Interchange) 시스템을 이용 전송

7 유의사항

(1) 수출신고 수리물품으로서 선적(우편 발송)이 완료된 물품은 관세 등 환급대상이 되므로 수출신고필증상의 품명, 규격, 수량과 동일성 여부 확인에 특히 유의하여야 함(만일, 수출신고 수리물품과 상이한 물품이 우편 발송 확인되어 부정 수출이나 부정 · 부당 환급이 발생되는 경우에는「관세법」등 관련법규에 따라 엄중 처벌을 받게 됨에 유의)

(2) **발송인이 수출우편물 발송 확인을 요청할 경우 수출신고필증상의 신고 물품과 현품의 종류, 수량, 무게 등을 확인한 후 발송하여야 함**
　① 전량 발송인 경우에는 수출신고필증상의 총 수량과 발송 포장 개수가 일치하여야 함
　② 수출신고필증상 1건당 1건의 우편물 발송을 원칙으로 하되(우편물 하나에 수출신고필증상 2건 이상 포장 불가), 분할하여 발송할 수 있음

(3) **발송인에게 분할 발송 여부를 확인하여야 하며 분할 발송인 경우에는 분할 발송 부호로 전송**
　① 전량 발송으로 전송한 신고번호는 이후 분할 발송으로 다시 전송 할 수 없음. 다만, 오류 전송으로 부득이한 경우에는 최초 전송 건을 정정
　② 분할 발송한 수출신고번호를 이후 전량 발송으로 전송한 경우에는 오류 처리됨

(4) **분할 발송물품의 수량(무게) 과부족 처리**
　① 우체국장이 수출신고필증과 현품을 확인하여 이상 없음을 확인하여 전송한 것이므로 세관에서 접수는 하지만 수량 과부족에 의한 미선적으로 처리
　② 분할 발송인 경우에는 수량 일치 또는 무게 선적완료 기준(±5%)에 해당하여 선적이 완료된 경우에 우편발송확인서는 접수됨
　③ 이 경우 세관이 발송인(수출자)에게 수량 과부족 원인을 규명하여 조치하도록 통보

(5) **반드시 수출신고 수리 확인 후(관세사로부터 수출신고필증 팩스를 받은 후) 우편물 발송**

　　※ 수출신고 수리 전에 발송할 경우 「관세법」 제241조와 제269조 제3항에 따라 3년 이하의 징역이나 물품 원가 이하에 상당하는 벌금에 처한다'고 규정되어 있음

(6) 선적완료 처리된 이후에는 우편발송확인서는 정정할 수 없음

더 알아보기⊕

수출우편물 발송확인 서비스 입력 완료 후 생성되는 출력물

우편 발송 확인서

① 수출신고번호		② 전량, 분할 발송여부 (해당란에 "o, ×"표)	
010-10-00-0038035		전량	분할
		×	o

③ 품명, 규격				
TV CAMERA				

④ 확인내용				
우편물번호	등록일자	발송일자	포장개수	중량
EM123456789KR	20 년 00월 00일	20 년 00월 00일	1 C/T	12.0kg
EM123456790KR	20 년 00월 00일	20 년 00월 00일	1 C/T	15.0kg
EM123456791KR	20 년 00월 00일	20 년 00월 00일	1 C/T	18.0kg

⑤ 비고	

상기물품은 수출신고수리를 받은 물품과 동일한 물품으로서, 상기와 같이 우편물로 발송하였음을 확인 함.

20○○년 ○○월 ○○일

○○우체국장 (인)

붙임 : 수출신고수리필증 사본 1부. 끝.

03 사전 통관정보 제공

1 의의 : 국가 간 수출입우편물에 대한 상세정보 취득을 통한 투명하고 신속한 관세 행정, 안전사고 예방을 위해 관세당국에서 사전 통관정보 제공을 의무화

2 개요 : 통관검사에 필요한 국제우편물 접수정보(발송인 · 수취인 주소, 성명, 전화번호, 내용품명/ 수량/단가 등)를 우편물이 상대국에 도착하기 전에 EDI(전자자료 교환) 방식으로 상대국 우정에 제공하고 상대국 우정은 해당국 관세당국에 통관정보 제공

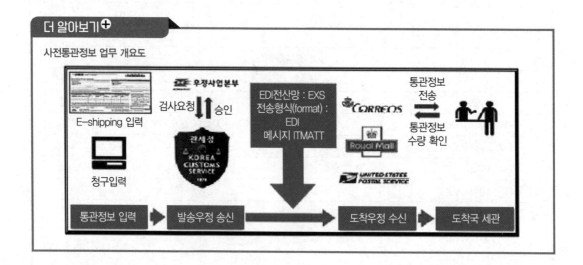

더 알아보기 ➕

사전통관정보 업무 개요도

(1) 대상 관서 : 전국 우체국(우편취급국 포함)

(2) 대상 우편물 : EMS(비서류), 소포(항공, 선편), 소형포장물, K-packet 등
※ 향후 LC를 제외한 모든 국제우편물로 단계별 확대 예정

(3) 대상국가 : 카할라 우정연합, EU, 브라질 등 39개국('21. 12. 현재)
① 미국, 영국, 캐나다, 호주, 중국, 일본, 태국, 홍콩, 브라질, 그리스, 네덜란드, 덴마크, 독일, 라트비아, 루마니아, 룩셈부르크, 리투아니아, 몰타, 벨기에, 불가리아, 사이프러스, 스웨덴, 스페인, 슬로바키아, 슬로베니아, 아일랜드, 에스토니아, 오스트리아, 이탈리아, 체코, 크로아티아, 포르투갈, 폴란드, 프랑스, 핀란드, 헝가리, 사우디아라비아, 아랍에미리트, 인도네시아

(4) **포스트넷(시스템) 입력 방법** : 숫자 이외의 문자는 모두 영문으로 입력

(5) **사전 통관정보 제공 순서** : 통관정보 입력(영문) → 통관정보 전송 → 도착우정 수신 ↔ 세관 제공
　　※ 통관정보 전송 시점은 국제우편물류센터에서 우편자루 체결 후 PREDES(우편자루정보 송신) 메시지
　　발생 후 전송

(6) **통관정보 제공 데이터 항목**
　　① **필수항목** : 우편물번호, 발송·수취인의 주소·성명·우편번호, 내용품명, 내용품 유형(상품견본,
　　　　선물, 상품), 내용품 가격, 내용품 순중량, HS코드 등
　　　　※ HS 코드 기재 및 입력 : 기업고객, 개인고객 모두 필수
　　② **선택항목** : 우편물 중량, 개수, 생산지, 동일한 종류의 물품개수
　　③ 발송·수취인의 전화·팩스·이메일, 보험료

3 우편물에 부착되는 주소기표지(운송장) 및 세관신고서 작성언어 : 영어

4 HS코드(Harmonized Commodity Description and Coding System)

(1) **HS코드 의의**
　　① 수출입 물품에 대해 HS협약에 의해 부여되는 품목분류* 코드
　　　*품목분류 : 전 세계에서 거래되는 각종 물품을 세계관세기구(WCO)가 정한 국제통일상품분류체계(HS)에 의거 하나의 품목
　　　번호에 분류하는 것
　　② 상품분류체계의 통일을 기하여 국제무역을 원활히 하고 관세율 적용의 일관성을 유지하는 역할을 함

(2) **HS코드 입력목적**
　　① 신속한 통관
　　　㉠ 최근 많은 국가에서 국제우편물이 배달국가에 도착하기 전에 HS코드를 포함한 통관정보를 제공해
　　　　야 하는 '사전 통관정보'제도 시행을 공포
　　　㉡ 사전 통관정보 미제공시는 해당우편물의 통관연기, 배달지연, 반송 등의 조치를 취하겠다고 선언
　　② 정확한 관세율 적용

(3) **HS코드의 구조**
　　① 6자리까지는 국제적으로 공통으로 사용하는 코드이며, 7자리부터는 각 나라에서 6자리 소호의 범위
　　　내에서 이를 세분화하여 10자리까지 사용
　　② 우리나라에서는 10자리까지 사용하며 이를 HSK(HS of Korea)라 지칭(EU는 8, 일본은 9자리 사용)

- 류(Chapter) : 상품의 군별 분류
- 호(Heading) : 동일 류 품목의 종류별 · 가공도별 분류
- 소호(Subheading) : 동일 호 내 품목의 용도 · 기능 등에 따른 분류
- (마우스 예시)
  국제공통 : '84' 기계, '71' 자동자료처리기, '60' 입력 및 출력장치
  한국 : '10' 입력장치, '30' 마우스

04 국제우편 요금의 주요 감액 제도

1 계약 국제특급우편 요금 감액

(1) 감액 대상
① 우체국과 발송인과의 국제특급우편(EMS) 이용계약에 따라 월 50만 원을 초과하여 국제특급우편물(EMS)을 발송하는 이용자로, 계약 국제특급우편 이용자와 일괄이용계약 이용자가 있음
② 계약 국제특급우편(EMS) 이용자(1 : 1 계약)
③ 일괄이용계약 이용자(1 : N 계약) : 본사의 전체 EMS 이용 금액을 기준으로 모든 지사에 동일한 감액률을 적용하는 제도

(2) 감액 방법
① 요금을 감액할 때에는 이용자의 월간 이용금액을 확인하여 감액 조건에 따른 기준 이상일 경우 해당 감액률 적용(감액 대상금액에서 보험취급수수료 등 부가취급수수료는 제외)
② 감액률에 따른 감액요금은 다음과 같이 산정
    ㉠ 감액요금＝월간 이용금액×해당 감액률
    ㉡ 납부할 요금＝월간 이용금액－감액요금(10원 미만 절사, 「국고금관리법」 제47조)
③ 요금감액은 월간 발송요금(이용금액)을 요금후납 고지서에 감액하는 것으로, 창구에서 접수 시 EMS 기표지 요금란에는 감액하기 전의 정상요금을 적어야 함

(3) 감액요건과 감액범위

① 계약 국제특급우편(EMS)

(단위 : 1개월, 만 원)

이용 금액	50 초과 ~ 150	150 초과 ~ 500	500 초과 ~ 1,000	1,000 초과 ~ 2,000	2,000 초과 ~ 5,000	5,000 초과 ~ 10,000	10,000 초과 ~ 20,000	20,000 초과
감액률	4%	6%	8%	10%	12%	14%	16%	18%

※ 단, 18% 이상 감액률은 해당 지방우정청이 승인한 후 적용
※ 감액할 때 기준금액은 고시된 요금(EMS프리미엄은 요금표) 기준이며, 수수료는 제외

② 일괄이용계약 국제특급우편(EMS)

(단위 : 1개월, 만 원)

이용 금액	50 초과 ~ 500	500 초과 ~ 1,000	1,000 초과 ~ 2,000	2,000 초과 ~ 5,000	5,000 초과 ~ 10,000	10,000 초과 ~ 20,000	20,000 초과
감액률	2%	3%	4%	5%	6%	7%	8%

※ 감액할 때 기준금액은 고시된 요금(EMS프리미엄은 요금표) 기준이며, 수수료는 제외

(4) 계약 국제특급우편과 일괄이용계약 국제특급우편 신규계약의 경우 감액률은 계약하고자 하는 관서에서 월간 예상 이용금액을 검토하여 감액률을 설정·계약하고, 3개월 후에 전월실적에 따라 감액률을 조정·재계약을 할 경우에는 직전 계약기간의 월 평균 이용금액을 기준으로 감액률을 결정. 우편물 발송 계약자가 더 높은 감액률을 받기 위해 통합 발송하는지를 판단하여 감액률을 적용할 때 반영

2 수시 국제특급우편(EMS) 요금 감액

(1) **감액 대상** : 우체국과 별도의 EMS 이용계약을 맺지 않고 1회에 30만 원을 초과하여 국제특급우편물(EMS)을 발송하는 이용자

(2) **감액 방법**

① 요금을 감액할 때에는 이용자의 1회 EMS 발송요금을 확인하여 감액조건에 따른 기준 이상일 경우 해당 감액률을 적용(감액 대상금액에 보험취급수수료 등 부가취급수수료는 제외)

② 감액률에 따른 감액요금은 다음과 같이 산정
  ㉠ 감액요금＝월간 이용금액×해당 감액률
  ㉡ 납부할 요금＝월간 이용금액－감액요금(10원 미만 절사, 「국고금관리법」 제47조)

③ 접수의 신속성과 효율성을 위하여 EMS 기표지 요금란에는 감액 요금을 적되, 영수증에 출력된 정상요금과 감액요금의 정당 여부를 반드시 확인
  ※ 계약 국제특급우편 이용자에 대하여는 월간 이용액을 기준으로 감액하며, 이용자에 대하여는 1회 이용량을 기준으로 감액

(3) 감액요건과 감액범위

(단위 : 만 원)

이용금액별	30 초과 ~ 50까지	50 초과
감액률	3%	계약 국제특급우편 감액률을 준용

※ 감액할 때 기준금액은 고시된 요금(EMS프리미엄은 요금표) 기준이며, 수수료는 제외

3 K-Packet, 등기소형포장물 요금 감액

(단위 : 1개월, 만 원)

이용 금액	50 초과 ~ 100	100 초과 ~ 200	200 초과 ~ 300	300 초과 ~ 400	400 초과 ~ 500	500 초과 ~ 1,000	1,000 초과 ~ 3,000	3,000 초과 ~ 5,000	5,000 초과 ~ 10,000	10,000 초과 ~
감액률	5%	6%	7%	8%	9%	10%	12%	13%	14%	15%

※ 감액할 때 기준금액은 고시된 요금이며, 수수료는 제외
※ 등기소형포장물 감액은 계약고객에 한함
※ 일반소형포장물은 감액대상에서 제외
※ 대상국가(20개) : 미국, 호주, 홍콩, 베트남, 일본, 싱가포르, 말레이시아, 브라질, 인도네시아, 독일, 스페인, 프랑스, 영국, 러시아, 캐나다, 태국, 대만, 중국, 필리핀, 뉴질랜드

4 한·중 해상특송서비스(Sea Express) 요금 감액

(단위 : 1개월, 만 원)

이용 금액	50 초과 ~ 150	150 초과 ~ 500	500 초과 ~ 1,000	1,000 초과 ~ 2,000	2,000 초과 ~ 5,000	5,000 초과 ~ 10,000	10,000 초과 ~
감액률	4%	6%	8%	10%	12%	14%	16%

※ 감액할 때 기준금액은 고시된 요금이며, 수수료는 제외

5 특별 감액

(1) 감액 조건

① EMS 계약업무 처리지침 개정일(2015.8.30.) 이후 계약한 고객
② 변경된 감액고시를 적용받고자 하는 고객은 재계약 후 이용 가능
　※ 재계약 시 장기이용 감액에 적용되는 계약기간은 최초 계약일로 계산

(2) 장기이용 계약고객 감액

① 대상 : 국제특급우편(EMS), K-Packet, 한·중 해상특송, 등기소형포장물

② 계약기간이 1년을 초과하고 직전 계약기간 이용 금액이 6백만 원 이상인 경우 : 1%p 추가 감액(요금감액에 추가 적용)

③ 계약기간이 3년을 초과하고 직전 계약기간 이용 금액이 100백만 원 이상인 경우 : 2%p 추가 감액(요금감액에 추가 적용)

④ 직전 계약기간은 1년 기준으로 6개월 이상 이용실적이 있는 경우, 재계약 시점에서 적용

⑤ 장기이용 감액 적용은 최초 계약시점을 기준으로 동일한 우체국에 연속해서 계약한 이용자에게 적용하며, 계약이 불연속하거나 계약한 업체구분의 종류가 변경되거나 계약 우체국의 변경 시에는 변경시점부터 적용. 단, 동일 우체국에서 단순한 상호, 대표자 변경 등으로 계약 정보를 변경하였거나 「물류정책기본법」 제2조 제4호에 따른 물류시설 이전 등 우편물 소통상 필요에 의해 계약관서 변경 절차에 따라 변경한 경우에는 그러하지 않음

※ 감액조건의 금액은 고시된 요금(EMS프리미엄은 요금표) 기준이며, 일괄이용계약고객 및 보세화물우편 이용고객은 제외

(3) 접수비용 절감 감액

① 대상 : 국제특급우편(EMS), 소형포장물

② 인터넷접수시스템(e-Shipping)을 통해 접수한 경우 : 5%p 추가 감액(요금감액에 추가 적용)

　㉠ 업체(수집대행, 3PL, 일반, 전자상거래 등)에 관계없이 e-Shipping을 사용하는 고객에 모두 적용

　㉡ 인터넷스마트접수를 통한 창구 e-Shipping 고객도 감액 적용(EMS프리미엄 제외)

　　※ 방문접수 이용고객 및 보세화물우편 이용고객은 감액 적용대상이 아님

③ e-Shipping으로 수출우편물 정보 또는 수출신고번호를 제공한 경우 : 2%p 추가 감액(요금감액에 추가 적용, 소형포장물 제외)

※ 고객이 e-Shipping으로 수출신고번호를 제공하는 것은 우체국에서 기존에 등록하던 수출신고 이행 등록과 별개로, 수출신고 이행 등록이 필요한 경우 수출면장을 확인하고 등록해야 함

※ 창구 e-Shipping 고객 및 보세화물우편 이용고객은 감액 미적용

④ e-Shipping으로 제공하는 국가약호, 중량, 수출관련 정보가 허위로 작성된 경우는 감액을 적용하지 않음

※ 집하 또는 접수담당자가 포스트넷에서 e-Shipping 감액 여부를 체크

※ 수출신고번호를 허위로 입력하여 발생하는 불이익은 우체국에서 책임지지 않음

(4) 정부정책 부응(전자상거래 활성화) 감액

① 대상 : 국제특급우편(EMS)

② 전자상거래 플랫폼(쇼핑몰 등)을 통해 고객의 주문을 받은 상품을 발송하는 업체의 경우 : 3%p 추가 감액(요금감액에 추가 적용)

※ 감액조건의 금액은 고시된 요금(EMS프리미엄은 요금표) 기준

※ 수집대행, 일반기업 및 보세화물우편 이용고객은 감액 미적용

③ 감액대상 확인 방법

㉠ 전자상거래 기업(신규 및 재계약 고객만 해당)

- 전자상거래 인증서 제출 : 한국온라인쇼핑 협회 홈페이지에서 전자상거래 인증서를 발급받아 제출한 개인 또는 법인
  ※ EMS 계약담당은 인증서 발급절차를 고객에게 우선 안내
- 전자상거래 인증서 미제출 : 사업자등록증 또는 통신판매신고증을 제출하고 전자상거래 물류임을 증빙하는 서류를 제출한 개인 또는 법인
  ※ 사업자등록증 또는 통신판매신고증을 제출하지 못하는 고객은 감액 미적용
  ※ 증빙서류 : 쇼핑몰 주소 및 판매 화면 등 관련 서류(EMS 계약담당이 확인하되 총괄국장 책임으로 감액 적용)

㉡ 3PL 기업(신규 및 재계약 고객만 해당)

- 화주(原발송인)가 전자상거래 감액대상의 개인 또는 법인으로 모든 화주가 전자상거래 인증서 또는 관련 서류를 제출한 3PL 기업
  ※ 화주가 추가될 경우, 관련 서류를 추가로 제출해야 함
- 일부 화주라도 전자상거래임을 증명하지 못하면 감액 대상이 아님
  ※ 전자상거래 기업과 일반 기업이 혼합된 경우는 수집대행으로 분류

더 알아보기 ➕

전자상거래 기업 사례

- 타오바오, 아마존, 이베이 등 오픈 마켓에서의 판매자(자체 쇼핑몰 없음)
- 카카오톡, 위챗, 블로그 등을 통한 모바일, 소셜 판매자 등
- 전자상거래 기업 물량만을 처리하는 3PL 물류 기업 등

더 알아보기 ➕

전자상거래 인증서 발급 절차

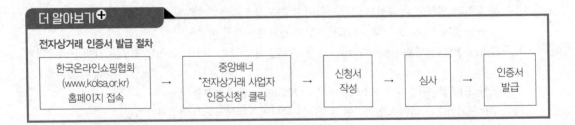

한국온라인쇼핑협회 (www.kolsa.or.kr) 홈페이지 접속 → 중앙배너 "전자상거래 사업자 인증신청" 클릭 → 신청서 작성 → 심사 → 인증서 발급

---

④ 국제특급우편(EMS) 특별협정 감액

㉠ 국제특급우편(EMS) 특별협정을 맺은 국가로 발송하는 경우 추가 감액

㉡ 중량 : 7kg 이하

ⓒ 대상국가
- 중국, 일본, 싱가포르 : 15%p 추가 감액
- 대만, 인도네시아, 말레이시아, 태국 : 5%p 추가 감액
  ※ 보세화물우편 이용고객은 감액 적용대상이 아님

(5) 동일사업자 물류창고 통합 감액

① 3개 이내의 물류창고를 가진 전자상거래기업과 이용계약을 체결한 경우 물류창고별 전체 이용금액을 합산하여 감액 적용
② 대상 : 국제특급우편(EMS)
  ※ 보세화물우편 이용고객은 감액 적용대상이 아님

(6) 이용 활성화 감액

① 대상 : 국제특급우편(EMS), K-Packet, 소형포장물, 한·중 해상특송, 국제물류
② 감액요건
  ㉠ 우정사업본부가 이용 활성화를 위하여 지정한 일정 기간에 대상 우편서비스를 이용하는 경우
  ㉡ 신규 상품 또는 서비스 도입 등을 위해 시범운영을 하는 경우
③ 감액률 : 0.5% ~ 50% 사이에서 별도 계획에 따라 실시
  ※ 감액률 및 기간은 사업 수익을 고려하여 조정
  ※ 보세화물우편 이용고객은 감액 적용대상이 아님

---

05 그 밖의 주요 부가서비스 및 제도

1 국제우편 스마트 접수

(1) 고객이 자택 또는 사무실 등에서 인터넷우체국(ems.epost.go.kr)에 접속하여 접수정보(발송인/수취인, 주소, 성명, 내용품명 등)를 직접 입력하고, 우체국에서는 고객이 입력한 정보에 의해 EMS, 국제소포, 등기소형포장물을 접수(고객은 우편물 및 등기번호 제출, 우체국은 주소기표지 출력 및 접수)

(2) 대상우편물 : EMS, 국제소포, 등기소형포장물

① **EMS** : 스마트접수 할인 5% 적용, 우체국에서 방문(픽업)접수
  ※ 고객이 창구접수 및 우체국 방문접수 모두 가능(고객안내 시 방문접수 불가지역이 있음을 유의)
② **국제소포, 등기소형포장물** : 스마트접수 후 고객이 우체국 창구접수
  ※ 국제소포 및 등기소형포장물은 방문(픽업)접수 불가

(3) 시스템 처리도(우체국 방문접수)

발송정보 입력 (고객)		정보 자동연계 (우체국)		우체국 방문 (고객→우체국)		접수처리 (우체국)		배송 (우체국)
• 발송 · 수취인 　주소, 성명, 국가 　명 등 • 접수확인서 출력	→	등기번호 생성	→	• 기표지 재작성 　필요 없음 • 접수확인서 또는 　등기번호 제출	→	• 연계정보활용 　접수 • 요금결제, 영수 　증 출력 • 라벨기표지(A4) 　출력	→	
인터넷 우체국		포스트넷		−		포스트넷		−

(4) 기대효과

① 국제우편 접수채널 다양화를 통한 이용고객의 편의증진 및 EMS, 등기소형포장물 등 전략상품 서비스 경쟁력 향상

② 주소기표지 조제비용 절감에 따른 경영 수지 기여

③ 국제우편 이용고객의 정보 획득 및 분석으로 EMS, 등기소형포장물 등 전략상품마케팅 활성화에 기여

④ 사전통관제도 기반 마련 및 수출업체 지원 강화로 기업고객 유치 확대

⑤ 현업 창구요원의 접수부담 경감

⑥ 발송기록이 저장됨에 따라 DB 작업의 활성화가 가능

2 우체국 쇼핑 해외배송 서비스

(1) 개요

① 1,200여 종의 우수한 우체국쇼핑 상품을 전 세계 43여 개 국가로 각 지역 공급우체국에서 직접 배송하는 서비스

② 인터넷 우체국쇼핑(www.epost.kr)에서 접수 가능(창구 접수 불가) 배송 가능 국가

　㉠ 1지역(8) : 대만, 마카오, 캄보디아, 라오스, 말레이시아, 몽고, 태국, 베트남

　㉡ 2지역(1) : 부탄

　㉢ 3지역(25) : 알바니아, 오스트리아, 바레인, 벨기에, 불가리아, 캐나다, 크로아티아, 체코, 덴마크, 에스토니아, 그리스, 헝가리, 아일랜드, 룩셈부르크, 뉴질랜드, 노르웨이, 폴란드, 포르투갈, 루마니아, 사우디아라비아, 스웨덴, 스위스, 터키, 우즈베크, 핀란드

　㉣ 특정지역(9) : 일본, 홍콩, 중국, 호주, 미국, 싱가포르, 영국, 프랑스, 스페인

　　※ 국가별 구분은 상황에 따라 변동될 수 있음

(2) 배송방법 : EMS(국제특급), 항공소형포장물(등기)

상품 1건당 1건의 우편물(EMS 또는 항공등기소형포장물)로 발송

(3) **결제방법** : 신용카드

① 한글몰 : 국내에서 발행한 모든 신용카드 및 페이팔, 해외에서 발행한 카드 중 3D-SECURE 인증카드 (VISA, MASTER, JCB, UNION PAY)만 가능(온라인 송금, 즉시 계좌이체, 휴대폰 결제, 카카오페이 는 한국어 매장만 가능)

② 영/일문몰

㉠ 신용카드 해외에서 발행한 카드 중 3D-SECURE 인증카드(VISA, MASTER, JCB, UNION PAY)

㉡ 알리페이(중문몰에서만 가능), 페이팔

※ 카드 회사별 상황에 따라 변동 될 수 있음

3 미국행 식품 우편물 FDA신고

(1) **배경** : 미국의 「공공보건 안전 및 바이오 테러리즘 대응 법률」에 따라 미국으로 식품반입 시 FDA(Food & Drug Administration)에 사전 신고해야 한다는 조항의 적용 실시(2004년 8월 13일 미국 도착 기준)

(2) **사전 신고 대상우편물** : 미국행 국제(항공 · 선편)우편물 전량

(3) **식품 발송 시 유의사항**

사전 신고 조건	대상식품	사전신고 조건
1. 사전 신고 면제	가정에서 제조한 비상업적 목적의 식품	사전 신고 면제 대상
2. 사전 신고 유예	개인(자기 자신, 가족 또는 친구)이 개인에게 보내는 비상업적 목적의 식품	사전 신고가 원칙이나 관련법의 적용을 유예함
	※ 예외 : 개인 간 발송하는 상업적 목적의 식품은 사전 신고 대상임	
3. 사전 신고 대상	기관, 협회 또는 회사가 발송인 또는 수취인인 경우	미국 FDA 홈페이지(http ://www.cfsan. fda.gov/~pn/pnoview. html)에 사전 신고 후 승인서를 받아 우편물에 첨부하여 발송

※ 단, EMS프리미엄으로 식품 발송 시는 100% 사전 신고 후에만 발송 가능함

(4) **사전 신고 면제 및 유예 우편물**

① 면제 : 가정에서 조제한 식품을 우편으로 발송하는 경우

② 유예 : 개인이 자기 자신, 가족 또는 친지에게 선물로 발송하는 비상업적 식품으로 인정되는 경우

시대에듀 | www.sdedu.co.kr

(5) 사전 신고 대상우편물의 처리(먼저 계정을 개설한 후, 사전 등록 처리)

① FDA 홈페이지를 통해 사전 신고

② 사전 신고 확인서를 인쇄

③ 확인번호 12자리 숫자(우측하단, Confirmation Number)를 주소기표지 세관신고서에 물품명과 병기

④ 확인서는 우편물 외부에 부착하여 발송

(6) 우편물 지연 및 발송인의 책임에 대한 안내

① 미국 내 식품반입에 대한 안전검색 강화로 인해 통관 및 배달이 다소 지연될 수 있음

② 부패성 식품을 우체국을 통해 발송한 후 내용품의 특성상 운송도중 부패한 경우는 발송인 책임임

05 EMS프리미엄 서비스

01 EMS프리미엄 서비스(민간 국제특송사 제휴서비스)

1 배경 및 의의

(1) 배경 : 민간 국제특송서비스를 제공하여 상품의 다양화를 도모하기 위해 2001년 세계적 물류회사인 TNT 와의 전략적 제휴로 만들어졌으며 이후 2012년 제안서 공모 및 평가를 통해 미국에 본사를 두고 있는 UPS를 제휴사업자로 선정하여 운영

(2) 의의 : EMS프리미엄 서비스는 공익성을 추구하는 공기업과 이윤추구를 목적으로 하는 사기업의 제휴를 통한 시너지 제고

2 서비스 개요

(1) 접수가능 우체국 : 전국 모든 우체국(우편취급국 포함)

(2) 업무흐름

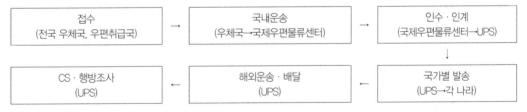

※ 홍보, 영업, 정산은 우정사업본부와 UPS에서 공동수행

(3) 서비스 내역

① **지역 및 대상 구분** : 1 ~ 5, 러시아 지역으로 구분
② **대상구분** : 서류와 비서류로 구분
③ **부피제한**
　　㉠ 우편물의 길이와 둘레의 합이 400cm를 초과 할 수 없음
　　　　※ 최대길이 274cm 이하
　　㉡ 길이와 둘레의 합 계산 : (가로+세로)×2+높이(가장 긴 변을 높이로 간주함) 단위는 cm로 표시

④ 무게 산정 : 실중량과 체적중량 중 무거운 중량 적용
  ※ 체적중량 : 가로(cm) × 세로(cm) × 높이(cm) ÷ 6,000 = OO(kg)

(4) EMS 미 취급 국가를 비롯한 국제특송우편물의 해외 송달

(5) 국가별 EMS 제한무게를 초과하는 고중량 국제특송우편물 송달

(6) SMS 배달안내, Export/Import 수취인 요금부담, 통관대행 등 다양한 부가 서비스 제공

3 EMS프리미엄 접수

(1) EMS프리미엄 접수

① EMS프리미엄 접수는 우체국에서, 해외운송은 UPS가 수행
② 원칙적인 EMS프리미엄 접수번호체계 : UP 000 000 000 KR
③ 서류 접수
  ㉠ 적용기준 : 종이로 된 문서형식의 편지류, 계약서, 선적 · 입학서류
  ㉡ 국가별 서류 가능 품목은 EMS프리미엄 홈페이지(www.emspremium.com) 확인 또는 EMS프리미엄 고객서비스부(1588−5027), 우체국직원 전용콜센터(1577−6306)로 문의
  ㉢ 사서함 주소(P.O. Box) 접수 불가
    • 단, 사서함 발송동의서를 작성 및 첨부하면 발송 가능
    • 수취인이 회사(학교)인 경우 해당 상호명, 부서명, 담당자 이름, 전화번호 필수사항
    • 수취인이 개인인 경우 이름, 전화번호, 주소는 필수사항
    • 중동 및 아프리카 지역 등(단, 수취인 주소가 P.O BOX만 있는 경우 다른 국가에 대해서도 접수 가능)
④ 비서류 접수 : 취급한도 70kg
  ㉠ 체적무게와 실제무게의 구분 : 부피가 큰 우편물에 대해서는 실제무게에 비해 체적무게가 적용됨
    • 체적무게(부피요금) 계산방법 : 체적무게는 우편물의 부피를 기준으로 계산하는 방법이며, 산출 공식은 가로(㎝)×세로(㎝)×높이(㎝)÷6,000임. 계산결과는 kg단위로 표시. 체적무게가 실제무게를 초과하는 경우에는 체적무게를 적용하여 접수하고 실제무게가 큰 경우에는 실제무게를 적용함
      예 무게가 6kg이고, 가로가 30㎝, 세로가 50㎝, 높이가 40㎝인 우편물 ⇒ 체적무게 30×50×40 ÷6,000=10kg이므로 요금은 10kg 요금을 적용
    • 실제무게가 70kg 초과될 경우에는 EMS 프리미엄으로 발송할 수 없지만, 체적무게가 70kg 초과될 경우에는 기표지를 2장으로 하여 발송 가능함

ⓛ 우편물 사이즈 제한
- 우편물의 길이와 둘레의 합이 400cm를 초과할 수 없음(단, 최대 변 길이 274cm)
- 길이와 둘레의 합 계산 방법 : (가로+세로)×2+높이(가장 긴 변을 높이로 간주함) 단위는 cm로 표시

ⓒ 비서류 요금입력 : 전산에 입력할 때 '종별란'에서 반드시 '비서류'를 선택하여 요금을 입력

ⓔ 세관신고서 작성 방법(Invoice)
- 상업용 비서류 발송할 때는 Invoice 3부를 반드시 첨부
- 내용품명, 물건 개수, 물품가격을 정확하게 영문으로 기록해야 함
- 상업송장의 물품가격이 2백만 원(미화 약 2천 불)을 초과하거나 운송장에 수출이라고 표시한 경우 정식으로 수출 신고를 한 후 발송

ⓜ 주요 발송 불가 품목

금지품목	
알코올이 첨가된 음료	향수나 알코올이 포함된 스킨도 금지
음식 및 의약품	모든 음식물과 의약품 ※ 단, 의약품의 경우 발송인이 도착국에 통관여부 등 확인이 필요하며, 추가로 현지 의사의 영문으로 발행된 처방전 등이 필요함
담배나 담배 관련 제품	전자담배 포함
탄약	화약, 총알 등 폭발성이 있다고 분류된 물품은 국제적으로 발송 금지
소형화기 및 무기, 모형 총기	장난감 무기, 총기 포함
드라이아이스	위험품으로 간주
가공되지 않은 동물성 생산품 (Animal Products Non- domesticated)	• 암소, 염소, 양, 돼지는 가축으로, 그 외 다른 동물들은 가공되지 않은 동물들로 여겨지며, 이들에게서 나온 아이템이나 제품들은 발송 금지 • 가공되지 않은 동물들에게서 나온 제품은 옷(신발, 벨트, 지갑, 핸드백), 장식품(보석, 실내장식)이나 그 외 부산물(by-products)이며, 다음과 같은 아이템 등으로 만든 것들임 ※ 양서류, 조류, 갑각류, 어류, 산호, 조개류, 동물성 해면스펀지, 뿔, 발톱, 발굽, 손톱, 상아, 치아, 부리, 거북딱지, 고래수염(이 제품들의 가루(powder) 및 폐기물(waste)을 포함)
화기성 제품	메탄올, 아세톤, 매니큐어, 초, 성냥 등도 발송 불가
칼	• 신체적 위해를 가할 목적의 무기용 칼은 금지 • 일반적으로 음식준비에 쓰이는 칼, 만능 칼, 주머니칼은 발송 가능하며, 무기용 칼, 스위치블레이드(칼날이 튀어나오는 나이프), 도검, 총검은 금지 ※ 각국의 금지 제한물품을 참고(예 : 중국은 버터나이프를 제외한 모든 종류의 칼을 금지)
위험물·위험물품	가스(GAS), 방사성물질, 소화기, 스프레이 등도 발송 불가
발전기	대부분의 발전기는 가솔린으로 테스트 되어 지는데, 탱크 가스를 다 빼냈다 하더라도 잔여물이 남게 되고 이로 인해 불이 날 수 있으므로 금지
주류, 알코올 성분 함유된 화장품	예 미스트, 스킨, 향수 등 불가

가격 측정이 어려운 물품	예 동전, 화폐, 우표, 유가증권, 우편환, 세팅되지 않은 보석류, 산업용 다이아 몬드, 사람의 유해
현금 및 양도성 물품	고가의 우표, 유가증권 불가
시체	사람의 유해 등 유골을 포함한 사람과 동물의 시체
상아 · 상아제품, 모피류	
살아있는 동식물	종자류, 채소, 야채 포함
특별용품	예 예술품, 골동품, 보석, 금, 은 등

ⓗ 화학약품이나 원료를 발송할 때는 제품의 MSDS* 반드시 첨부

　　예 잉크, 페인트, 액상 모기약, 렌즈 클리너, 본드, 화장품 원료, 의약품 원료, 합성수지(Resin) 등

　　* MSDS(Meterial Safety Data Sheet): 화학물질을 안전하게 사용 · 관리하기 위해 필요한 정보(제조자명, 제품명, 성분과 성질, 취급상 주의사항, 사고가 생겼을 때 응급처치방법 등)를 기록한 서류

ⓢ 그 밖의 유의사항

- 파손될 우려가 크거나 고가의 물품인 경우에는 보험가입을 권유
- 모든 물품은 정상적으로 단단히 포장이 되어야 하며, 파손되기 쉬운 물품이나 전자제품은 완충제로 충분히 보호한 후 나무로 포장
- 사서함 주소(P.O. Box) 접수 불가(도착국에서 배달확인 불가능)
  - 발송동의서 작성 및 첨부 시 가능 (EMS프리미엄 홈페이지 자료실)
  - 수취인이 회사(학교)인 경우 해당 상호명, 부서명, 담당자 이름, 전화번호 필수사항
  - 수취인이 개인인 경우 이름, 전화번호, 주소는 필수사항
  - 아프리카, 중동 지역 및 수취인의 주소가 개인주소 없이 P.O. Box로만 되어있는 경우

※ 첨부서류: 사서함(P.O. Box) 배달주소 발송 동의서, 물품 파손에 관한 배상관계 승인서, 관세와 제반비용에 대한 확약서, 중고 휴대전화 발송 사유서

(2) EMS프리미엄 주요 부가서비스 종류

① 고중량서비스

　ⓐ 30kg 초과 70kg 이하의 고중량 우편물을 해외로 배송하는 서비스

　ⓑ 접수관서 : 전국 총괄국(5급 이상)

　ⓒ 대상고객 : 모든 고객(개인 및 EMS 계약고객)

　ⓓ 고중량 우편물의 개인, 계약고객에 대한 방문접수는 5급 이상 총괄 우체국에서 수행(부득이한 경우 UPS 지점이나 대리점에서 방문접수 가능)

　ⓔ UPS에서는 재포장이나 특수포장으로 인하여 무게가 추가되거나 포장비용이 추가로 들어갈 경우에는 발송인의 동의를 얻어 실비로 재포장하고, 보완처리에 소요되는 시간과 재포장비, 추가운송 요금을 발송인과 총괄국에 알림

　ⓕ 고중량 우편물 인수인계 장소 : 5급 이상 총괄국

　ⓖ 부득이한 경우 우체국 자체 운송망으로 연결하여 서울국제우편물류센터에서 인수할 수 있으며 이 경우 UPS와 정산 시 건당 1만 원 차감정산

② 보험취급

　　㉠ 우편물의 분실이나 파손에 대비하여 최고 50백만 원까지 내용품 가액에 대한 보험을 들어두는 서비스

　　㉡ 취급국가 : 전 국가

　　㉢ 접수관서 : 전국 우체국

　　㉣ 대상고객 : 모든 고객(개인 및 EMS 계약고객)

　　㉤ 보험가입한도 : 50백만 원

　　㉥ 부가요금 : 최초 114,300원까지 2,800원(114,300원 초과마다 550원)

　　㉦ 내용품 가액이 고가품일 경우에는 우편물 접수할 때 보험가입을 안내하고 우편요금과 함께 부가요금을 수납하여 세입처리

③ 통관대행

　　㉠ 접수우편물의 수출통관을 UPS에서 대행하는 서비스

　　㉡ 취급국가 : 전 국가

　　㉢ 접수관서 : 전국 우체국

　　㉣ 대상고객 : 모든 고객(개인 및 EMS 계약고객)

④ 수출신고서 발급대행

　　㉠ 접수우편물을 수출통관할 때 관세사무소의 수출신고서 발급을 대행하는 서비스

　　㉡ 취급국가 : 전 국가

　　㉢ 접수관서 : 전국 우체국

　　㉣ 대상고객 : 모든 고객

⑤ Export 수취인 요금부담

　　㉠ 우편물을 발송할 때의 요금을 도착국의 수취인이 지불하는 서비스(발송인과 수취인의 UPS 고객번호를 기재하여야 함)

　　㉡ 취급국가 : 180여 개국

　　㉢ 접수관서 : 전국 총괄국(5급국 이상)

　　㉣ 대상고객 : EMS 계약고객(요금납부방법이 후납인 경우), 수집대행 제외

　　㉤ 접수제한

　　　• 수취인이 개인인 경우

　　　• 수취인의 주소가 P.O. Box일 경우

　　　• 수취인의 전화번호나 담당자 이름 미기록

　　　• 수취인의 주소가 호텔이나 전시회장 등 일시적인 경우

　　　• 선물용 물품인 경우

　　㉥ 운송장의 '받는 사람'란에 수취인의 고객번호 기록

　　㉦ 운송장의 '보내는 사람'란에 발송인의 고객번호 기록

　　㉧ Export 수취인 요금부담 지불확약서를 작성한 후 UPS로 팩스 송부

⑥ Import 수취인 요금부담

    ㉠ 외국에서 한국행 수입물품에 대해 수취인이 발송요금을 지불하는 서비스

    ㉡ 취급국가 : 188개국

    ㉢ 접수관서 : 전국 총괄국(5급국 이상)

    ㉣ 대상고객 : EMS 계약고객(요금납부방법이 후납인 경우), 수집대행 제외

    ㉤ Import 수취인 요금부담 서비스 계약서를 3부 작성하여 UPS로 팩스 송부

⑦ 발송인 관세와 세금부담

    ㉠ 발송한 우편물의 도착국가에서 발생한 관세와 부가세 등 모든 비용을 발송인이 지불하는 서비스

    ㉡ 취급국가 : 175개국

    ㉢ 접수관서 : 전국 총괄 우체국(5급 이상)

    ㉣ 대상고객 : EMS 계약고객(요금납부방법이 후납인 경우), 수집대행 제외

    ㉤ 부가요금 : 25,000원

    ㉥ 관세 및 제반비용 지불확약서 3부를 작성하여 UPS로 팩스 송부

⑧ 고중량 특송서비스

    ㉠ 70kg 초과 고중량 화물을 팔레트 단위로 Door to Door 방식으로 배송하는 전문 특송서비스

    ㉡ 취급국가 : 63개국(항공발송일＋1~5일 이내 배송)

    ㉢ 취급무게 : 71kg ~ 2,000kg (체적무게 적용)

    ㉣ 취급규격 : 국가별 규격은 EMS프리미엄 업무처리지침 참조

    ㉤ 접수관서 : 전국 우체국

    ㉥ 대상고객 : 모든 고객(개인 및 EMS 계약고객)

    ㉦ 팔레트 포장대행 : 고객이 팔레트 포장을 요청할 경우 UPS 지정업체에서 팔레트 포장을 대행한 후 실비 청구

    ㉧ 견적요청 : 국가명, 도시명, 우편번호, 팔레트 사이즈, 총무게, 품명 등 발송정보를 파악한 후 UPS 영업부에 발송가능 여부와 요금 문의

    ㉨ 국내운송 : UPS가 지정한 위탁운송업체(경동택배)을 통해 인천공항 UPS 발송센터까지 운송

CHAPTER 06 각종 청구제도

01 행방조사청구제도

1 개요

(1) 발송인이나 수취인의 청구에 따라 국제우편물의 행방을 추적 조사하고 그 결과를 청구자에게 알려주는 제도

(2) 조사결과 우편관서에서 취급하던 중 일어난 사고로 판명되고 해당 우편물이 손해배상 대상이 되는 경우에는 발송인이나 수취인의 청구에 따라 손해배상 실시

(3) 행방조사는 손해배상문제와 직결되는 업무이므로 정확하고 신속히 처리

2 주요 내용

(1) **청구대상우편물** : 등기우편물, 소포우편물, 국제특급우편물

(2) **청구기한** : 우편물을 발송한 다음 날부터 계산하여 6개월(다만, 국제특급 우편물의 경우에는 4개월 이내)
    ※ EMS프리미엄의 행방조사 청구기한은 발송한 날부터 3개월, 배달보장 서비스는 30일 이내
    ※ 카할라 우정연합 국가의 배달보장서비스로 인한 지연배상 대상 행방조사 청구는 30일 이내지만 분실이나 기타 행방조사 청구는 배달보장서비스와는 별개로 4개월 이내 청구

(3) **종류** : 우편을 이용하는 행방조사, 모사전송(팩스)을 이용하는 행방조사, 전자우편 · 전자전송방식(인터넷)을 이용하는 행방조사

(4) **청구권자** : 발송인이나 수취인
    ① **분실된 경우** : 발송인
    ② **파손된 경우** : 발송인이나 수취인
    ※ 많은 국가에서 발송인 청구 위주로 행방조사를 진행함(미국, 독일, 프랑스 등). 특히, EMS의 경우 발송우정당국 책임을 기본원칙으로 하고 있어 분실/파손 등 사고 발생 시 발송인이 발송우정당국에 청구해야 하며 배달우정당국에 과실이 있더라도 발송우정당국에서 발송인에게 손해배상을 지급함

(5) 발송국가와 도착국가(배달국가)는 물론이고 제3국에서도 청구 가능

(6) 행방조사청구 요금

① 항공우편에 의한 청구 : 무료

② 모사전송(팩스)에 의한 청구 : 해당 모사전송(팩스) 요금

③ 국제특급우편에 의한 청구 : 해당 국제특급우편요금(청구요금은 우표로 받아 청구서 뒷면에 붙이고 소인 처리)

④ 처음에 배달통지청구우편물로 발송한 우편물의 배달통지서(CN07)가 통상적인 기간 안에 회송되어 오지 아니한 경우에 청구하는 행방조사청구는 이른바 '무료행방조사청구'로서 청구료를 징수하지 아니함

(7) 행방조사 처리기관

① POSA국제우편팀 : 항공 관련 우편물

② 부산국제우체국 : 선편 관련 우편물

더 알아보기⊕

〈신설 2014.11.17.〉

국제우편물 행방조사청구서(고객 작성용)
Inquiry (International mail)

※ 흰색란에 해당 사항을 적어 주시기 바랍니다.

접수번호		접수일자		처리기간	즉시
조사대상 우편물 Mail of inquiry	우편물 종류 Item under inquiry	등기 (Register)	[ ] 서장(Letter) [ ] 인쇄물(Printed paper) [ ] 소형포장물(Small packet) [ ] 우편자루인쇄물(M-bag)	[ ] 국제소포(Ordinary & Insured Parcel) [ ] K-packet [ ] EMS 서류(Doc.) [ ] EMS 비서류(Mer.)	
	접수일자 Posted Date			접수우체국 Office of origin	
	우편물 번호 No. of item			무게 Weight	(g)
	내용품명(필수) Contents	* 내용품명 및 수량을 구체적으로 기재하지 않으면 상대 우정당국에 행방조사 청구 불가			
발송인 Sender	성명(Name)		연락처(Tel no.(mobile))		
	주소(Full address)				
수취인 Addressee	성명(Name)		연락처(Tel no.(mobile))		
	주소(Full address) 국가명(country)		우편번호(Zip code)		

청구사유 Reason for Inquiry	[ ] 행방조사(Item not arrived) [ ] 지연(Delay) [ ] 내용품 분실(Missing Contents) [ ] 파손(Damage) [ ] 기타(Others)
E-mail e-mail address for response	* 기재하신 e-mail을 통해 행방조사 진행 상황이 통보됩니다.
그 밖의 사항 remarks	

위와 같이 국제우편물에 대한 행방조사를 청구합니다.
Inquiry of international mail has been made as above.

| | 신청일자(Date of inquiry) | 년 | 월 | 일 |
| | 신청인(Name & Signature) | | | (서명 또는 인) |

우체국장 귀하

구비 서류 (Required document)	우편물 접수영수증(Receipt)

개인정보 수집 · 이용 동의서
이 내용은 본 서비스 이용을 위해 필수적인 사항이므로,「개인정보 보호법」제15조 제1항 제1호에 따라 동의하지 않는 경우 서비스 이용이 불가능하거나 제한됩니다.

필수 정보 내용	수집 · 이용 목적	보유 및 이용기간	동의 확인
성명, 주소, 전화번호, 이메일	업무처리 및 정당 본인 확인	「공공기록물 관리에 관한 법률 시행령」제25조에 따른 보존기간까지(1년)	[　]

정당 본인 · 서류 확인필	담당자	팀장	책임자

3 행방조사 청구의 접수 · 처리

(1) 항공우편 · 모사전송(팩스) · 전자전송방식에 따른 행방조사 청구

① 청구 접수우체국의 업무처리 절차

㉠ 행방조사를 청구 받았을 때에는 국제우편물 행방조사청구서(고객작성용)을 고객에게 작성토록 함. 고객에게 우편물 접수영수증을 제시하게 하고, 정당한 발송인이나 수취인 인지와 그 관계 및 청구기한 확인

※ 전화로 발송인과 수령인의 주소 · 성명, 도착국가, 등기번호를 확인할 수 있는 경우에도 청구가능

㉡ 청구자에게서 다음 사항을 정확히 확인하고, 행방조사 청구내용을 기록관리
- 청구사유
- 우편물의 종류, 접수번호와 무게, 부가취급내용
- 발송인과 수취인의 주소 · 성명
- 우편물의 접수일, 접수우체국명
- 우편물의 내용품과 포장상태(봉투, 상자, 포장지의 색깔 등 조사가 수월하도록 구체적으로 기록)
- 그 밖의 조사 처리에 필요한 사항

※ 가능한 한 우편물의 접수증을 복사한 사본 1부를 첨부

ⓒ 위의 확인된 사항을 포스트넷을 이용하여 POSA국제우편팀(구 국제우편행방조사실; IMIC)이나 부산국제우체국으로 전송

ⓔ 한 발송인이 같은 수취인 앞으로 같은 우체국에서 한꺼번에 같은 편(선편, 항공편)으로 부친 여러 통의 우편물일지라도 상대국 조사요청 및 배상지급처리를 위해서는 반드시 각각 조사청구를 해야 함

② POSA국제우편팀, 부산국제우체국에서의 처리절차

ⓐ 접수우체국이 우편물류시스템으로 청구한 내용과 보내온 청구서의 기록내용을 검토하고 필요한 사항을 보완

- 사고조사 관리 → 포스트넷 접수 건은 '사고조사요청 수락/반송' 메뉴에서 수락하고, 청구를 반려할 경우 사유를 기재하여 반송처리하며, 인터넷 청구분은 'epost 접수등록' 메뉴에서 선택 접수처리
- 사고조사이력 등록(처리유형, 메일내용, 사고 유형, 책임소재 등 입력)
- 행방조사 청구서 출력

※ 우체국 또는 청구자에 의해 입력된 국제우편물 행방조사청구 내용에 의해 작성된 행방조사청구서(CN08)를 출력하거나 전자파일 형태로 보관한다.

※ 국제소포, 국제등기 : 국제우편물 행방조사청구서(CN08)

※ 국제특급우편물 : 국제특급용 행방조사청구서

ⓑ 등기우편물이나 소포우편물 가운데 행방조사 시스템을 사용하지 않는 우정의 경우 완전히 작성된 행방조사청구서를 봉함한 봉투에 넣어 즉시 항공등기우편으로 관계국가에 보내거나 모사전송(팩스)으로 발송

ⓒ 국제특급우편물의 경우 가능한 한 인터넷의 행방조사시스템을 이용하여 해당 국가에 행방조사 청구. 인터넷이 가능하지 않은 국가에 대하여는 모사전송(팩스)으로 관계 국가에 발송하며, 팩스 전송이 쉽지 않은 경우에만 행방조사청구서를 즉시 항공등기우편으로 관계국가로 발송

ⓓ 청구서 발송내용을 다음 양식의 행방조사청구서 관리기록부에 기록하고 그 처리사항을 관리

더 알아보기

국제우편물 행방조사청구 접수 관리기록부 양식

일련 번호	접수 일자	행방조사서 번호 및 국명	우편물번호 및 접수국명	처리일자	처리내용	비고

(2) 국제특급우편에 따른 행방조사 청구

① 청구서 접수우체국의 업무처리 절차

　㉠ 상대국가가 국제특급우편을 취급하고 있는 국가인 경우에만 가능

　㉡ 여기서 국제특급우편에 따른 청구란 CN08 청구서를 국제특급우편으로 상대 국가로 보내는 것을 의미하며 청구대상우편물의 종류(등기 · 소포 · 국제특급 등)와는 무관

　㉢ 청구의 접수방법(관리방법)은 위의 항공우편 · 팩스전송 · 전자전송 방식에 따른 청구의 경우와 같음

　㉣ 청구요금은 우표로 징수하여 청구서 뒷면에 붙이고 소인

　㉤ 청구서 원본은 국내 익일특급우편으로 POSA국제우편팀, 부산국제우체국 또는 인천해상교환우체국으로 보내고 사본 1부는 자국에서 보관

② POSA국제우편팀, 부산국제우체국에서의 업무처리절차

　㉠ 위의 항공우편 · 팩스전송 · 전자전송방식을 이용한 행방조사 청구의 경우와 같음

　㉡ 다만, 청구서를 외국으로 보낼 때에는 국제특급우편(EMS)으로 발송

(3) 다른 나라에서 발송된 우편물에 대한 행방조사 청구

① 우편물의 행방조사 청구가 있는 경우에는 우편물 접수국가에 발송인이 직접 행방조사를 신청하도록 권유

② 접수국가에서 발송인이 직접 행방조사를 신청할 수 없어 우리나라에서 청구하는 경우에는 CN08을 작성하게 하고, 우편물 접수증 및 기표지를 반드시 제시하도록 함(CN08에는 'Seen, certificate of posting No ..... issued on ..... by the office of .....'(○년 ○월 ○일 ○○우체국에서 발행한 접수증 제○호를 확인)라 표시

③ 접수우체국은 반드시 포스트넷을 이용하여 청구내용을 등록하여 전송하고 부득이한 경우에는 청구서를 국내 익일특급우편으로 POSA국제우편팀, 부산국제우체국 또는 인천해상교환우체국으로 발송

④ POSA국제우편팀, 부산국제우체국 또는 인천해상교환우체국에서는 이 청구서를 보완하여 해당 우편물의 발송 우체국으로 송부. 다만, 관계 우정당국이 중앙우정청 또는 특별히 정한 우체국으로 송부하도록 요청한 경우는 그 요청에 따름

⑤ 그 밖의 청구서 작성과 발송에 필요한 사항은 앞의 내용에 따름

4 회답처리(POSA국제우편팀, 부산국제우체국, 인천해상교환우체국)

(1) 외국우정당국에서 행방조사청구에 대한 회답을 보내온 때에는 청구인 또는 청구서 접수우체국에 곧바로 그 내용을 알림

(2) 회신내용이 분실 · 파손 등 손해배상에 해당되는 경우, 관련 문서(내용) 사본을 첨부하여 서울지방우정청으로 보고하고, 손해배상 처리 절차에 따라 처리. 서울지방우정청은 분기별로 이를 분석하여 우정사업본부에 보고

5 청구서에 대한 회신 독촉(POSA국제우편팀, 부산국제우체국, 인천해상교환우체국)

(1) 청구서 발송 후 2개월(단 EMS의 경우 1개월)이 지나도록 회신이 없는 경우 POSA국제우편팀, 부산국제
우체국 또는 인천해상교환우체국에서는 독촉처리 명세와 근거서류 사본을 첨부하여 청구서 접수우체국
또는 청구인에게(인터넷 청구 분은 직접 통보) 행방조사 임시 종결 사항을 통지

(2) 임시종결 처리 후 상대 우정당국에서 행방조사 회신이 도착할 경우는 앞에서 서술한 **4**의 (1)항을 따름

6 외국에서 도착한 행방조사청구서의 처리

(1) 외국에서 접수한 행방조사청구서가 도착하면 POSA국제우편팀, 부산국제우체국 또는 인천해상교환우체
국에서는 청구서를 보관하고 해당 우편물의 송달순로에 따라 배달우체국까지의 취급 모양을 조회

(2) POSA국제우편팀, 부산국제우체국 또는 인천해상교환우체국에서는 '행방조사청구서 관리기록부'를 작성
비치하고 그 처리내용을 기록 관리

더 알아보기 ➕

국제우편물 도착 행방조사청구서 관리기록부 양식

일련번호	접수연월일	우편물 종별과 번호	조사결과	회송 연원일	비고

(3) 행방조사청구의 회답은 가능한 한 빠른 시일 내에 처리하여야 하며, 행방조사를 청구한 날부터 계산하여 늦
어도 2개월 이내에 행방조사청구서를 발송우정당국에 반송(상대국에서 청구한 방식과 동일하게 회신 : 등기
우편, 팩스, 전자적 수단 등 가장 빠른 방법으로 회신)하거나, 인터넷의 행방조사 시스템을 이용하여 기간
내에 회신하지 않은(청구서가 반송되지 않거나 정당하게 작성 완료되지 않은 청구서를 보낸) 경우에는 손
해배상 의무를 확정

02 국제우편 손해배상제도

1 행방조사 결과 우편물의 분실 및 파손 등으로 발송인 또는 수취인이 재산상으로 손해를 입은 것으로 확정되었을 때 일정한 조건과 규정에 따라 손해를 보전하는 제도

2 손해배상 청구권자

(1) **청구권자** : 발송인 또는 수취인

(2) 원칙적으로 수취인에게 배달되기 전까지는 발송인이 되며, 배달된 후에는 수취인에게 청구 권한이 있음

3 손해배상금의 부담

(1) 우편물의 분실, 파손 또는 도난 등 사고에 대한 책임이 있는 우정당국

(2) 국제특급의 경우 지급된 배상금은 원칙적으로 발송우정당국이 부담하고 있으나 상대국에 따라 책임우정당국이 배상하는 경우도 있음

4 손해배상의 면책

(1) 화재, 천재지변 등 불가항력에 의해 발생한 경우

(2) **발송인 귀책사유에 의한 경우** : 포장부실, 내용품의 성질상 훼손된 경우 등

(3) 도착국가의 국내법에 따라 압수 및 금지물품 등에 해당되어 몰수, 폐기된 경우

(4) 내용품의 실제가격을 초과 사기하여 보험에 든 경우 등

5 손해배상의 요건

(1) 우편물에 실질적인 손해가 발생해야 함

① 우편물을 잃어버리거나, 내용품의 일부나 전부가 파손되거나 도난당하는 등 우편물 자체에 직접적인 손실이 발생하여야 함

※ 포장상자 등이 파손된 경우에는 판매 또는 구매물품이라고 할지라도 직접적인 손실로 보지 않음

② 지연배달 등으로 발송인이 입은 간접적 손실(예 음식물의 부패, 창고 이용료 등)에 대해서는 배상하지 않음

㉠ 등기우편물, 보험우편물(보험서장, 보험소포), 보통소포우편물
- 분실 · 도난 · 파손에 대하여 배상
- 지연배달 등에 대하여는 배상하지 않음

㉡ K-Packet 우편물
- 통상우편물이므로 위 ㉠항의 등기우편물과 동일하게 배상
  ※ 단, K-Packet은 보험 등 부가서비스를 취급할 수 없으므로 해당 사항에 대한 손해배상은 원천적으로 불가
- 배달시도 혹은 배달완료 정보가 확인된 경우는 행방조사청구 불가 (단, 종적정보상 실제 수취인 주소와 전혀 다른 곳으로 배달한 것이 확인될 경우는 행방조사청구 진행 가능)
- 미국행 K-Packet은 상대국가에서 제공하는 종추적정보 외의 행방조사, 손해배상 등 기타 청구는 할 수 없다.
- 기타 사항은 K-Packet 계약업무처리 지침 참고

㉢ 국제특급(EMS)우편물
- 분실 · 도난 · 파손, 지연배달에 대하여 배상
- 지연배달은 포스트넷에서 검색한 배달예정일(배달소요일)로부터 48시간 이상 배달이 지연된 경우(다만 발송인이나 수취인의 잘못 때문인 경우, 상대국의 공휴일, 통관으로 말미암은 지연, 불가항력 등의 경우는 지연배달기간에서 제외)
- EMS배달보장서비스는 카할라 우정연합 국가 간 EMS배달보장일 계산프로그램에 따라 발송지와 수취인의 우편번호를 입력하면 상대국 공휴일, 근무일, 항공스케줄 등을 고려하여 배달보장 일자가 제공되고 제공된 배달보장일자보다 늦어진 경우 지연사실을 확인하여 우편요금을 배상해 주는 보장성 서비스

(2) 우편관서의 과실이 있어야 함

※ 이유 없이 배달하지 않고 반송된 경우 우편요금 배상

(3) 행방조사청구가 기한 내에 이루어져야 함

※ 우체국에 우편물을 접수한 다음날부터 기산하여 6개월 이내 청구

※ 단, EMS 4개월 이내, EMS프리미엄 3개월 이내, 배달보장서비스 30일 이내

6 국제우편물 유형별 손해배상액

종류별	손해배상의 범위	배상금액
등기우편물	• 분실, 전부 도난 또는 전부 훼손된 경우 • 일부 도난 또는 일부 훼손된 경우	• 52,500원 범위 내의 실손해액과 납부한 우편요금(등기료 제외) • 52,500원 범위 내의 실손해액
등기우편낭 배달 인쇄물	• 분실, 전부 도난 또는 전부 훼손된 경우 • 일부 도난 또는 일부 훼손된 경우	• 262,350원과 납부한 우편요금(등기료 제외) • 262,350원 범위 내의 실손해액
보통소포우편물	• 분실, 전부 도난 또는 전부 훼손된 경우 • 일부 분실·도난 또는 일부 훼손된 경우	• 70,000원에 1kg당 7,870원을 합산한 금액범위 내의 실손해액과 납부한 우편요금 • 70,000원에 1kg당 7,870원을 합산한 금액범위 내의 실손해액
보험서장 및 보험소포우편물	• 분실, 전부 도난 또는 전부 훼손된 경우 • 일부 분실·도난 또는 일부 훼손된 경우	• 보험가액 범위 내의 실손해액과 납부한 우편요금(보험취급수수료 제외) • 보험가액 범위 내의 실손해액
국제특급우편물 (EMS)	• 내용품이 서류인 국제특급우편물의 분실 • 내용품이 서류인 국제특급우편물이 일부 도난 또는 훼손된 경우 • 내용품이 서류가 아닌 국제특급우편물이 분실·도난 또는 훼손된 경우 • 보험취급한 국제특급우편물이 분실·도난 또는 훼손된 경우 • 배달예정일보다 48시간 이상 지연 배달된 경우 단, EMS 배달보장서비스는 배달예정일 보다 지연배달의 경우	• 52,500원 범위 내의 실손해액과 납부한 국제특급우편요금 • 52,500원 범위 내의 실손해액과 납부한 국제특급우편요금 • 70,000원에 1kg당 7,870원을 합산한 금액 범위 내의 실손해액과 납부한 국제특급우편요금 • 보험가액 범위 내의 실손해액과 납부한 국제특급우편요금(보험취급수수료 제외) • 납부한 국제특급우편요금(보험취급수수료 제외)

※ 실손해액 : 세관신고서에 기재한 물품가액(달러 등 외화는 지급일 기준 환율 적용)

※ 수취인의 주소·성명이 정확하게 기록된 우편물을 우편관서의 과실로 발송인에게 돌려주는 경우에는 납부한 국제우편 요금 지급

※ 지연배달 등으로 인한 간접손실 또는 수익의 손실은 배상하지 않도록 규정함

더 알아보기 ➕

〈개정 2014.11.17.〉

국제우편 손해배상 청구서

※ 흰색란에 해당 사항을 적어 주시기 바랍니다.

접수번호		접수일자		처리기간	7일
청구인	성명			전화	
	주소				

청구 내용	우편물 종류 통상[ ], 소포[ ], 등기번호(등기인 경우)[ ]		
	수취인 주소 · 성명		
	내용품명 · 수량 · 가격 · 무게		
	청구금액(A+B)	A 배상액(보험금액)	B 우편요금(보험료 · 등기료 · 할인 금액 제외)
	청구사유(피해내용을 구체적으로 작성)		

년   월   일
청구인   (서명 또는 인)

우체국장 귀하

※ 달러 등 외화는 지급일 기준 환율 적용
※「국제우편규정」제36조 제1항 제4호~제5호까지에 따라 국제우편요금 등을 지급하는 경우 등기 및 보험취급수수료는 제외
됩니다.

개인정보 수집 · 이용 동의서

이 내용은 본 서비스 이용을 위해 필수적인 사항이므로「개인정보 보호법」제15조 제1항 제1호에 따라 동의하지 않는 경우
서비스 이용이 불가능하거나 제한됩니다.

필수 정보 내용	수집 · 이용 목적	보유 및 이용기간		동의 확인
성명, 주소, 전화번호	업무처리 및 정당 본인 확인	「공공기록물 관리에 관한 법률 시행령」제25조 에 따른 보존기간까지(1년)		[ ]
정당 본인 · 서류 확인필		담당자	팀장	책임자

210mm×297mm[백상지 80g/㎡(재활용품)]

국제우편물 및 국제우편요금의 반환

국제우편물의 외부기록사항 변경 · 정정 또는 반환

1 외부 기재사항에 대한 변경(정정) 청구 및 우편물 반환

(1) 외부 기재사항에 대한 변경 및 정정 청구 요건
  ① 외부기재사항을 잘못 기재하여 발송한 경우
  ② 발송 후 수취인의 주소가 변경된 것을 알게 된 경우

(2) 우편물 반환 청구 요건 : 수취인에게 보낼 필요가 없게 된 경우
  ※ 반환청구는 해당 우편물을 접수한 우체국에서만 가능

2 청구 개요

(1) 청구시한: 우편물이 수취인에게 배달되기 전 청구서가 해당우체국에 도착되어 적절하게 조치할 수 있는 시점

(2) 청구권자 : 발송인

(3) 대상우편물 : 등기, 소포, 특급우편 및 보통통상 등 모든 국제우편물이 해당되나 청구서 접수 시 청구의 수리 가능 여부 검토하여 접수
  ※ 기록취급하지 않는 우편물의 청구는 '접수국 발송 전'인 경우에 한함

(4) 외국으로 발송 준비 완료 전인 경우
  ① 발송인이 외부 기록사항의 변경 · 정정이나 반환청구를 한 때에는 다음 사항을 검토하여 청구의 수리 여부를 결정
    ㉠ 청구인이 정당한 발송인인지(신분증명서, 우편물접수증 등으로 확인)
    ㉡ 국내송달 시간을 고려하여 청구대상 우편물이 '외국으로 발송 준비 완료 전' 국제우체국(국제우편물류센터, 부산국제우체국, 인천해상교환우체국)에 청구서 도착이 가능한지 확인
    ※ 외국으로 발송 준비 완료 전 : 우편물 종적구분 값 '발송교환국에 도착'

ⓒ 국제우체국에서 외국으로 발송 준비완료 전에 청구서가 국제우체국에 도착이 불가능할 것으로 예상되는 경우에는 외국으로 발송준비 완료 후 절차에 따라 처리하여야 함

  ※ 외국으로 발송 준비 완료 후 : 우편물 종적구분 값 '발송준비'

ⓓ 외국으로 발송 준비 완료 전과 완료 후의 상태가 정확하게 판단이 되지 않을 경우 국제우체국 담당에게 직접 전화로 확인하여 결정

② ①항의 검토 결과 청구를 받아들이기로 한 경우에는 '국제우편 우편물 환부 · 주소변경 등 청구서(CN17)' 접수 및 청구수수료 징수

  ⓐ 우편물이 접수국에서 국제우체국으로 발송하기 전 접수국에 있는 경우, 수수료를 받지 않음

  ⓑ 우편물이 접수국에서 떠나 국제우체국으로 가고 있거나 도착한 경우, 발송된 우편물을 찾아서 반환하기 위한 인적 · 물적 비용을 고려하여 '국내등기 취급수수료'를 받아야함

[수취인 주소 · 성명 변경청구와 우편물 반환청구 수수료]

구분	청구수수료
접수우체국 발송 전	무료
접수우체국 발송 후	국내등기취급수수료

  ⓒ 우편물 반환청구 시 청구수수료 수납하고 '반송취급료'를 공제한 우편요금 환불 처리

[외국 발송 전 국제우편물의 국내 반송취급료]

우편물 종류	반송취급료
등기통상/K-Packet/EMS(서류)	국내등기통상우편요금
국제소포/EMS(비서류)/한 · 중 해상특송	국내등기소포요금

[주의]
- 반환청구로 우편요금을 환불했을 경우 추후 반환청구 철회가 불가능함에 따라 반환 가능여부 및 정당 등기번호 입력 확인 철저
- 반환 청구 철회 요청 시에는 반송 우편물 수령 후 신규로 접수해야 함을 고객에게 반드시 안내

[반송취급료 예시]
- 일본행 500g K-Packet의 반송취급료를 공제하고 환불해줘야 할 우편요금은?
  9,340원(K-Packet 요금) - 3,700원(국내등기우편요금) = 5,640원
- 미국행 5.0kg EMS(비서류)의 반송취급료를 공제하고 환불해줘야 할 우편요금은?
  88,000원(EMS 요금) - 4,500원(국내등기소포요금) = 83,500원
  ※ 반환청구 수수료는 별도 공제

---

③ 청구서를 접수한 우체국은 포스트넷 입력뿐만 아니라 국제우체국(국제우편물류센터, 부산국제우체국, 인천해상교환우체국)에 FAX로 청구내역을 반드시 통지

④ 국제우체국에서는 청구대상 우편물을 '발송인 주소지'로 반송 처리

⑤ 발송인 주소지 배달국에서는 별도 수수료 징수 없이 배달 처리 완료

(5) 외국으로 발송할 준비를 완료하였거나 이미 발송한 경우

※ 반환처리는 의무사항이 아닌 협조사항으로 도착국가가 허용하는 경우에 가능하며, 반송도착되는 모든 우편물은 우편요금 환불 불가

① 청구서 접수우체국의 업무처리절차

　㉠ 발송준비 완료 후인 경우에는 다음 우편물에 한정하여 청구할 수 있음
　　• 도착국가가 청구를 허용하는 경우
　　• 도착국가의 법령에 따라 몰수되거나 폐기처분되지 아니한 경우(금지물품이 들어 있지 않은 경우 등)
　　• 해당 우편물이 수취인에게 배달되지 않은 경우

　㉡ 청구인이 해당 우편물의 발송인이 맞는지 확인(기록취급우편물인 경우에는 접수증 등으로 확인)

　㉢ 청구인에게 국제우편물 반환 및 주소변경 · 정정청구서(CN17)를 배달국가 현지문자* 및 로마문자와 아라비아 숫자로 정확하게 적도록 하여야 함. 한 발송인이 같은 수취인 앞으로 한 우체국에서 한꺼번에 부친 여러 개의 우편물에 대하여는 하나의 서식을 사용하게 할 수 있음

　　* 주소 등 기재내용 변경에 한하여 현지어로 기재된 경우 청구를 받고 있음

　　※ 포스트넷(통합접수 – 민원청구관리 – 국제민원청구접수)에서 CN17 양식 다운로드 및 접수양식 업로드 가능

　㉣ 수수료는 청구서를 해외로 발송하는 방법에 따라 현금, 신용카드, 우표첩부 등으로 징수
　　• 우편으로 청구서 발송하는 경우 : 1,800원
　　• 모사전송(팩스)로 청구서 발송하는 경우 : 4,800원

　㉤ 청구인이 청구서를 작성하여 우체국에 제출하면 접수담당자는 기록 내용을 확인하고 수수료 징수 후, 청구서 발송방법에 따라 다음과 같이 처리
　　• 청구서를 우편으로 발송하는 경우에는 원본과 우편물접수증(일반통상우편물의 경우 우편물의 주소 기록내용) 사본을 익일특급으로 국제우체국으로 발송하고 청구서 사본 1부는 자국에 보관
　　• 청구서를 모사전송(팩스)으로 발송하는 경우에는 청구서를 국제우체국으로 팩스(fax)로 송신하고, 국제우체국 수신결과 확인 후 원본은 자국에 보관(수신 결과가 좋지 않으면 우편 발송)

더 알아보기 ⊕

반환 및 반송 관련 수수료

구분	외국 발송 전		외국 발송 후	
	항공보안 반송	발송인 반환청구	발송인 반환청구	배달불능 반송
개요	국제우편물류센터에 도착하여 X-ray 검색 시 항공탑재금지물품 포함으로 반송된 우편물(항공보안 반송 스티커 부착)	항공사 인계 전 발송인의 반환청구에 따라 국제우편물류센터에서 반송된 우편물	항공사 인계 후 발송인의 반환청구에 따라 배달되지 아니하고 반송된 우편물(CN17 서식 사용)	배달 시도하였으나 수취인 불명 등에 따라 배달되지 아니하고 반송 처리된 우편물(CN15 서식 부착)
청구수수료	없음	• 접수국 발송 전 : 무료 • 접수국 발송 후 : 국내등기 취급수수료	• 우편청구 : 1,800원 • FAX청구 : 4,800원	없음
반송 취급료	• 일반통상 : 국내일반통상요금 • 등기통상/국제특급(서류) : 국내등기통상요금 • 국제소포/국제특급(비서류) : 국내등기소포요금		• 일반통상 : 무료 • 등기통상 : 국내등기취급수수료 • 국제소포 : 반송도착료(배달국가에서 부과하는 반송처리에 소요되는 비용) • 국제특급 : 무료	
우편 요금 환불	반송취급료를 제외한 국제우편요금		없음	
반송 취급료 징수 및 요금환불 시점	우편물 교부 시	반환청구 시	우편물 반송배달 시	
배달 방법	접수국 배달 (접수국에서 교부)	발송인 주소지 배달	발송인 주소지 배달	
종추적 정보 표시	항공보안 반송	반환청구 반송	반환청구 반송	반송

02   국제우편요금의 반환청구

1 청구 개요

(1) 납부한 국제우편요금에 상응하는 역무를 이용자에게 제공하지 아니하였을 때 제한된 범위 내에서 청구에 의해 요금을 환불하는 것

(2) **청구기한** : 우편물을 발송한 다음날로부터 기산하여 1년 이내

2 요금 반환 요건

(1) **우편관서의 과실로 과다 징수한 경우**
    과다 징수한 국제우편요금 등

(2) **부가취급 국제우편물의 국제우편요금 등을 받은 후 우편관서의 과실로 부가취급을 하지 아니한 경우**
    부가취급 수수료

(3) **항공서간을 선편으로 발송한 경우**
    항공서간 요금과 해당 지역의 선편보통서신 최저요금의 차액

(4) **등기우편물 · 소포우편물 또는 보험취급된 등기우편물 · 소포우편물의 분실 · 전부도난 또는 완전파손 등의 경우**
    납부한 국제우편요금 등(등기 · 보험취급수수료 제외)

(5) **특급우편물 또는 보험취급된 특급우편물의 분실 · 도난 또는 파손 등의 경우**
    납부한 국제우편요금 등(보험취급수수료 제외)

(6) **행방조사청구에 따른 조사결과 우편물의 분실 등이 우편관서의 과실로 발생하였음이 확인된 경우**
    행방조사청구료

(7) **수취인의 주소 · 성명이 정확하게 기재된 우편물을 우편관서의 과실로 발송인에게 반환한 경우**
    납부한 국제우편요금 등

(8) **외국으로 발송하는 부가취급되지 아니한 통상우편물이 우편관서의 취급과정에서 파손된 경우**
    납부한 국제우편요금 등

(9) 다른 법령에 따른 수출금지 대상이거나 그 밖의 부득이한 사유로 발송인에게 반환된 경우

    납부한 국제우편요금 등(우편물의 반환에 따른 국내우편요금 및 수수료 공제)

    단, 발송인의 고의 또는 중대한 과실이 있는 경우 반환하지 아니함

(10) 다른 법령 또는 상대국의 규정에 따라 압수되는 등의 사유로 반환되지 아니하는 우편물에 대한 국제우편 요금 등은 반환 불가

국제우편 수수료 및 우편요금 고시

우정사업본부 고시 제2020-45호

「우편법 시행령」 제12조, 「국제우편규정」 제9조와 「행정권한의 위임 및 위탁에 관한 규정」 제21조2의 규정에 따라 『국제우편 이용에 관한 수수료(우정사업본부고시 제2018-29호)』를 다음과 같이 개정하여 고시합니다.

2020년 9월 1일
우정사업본부장

국제우편 이용에 관한 수수료

1. 통상우편물

　가. 국제반신 우표권
　　• 판매 : 1,450원
　　• 교환 : 항공서장 4지역 20g 해당 요금
　나. 등기료 : 2,800원
　다. 통관절차대행수수료
　　• 통관 대상 발송 우편물 : 1,000원
　　• 관세 부과된 도착 우편물 : 2,000원
　　• 우편자루 배달 인쇄물 : 4,000원
　라. 행방조사 청구료
　　• 항공우편청구 : 무료
　　• 국제특급우편(EMS) 청구 : 해당 요금
　마. 배달통지청구료(등기한) : 1,500원
　바. 주소변경 및 환부 청구료
　　• 외국으로 발송준비 완료 전
　　　- 접수국 발송준비 완료 전 : 무료
　　　- 접수국 발송 후 : 국내등기취급수수료

- 외국으로 발송준비 완료 후
  - 항공우편 청구 : 1,800원
  - 팩스 청구 : 4,800원

사. 등기우편물 반송료(반송취급료) : 국내우편등기료(무료등기는 제외)

아. 보험료
- 기본요금 : 550원
- 추가배달료(보험가입 시 필수) : 1,300원
- 추가요금(보험가액 65.34SDR 또는 114,300원 초과마다) : 550원

자. 국제우편요금 수취인 부담(IBRS) 취급수수료
- 인쇄물(봉투) 50g까지 : 1,100원
- 엽서 : 500원

2. 특급우편물(EMS)

가. 통관절차대행수수료
- 관세 부과된 도착 우편물 : 4,000원

나. 배달통지청구료 : 1,500원

다. 주소변경 및 환부 청구료
- 외국으로 발송준비 완료 전
  - 접수국 발송준비 완료 전 : 무료
  - 접수국 발송 후 : 국내등기취급수수료
- 외국으로 발송 후
  - 항공우편 청구 : 1,800원
  - 팩스 청구 : 4,800원

라. 초특급 서비스 수수료
- 접수익일(J+1) : 4,500원
- 대상국가(도시) : 홍콩, 베트남(하노이, 호치민)
- 접수관서 및 접수마감시각 : 서울 · 경인지방우정청 국내특급우편 취급 고시사항의 당일특급접수우체국 및 취급시간 참조

마. 보험료
- 기본요금 : 2,800원
- 추가요금(보험가액 65.34SDR 또는 114,300원 초과마다) : 550원

바. EMS 방문접수 수수료(계약고객 제외)
- 1회 방문 1통당 3,000원, 추가 1통당 1,000원(최대 5,000원)

사. 해외 전자상거래용 반품서비스(IBRS) 수수료
- 적용대상 : 2kg 이하의 소형 물품
- 취급지역 : 일본
- 취급수수료(IBRS EMS) : 통당 10,000원

3. 소포우편물

가. 통관절차대행수수료
- 관세 부과된 도착 및 반착 우편물 : 4,000원

나. 행방조사 청구료
- 항공우편청구 : 무료
- 특급우편(EMS) 청구 : 해당 요금

다. 배달통지청구료 : 1,500원

라. 주소변경 및 환부 청구료
- 외국으로 발송준비 완료 전
  - 접수국 발송준비 완료 : 무료
  - 접수국 발송 후 : 국내등기취급수수료
- 외국으로 발송 후
  - 항공우편 청구 : 1,800원
  - 팩스 청구 : 4,800원

마. 등기우편물 반송료(반송취급료) : 배달국가의 반송요금

바. 보험료
- 기본요금 : 2,800원
- 추가요금(보험가액 65.34SDR 또는 114,300원 초과마다) : 550원

4. 특별인출권 환율(SDR)

통화명	환율	화폐단위
SDR(Special Drawing Rights)	1,749	원(Won)

5. 국제항공우편물 특별운송수수료 : 우정사업본부장 공고

부칙

1. (시행일) 이 고시는 2020년 9월 1일부터 시행한다.
2. (재검토 기한) 이 고시의 재검토기한은 2020년 9월 1일을 기준으로 매 3년이 되는 시점(매 3년째의 12월 31일까지를 말한다)으로 한다.

02 과학기술정보통신부 고시

과학기술정보통신부 고시 제2020-80호

「우편법 시행령」제12조 및 「국제우편규정」제9조에 의하여 고시한 『국제우편에 관한 요금』(과학기술정보통신부 고시 제2020-32호)을 다음과 같이 개정 고시합니다.

2020년 12월 14일
과학기술정보통신부장관

국제우편에 관한 요금

1. 항공통상우편요금(별표 1과 같다)
2. 선편통상우편요금(별표 2와 같다)
3. 소포우편요금(별표 3과 같다)
4. K-Packet우편요금(별표 4와 같다)
5. 국제특급우편요금(별표 5와 같다)
6. 한·중 해상특송우편요금(별표 6과 같다)
7. 보세화물우편요금(별표 7과 같다)
8. 국제우편요금 적용지역별 국가명(별표 8과 같다)
9. 항공통상우편 중 항공소형포장물, 소포우편 중 항공소포, K-Packet, 국제특급우편 중 비서류, 보세화물 우편은 실제중량과 부피중량 중 더 큰 중량의 요금을 적용한다.
   ※ 부피중량 산출식 : 가로(cm)×세로(cm)×높이(cm)÷6,000

부칙

1. (시행일) 이 고시는 2020년 12월 15일부터 시행한다.
2. (재검토 기한) 이 고시의 재검토기한은 2020년 12월 15일을 기준으로 매 3년이 되는 시점(매 3년째의 12월 31일까지를 말한다)으로 한다.

[별표 1] 항공통상우편요금

1. 항공서간

세계단일요금	480원

2. 항공엽서

세계단일요금	430원

3. 항공서신

중량단계(g)	지역별 요금(원)			
	1지역	2지역	3지역	4지역
10까지	570	610	700	720
20까지	610	690	780	850
30까지	690	840	1,010	1,090
40까지	830	990	1,240	1,390
50까지	960	1,120	1,470	1,710
60까지	1,110	1,270	1,710	2,000
70까지	1,250	1,410	1,930	2,310
80까지	1,400	1,570	2,160	2,620
90까지	1,540	1,710	2,400	2,920
100까지	1,740	1,860	2,630	3,220
150까지	2,280	2,730	3,590	4,570
200까지	2,820	3,590	4,570	5,910
250까지	3,360	4,470	5,540	7,380
300까지	3,910	5,340	6,520	8,850
350까지	4,450	6,210	7,480	10,310
400까지	4,990	7,080	8,460	11,770
450까지	5,530	7,960	9,430	13,240
500까지	6,070	8,830	10,410	14,590
550까지	6,630	9,700	11,370	15,920
600까지	7,170	10,570	12,350	17,280
650까지	7,710	11,450	13,320	18,610
700까지	8,250	12,310	14,300	19,950

750까지	8,790	13,190	15,260	21,310
800까지	9,340	14,060	16,240	22,640
850까지	9,880	14,940	17,210	23,980
900까지	10,420	15,790	18,190	25,330
950까지	10,960	16,670	19,150	26,670
1,000까지	11,440	17,550	20,130	28,030
1,050까지	11,910	18,260	21,100	29,120
1,100까지	12,400	19,000	22,080	30,220
1,150까지	12,890	19,730	23,040	31,310
1,200까지	13,370	20,450	24,020	32,400
1,250까지	13,840	21,180	24,990	33,520
1,300까지	14,330	21,900	25,970	34,610
1,350까지	14,820	22,630	26,930	35,710
1,400까지	15,290	23,360	27,910	36,800
1,450까지	15,770	24,080	28,870	37,920
1,500까지	16,260	24,810	29,860	39,010
1,550까지	16,750	25,540	30,820	40,110
1,600까지	17,210	26,270	31,800	41,200
1,650까지	17,700	27,000	32,760	42,300
1,700까지	18,190	27,720	33,750	43,410
1,750까지	18,680	28,450	34,720	44,510
1,800까지	19,140	29,170	35,690	45,600
1,850까지	19,630	29,900	36,650	46,700
1,900까지	20,120	30,620	37,640	47,810
1,950까지	20,600	31,340	38,610	48,910
2,000까지	21,080	32,080	39,580	50,000

4. 항공인쇄물

중량단계(g)	지역별 요금(원)			
	1지역	2지역	3지역	4지역
20까지	460	520	640	700
40까지	640	700	820	930
60까지	820	870	1,050	1,280
80까지	990	1,050	1,280	1,630
100까지	1,180	1,230	1,520	1,990
120까지	1,350	1,400	1,760	2,350
140까지	1,520	1,580	1,990	2,690
160까지	1,700	1,760	2,230	3,050
180까지	1,880	1,930	2,470	3,400
200까지	2,050	2,110	2,690	3,760
300까지	2,640	3,000	3,530	5,290
400까지	3,220	3,870	4,710	7,060
500까지	3,820	4,760	5,880	8,830
600까지	4,400	5,640	7,060	10,590
700까지	4,990	6,530	8,240	12,360
800까지	5,590	7,410	9,410	14,120
900까지	6,170	8,290	13,540	15,890
1,000까지	7,350	9,170	14,950	17,660
1,200까지	7,940	10,940	17,780	21,190
1,400까지	8,520	12,700	20,600	24,720
1,600까지	9,120	14,470	23,420	28,250
1,800까지	9,700	16,240	26,250	31,790
2,000까지	10,290	18,000	29,190	35,320
2,200까지	10,880	19,770	32,010	38,850
2,400까지	11,470	21,540	34,840	42,380
2,600까지	12,060	23,300	37,670	45,920
2,800까지	12,650	25,070	40,490	49,450
3,000까지	13,240	26,830	43,320	52,980
3,200까지	13,820	28,600	46,140	56,510
3,400까지	14,420	30,370	48,970	60,040

3,600까지	15,000	32,130	51,920	63,580
3,800까지	15,590	33,900	54,750	67,110
4,000까지	16,180	35,670	57,560	70,640
4,200까지	16,770	37,430	60,390	74,170
4,400까지	17,350	39,200	63,220	77,710
4,600까지	17,950	40,960	66,050	81,240
4,800까지	18,530	42,730	68,880	84,770
5,000까지	19,120	44,500	71,820	88,300

※ 캐나다, 아일랜드는 2kg까지만 접수 가능

5. 항공소형포장물

중량단계(g)	지역별 요금(원)				
	1지역	2지역	3지역	4지역	미국
100까지	4,460	5,020	5,120	5,450	8,410
200까지	4,990	5,740	6,130	6,580	9,420
300까지	5,520	6,460	7,140	7,710	10,430
400까지	6,050	7,180	8,150	8,840	11,440
500까지	7,130	8,630	10,200	11,140	13,490
600까지	7,840	9,220	11,150	12,550	14,440
700까지	8,550	9,810	12,100	13,960	15,390
800까지	9,260	10,400	13,050	15,370	16,340
900까지	9,970	10,990	14,000	16,780	17,290
1,000까지	10,680	11,540	14,940	18,230	18,230
1,100까지	11,380	13,040	16,840	19,630	20,130
1,200까지	12,080	13,940	18,140	21,030	21,430
1,300까지	12,780	14,840	19,440	22,430	22,730
1,400까지	13,480	15,740	20,740	23,830	24,030
1,500까지	14,180	16,490	21,620	24,910	24,910
1,600까지	14,880	17,590	22,920	26,910	26,210
1,700까지	15,580	19,290	23,920	28,910	28,110
1,800까지	16,280	20,990	24,920	30,910	30,010
1,900까지	16,980	22,690	25,920	32,910	31,910
2,000까지	17,680	24,390	26,920	34,910	33,810

6. 항공부가요금

종별/지역별	지역별 요금(원)			
	1지역	2지역	3지역	4지역
서신 10g마다	30	60	100	140
기타 20g마다	20	50	100	130

※ 시각장애인을 위한 우편물(점자우편물), 전쟁포로 및 민간인 피억류자 등 우편물

7. 항공우편자루배달인쇄물(M-Bag)

중량단계(kg)	지역별 요금(원)			
	1지역	2지역	3지역	4지역
10까지	30,320	48,870	96,570	132,290
11까지	33,280	53,640	106,110	145,430
12까지	36,360	58,410	115,650	158,580
13까지	39,330	63,180	125,190	171,610
14까지	42,290	67,950	134,730	184,760
15까지	45,260	72,720	144,270	197,900
16까지	48,230	77,490	153,810	211,050
17까지	51,200	82,260	163,350	224,080
18까지	54,170	87,030	172,890	237,230
19까지	57,130	91,800	182,430	250,370
20까지	60,210	96,570	191,970	263,520
21까지	63,180	101,340	201,510	276,550
22까지	66,140	106,110	211,050	289,700
23까지	69,110	110,880	220,590	302,840
24까지	72,080	115,650	230,130	315,990
25까지	75,050	120,420	239,670	329,020
26까지	78,020	125,190	249,210	342,170
27까지	80,980	129,960	258,750	355,310
28까지	84,060	134,730	268,290	368,350
29까지	87,030	139,500	277,830	381,490
30까지	89,990	144,270	287,370	394,640

※ 우편자루배달 인쇄물의 경우 미국, 캐나다는 등기 미 취급

[별표 2] 선편통상우편요금

종별	중량단계(g)	요금(원)	비고
서신	20까지	470	
	50까지	950	
	100까지	1,430	
	250까지	2,400	
	500까지	4,200	
	1,000까지	6,590	
	2,000까지	10,800	
엽서		310	
인쇄물	20까지	340	5kg까지 (단, 캐나다, 아일랜드는 2kg)
	50까지	580	
	100까지	820	
	250까지	1,400	
	500까지	2,940	
	1,000까지	4,710	
	2,000까지	7,060	
	3,000까지	9,410	
	4,000까지	11,770	
	5,000까지	14,120	
시각장애인을 위한 우편물(점자우편물)		무료	

종별	중량단계(kg)	요금(원)
우편자루배달인쇄물	10까지	23,740
	11까지	26,180
	12까지	28,510
	13까지	30,950
	14까지	33,280
	15까지	35,720
	16까지	38,050
	17까지	40,490
	18까지	42,820
	19까지	45,260
	20까지	47,590
	21까지	50,030
	22까지	52,360
	23까지	54,800
	24까지	57,130
	25까지	59,570
	26까지	61,900
	27까지	64,340
	28까지	66,670
	29까지	69,110
	30까지	71,440

※ 우편자루배달인쇄물의 경우 미국, 캐나다는 등기 미 취급

[별표 3] 소포우편요금

1. 항공소포

중량단계 (kg)	항공소포 요금(원)							
	호주	브라질	캐나다	중국	프랑스	독일	홍콩	인도네시아
0.5까지	18,500	28,000	23,000	17,000	25,000	19,500	17,000	17,000
1.0까지	21,000	32,000	27,000	19,500	27,000	23,000	19,000	20,000
1.5까지	24,500	36,000	31,000	21,000	29,000	26,500	20,500	23,000
2.0까지	28,500	40,000	35,000	23,500	31,000	29,500	22,000	25,000
2.5까지	32,500	43,000	39,000	25,000	33,000	33,000	23,500	26,500
3.0까지	36,500	49,500	43,000	27,500	34,000	36,500	25,000	28,000
3.5까지	40,000	55,500	47,000	29,000	36,000	40,000	26,500	30,000
4.0까지	44,000	62,000	51,000	31,000	37,000	43,500	28,000	32,000
4.5까지	48,000	68,000	55,000	33,000	38,000	47,000	29,500	33,500
5.0까지	52,000	74,500	59,000	35,000	39,000	50,000	31,000	35,500
5.5까지	56,000	80,500	63,000	37,000	40,500	53,500	32,500	37,500
6.0까지	60,000	86,500	67,000	39,000	43,000	57,000	34,000	39,500
6.5까지	64,000	93,000	71,500	41,000	46,000	60,500	35,500	41,500
7.0까지	68,000	99,000	75,000	43,000	48,500	64,000	37,000	43,000
7.5까지	72,000	105,000	79,500	44,500	51,000	67,500	38,500	45,000
8.0까지	75,500	111,500	83,500	46,000	53,500	70,500	40,000	47,000
8.5까지	79,500	117,500	87,500	47,500	56,000	74,000	41,500	49,000
9.0까지	83,500	124,000	91,500	49,000	58,500	77,500	43,500	51,000
9.5까지	87,500	130,000	95,500	50,500	61,000	81,000	44,500	52,500
10.0까지	91,500	136,000	99,500	52,000	64,000	84,500	46,000	54,500
10.5까지	95,500	142,500	103,500	53,500	66,500	88,000	47,500	56,500
11.0까지	99,500	148,500	107,500	55,000	69,000	91,000	49,500	58,500
11.5까지	103,000	155,000	111,500	56,500	71,500	94,500	51,000	60,000
12.0까지	107,000	161,000	115,500	58,000	74,000	98,000	52,500	62,000
12.5까지	111,000	167,000	119,500	59,500	76,500	101,500	54,000	64,000
13.0까지	115,000	173,500	123,500	61,000	79,500	105,000	55,500	66,000
13.5까지	119,000	179,500	127,500	62,500	82,000	108,000	57,000	68,000
14.0까지	123,000	186,000	131,500	64,000	84,500	111,500	58,500	70,000

중량단계								
14.5까지	127,000	192,000	136,000	65,500	87,000	115,000	60,000	71,500
15.0까지	130,500	198,500	139,500	67,000	89,500	118,500	61,500	73,500
15.5까지	134,500	204,500	143,500	68,500	92,000	122,000	63,000	75,500
16.0까지	138,500	210,500	147,500	70,000	95,000	125,000	64,500	77,500
16.5까지	142,500	217,000	151,500	71,500	97,500	128,500	66,000	79,000
17.0까지	146,500	223,000	156,000	73,000	100,000	132,000	67,500	81,000
17.5까지	150,500	229,500	159,500	74,500	102,500	135,500	69,000	83,000
18.0까지	154,500	235,500	163,500	76,000	105,000	139,000	70,500	85,000
18.5까지	158,500	241,500	167,500	77,500	107,500	142,000	72,000	87,000
19.0까지	162,000	248,000	172,000	79,000	110,500	145,500	73,500	89,000
19.5까지	166,000	254,000	176,000	80,500	113,000	149,000	75,000	90,500
20.0까지	170,000	260,500	180,000	82,000	115,500	152,500	76,500	92,500

중량단계 (kg)	항공소포 요금(원)							
	일본	말레이시아	뉴질랜드	필리핀	러시아	싱가포르	스페인	대만
0.5까지	17,000	16,000	19,500	16,000	26,500	16,500	19,500	14,000
1.0까지	18,000	19,000	23,500	19,000	31,500	18,000	23,000	16,000
1.5까지	19,500	21,500	27,000	21,500	36,000	19,500	26,500	18,000
2.0까지	21,000	24,500	30,000	24,500	41,000	21,000	30,000	20,000
2.5까지	22,500	25,000	33,500	25,500	45,500	25,500	33,500	20,500
3.0까지	23,500	27,300	37,000	27,000	50,000	26,000	37,000	22,000
3.5까지	25,000	29,600	40,500	28,500	55,000	26,500	40,500	23,500
4.0까지	26,000	31,900	44,000	30,000	59,500	27,000	44,000	25,000
4.5까지	27,500	34,200	47,500	31,500	64,000	28,500	47,000	26,500
5.0까지	28,500	36,500	51,000	33,000	69,000	30,000	50,500	28,000
5.5까지	30,000	38,800	54,500	34,500	73,500	31,500	54,000	29,500
6.0까지	31,500	41,100	58,000	36,000	78,500	33,000	57,500	31,000
6.5까지	32,500	43,400	61,500	37,500	83,000	34,500	61,000	32,500
7.0까지	34,000	45,700	65,000	39,000	87,500	36,000	64,500	34,000
7.5까지	35,000	48,000	68,500	40,500	92,500	37,500	68,000	35,500
8.0까지	36,500	50,300	72,000	42,000	97,000	39,000	71,500	37,000
8.5까지	38,000	52,600	75,500	43,500	102,000	40,500	75,000	38,500
9.0까지	39,000	54,900	79,000	45,000	106,500	42,000	78,500	40,000

9.5까지	40,500	57,200	82,500	46,500	111,000	43,500	81,500	41,500
10.0까지	42,000	59,500	86,000	48,000	116,000	44,500	85,000	43,000
10.5까지	43,000	61,800	89,500	49,500	120,500	46,000	88,500	44,500
11.0까지	44,500	64,100	92,500	51,000	125,000	48,000	92,000	46,000
11.5까지	46,000	66,400	96,000	52,500	129,500	49,500	95,500	47,500
12.0까지	47,000	68,700	99,500	54,000	134,500	50,500	99,000	49,000
12.5까지	48,500	71,000	103,000	55,500	139,000	52,500	102,500	50,500
13.0까지	50,000	73,300	106,500	57,000	144,000	53,500	106,000	52,000
13.5까지	51,000	75,600	110,000	58,500	148,500	55,000	109,500	53,500
14.0까지	52,500	77,900	113,500	60,000	153,000	56,500	113,000	55,000
14.5까지	54,000	80,200	117,000	61,500	158,000	58,000	116,500	56,500
15.0까지	55,000	82,500	120,500	63,000	162,500	59,500	119,500	58,000
15.5까지	56,500	84,800	124,000	64,500	167,000	61,000	123,000	59,500
16.0까지	57,500	87,100	127,500	66,000	172,000	62,500	126,500	61,000
16.5까지	59,000	89,400	131,000	67,500	176,500	64,000	130,000	62,500
17.0까지	60,500	91,700	134,500	69,000	181,000	65,500	133,500	64,000
17.5까지	61,500	94,000	138,000	70,500	186,000	67,000	137,000	65,500
18.0까지	63,000	96,300	141,500	72,000	190,500	68,500	140,000	67,000
18.5까지	64,500	98,600	144,500	73,500	195,500	70,000	143,500	68,500
19.0까지	65,500	100,900	148,500	75,000	200,000	71,500	147,000	70,000
19.5까지	67,000	103,200	151,500	76,500	205,000	73,000	150,500	71,500
20.0까지	68,000	105,500	155,000	78,000	209,500	74,500	154,000	73,000

중량단계 (kg)	항공소포 요금(원)							
	태국	영국	미국	베트남	1지역	2지역	3지역	4지역
0.5까지	17,000	26,000	23,500	12,500	13,500	18,000	20,500	22,000
1.0까지	20,000	30,500	28,000	14,000	15,500	21,500	24,500	27,500
1.5까지	23,000	32,000	31,000	15,500	17,000	24,500	28,000	33,500
2.0까지	25,500	34,000	37,000	17,000	19,000	27,500	31,500	39,000
2.5까지	26,000	35,500	42,500	18,500	21,000	31,000	35,000	45,500
3.0까지	27,500	37,000	48,000	20,500	23,000	34,000	39,000	52,000
3.5까지	29,000	40,500	54,000	22,000	24,500	37,000	42,500	58,500
4.0까지	30,500	44,000	59,500	24,000	27,000	40,000	46,000	65,000

4.5까지	32,000	47,500	65,500	26,000	28,500	43,500	49,500	71,500
5.0까지	33,500	51,000	71,000	28,000	30,500	46,500	53,500	78,000
5.5까지	35,000	54,500	77,000	30,000	32,500	49,500	57,000	84,500
6.0까지	36,500	58,000	82,500	31,500	34,500	53,000	60,500	91,000
6.5까지	38,000	61,500	88,000	33,500	36,500	56,000	64,500	97,500
7.0까지	39,500	65,000	94,000	35,500	38,500	59,000	68,000	104,500
7.5까지	41,000	68,500	99,500	37,500	40,500	62,000	71,500	110,500
8.0까지	42,500	72,000	105,500	39,000	42,000	65,500	75,000	117,500
8.5까지	44,500	75,500	111,000	41,000	44,000	68,500	78,500	124,000
9.0까지	46,500	79,000	117,000	43,000	46,000	71,500	82,500	130,500
9.5까지	48,500	82,500	122,500	45,000	48,000	74,500	86,000	137,000
10.0까지	50,500	86,000	128,000	47,000	50,000	78,000	89,500	143,500
10.5까지	52,500	89,500	134,000	48,500	52,000	81,000	93,500	150,000
11.0까지	54,500	93,000	139,500	50,500	54,000	84,000	97,000	156,500
11.5까지	56,500	96,500	145,500	52,500	56,000	87,500	100,500	163,000
12.0까지	58,500	100,000	151,000	54,500	57,500	90,500	104,000	169,500
12.5까지	60,500	103,500	157,000	56,000	59,500	93,500	108,000	176,000
13.0까지	62,500	107,000	162,500	58,000	61,500	97,000	111,500	182,500
13.5까지	64,500	110,500	168,500	60,000	63,500	100,000	115,000	189,000
14.0까지	66,500	114,000	174,000	62,000	65,500	103,000	118,500	195,500
14.5까지	68,500	117,500	179,500	63,500	67,500	106,000	122,500	202,000
15.0까지	70,500	121,000	185,500	65,500	69,000	109,500	126,000	209,000
15.5까지	72,500	124,500	191,000	67,500	71,500	112,500	129,500	215,000
16.0까지	74,500	128,000	197,000	69,500	73,000	115,500	133,000	221,500
16.5까지	76,500	131,500	202,500	71,500	75,000	119,000	136,500	228,500
17.0까지	78,500	135,000	208,500	73,000	77,000	122,000	140,500	235,000
17.5까지	80,500	138,500	214,000	75,000	79,000	125,000	144,000	241,500
18.0까지	82,500	142,000	219,500	77,000	81,000	128,000	147,500	248,000
18.5까지	84,500	145,500	225,500	79,000	83,000	131,500	151,000	254,500
19.0까지	86,500	149,000	231,000	80,500	85,000	134,500	155,000	261,000
19.5까지	88,500	152,500	237,000	82,500	86,500	137,500	158,500	267,500
20.0까지	90,500	156,000	242,500	84,500	88,500	140,500	162,000	274,000

2. 선편소포

중량단계(kg)	지역별 요금(원)			
	1지역	2지역	3지역	4지역
1까지	9,900	11,000	12,000	13,000
2까지	15,500	17,000	18,500	20,000
4까지	20,000	21,500	24,500	27,500
6까지	24,500	26,000	30,500	35,500
8까지	29,000	30,500	37,000	43,000
10까지	34,000	35,500	43,000	50,500
12까지	38,500	40,000	49,000	58,500
14까지	43,000	44,500	55,500	66,000
16까지	47,500	49,000	61,500	74,000
18까지	52,500	54,000	67,500	81,500
20까지	57,000	58,500	74,000	89,000

[별표 4] K-Packet 우편요금

중량단계 (g)	K-Packet 요금(원)						
	호주	브라질	캐나다	중국	프랑스	독일	홍콩
100까지	4,670	5,410	5,540	4,680	5,510	5,450	4,160
200까지	6,080	7,030	7,240	5,920	7,180	7,100	5,250
300까지	7,500	8,660	8,920	7,140	8,850	8,770	6,340
400까지	8,920	10,280	10,610	8,370	10,530	10,420	7,420
500까지	10,360	11,900	12,310	9,620	12,220	12,090	8,540
600까지	11,460	13,380	13,620	10,600	13,520	13,390	9,410
700까지	12,560	14,870	14,930	11,580	14,820	14,670	10,280
800까지	13,660	16,350	16,240	12,570	16,120	15,950	11,140
900까지	14,770	17,840	17,560	13,540	17,420	17,250	12,010
1,000까지	15,890	19,340	18,890	14,530	18,750	18,550	12,890
1,100까지	16,910	21,310	20,780	15,400	19,710	19,560	13,660
1,200까지	17,930	23,270	22,670	16,260	20,670	20,560	14,430
1,300까지	18,950	25,240	24,560	17,130	21,630	21,570	15,200

중량단계							
1,400까지	19,970	27,210	26,460	17,990	22,590	22,580	15,960
1,500까지	20,990	29,160	28,340	18,900	23,550	23,590	16,770
1,600까지	22,010	30,920	29,430	19,410	24,510	24,590	17,230
1,700까지	23,030	32,690	30,520	19,940	25,470	25,600	17,690
1,800까지	24,050	34,450	31,620	20,460	26,430	26,610	18,150
1,900까지	25,070	36,210	32,710	20,970	27,390	27,610	18,610
2,000까지	26,090	37,970	33,800	21,520	28,350	28,620	19,100

중량단계 (g)	K-Packet 요금(원)						
	인도네시아	일본	말레이시아	뉴질랜드	필리핀	러시아	싱가포르
100까지	4,680	4,550	4,880	4,560	4,480	5,510	4,710
200까지	5,800	5,730	6,040	5,950	5,550	7,180	5,830
300까지	6,910	6,930	7,210	7,330	6,620	8,850	6,960
400까지	8,030	8,120	8,380	8,720	7,690	10,530	8,090
500까지	9,150	9,340	9,540	10,120	8,760	12,230	9,210
600까지	10,210	10,290	10,650	11,200	9,770	13,530	10,280
700까지	11,270	11,240	11,750	12,270	10,790	14,830	11,340
800까지	12,330	12,190	12,860	13,350	11,800	16,130	12,410
900까지	13,390	13,130	13,960	14,430	12,820	17,430	13,480
1,000까지	14,450	14,090	15,070	15,520	13,830	18,760	14,540
1,100까지	15,650	14,930	15,950	17,080	14,980	20,630	15,750
1,200까지	16,850	15,770	16,830	18,630	16,130	22,510	16,960
1,300까지	17,500	16,610	17,710	20,190	17,270	24,390	17,160
1,400까지	18,210	17,450	18,590	21,750	18,420	26,270	18,000
1,500까지	18,930	18,330	19,470	23,290	19,580	28,140	18,500
1,600까지	19,640	18,840	20,350	24,680	20,460	29,810	19,500
1,700까지	20,360	19,340	21,230	26,070	21,340	31,490	20,000
1,800까지	21,070	19,840	22,110	27,450	22,220	33,170	21,000
1,900까지	21,790	20,350	22,990	28,840	23,100	34,840	22,000
2,000까지	22,500	20,880	23,870	30,260	23,980	36,560	23,000

중량단계 (g)	K-Packet 요금(원)					
	스페인	대만	태국	영국	미국	베트남
100까지	5,430	4,330	4,620	5,170	8,090	5,090
200까지	7,080	5,460	5,720	6,740	8,980	5,860
300까지	8,730	6,590	6,830	8,300	11,060	6,620
400까지	10,380	7,720	7,930	9,870	13,170	7,380
500까지	12,060	8,880	9,040	11,470	15,280	8,140
600까지	13,340	9,790	10,090	12,690	16,910	8,910
700까지	14,620	10,690	11,130	13,910	18,530	9,670
800까지	15,900	11,590	12,180	15,120	20,160	10,430
900까지	17,180	12,500	13,220	16,340	21,780	11,190
1,000까지	18,490	13,410	14,270	17,590	23,430	11,950
1,100까지	19,630	14,210	15,460	19,090	25,780	12,720
1,200까지	20,770	15,000	16,640	20,590	28,130	13,480
1,300까지	21,910	15,800	17,370	22,090	30,480	14,240
1,400까지	23,050	16,600	18,100	23,590	32,810	14,740
1,500까지	24,190	17,450	18,830	25,090	35,160	15,240
1,600까지	25,330	17,920	19,570	26,590	37,270	15,740
1,700까지	26,470	18,400	20,300	28,090	39,350	16,240
1,800까지	27,310	18,880	21,000	29,590	41,440	16,740
1,900까지	28,270	19,350	21,800	31,090	43,530	17,240
2,000까지	29,170	19,870	22,500	32,590	45,690	17,740

[별표 5] 특급우편(EMS)요금

1. 특급우편요금(서류)

중량단계 (kg)	특급우편 서류 요금(원)							
	호주	브라질	캐나다	중국	프랑스	독일	홍콩	인도네시아
0.3까지	20,500	28,500	26,500	20,000	23,500	28,000	19,000	15,500
0.5까지	22,500	30,500	28,500	22,000	25,500	30,000	21,000	17,500
0.75까지	25,500	33,500	30,500	23,500	27,500	32,500	22,000	18,500
1.0까지	28,500	36,500	32,500	25,000	29,000	34,500	23,000	19,500
1.25까지	31,500	39,500	34,500	26,500	31,000	36,500	24,000	21,000
1.5까지	34,500	43,000	36,500	28,500	32,500	38,500	25,000	22,000
1.75까지	38,000	46,000	39,000	30,000	34,500	40,500	26,000	23,000
2.0까지	41,000	49,000	41,000	31,000	36,000	43,000	27,000	24,000

중량단계 (kg)	특급우편 서류 요금(원)							
	일본	말레이시아	뉴질랜드	필리핀	러시아	싱가포르	스페인	대만
0.3까지	20,000	14,000	21,000	15,000	30,000	12,500	26,000	15,000
0.5까지	22,000	16,000	23,000	17,000	32,000	14,500	28,000	17,000
0.75까지	23,000	17,500	25,500	18,000	35,000	16,000	30,000	17,500
1.0까지	24,000	19,000	27,500	19,000	38,000	17,500	32,000	18,500
1.25까지	26,000	20,500	30,000	20,000	41,000	19,000	34,500	19,500
1.5까지	27,000	22,000	32,000	21,500	44,000	20,500	36,500	20,500
1.75까지	29,500	23,500	34,500	22,500	47,500	22,000	39,000	21,000
2.0까지	31,500	25,000	37,000	23,500	50,500	23,500	41,000	22,000

중량단계 (kg)	특급우편 서류 요금(원)							
	태국	영국	미국	베트남	1지역	2지역	3지역	4지역
0.3까지	15,000	30,500	24,000	15,000	18,000	18,000	28,000	30,500
0.5까지	17,000	32,500	26,000	17,000	20,000	20,000	30,000	32,500
0.75까지	18,500	34,500	29,500	17,500	21,000	21,500	32,000	35,500
1.0까지	19,500	36,500	33,000	18,500	22,000	23,000	34,000	38,500
1.25까지	20,500	38,500	36,500	19,500	23,000	24,500	36,000	41,500
1.5까지	21,500	40,500	40,000	20,500	24,000	26,000	38,000	44,500
1.75까지	22,500	42,000	43,500	21,000	25,000	27,500	40,000	47,500
2.0까지	23,500	44,000	47,000	22,000	26,000	29,000	42,000	50,500

2. 특급우편요금(비서류)

중량단계 (kg)	특급우편 비서류 요금(원)							
	호주	브라질	캐나다	중국	프랑스	독일	홍콩	인도네시아
0.5까지	23,000	32,000	29,000	23,500	26,000	30,500	22,500	19,000
0.75까지	26,000	35,000	31,000	25,000	28,000	33,000	23,500	20,000
1.0까지	29,000	38,000	33,000	26,500	29,500	35,000	24,500	21,000
1.25까지	32,000	41,000	35,000	28,000	31,500	37,000	25,500	22,500
1.5까지	35,000	44,500	37,000	30,000	33,000	39,000	26,500	23,500
1.75까지	38,500	47,500	39,500	31,500	35,000	41,000	27,500	24,500
2.0까지	41,500	50,500	41,500	32,500	36,500	43,500	28,500	25,500
2.5까지	46,500	56,500	45,500	34,000	40,000	47,000	30,000	27,500
3.0까지	51,000	62,000	49,000	35,500	43,000	50,500	31,500	30,000
3.5까지	56,000	68,000	53,000	37,000	46,500	54,000	33,000	32,000
4.0까지	60,500	74,000	57,000	39,000	50,000	58,000	34,500	34,000
4.5까지	65,500	79,500	60,500	40,500	53,000	61,500	35,500	36,000
5.0까지	70,000	87,500	64,500	42,000	56,500	65,000	37,000	38,000
5.5까지	75,000	95,500	68,500	44,000	59,500	68,500	38,500	40,000
6.0까지	80,000	103,500	72,000	45,500	63,000	72,500	40,000	42,000
6.5까지	84,500	111,500	76,500	47,000	66,000	76,000	41,500	44,000
7.0까지	89,500	119,500	80,500	48,500	70,500	80,000	43,000	46,000
7.5까지	94,000	128,000	84,500	50,500	75,000	84,500	44,500	48,000
8.0까지	99,000	136,000	89,000	52,000	79,500	88,500	46,000	50,000
8.5까지	104,000	144,000	93,000	53,500	84,000	93,000	48,000	52,000
9.0까지	108,500	152,000	97,500	55,500	88,500	97,000	50,000	54,000
9.5까지	113,500	160,000	101,500	57,000	93,000	101,000	52,000	56,000
10.0까지	118,000	168,000	105,500	58,500	97,500	105,500	54,000	58,500
10.5까지	123,000	176,000	110,000	60,000	101,500	109,500	56,000	61,500
11.0까지	127,500	184,000	114,000	62,000	106,000	114,000	58,000	64,000
11.5까지	132,500	192,000	118,500	63,500	110,500	118,000	60,000	67,000
12.0까지	137,500	200,000	122,500	65,000	115,000	122,500	62,000	69,500
12.5까지	142,000	208,000	126,500	67,000	119,500	126,500	64,000	72,000
13.0까지	147,000	216,000	131,000	68,500	124,000	130,500	66,000	75,000
13.5까지	151,500	224,000	135,000	70,000	128,500	135,000	68,000	77,500

14.0까지	156,500	232,000	139,500	72,000	133,000	139,000	70,000	80,500
14.5까지	161,500	240,000	143,500	73,500	137,500	143,500	72,000	83,000
15.0까지	166,000	248,000	148,000	75,000	141,500	147,500	74,000	86,000
15.5까지	171,000	256,000	152,000	76,500	146,000	152,000	76,000	88,500
16.0까지	175,500	264,000	156,000	78,500	150,500	156,000	77,500	91,500
16.5까지	180,500	272,000	160,500	80,500	155,000	160,500	79,500	94,000
17.0까지	185,000	280,000	164,500	82,500	159,500	164,500	81,500	97,000
17.5까지	190,000	288,000	169,000	84,500	164,000	168,500	83,500	99,500
18.0까지	195,000	296,000	173,000	86,500	168,500	173,000	85,500	102,000
18.5까지	199,500	304,500	177,000	88,500	173,000	177,000	87,500	105,000
19.0까지	204,500	312,500	181,500	90,000	177,500	181,500	89,500	107,500
19.5까지	209,000	320,500	185,500	92,000	181,500	185,500	91,500	110,500
20.0까지	214,000	328,500	190,000	94,000	186,000	190,000	93,500	113,000
20.5까지	219,000	336,500	194,000	96,000	190,500	194,000	95,500	116,000
21.0까지	223,500	344,500	198,000	98,000	195,000	198,000	97,500	118,500
21.5까지	228,500	352,500	202,500	100,000	199,500	202,500	99,500	121,500
22.0까지	233,000	360,500	206,500	102,000	204,000	206,500	101,500	124,000
22.5까지	238,000	368,500	211,000	103,500	208,500	211,000	103,500	126,500
23.0까지	243,000	376,500	215,000	105,500	213,000	215,000	105,500	129,500
23.5까지	247,500	384,500	219,000	107,500	217,500	219,500	107,500	132,000
24.0까지	252,500	392,500	223,500	109,500	221,500	223,500	109,500	135,000
24.5까지	257,000	400,500	227,500	111,500	226,000	228,000	111,500	137,500
25.0까지	262,000	408,500	232,000	113,500	230,500	232,000	113,500	140,500
25.5까지	266,500	416,500	236,000	115,500	235,000	236,000	115,500	143,000
26.0까지	271,500	424,500	240,000	117,000	239,500	240,500	117,000	146,000
26.5까지	276,500	432,500	244,500	119,000	244,000	244,500	119,000	148,500
27.0까지	281,000	440,500	248,500	121,000	248,500	249,000	121,000	151,500
27.5까지	286,000	448,500	253,000	123,000	253,000	253,000	123,000	154,000
28.0까지	290,500	456,500	257,000	125,000	257,500	257,500	125,000	156,500
28.5까지	295,500	464,500	261,500	127,000	261,500	261,500	127,000	159,500
29.0까지	300,500	472,500	265,500	129,000	266,000	265,500	129,000	162,000
29.5까지	305,000	481,000	269,500	130,500	270,500	270,000	131,000	165,000
30.0까지	310,000	489,000	274,000	132,500	275,000	274,000	133,000	167,500

중량단계 (kg)	특급우편 비서류 요금(원)							
	일본	말레이시아	뉴질랜드	필리핀	러시아	싱가포르	스페인	대만
0.5까지	23,500	17,500	23,500	18,500	32,500	15,000	28,500	17,500
0.75까지	24,500	19,000	26,000	19,500	35,500	16,500	30,500	18,000
1.0까지	25,500	20,500	28,000	20,500	38,500	18,000	32,500	19,000
1.25까지	27,500	22,000	30,500	21,500	41,500	19,500	35,000	20,000
1.5까지	28,500	23,500	32,500	23,000	44,500	21,000	37,000	21,000
1.75까지	31,000	25,000	35,000	24,000	48,000	22,500	39,500	21,500
2.0까지	33,000	26,500	37,500	25,000	51,000	24,000	41,500	22,500
2.5까지	34,500	29,000	41,500	26,500	56,000	26,000	45,500	24,000
3.0까지	36,500	31,500	45,500	28,500	60,500	28,500	49,500	25,500
3.5까지	38,000	34,000	50,000	30,000	65,500	30,500	53,500	27,000
4.0까지	40,000	36,500	54,000	32,000	70,500	33,000	57,500	28,500
4.5까지	41,500	39,000	58,500	33,500	75,500	35,500	62,000	29,500
5.0까지	43,000	41,500	62,500	35,500	80,500	37,500	66,500	31,000
5.5까지	45,000	44,000	67,000	37,000	85,000	40,000	71,000	32,500
6.0까지	46,500	46,500	71,000	39,000	90,000	42,500	75,500	34,000
6.5까지	48,500	49,000	75,500	40,500	95,000	44,500	80,000	36,000
7.0까지	50,000	51,500	80,000	42,500	100,000	47,000	84,500	37,500
7.5까지	51,500	54,500	84,000	44,500	104,500	49,500	88,500	39,500
8.0까지	53,500	57,000	88,500	46,500	109,500	51,500	93,000	41,500
8.5까지	55,000	60,000	93,000	48,500	114,500	54,000	97,500	43,500
9.0까지	57,000	63,000	97,500	50,500	119,500	56,500	102,000	45,500
9.5까지	58,500	66,000	101,500	53,000	124,500	58,500	106,500	47,000
10.0까지	60,000	68,500	106,000	55,000	128,500	61,000	111,000	49,000
10.5까지	62,000	71,500	110,500	57,000	132,500	63,500	115,000	51,000
11.0까지	63,500	74,500	115,000	59,000	137,000	65,500	119,500	53,000
11.5까지	65,500	77,500	119,000	61,500	141,000	68,000	124,000	54,500
12.0까지	67,000	80,000	123,500	63,500	145,000	70,500	128,500	56,500
12.5까지	69,000	83,000	128,000	65,500	149,500	72,500	133,000	58,500
13.0까지	70,500	86,000	132,000	67,500	153,500	75,000	137,500	60,500
13.5까지	71,500	89,000	136,500	69,500	157,500	77,500	142,000	62,500
14.0까지	73,500	92,000	141,000	72,000	161,500	79,500	146,000	64,000

14.5까지	75,000	94,500	145,500	74,000	166,000	82,000	150,500	66,000
15.0까지	76,500	97,500	149,500	76,000	170,000	84,500	155,000	68,000
15.5까지	78,000	100,500	154,000	78,000	174,000	86,500	159,500	70,000
16.0까지	79,500	103,500	158,500	80,500	178,500	89,000	164,000	72,000
16.5까지	81,000	106,000	163,000	82,500	182,500	91,000	168,500	73,500
17.0까지	82,500	109,000	167,000	84,500	186,500	93,500	172,500	75,500
17.5까지	84,000	112,000	171,500	86,500	191,000	96,000	177,000	77,500
18.0까지	85,500	115,000	176,000	88,500	195,000	98,000	181,500	79,500
18.5까지	87,000	117,500	180,500	91,000	199,000	100,500	186,000	81,500
19.0까지	88,500	120,500	184,500	93,000	203,500	103,000	190,500	83,000
19.5까지	90,000	123,500	189,000	95,000	207,500	105,000	195,000	85,000
20.0까지	91,500	126,500	193,500	97,000	211,500	107,500	199,500	87,000
20.5까지	93,000	129,500	197,500	99,000	215,500	110,000	203,500	89,000
21.0까지	94,500	132,000	202,000	101,500	220,000	112,000	208,000	91,000
21.5까지	96,000	135,000	206,500	103,500	224,000	114,500	212,500	92,500
22.0까지	97,500	138,000	211,000	105,500	228,000	117,000	217,000	94,500
22.5까지	99,000	141,000	215,000	107,500	232,500	119,000	221,500	96,500
23.0까지	100,500	143,500	219,500	110,000	236,500	121,500	226,000	98,500
23.5까지	102,000	146,500	224,000	112,000	240,500	124,000	230,000	100,000
24.0까지	103,500	149,500	228,500	114,000	245,000	126,000	234,500	102,000
24.5까지	105,000	152,500	232,500	116,000	249,000	128,500	239,000	104,000
25.0까지	106,500	155,000	237,000	118,000	253,000	131,000	243,500	106,000
25.5까지	108,000	158,000	241,500	120,500	257,500	133,000	248,000	108,000
26.0까지	109,500	161,000	246,000	122,500	261,500	135,500	252,500	109,500
26.5까지	111,000	164,000	250,000	124,500	265,500	138,000	257,000	111,500
27.0까지	112,500	167,000	254,500	126,500	269,500	140,000	261,000	113,500
27.5까지	114,000	169,500	259,000	129,000	274,000	142,500	265,500	115,500
28.0까지	115,500	172,500	263,000	131,000	278,000	145,000	270,000	117,500
28.5까지	117,000	175,500	267,500	133,000	282,000	147,000	274,500	119,000
29.0까지	118,500	178,500	272,000	135,000	286,500	149,500	279,000	121,000
29.5까지	120,000	181,000	276,500	137,000	290,500	151,500	283,500	123,000
30.0까지	121,500	184,000	280,500	139,500	294,500	154,000	287,500	125,000

중량단계 (kg)	특급우편 비서류 요금(원)							
	태국	영국	미국	베트남	1지역	2지역	3지역	4지역
0.5까지	18,500	33,000	26,500	17,500	20,500	20,500	30,500	33,000
0.75까지	20,000	35,000	30,000	18,000	21,500	22,000	32,500	36,000
1.0까지	21,000	37,000	33,500	19,000	22,500	23,500	34,500	39,000
1.25까지	22,000	39,000	37,000	20,000	23,500	25,000	36,500	42,000
1.5까지	23,000	41,000	40,500	21,000	24,500	26,500	38,500	45,000
1.75까지	24,000	42,500	44,000	21,500	25,500	28,000	40,500	48,000
2.0까지	25,000	44,500	47,500	22,500	26,500	29,500	42,500	51,000
2.5까지	27,000	48,000	54,500	24,000	28,500	32,000	46,500	56,500
3.0까지	29,000	51,500	61,000	25,500	30,500	35,000	50,000	62,000
3.5까지	31,000	55,000	68,000	27,000	32,000	37,500	54,000	69,500
4.0까지	33,000	58,500	74,500	28,500	34,000	40,500	58,000	77,000
4.5까지	34,500	62,000	81,500	29,500	36,000	43,000	61,500	85,000
5.0까지	36,500	65,500	88,000	31,000	38,000	46,000	65,500	92,500
5.5까지	38,500	68,500	95,000	32,500	39,500	48,500	69,000	100,000
6.0까지	40,500	72,000	102,000	34,000	41,500	51,000	73,000	107,500
6.5까지	42,500	76,500	108,500	36,000	43,500	54,000	78,000	115,000
7.0까지	44,000	80,500	115,500	37,500	45,500	56,500	83,000	123,000
7.5까지	46,000	84,500	122,000	39,500	48,000	59,500	88,000	130,500
8.0까지	48,500	89,000	129,000	41,500	50,500	61,000	93,000	138,000
8.5까지	51,000	93,000	135,500	43,500	52,500	66,000	97,500	145,500
9.0까지	53,000	97,500	142,500	45,500	55,000	70,500	102,500	153,000
9.5까지	55,500	101,500	149,500	47,000	57,500	75,500	107,500	160,500
10.0까지	58,000	105,500	156,000	49,000	60,000	80,500	112,500	168,500
10.5까지	60,500	110,000	163,000	51,000	62,000	85,000	117,500	176,000
11.0까지	63,000	114,000	169,500	53,000	64,500	90,000	122,500	183,500
11.5까지	65,000	118,000	176,500	54,500	67,000	95,000	127,500	191,000
12.0까지	67,500	122,500	183,500	56,500	69,000	99,500	132,500	198,500
12.5까지	70,000	126,500	190,000	58,500	71,500	104,500	137,500	206,000
13.0까지	72,500	131,000	197,000	60,500	74,000	109,000	142,500	214,000
13.5까지	74,500	135,000	203,500	62,500	76,000	114,000	147,500	221,500
14.0까지	77,000	139,000	210,500	64,000	78,500	119,000	152,500	229,000

14.5까지	79,500	143,500	217,000	66,000	81,000	123,500	157,500	236,500
15.0까지	82,000	147,500	224,000	68,000	83,000	128,500	162,000	244,000
15.5까지	84,000	151,500	231,000	70,000	85,500	133,500	167,000	252,000
16.0까지	86,500	156,000	237,500	72,000	88,000	138,000	172,000	259,500
16.5까지	89,000	160,000	244,500	73,500	90,000	143,000	177,000	267,000
17.0까지	91,500	164,500	251,000	75,500	92,500	148,000	182,000	274,500
17.5까지	94,000	168,500	258,000	77,500	95,000	152,500	187,000	282,000
18.0까지	96,000	172,500	264,500	79,500	97,000	157,500	192,000	289,500
18.5까지	98,500	177,000	271,500	81,500	99,500	162,000	197,000	297,500
19.0까지	101,000	181,000	278,500	83,000	102,000	167,000	202,000	305,000
19.5까지	103,500	185,000	285,000	85,00	104,500	172,000	207,000	312,500
20.0까지	105,500	189,500	292,000	87,000	106,500	176,500	212,000	320,000
20.5까지	108,000	193,500	298,500	89,000	109,000	181,500	217,000	327,500
21.0까지	110,500	198,000	305,500	91,000	111,500	186,500	221,500	335,500
21.5까지	113,000	202,000	312,000	92,500	113,500	191,000	226,500	343,000
22.0까지	115,500	206,000	319,000	94,500	116,000	196,000	231,500	350,500
22.5까지	117,500	210,500	326,000	96,500	118,500	200,500	236,500	358,000
23.0까지	120,000	214,500	332,500	98,500	120,500	205,500	241,500	365,500
23.5까지	122,500	218,500	339,500	100,000	123,000	210,500	246,500	373,000
24.0까지	125,000	223,000	346,000	102,000	125,500	215,000	251,500	381,000
24.5까지	127,000	227,000	353,000	104,000	127,500	220,000	256,500	388,500
25.0까지	129,500	231,500	360,000	106,000	130,000	225,000	261,500	396,000
25.5까지	132,000	235,500	366,500	108,000	132,500	229,500	266,500	403,500
26.0까지	134,500	239,500	373,500	109,500	134,500	234,500	271,500	411,000
26.5까지	136,500	244,000	380,000	111,500	137,000	239,500	276,500	418,500
27.0까지	139,000	248,000	387,000	113,500	139,500	244,000	281,500	426,500
27.5까지	141,500	252,000	393,500	115,500	141,500	249,000	286,000	434,000
28.0까지	144,000	256,500	400,500	117,500	144,000	253,500	291,000	441,500
28.5까지	146,500	260,500	407,500	119,000	146,500	258,500	296,000	449,000
29.0까지	148,500	265,000	414,000	121,000	149,000	263,500	301,000	456,500
29.5까지	151,000	269,000	421,000	123,000	151,000	268,000	306,000	464,500
30.0까지	153,500	273,000	427,500	125,000	153,500	273,000	311,000	472,000

[별표 6] 한 · 중 해상특송우편요금

(단위 : kg, 원)

중량(kg)	요금(원)	중량(kg)	요금(원)
0.5	7,000	15.5	37,000
0.75	7,300	16.0	38,000
1.0	7,500	16.5	39,500
1.25	8,100	17.0	41,000
1.5	8,500	17.5	41,500
1.75	9,500	18.0	43,000
2.0	10,500	18.5	44,500
2.5	11,000	19.0	46,000
3.0	12,000	19.5	47,500
3.5	13,000	20.0	49,000
4.0	14,000	20.5	50,500
4.5	15,000	21.0	52,000
5.0	16,000	21.5	53,500
5.5	17,000	22.0	55,000
6.0	18,000	22.5	56,500
6.5	19,000	23.0	58,000
7.0	20,000	23.5	59,500
7.5	21,000	24.0	61,000
8.0	22,000	24.5	62,500
8.5	23,000	25.0	64,000
9.0	24,000	25.5	65,500
9.5	25,000	26.0	67,000
10.0	26,000	26.5	68,500
10.5	27,000	27.0	70,000
11.0	28,000	27.5	71,500
11.5	29,000	28.0	73,000
12.0	30,000	28.5	74,500
12.5	31,000	29.0	76,000
13.0	32,000	29.5	77,500

13.5	33,000	30.0	79,000
14.0	34,000		
14.5	35,000		
15.0	36,000		

[별표 7] 보세화물우편요금

1. 특급우편(EMS)

[별표 5]의 특급우편(EMS)요금에 따름

2. K-Packet

[별표 4]의 K-Packet 우편요금에 따름

3. 등기소형포장물(일반소형포장물 제외)

[별표 1]의 5. 항공소형포장물 우편요금에 따름(국제등기취급수수료 별도 부과)

4. 한 · 중 해상특송

[별표 6]의 한 · 중 해상특송우편요금에 따름

안심Touch

[별표 8] 국제우편요금 적용지역별 국가명

1. 항공소포, 특급우편(EMS)

구분	국명
국가별 (20국)	호주, 브라질, 캐나다, 중국, 프랑스, 독일, 홍콩, 인도네시아, 일본, 말레이시아, 뉴질랜드, 필리핀, 러시아, 싱가포르, 스페인, 대만, 태국, 영국 미국, 베트남
1지역	마카오, 라오스, 캄보디아, 미얀마, 몽골
2지역	방글라데시, 브루나이, 인도, 네팔, 스리랑카, 몰디브, 부탄
3지역	• 서구라파 : 벨기에, 덴마크, 핀란드, 노르웨이, 포르투갈, 스위스, 스웨덴, 오스트리아 등 • 동구라파 : 루마니아, 폴란드, 헝가리, 체코, 구 소련연방 등 • 중동 : 바레인, 이란, 이라크, 이스라엘, 요르단, 터키, 쿠웨이트, 사우디아라비아, 카타르, 시리아 등 • 대양주 : 파푸아뉴기니, 괌, 사이판 등 • 아시아 : 아프가니스탄 등
4지역	• 아프리카 : 이집트, 케냐, 리비아 등 • 중남미 : 멕시코, 파나마, 아르헨티나, 우루과이, 페루 등 • 서인도제도 : 쿠바, 아이티, 도미니카 공화국 등 • 남태평양 : 피지, 키리바티, 솔로몬제도, 사모아 등

2. 항공통상(항공서간 및 항공엽서 제외), 선편소포

구분	국명
1지역	일본, 중국, 대만, 홍콩, 마카오
2지역	동남아시아 : 방글라데시, 브루나이, 미얀마, 캄보디아, 동티모르, 인도네시아, 라오스, 말레이시아, 필리핀, 싱가포르, 태국, 베트남, 몽골 등
3지역	• 북미 : 미국 본토(하와이, 알래스카 포함), 캐나다 등 • 서구라파 : 벨기에, 덴마크, 핀란드, 프랑스 본토, 독일, 영국 본토, 그리스, 이탈리아, 룩셈부르크, 네덜란드 본토, 노르웨이, 포르투갈, 스페인, 스위스, 스웨덴, 오스트리아 등 • 동구라파 : 러시아, 루마니아, 폴란드, 헝가리, 체코, 구 소련연방 등 • 중동 : 바레인, 이란, 이라크, 이스라엘, 요르단, 터키, 쿠웨이트, 사우디아라비아, 카타르, 시리아 등 • 대양주 : 호주, 뉴질랜드 본토, 파푸아뉴기니, 괌, 사이판 등 • 아시아 : 아프가니스탄, 인도, 네팔, 파키스탄, 스리랑카 등
4지역	• 아프리카 : 이집트, 케냐, 리비아 등 • 중남미 : 멕시코, 파나마, 아르헨티나, 브라질, 우루과이, 페루 등 • 서인도제도 : 쿠바, 아이티, 도미니카 등 • 남태평양 : 피지, 키리바티, 솔로몬제도, 사모아 등

3. K-Packet

구분	국명
국가별 (20국)	호주, 브라질, 캐나다, 중국, 프랑스, 독일, 홍콩, 인도네시아, 일본, 말레이시아, 뉴질랜드, 필리핀, 러시아, 싱가포르, 스페인, 대만, 태국, 영국, 미국, 베트남

4. 한 · 중 해상특송 : 중국 전 지역(일부 자치구 제외)

※ 신장(新疆絳, Xinjiang), 서장(西藏, Xizang 혹은 Tibet) 자치구 지역은 제외

5. 보세화물우편서비스

(1) 특급우편(EMS) : EMS 적용 국가

(2) K-Packet : K-Packet 적용 국가

(3) 등기소형포장물 : 항공통상 적용국가(미국, 캐나다 제외)

(4) 한 · 중 해상특송 : 중국

MEMO

PART
03 | 적중예상문제

혼자 공부하기 힘드시다면 방법이 있습니다.
시대에듀의 동영상강의를 이용하시면 됩니다.
www.sdedu.co.kr → 회원가입(로그인) → 강의 살펴보기

01 우편의 의의에 관한 설명으로 옳지 <u>않은</u> 것은?

① 우정사업본부가 책임지고 격지자 간의 의사를 전달하는 서신의 송달을 말한다.

② 우편관서가 문서나 물품을 전달하거나 이에 덧붙여 제공하는 업무를 말한다.

③ 우편은 국가에서 제공하는 기본적인 사회서비스 중 하나이다.

④ 우리나라에서는 보편적 우편서비스를 제공할 것을 법령에 규정하고 있지 않다.

> 해설 우편은 국민이 일상생활에서 평균적인 삶을 꾸릴 수 있도록 국가가 제공하는 기본적인 사회서비스 가운데 하나로,
> 우리나라뿐만 아니라 많은 나라에서 의무적으로 보편적 우편서비스를 제공할 것을 법령에 규정하고 있다.
>
> 답 ④

02 우편사업의 특성에 관한 설명으로 틀린 것은?

① 우편사업은 「정부기업예산법」에 따라 '정부기업'으로 정해져 있다.

② 사업의 전반을 법령으로 정하고 있기 때문에 경영상 제약이 많지만, 적자가 났을 때에는 다른 회계에서 지원을 받을 수 있다.

③ 우편사업의 회계 제도는 경영 합리성과 사업운영 효율성을 확보하고 예산을 신축적으로 사용하기 위해 특별회계로서 독립채산제를 채택하고 있다.

④ 우편사업은 콜린 클라크(Colin Clark)의 산업분류에 의하면 자본집약적 성격이 강한 3차 산업에 속한다.

> 해설 자본집약적 성격이 아니라 노동집약적인 성격이 강하다. 콜린 클라크(Colin Clark)의 산업분류에 의하면 우편사업은
> 제3차 산업에 속하고, 제3차 산업 중에서도 노동집약적 성격이 강한 산업이다.
>
> 답 ④

03 다음 중 우편 이용관계자에 해당하지 <u>않는</u> 것은?

① 우편관서
② 발송인
③ 수취인
④ 수익인

 우편 이용관계는 제3자(수취인)를 위한 우편관서와 발송인과의 계약이므로 우편 이용관계자는 우편관서, 발송인 및 수취인이다.

답 ④

04 다음 중 우편 이용계약의 성립 시기가 <u>아닌</u> 것은?

① 우체국 창구에서 직원이 접수한 때
② 우체통에 투입한 때
③ 우체국 창구에서 확인증을 수령한 때
④ 방문접수 및 집배원이 접수한 경우 영수증을 교부한 때

 우편 이용계약의 성립시기는 우체국 창구에서 접수하거나 우체통에 투입한 때, 방문접수와 집배원 접수의 경우에는 영수증을 교부한 때이다.

답 ③

05 우편사업을 국가에서 경영하는 이유에 해당하지 <u>않는</u> 것은?

① 취급의 정확성
② 가격의 적절성
③ 시설의 견고성
④ 취급의 신속성

 우편사업을 국가에서 경영하는 이유는 전국에 체계적인 조직을 갖춰 적정한 요금의 우편서비스를 신속하고 정확하게 제공할 수 있기 때문이다.

답 ③

06 다음 중 UPU 조약에 속하지 <u>않는</u> 것은?

① 만국우편협약 통상우편규칙 및 최종의정서
② 만국우편협약 소포우편규칙 및 최종의정서
③ 우편지급업무약정
④ 표준다자간협정 또는 양자협정

> **해설** 표준다자간협정 또는 양자협정은 국제특급우편(EMS)을 교환하기 위하여 우리나라와 해당 국가(들) 사이에 맺는 협정이다.
>
> **UPU 조약**
> ① 만국우편연합헌장(조약 제197호 1966. 5. 20. 공포)
> ② 만국우편연합헌장 제9추가의정서(2018. 1. 1.)
> ③ 만국우편연합총칙 제1추가의정서(2018. 1. 1.)
> ④ 만국우편협약및 최종의정서
> ⑤ 우편지급업무약정
> ⑥ 만국우편협약 통상우편규칙 및 최종의정서
> ⑦ 만국우편협약 소포우편규칙 및 최종의정서
> ⑧ 우편지급업무약정규칙
>
> 답 ④

07 다음 중 우편에 관한 국제법규에 해당하지 <u>않는</u> 것은?

① UPU 조약
② APPU 조약
③ WPU 조약
④ 표준다자간협정 또는 양자협정

> **해설** 우편에 관한 국제법규에는 만국우편연합(UPU) 조약, 아시아 · 태평양우편연합(APPU) 조약, 표준다자간협정 또는 양자협정 등이 있다.
>
> 답 ③

08 우편법상 우편물의 압류거부권을 행사할 수 있는 때를 가장 알맞게 설명한 것은?

① 우편관서는 우편물의 운송 중에 한하여 그 압류를 거부할 수 있다.
② 우편관서는 우편물의 발송 후에 한하여 그 압류를 거부할 수 있다.
③ 우편관서는 우편물의 운송 중 또는 발송준비를 마친 후에만 그 압류를 거부할 수 있다.
④ 우편관서는 모든 우편물의 압류를 거부할 수 있다.

> **해설** 우편관서는 우편물의 운송 중 또는 발송준비를 마친 후에만 그 압류를 거부할 수 있다(「우편법」 제8조).
>
> 정답 ③

09 우편사업의 보호규정에 관한 설명으로 옳은 것을 모두 고른 것은?

> ㉠ 우편업무를 위해서만 사용하는 물건과 우편업무를 위해 사용 중인 물건은 압류할 수 없다.
> ㉡ 집배원은 언제든지 도선장의 도선을 요구할 수 있고, 또한 도로 등에서 통행요금을 지급하지 아니하고 통행할 수 있다.
> ㉢ 우편 운송원은 도로의 장애로 말미암아 통행이 곤란할 경우 담장 또는 울타리 없는 택지, 전답 기타의 장소를 통행할 수 있으며, 이 경우 피해자는 손실보상을 청구할 수 없다.
> ㉣ 우편업무 집행 중의 우편 운송원, 집배원과 우편 전용 비행기, 차량, 선박 등이 사고를 당하였을 때에는 주위에 있는 누구에게라도 조력을 청구할 수 있다.

① ㉡, ㉣
② ㉠, ㉢
③ ㉡, ㉢, ㉣
④ ㉠, ㉡, ㉣

> **해설** 우편사업의 보호규정에 관한 설명으로 옳은 것은 ㉠, ㉡, ㉣이다.
> ㉢ 우편업무를 수행 중에 도로 장애로 통행이 어려울 경우 담장 없는 집터, 논밭이나 그 밖의 장소를 통행할 수 있으며, 이 경우 지방우정청장은 피해자의 청구에 따라 손실을 보상하여야 한다.
>
> 정답 ④

10 다음 중 선택적 우편서비스에 해당하는 것을 모두 고른 것은?

> ㉠ 전자우편 　　　　　　　　　　　㉡ 우편엽서
> ㉢ 소포우편물 20kg 　　　　　　　㉣ 우편물 방문접수

① ㉠, ㉡, ㉢
② ㉡, ㉢, ㉣
③ ㉠, ㉢, ㉣
④ ㉠, ㉡, ㉣

> **해설** 선택적 우편서비스에 해당하는 것은 ㉠, ㉡, ㉣이다.
> ㉢ 20kg 이하의 소포우편물은 보편적 우편서비스에 해당한다.
>
> 답 ④

11 선택적 우편서비스의 대상으로 옳지 <u>않은</u> 것은?

① 20kg 이하의 소포우편물
② 우편물 방문접수
③ 우편 이용과 관련된 용품의 제조 및 판매
④ 우편차량장비 등을 이용하는 서비스

> **해설** 선택적 우편서비스는 보편적 우편서비스에 부가하거나 부수하여 제공하는 서비스로 이용자가 선택적으로 이용할 수 있는 서비스를 의미한다.
>
> | 보편적 우편 서비스 대상 | 선택적 우편 서비스 대상 |
> |---|---|
> | ① 2kg 이하의 통상우편물
② 20kg 이하의 소포우편물
③ 위 ①, ②의 우편물의 기록취급 등 특수취급우편물
④ 그밖에 대통령령으로 정하는 우편물 | ① 2kg을 초과하는 통상우편물
② 20kg을 초과하는 소포우편물
③ 위 ①, ②의 우편물의 기록취급 등 특수취급우편물
④ 우편과 다른 기술 또는 서비스가 결합된 서비스 : 전자우편, 모사전송(FAX)우편, 우편물 방문접수 등
⑤ 우편시설, 우표, 우편엽서, 우편요금 표시 인영이 인쇄된 봉투 또는 우편차량장비 등을 이용하는 서비스
⑥ 우편 이용과 관련된 용품의 제조 및 판매
⑦ 그밖에 우편서비스에 부가하거나 부수하여 제공하는 서비스 |
>
> 답 ①

12 국내우편물의 배달기한에 관한 설명으로 옳지 <u>않은</u> 것은?

① 통상우편물 – 접수한 다음날부터 2일 이내
② 익일특급 – 접수한 다음날
③ 당일특급 – 접수 당일 20:00 이내
④ 등기소포 – 접수한 다음날

해설

구분	배달기한	비고
통상우편물(등기 포함), 일반소포	접수한 다음날부터 3일 이내	
익일특급	접수한 다음날	※ 제주선편 : D+2일
등기소포		(D : 우편물 접수한 날)
당일특급	접수 당일 20:00 이내	

답 ①

13 다음 중 국내 봉함우편물의 규격요건으로 <u>잘못된</u> 것은?

① 무게 : 최소 3g~최대 50g
② 재질 : 종이. 단, 창문봉투의 경우 다른 소재로 투명하게 창문 제작
③ 표면 및 내용물 : 편편하고 균일하여야 함
④ 봉투봉함 방법 : 스테이플, 핀, 리벳 등 사용

해설 봉투봉함은 풀 또는 접착제를 사용해야 하며, 스테이플, 핀, 리벳 등 도드라진 것을 사용해서는 안 된다.

답 ④

14 다음 중 우정사업본부에서 발행하는 우편엽서 규격요건에 대한 설명으로 **틀린** 것은?

① 우편엽서는 직사각형 형태로 별도 봉투로 봉하지 않은 형태이며 무게는 최소 2g에서 최대 5g이 원칙이다.

② 수취인 주소와 우편번호(국가기초구역체계로 개편된 5자리 우편번호)를 정확히 기재해야 하며, 일체의 가려짐 및 겹침이 없어야 하고 여백은 상하좌우에 각각 4mm 이상을 두어야 한다.

③ 여섯 자리 우편번호 작성란이 인쇄(2019년 10월 이전)된 봉투를 이용한 통상우편물은 우편번호 숫자를 오른쪽 칸부터 한 칸에 하나씩 차례대로 기입하고 마지막 칸은 공란으로 두어야 함

④ 문자·도안 표시에 발광·형광·인광물질 사용 및 기계판독률을 떨어뜨릴 수 있는 배경은 인쇄가 불가하다.

> **해설** 우편번호 작성란을 인쇄하는 경우에는 5개의 칸으로 구성하여야 한다. 단, 여섯 자리 우편번호 작성란이 인쇄(2019년 10월 이전)된 봉투를 이용한 통상우편물은 우편번호 숫자를 왼쪽 칸부터 한 칸에 하나씩 차례대로 기입하고 마지막 칸은 공란으로 두어야 한다.
>
> 답 ③

15 다음 중 우편물의 외부표시(기재) 사항에 대한 설명으로 **틀린** 것은?

① 우편번호는 국가기초구역 도입에 따라 지형지물을 경계로 구역을 설정한 5자리 국가기초구역번호로 구성된다.

② 국가기초구역체계의 우편번호체계도의 왼쪽 첫 번째와 두 번째 자리에는 일련번호가 기재된다.

③ 집배코드는 우편물의 구분·운송·배달에 필요한 구분정보를 가독성이 높은 단순한 문자와 숫자로 표기한 것이다.

④ 집배코드는 총 9자리로 도착집중국 2자리, 배달국 3자리, 집배팀 2자리, 집배구 2자리로 구성된다.

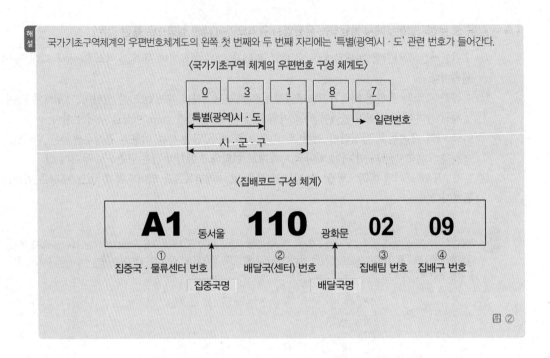

해설 국가기초구역체계의 우편번호체계도의 왼쪽 첫 번째와 두 번째 자리에는 '특별(광역)시 · 도' 관련 번호가 들어간다.

16 다음 중 우편물의 외부표시(기재) 금지사항에 대한 설명으로 틀린 것은?

① 우체국과 협의되지 않은 우편요금표시인영은 표시 불가하다.

② 공공의 안녕질서나 미풍양속을 저해하는 것으로 폭력, 마약 등 반사회적 · 반인륜적인 행태를 조장하는 내용은 모두 기재 불가하다.

③ 개인정보보호법령에 따른 주민등록번호 등 고유식별정보는 사전 우정사업본부장의 허가를 받는 경우에 제한적으로 기재 가능하다.

④ 청소년의 정신적, 신체적 건강에 해를 끼칠 우려가 있는 내용은 전부 기재 불가하다.

개인정보보호법령에 따른 주민등록번호 등 고유식별정보는 기재 불가하다.

우편물의 외부표시(기재) 금지사항
① 우체국과 협의되지 않은 우편요금표시인영은 표시 불가
② 공공의 안녕질서나 미풍양속을 저해하는 것으로 인정되는 사항은 기재 불가
   ㉠ 인간의 존엄성, 국가 안전, 사회 공공질서를 해치는 내용
   ㉡ 폭력, 마약 등 반사회적 · 반인륜적인 행태를 조장하는 내용
   ㉢ 건전한 성도덕을 해치는 음란하고 퇴폐적 내용
   ㉣ 청소년의 정신적, 신체적 건강에 해를 끼칠 우려가 있는 내용
③ 개인정보보호법령에 따른 주민등록번호 등 고유식별정보는 기재 불가
④ 그밖에 우편법령이나 다른 법령에서 금지하는 사항

🔒 ③

17 다음 중 소포우편물의 제한중량 및 용적에 대한 설명으로 옳은 것만 고르면?

> ㉠ 중량은 20kg 이내이어야 한다.
> ㉡ 길이 · 너비 및 두께를 합하여 130cm 이내이어야 하며, 어느 길이도 1m를 초과할 수 없다.
> ㉢ 가로 · 세로 · 높이는 세 변을 합하여 35cm 이상이어야 하며 가로는 17cm 이상, 세로는 12cm 이상이어야 한다.
> ㉣ 원통형의경우 지름의 2배와 길이를 합하여 35cm 이상이어야 하며 지름은 3.5cm 이상, 길이는 17cm 이상이어야 한다.

① ㉠, ㉡
② ㉠, ㉢
③ ㉡, ㉣
④ ㉢, ㉣

 소포우편물의 제한중량 및 용적
1. 최대 중량 : 30kg
2. 최대 용적 : 가로, 세로, 높이를 합하여 160cm 이내(다만, 어느 길이도 1m를 초과할 수 없다)
3. 최소 용적
   ① 가로 · 세로 · 높이 세 변을 합하여 35㎝(단, 가로는 17㎝ 이상, 세로는 12㎝ 이상)
   ② 원통형은 "지름의 2배"와 길이를 합하여 35㎝(단, 지름은 3.5㎝ 이상, 길이는 17㎝ 이상)

🔒 ④

18 우체국택배에 대한 다음 설명 중 옳지 <u>않은</u> 것은?

① 고객이 전화 또는 인터넷을 통하여 서비스를 신청하면 고객의 주소지로 방문하여 접수하고 수취인에게 신속히 배달해 주는 서비스이다.

② 우체국과 사전 계약을 하여 별도의 요금을 적용하고 주기적으로 또는 필요 시에 픽업하는 것을 계약 택배라 한다.

③ 중량 20kg, 세 변의 합이 140cm(한 변의 길이 1m)를 초과하는 물품은 취급이 제한된다.

④ 파손, 분실 시에는 최대 50만 원까지 보상한다.

> **해설** 최대 중량 30kg이고 최대 용적은 가로, 세로, 높이를 합하여 160cm 이내이다(다만, 어느 길이도 1m를 초과할 수 없다).
>
> 目 ③

19 국내소포우편물의 접수에 대한 설명으로 옳지 <u>않은</u> 것은?

① 등기소포는 현금 수납하여 즉납 처리만 할 수 있다.

② 금지물품의 우려가 있는 경우, 발송인이 개피를 거부할 경우에는 접수를 거절한다.

③ 등기소포는 우편물의 운송수단, 배달지역, 중량, 부피 등에 해당하는 금액을 신용카드나 전자화폐, 전자결제 등으로 후납할 수 있다.

④ 착불소포는 우편물 수취인에게 우편요금을 수납하여 세입 처리한다.

> **해설** 등기소포는 우편물의 운송수단, 배달지역, 중량, 부피 등에 해당하는 금액을 현금, 우표, 우편요금을 표시하는 증표, 「여신전문금융업법」에 따른 신용카드 또는 정보통신망을 이용한 전자화폐 · 전자결제 등으로 즉납 또는 후납으로 납부할 수 있다.
>
> 目 ①

20 우체국택배에 관한 설명으로 옳지 <u>않은</u> 것은?

① 전국 모든 지역에서 방문접수가 가능하다.
② 정기 · 부정기 이용계약을 체결하면 별도의 전화 없이 방문접수할 수 있다.
③ 요금수취인부담도 가능하다.
④ 전화 또는 인터넷을 통해 방문접수를 신청할 수 있다.

 해설

방문접수는 4급 또는 5급 우체국이 설치되어 있는 시 · 군의 시내 배달구 또는 그 외 관할 우체국장이 방문접수를 실시하는 지역에서 할 수 있다.

답 ①

21 국내일반소포에 대한 설명으로 옳지 <u>않은</u> 것은?

① 일반소포는 부가취급서비스가 불가능하다.
② 일반소포는 접수에서 배달까지의 송달과정이 기록된다.
③ 일반소포는 반송 시 반송수수료가 징수되지 않는다.
④ 우표첩부를 통해 요금납부가 가능하다.

 해설

접수에서 배달까지의 송달과정이 기록되는 것은 등기소포이다.

등기소포와 일반소포와의 차이

구분	등기소포	일반소포
취급방법	접수에서 배달까지의 송달과정에 대해 기록	기록하지 않음
요금납부 방법	현금, 우표첩부, 우표납부, 신용카드 결제 등	현금, 우표첩부, 신용카드 결제 등
손해배상	망실 · 훼손, 지연배달 시 손해배상청구 가능	없음
반송료	반송시 반송수수료(등기통상취급수수료) 징수	없음
부가취급서비스	가능	불가능

* 보통소포(X) – 일반소포(O) // 일반등기통상(X) – 등기통상(O)

답 ②

22 등기소포와 일반소포의 차이에 대한 설명으로 **틀린** 것은?

① 등기소포는 접수부터 배달까지 송달과정에 대해 기록하지만 일반소포는 기록하지 않는다.

② 등기소포는 반송시 반송수수료를 징수하지만 일반소포는 반송료가 없다.

③ 등기소포는 현금, 우표첩부, 우표납부, 신용카드 결제 등의 방법으로 요금납부를 할 수 있다.

④ 등기소포나 일반소포 모두 망실 · 훼손,지연배달시 손해배상청구가 가능하다.

 등기소포의 경우 망실 · 훼손, 지연배달 시 손해배상청구가 가능하나 일반소포는 손해배상청구가 불가능하다.

답 ④

23 일반소포와 다른 등기소포만의 특징이 **아닌** 것은?

① 접수에서 배달까지의 전 송달과정을 기록취급한다.

② 손해배상을 청구할 수 있다.

③ 영수증을 교부하지 않는다.

④ 부가취급서비스가 가능하다.

 일반소포와 등기소포 모두 영수증을 교부한다.

답 ③

24 우편물의 포장검사 시 고려해야 할 사항이 **아닌** 것은?

① 내용품의 성질상 송달 도중 파손되거나 다른 우편물에 손상을 주지 않을 것인가

② 칼, 기타 위험한 우편물은 취급 도중 위험하지 않도록 포장한 것인가

③ 독 · 극물은 두 가지 종류를 함께 포장한 것이 아닌가

④ 발송인 · 수취인 등 기재사항이 제대로 적혀있는가

> **해설** 발송인·수취인 등 기재사항이 제대로 적혀있는가는 우편물의 '접수검사 시' 고려해야 할 사항이다.
>
> **우편물의 포장검사 사항**
> ① 내용품의 성질상 송달 도중 파손되거나 다른 우편물에 손상을 주지 않을 것인가
> ② 띠종이로 묶어서 발송하는 정기간행물의 경우 포장용 띠종이 크기는 발송요건에 적합한가
> ③ 칼, 기타 위험한 우편물은 취급 도중 위험하지 않도록 포장한 것인가
> ④ 액체, 액화하기 쉬운 물건, 냄새나는 물건 또는 썩기 쉬운 물건은 적정한 용기를 사용하여 내용물이 새지 않도록 포장한 것인가
> ⑤ 독·극물 또는 생병원체를 넣은 것은 전호와 같이 포장을 하고 우편물 표면에 품명 및 "위험물"이라고 표시하고 발송인의 자격 및 성명을 기재한 것인가
> ⑥ 독·극물은 두 가지 종류를 함께 포장한 것이 아닌가
> ⑦ 혐오성이 없는 산동물은 튼튼한 상자 또는 기타 적당한 용기에 넣어 완전히 그 탈출 및 배출물의 누출을 방지할 수 있는 포장을 한 것인가
>
> 답 ④

25 다음 중 계약등기 우편제도에 대한 설명으로 틀린 것은?

① 일반형 계약등기는 한 발송인이 1회에 500통 이상, 월 10,000통 이상(두 요건 모두 충족) 발송하는 등기통상우편물의 경우를 말한다.

② 맞춤형 계약등기는 등기취급을 전제로 신분증류 등 배달 시 특별한 관리나 서비스가 필요한 우편물로 표준요금을 적용한다.

③ 반환취급 사전납부는 우편물 접수 시 우편요금 반환율을 적용한 반환취급수수료를 합산하여 납부한다.

④ 반환율 산정 시 최초 6개월 간은 등기우편물 반환율에 1%를 가산하여 적용한다.

> **해설** **반환율 산정 기준**
>
> | 최초
적용 기준 | • 최초 1년간은 등기우편물 반환율에 0.5%를 가산하여 적용
• 등기우편물 반환율 적용 시에는 계약하고자 하는 등기우편물과 동일한 종류의 등기우편물 반환율, 계약하고자 하는 등기우편물과 가장 유사한 종류의 등기우편물 반환율, 전체 등기우편물 반환율 순으로 적용 |
> |---|---|
> | 재산정
적용 기준 | 계약 우편물의 최근 1년 간 반환율 산정 적용 |
>
> 답 ④

26 다음 계약등기 부가취급수수료에 대한 표에서 ㉠, ㉡에 들어갈 금액의 합은?

부가취급서비스	수수료	비고
회신우편	(㉠)	일반 및 맞춤형 계약등기
본인지정배달	1,000원	
착불배달	(㉡)	
우편주소 정보제공	1,000원	
반환취급 사전납부	반환취급수수료×반환율	일반형 계약등기

① 2,500원

② 2,000원

③ 1,500원

④ 3,000원

 해설 **부가취급수수료**

부가취급서비스	수수료	비고
회신우편	1,500원	일반 및 맞춤형 계약등기
본인지정배달	1,000원	
착불배달	500원	
우편주소 정보제공	1,000원	
반환취급 사전납부	반환취급수수료 × 반환율	일반형 계약등기

답 ②

27 일반형 계약등기의 반환취급수수료 일부 면제에 대한 내용으로 <u>틀린</u> 것은?

① 면제조건은 면제적용 월 직전 3개월의 평균물량이 10만 통 이상이고, 해당 월 접수물량이 10만 통 이상인 경우를 말한다.

② 20만 통 이상 40만 통 미만의 경우 면제비율은 3%이다.

③ 매월 면제비율에 의해 반환수수료의 일부를 면제하여 정산 후 우편요금과 동일하게 후납으로 징수한다.

④ 월 단위 산정은 매월 1일에서 말일까지로 한다.

해설

일반형 계약등기의 반환취급수수료 일부 면제

대상	「우편법 시행령」 제3조 제8호에 의거 서신 제외 대상인 신용카드 우편물
면제조건	면제적용 월 직전 3개월의 평균물량이 10만 통 이상이고, 해당 월 접수물량이 10만 통 이상인 경우 ※ 월 단위 산정은 매월 1일에서 말일까지로 함
면제비율	월 접수물량의 1~3% 이내

면제비율	10만 통 이상 20만 통 미만	1% 이내
	20만 통 이상 30만 통 미만	2% 이내
	30만 통 이상	3% 이내

징수방법	매월 면제비율에 의해 반환수수료의 일부를 면제하여 정산 후 우편요금과 동일하게 후납으로 징수

답 ②

28 다음 중 선납라벨 서비스에 대한 설명으로 **틀린** 것은?

① 선납라벨의 종류에는 선납등기라벨, 선납준등기라벨, 선납일반통상라벨이 있다.

② 선납라벨은 전국 우체국 우편창구에서 판매하며 유효기간은 구매 후 1년 이내이다.

③ 선납라벨 훼손 정도가 심각하여 판매정보(발행번호, 바코드 등)의 식별이 불가능한 경우에는 재출력(교환) 받을 수 있다.

④ 선납라벨 구매 고객이 취소를 요청하는 경우 구매 당일에 한해 판매우체국에서만 환불 처리 가능(우표류 판매취소 프로세스 적용)하다.

> **해설** 선납라벨 훼손 정도가 심각하여 판매정보(발행번호, 바코드 등)의 식별이 불가능한 경우에는 재출력(교환) 불가하다.
>
> **선납라벨 서비스 공통사항**
> ① 판매채널 : 전국 우체국 우편창구(별정우체국, 우편취급국 포함)
> ② 유효기간 : 구입 후 1년 이내 사용
> ③ 유효기간 경과로 인쇄상태가 불량하거나 라벨지 일부 훼손 등으로 사용이 어려운 경우 동일한 발행번호와 금액으로 재출력(교환) 가능
> ④ 선납라벨 훼손 정도가 심각하여 판매정보(발행번호, 바코드 등)의 식별이 불가능한 경우에는 재출력(교환) 불가
> ⑤ 선납라벨로 접수된 우편물 취소 시, 선납라벨 재출력 후 교부
> ⑥ 선납라벨 구매 고객이 취소를 요청하는 경우 구매 당일에 한해 판매우체국에서만 환불 처리 가능(우표류 판매취소 프로세스 적용)
> ⑦ 우편물 접수 시 우편요금 보다 라벨금액이 많은 경우 잉여금액에 대한 환불은 불가
> ⑧ 미사용 선납일반통상라벨에 한해 2매 이상으로 라벨 분할을 요구할 경우 라벨가액 범위에서 분할발행 가능
>
> **정답 ③**

29 다음 중 보험통상 중 통화등기에 대한 설명으로 **옳지 않은** 것은?

① 통화등기는 우편을 이용하여 현금을 직접 수취인에게 배달하는 제도를 말한다.

② 취급 중 잃어버린 경우 통화등기 금액의 50%를 변상해주는 보험취급제도이다.

③ 통화등기의 취급대상은 강제 통용력이 있는 국내통화에 한정한다.

④ 취급한도액은 100만 원 이하이며, 10원 미만의 단수는 붙일 수 없다.

> **해설** 만일 취급하는 중에 잃어버린 경우에는 통화등기 금액 전액을 변상하여 주는 보험취급제도이다.
>
> **정답 ②**

30 다음 중 외화등기에 대한 설명으로 <u>틀린</u> 것은?

① 우체국과 금융기관과의 계약을 통해 외국통화(현물)를 고객에게 직접 배달하는 맞춤형 우편서비스이다.

② 취급 통화는 계약기관별로 계약에 따라 지정된 외화이다.

③ 취급 금액은 최소 50만 원 이상 150만 원 이하(원화 환산 시 기준, 지폐만 가능)이다.

④ 적용요금은 표준요금으로 통당 10,000원이다.

> **해설** 취급 금액은 최소 10만 원 이상 150만 원 이하(원화 환산 시 기준, 지폐만 가능)이다.
>
> **외화등기**
> ① 우체국과 금융기관의 계약을 통해 외국통화(현물)를 고객에게 직접 배달하는 맞춤형 우편서비스
> ② 맞춤형 계약등기(보험취급 + 본인지정 + 익일특급)
> ③ 이용방법 : 금융기관과의 계약을 통하여 외화현금을 접수·배달
> ㉠ 접수우체국 : 계약에 따라 지정된 우체국
> ㉡ 배달우체국 : 전국 우체국(익일특급 배달 불가능 지역은 제외함)
> ④ 취급 통화 : 계약기관별로 계약에 따라 지정된 외화
> ⑤ 취급 금액 : 최소 10만 원 이상 150만 원 이하(원화 환산 시 기준, 지폐만 가능)
> ⑥ 적용요금 : 표준요금 통당 10,000원
> ※ 중량구간별 요금 미적용, 과금에 의한 반송 등을 모두 포함한 금액
>
> 답 ③

31 내용증명제도에 대한 설명으로 옳지 <u>않은</u> 것은?

① 발송인이 수취인에게 어떤 내용의 문서를 발송하였다는 사실을 우편관서가 공적으로 증명해주는 서비스이다.

② 공공의 질서, 선량한 풍속에 반하는 내용은 들어갈 수 없다.

③ 내용증명은 그 사실만으로 법적 효력이 발생한다.

④ 발송인은 내용문서의 원본과 그 등본 2통을 제출하여야 한다.

> **해설** 우편관서는 내용과 발송 사실만을 증명할 뿐, 그 사실만으로 법적효력이 발생되는 것은 아니다.
>
> 답 ③

32 다음 중 내용증명에 대한 설명으로 옳은 것은?

① 우편관서는 내용과 발송 사실만을 증명하며 이는 법적으로 효력이 있다.

② 숫자, 괄호 등을 사용할 수 없다.

③ 내용문서의 원본과 등본은 양면으로 작성할 수 있다.

④ 동문내용증명을 발송할 경우에는 1명 이상의 수취인 주소와 이름을 기재해야 한다.

③ 내용문서의 원본과 등본의 작성은 양면을 사용하여 작성할 수 있으며, 양면에 내용을 기록한 경우에는 2매로 계산한다.

① 우편관서는 내용과 발송 사실만을 증명할 뿐, 그 사실만으로 법적효력이 발생되는 것은 아니다.

② 내용문서는 한글이나 한자 또는 외국어로 자획을 명확하게 기록한 문서에 한정하여 취급하며 숫자, 괄호, 구두점, 기타 일반적으로 사용하는 단위 등 기호는 함께 쓸 수 있다.

④ 내용은 동일하나 2인 이상의 다른 수취인에게 발송하는 내용증명 우편물을 동문내용증명 우편물이라고 한다. 동문 내용증명을 발송할 경우에는 수취인 주소와 이름을 모두 기재한 등본 2통과 각각의 수취인 앞으로 보낼 내용문서의 원본을 제출해야 한다.

답 ③

33 우체국쇼핑에 대한 설명으로 옳지 <u>않은</u> 것은?

① 우체국쇼핑은 전국 각 지역에서 생산되는 특산품과 중소기업 우수 제품을 우편망을 이용해 주문자나 제3자에게 직접 공급하여 주는 서비스이다.

② 우체국쇼핑 서비스는 온라인에서만 이용 가능하다.

③ 꽃 배달 서비스의 공급업체는 상품을 발송할 때 반드시 우체국 꽃 배달 태그를 동봉하여야 한다.

④ 꽃 배달 서비스의 경우 신청인이 배달 하루 전 주문을 취소할 경우 전액 환불 조치해야 한다.

우체국쇼핑은 창구에서 우체국쇼핑상품을 즉시 판매하는 서비스도 제공하고 있다.

답 ②

34 우체국 전자우편에 관한 설명으로 옳지 <u>않은</u> 것은?

① 우편물 다량 발송 시 봉투 표면 또는 그림엽서에 발송인이 원하는 로고를 인쇄하여 발송할 수 있다.

② 봉함식 서비스를 이용하면 다른 인쇄물을 추가해서 보낼 수 있다.

③ 내지를 고급 한지로 변경할 수 있다.

④ 편지 내용문과 발송인, 수신인의 정보를 전산매체에 저장하여 접수 또는 신청하면 우편물 제작부터 배달까지의 전 과정을 우체국이 대신해 주는 서비스이다.

> **해설** 다른 인쇄물을 추가해서 보내는 서비스는 동봉 서비스이다. 동봉 서비스는 봉함식 전자우편을 이용할 때 내용문 외에 다른 인쇄물을 추가로 동봉하여 보낼 수 있는 서비스로, 이를 이용할 때는 별도의 수수료를 내야 하며, 우체국 창구에서 신청할 때만 이용 가능하다(인터넷우체국은 동봉 서비스 이용 불가). 봉함식 전자우편은 다량의 문서를 봉투에 넣어 발송하는 우편 서비스로, 소형 봉함식 전자우편과 대형 봉함식 전자우편으로 구분된다.
>
> 답 ②

35 광고우편엽서에 대한 설명에 해당하지 <u>않는</u> 것은?

① 우정사업본부가 발행하는 우편엽서에 광고내용을 인쇄하여 판매하는 제도이다.

② 전국판은 최저 20만 장 이상 500만 장까지 발행할 수 있다.

③ 지방판은 최저 5만 장 이상 20만 장 미만까지 발행할 수 있다.

④ 광고주가 구입 요청을 한 경우에만 판매구역에 관계없이 광고주가 지정하는 우체국에서 광고 우편 엽서를 판매할 수 있다.

> **해설** 전국판은 최저 20만 장 이상 300만 장까지 발행하여 특별시, 광역시·도 중 4개 이상의 광역지방자치단체 지역에서 동시에 판매할 수 있다.
>
> 답 ②

36 나만의 우표 서비스에 대한 설명으로 옳지 <u>않은</u> 것은?

① 전국 우체국과 인터넷우체국, 모바일 앱뿐만 아니라 (재)한국우편사업진흥원 및 접수위탁기관에서도 접수할 수 있다.

② 초상권 및 저작권 등의 사용허가서 등을 받은 경우 서류 보관기간은 접수한 날부터 5년, 이미지의 경우 3개월이다.

③ 접수한 이미지나 자료는 우표 제작이 완료된 후 신청고객에게 반환하여야 한다.

④ 선명도가 낮은 사진도 접수 가능하나 신청고객에게 우표 품질이 떨어질 수 있다는 사실을 설명하여야 한다.

 접수 시 접수된 이미지나 자료는 우표 제작이 완료된 후에 신청고객이 반환을 요구하는 경우에만 반환하고, 반환하지 않은 이미지는 제작기관에서 일정기간 보관 후 폐기한다는 것을 설명한다.

정답 ③

37 우체국 축하카드에 관한 다음 설명 중 옳지 <u>않은</u> 것은?

① 축하 · 감사의 뜻이 담긴 축하카드를 한국우편사업진흥원 또는 배달우체국에서 만들어 수취인에게 배달하는 서비스이다.

② 모바일 앱에서도 서비스를 신청할 수 있다.

③ 인터넷우체국을 이용할 경우 상품권은 함께 보낼 수 없다.

④ 당일특급은 예약배달서비스를 이용할 수 없다.

 인터넷우체국을 이용할 경우 경조카드와 함께 20만 원 한도 내에서 문화상품권을 함께 발송할 수 있다.

정답 ③

38 다음 중 우편요금후납 우편물에 대한 내용으로 옳지 <u>않은</u> 것은?

① 우편물을 자주 발송하는 기관 등의 절차상 번잡함을 줄이기 위한 제도이다.

② 1개월 간의 요금을 다음달 25일까지 납부해야 한다.

③ 우편요금 수취인부담 우편물은 취급대상에 포함된다.

④ 한 사람이 매월 100통 이상 보내는 통상 · 소포우편물은 취급대상에 포함된다.

> **해설** 우편요금후납 우편물은 우편물의 요금(부가취급수수료 포함)을 우편물을 발송할 때에 납부하지 않고 1개월간 발송예정 우편물의 요금액의 2배에 해당하는 금액을 담보금으로 제공하고 1개월 간의 요금을 다음달 20일까지 납부하는 것을 말한다.
>
> 답 ②

39 다음 중 요금수취인부담 우편물에 대한 설명으로 옳지 <u>않은</u> 것은?

① 배달우체국장과의 계약을 통해 우편요금을 발송인이 부담하는 것이 아닌 수취인이 부담하는 제도이다.

② 취급대상에 통상우편물은 들어가지 않는다.

③ 발송유효기간은 2년 이내 배달우체국장과 이용자와의 계약으로 정한다.

④ 국가기관 및 공공기관에 있어서는 발송유효기간을 제한하지 않을 수 있다.

> **해설** 요금수취인부담 우편물의 취급대상으로는 통상우편물, 등기소포우편물, 계약등기가 있으며 각 우편물에 부가서비스도 취급할 수 있다. 발송유효기간은 2년 이내 배달우체국장과 이용자와의 계약으로 정한다. 단, 국가기관, 지방자치 단체 또는 공공기관에 있어서는 발송유효기간을 제한하지 아니할 수 있다.
>
> 답 ②

40 창구접수 및 방문접수 소포우편물의 감액에 대한 아래 〈표〉에서 ㉠, ㉡, ㉢에 들어갈 숫자로 옳은 것은?

구분		5%	10%	15%
창구접수	요금즉납	(㉠)개 이상	10개 이상	50개 이상
	요금후납	70개 이상	(㉡)개 이상	130개 이상
방문접수	접수정보 사전연계	개당 (㉢)원 감액(접수정보 입력, 사전결제, 픽업장소 지정 시)		

	㉠	㉡	㉢
①	2	100	500
②	3	100	500
③	5	100	1,000
④	3	100	300

해설

요금감액 범위

구분		5%	10%	15%
창구접수	요금즉납	(3)개 이상	10개 이상	50개 이상
	요금후납	70개 이상	(100)개 이상	130개 이상
방문접수	접수정보 사전연계	개당 (500)원 감액(접수정보 입력, 사전결제, 픽업장소 지정 시)		

답 ②

41 국내우편물의 우편요금의 반환에 대한 설명으로 옳지 않은 것은?

① 우표로 반환할 때에는 우선 창구에서 보관 중인 우표로 반환 금액에 상당하는 우표를 청구인에게 교부하고 영수증을 받는다.

② 우편관서에서 우편물의 부가취급의 수수료를 받은 후 우편관서의 잘못으로 부가취급을 하지 아니한 경우 그 부가취급수수료는 우편요금 등을 납부한 날부터 60일 내에 반환을 청구해야한다.

③ 사설우체통 사용계약을 해지한 경우 해지한 날부터 30일 이내에 반환을 청구해야 한다.

④ 우편요금이 과다 징수된 경우 우편요금 등을 납부한 날부터 30일 이내에 반환을 청구해야 한다.

> **해설**
> 우편요금이 과다 징수된 경우 우편요금 등을 납부한 날부터 60일 이내에 반환을 청구해야 한다(「우편법 시행령」 제35조).
>
> **우편요금 등의 반환사유, 반환범위 및 반환기간(「우편법 시행령」 제35조)**
>
> | 반환사유 및 반환범위 | 근거규정 | 반환청구우체국 | 청구기간 |
> |---|---|---|---|
> | 1. 과다 징수한 우편요금 등 우편관서의 잘못으로 너무 많이 징수한 우편요금 등 | 영 제35조 제1항 제1호 | 해당 우편요금 등을 납부한 우체국 | 해당 우편요금 등을 납부한 날부터 60일 |
> | 2. 부가취급을 하지 아니한 경우의 그 부가취급수수료 – 우편관서에서 우편물의 부가취급의 수수료를 받은 후 우편관서의 잘못으로 부가취급을 하지 아니한 경우의 그 부가취급수수료 | 영 제35조 제1항 제2호 | 〃 | 〃 |
> | 3. 사설우체통 사용계약을 해지하거나 해지시킨 경우의 납부수수료 잔액 – 사설우체통의 사용계약을 해지한 날 이후의 납부수수료 잔액 | 영 제35조 제1항 제3호 | 〃 | 해지한 날부터 30일 |
> | 4. 납부인이 우편물을 접수한 후 우편관서에서 발송이 완료되지 아니한 우편물의 접수를 취소한 경우 | 영 제35조 제1항 제4호 | 〃 | 우편물 접수 당일 |
>
> **탭 ④**

42 ㉠~㉣에 들어갈 적당한 손·망실에 대한 손해배상액을 바르게 연결한 것은?

통상	일반	㉠	소포	일반	㉢
	등기취급	10만 원		등기취급	50만 원
	익일특급	10만 원		당일특급	㉣
	당일특급	㉡		–	–

① ㉠ – 1만 원

② ㉡ – 15만 원

③ ㉢ – 50만 원

④ ㉣ – 50만 원

 해설 ㉠ – 없음, ㉡ – 10만 원, ㉢ – 없음, ㉣ – 50만 원

손해배상의 범위 및 금액

구분			손실, 분실 (최고)	지연 배달
통상	일반		없음	없음
	준등기		5만 원	
	등기취급		10만 원	D+5일 배달분부터 : 우편요금과 등기취급수수료
	국내특급	당일특급	10만 원	D+1일 0시~20시까지 배달분 : 국내특급수수료 D+1일 20시 이후 배달분 : 우편요금과 국내특급수수료
		익일특급	10만 원	D+3일 배달분부터 : 우편요금 및 국내특급수수료
소포	일반		없음	없음
	등기취급		50만 원	D+3일 배달분부터 : 우편요금 및 등기취급수수료
	국내특급	당일특급	50만 원	D+1일 0시~20시까지 배달분 : 국내특급수수료 D+1일 20시 이후 배달분 : 우편요금과 국내특급수수료

답 ④

43 다음 중 손·망실에 대한 손해배상액이 나머지와 다른 것은?

① 통상 일반
② 통상 등기
③ 통상 당일특급
④ 통상 익일특급

 통상 일반은 손·망실에 대한 손해배상액이 없다.

답 ①

44 다음 ㉠~㉣을 모두 합한 손·분실에 대한 손해배상액은?

㉠ 소포 당일특급   ㉡ 통상 당일특급
㉢ 통상 익일특급   ㉣ 소포 등기

① 110만 원
② 120만 원
③ 130만 원
④ 150만 원

 ㉠ 소포 당일특급(50만 원)+㉡ 통상 당일특급(10만 원)+㉢ 통상 익일특급(10만 원)+㉣ 소포 등기(50만 원)=120만 원

답 ②

45 다음과 같은 경우 손해배상 범위는?

> 홍길동은 2021년 10월 19일 화요일 오후 2시에 우체국에서 통상 익일특급을 신청하였다. 그런데 그 우편물은 2021년 10월 22일 금요일 오후 3시에 수취인에게 도착하였다.

① 우편요금 및 국내특급수수료
② 우편요금
③ 국내특급수수료
④ 손해배상하지 않아도 된다.

 통상 익일특급은 송달기준일보다 3일 이상 지연배달 시 '우편요금 및 국내특급수수료'를 손해배상해야 한다.

답 ①

46 우편물의 손해배상에 관한 설명으로 옳지 <u>않은</u> 것은?

① 우편물의 손해배상은 국내우편물의 취급 중 우편관서의 고의 또는 과실로 인하여 이용자가 입은 재산적 손해를 전보하는 것을 말한다.
② 손실보상과의 가장 큰 차이점은 손해배상은 반드시 우편관서의 고의, 과실을 요건으로 한다는 점이다.
③ 손해배상 청구권은 우편물을 발송한 날부터 1년까지로 기간을 설정하고 있다.
④ 당해 우편물의 성질, 결함 또는 불가항력으로 인하여 발생한 손해인 경우에도 그 손해를 배상하여야 한다.

 정부는 우편물의 손해가 발송인 또는 수취인의 과오로 인한 것이거나 당해 우편물의 성질, 결함 또는 불가항력으로 인하여 발생한 것일 때에는 그 손해를 배상하지 않는다(「우편법」 제39조).

답 ④

47 다음 중 손해를 배상하지 않아도 되는 경우에 해당하는 것을 모두 고른 것은?

> ㉠ 수취인이 우편물을 정당하게 받았을 경우
> ㉡ 우편물을 교부할 때 외부에 파손의 흔적이 없고 무게도 차이가 없을 때
> ㉢ 우편물의 손해가 발송인 또는 수취인의 잘못으로 인하여 발생한 때
> ㉣ 우편물의 손해가 당해 우편물의 성질, 결함 또는 불가항력으로 인하여 발생한 때

① ㉡, ㉢
② ㉠, ㉣
③ ㉡, ㉢, ㉣
④ ㉠, ㉡, ㉢, ㉣

손해배상 제한사유
- 발송인이나 수취인의 잘못으로 손해가 생긴 경우
- 우편물의 성질·결함 또는 불가항력적인 이유로 손해가 생긴 경우
- 우편물을 배달(교부)할 때 외부에 파손 흔적이 없고, 무게도 차이가 없는 경우
- 수취인이 우편물을 정당하게 받았을 경우

답 ④

48 다음 중 국내우편물의 손해배상의 청구절차에 관한 설명으로 <u>틀린</u> 것은?

① 손해배상의 청구권자는 당해 우편물의 발송인만 가능하다.
② 손해가 있다고 인정되면 우편물 수취를 거부한 다음 날부터 15일 안에 수취 거부자에게 손해 검사에 참관하도록 연락해야 한다.
③ 국내우편물의 손해배상청구권은 우편물을 발송한 날부터 1년이다. 다만, 손해배상 결정서를 받은 청구인은 우편물을 받은 날부터 5년 안에 배상액을 청구할 수 있고 그 이후에는 시효로 인해 권리가 소멸된다.
④ 배달우체국에서는 손해사실의 신고를 받았을 때에는 집배원 또는 책임직이 수취거부 우편물의 외장 또는 무게의 이상 유무 등을 검사하여야 한다.

해설
국내우편물의 손해배상의 청구권자는 당해 우편물의 발송인 또는 그 승인을 얻은 수취인이 된다.

답 ①

49 다음 중 우편물의 손실보상 등의 내용 중 옳지 **않은** 것은?

① 운송원의 조력자에 대한 보상은 손실보상의 범위에 속한다.

② 우편업무 수행 중에 담장 없는 집터, 논밭이나 그 밖의 장소를 통행한 경우 이로 인해 피해자가 입은 손실은 손실보상의 방법으로 보상해 주어야 한다.

③ 손실보상은 그 사실이 있는 날로부터 3개월 이내에 청구하여야 한다.

④ 집배원이 우편업무 수행 중에 통행료를 지급하지 않고 도로를 이용한 경우 해당 통행료는 손실보상의 범위에 속한다.

해설 손실보상이 있었던 날부터 1년 이내에 청구하여야 한다.

답 ③

50 이용자 실비지급을 받기 위해서는 사유가 발생한 날로부터 며칠 이내에 당해 우체국에 신고하여야 하는가?

① 5일

② 7일

③ 10일

④ 15일

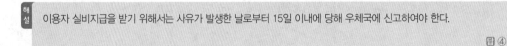

해설 이용자 실비지급을 받기 위해서는 사유가 발생한 날로부터 15일 이내에 당해 우체국에 신고하여야 한다.

답 ④

51 다음 ㉠, ㉡에 들어갈 적당한 말을 바르게 묶은 것은?

> 도와준 사람에게 줄 보수나 손실보상을 청구할 때에는 청구인의 주소, 성명, 청구사유 및 청구금액을 기재한 청구서를 운송원 등이 소속하고 있는 (㉠)을 거쳐 (㉡)에/에게 제출하여야 한다. 이때에 소속 (㉠)은 손실보상의 청구내용에 대한 의견서를 첨부하여야 한다.

① ㉠-우체국장, ㉡-관할 지방우정청장
② ㉠-우체국장, ㉡-과학기술정보통신부장관
③ ㉠-관할 지방우정청장, ㉡-과학기술정보통신부장관
④ ㉠-관할 지방우정청장, ㉡-국민권익위원회

 도와준 사람에게 줄 보수나 손실보상을 청구할 때에는 청구인의 주소, 성명, 청구사유, 청구금액을 적은 청구서를 운송원 등이 소속하고 있는 (우체국장)을 거쳐 (관할 지방우정청장)에게 제출하여야 한다. 이때에 소속 (우체국장)은 손실보상의 청구내용에 대한 의견서를 첨부하여야 한다(「우편법 시행규칙」 제7조).

답 ①

52 우편물의 손실보상에 관한 설명으로 옳지 <u>않은</u> 것은?

① 청구서와 의견서를 받은 우체국장은 그 내용을 심사하여 청구내용이 정당하지 아니하다고 인정하는 때에는 그 사유서를 청구인에게 보내고, 청구내용이 정당하다고 인정하는 때에는 청구한 보수 또는 손실보상금을 청구인에게 지급하여야 한다.
② 지방우정청장은 필요하다고 인정하는 경우에는 청구인의 출석을 요구하여 질문하거나 관계 자료를 제출하도록 할 수 있다.
③ 손실보상이 있는 사실을 안 날부터 1년 안에 청구하여야 한다.
④ 우편업무를 수행 중인 운송원·집배원이 통행료를 내지 않고, 도로나 다리를 지나간 경우는 손실보상에 포함된다.

 청구서와 의견서를 받은 '지방우정청장'은 그 내용을 심사하여 청구내용이 정당하지 아니하다고 인정하여 청구금액을 지급할 수 없는 때에는 그 사유서를 청구인에게 송부하고, 청구내용이 정당하다고 인정하는 때에는 청구한 보수 또는 손실보상금을 청구인에게 지급하여야 한다(「우편법 시행규칙」 제7조 제3항).

답 ①

53 EMS에서 종 · 추적조사 및 손해배상을 청구한 때 3일 이상 지연 응대한 경우에 실비지급액에 해당하는 것은?

① 5천 원 상당 교통비 또는 승차권
② 1만 원 상당 교통비 또는 승차권
③ 무료발송권(1회 3만 원 권)
④ 무료발송권(1회 10kg까지)

 이용자 실비지급의 대상 · 범위와 지급액

구분	지급사유	지급액
모든 우편	우체국 직원의 잘못이나 불친절한 응대 등으로 2회 이상 우체국을 방문하였음을 신고 시	1만 원 상당의 문화상품권
EMS	종 · 추적조사 및 손해배상을 청구한 때 3일 이상 지연 응대한 경우	무료발송권(1회 3만 원 권)
	한 발송인에게 월 2회 이상 손 · 망실 발생 시	무료발송권(1회 10kg까지) ※ 보험가입 여부와 관계없이 월 2회 이상 손 · 망실이 생긴 때

달 ③

54 우정사업본부의 연혁을 순서대로 바르게 나열한 것은?

> ㉠ 우정총국 설치
> ㉡ 정보통신부로 개칭
> ㉢ 우정사업본부 출범
> ㉣ 체신부 탄생

① ㉣ → ㉠ → ㉢ → ㉡
② ㉣ → ㉠ → ㉡ → ㉢
③ ㉠ → ㉣ → ㉡ → ㉢
④ ㉠ → ㉣ → ㉢ → ㉡

㉠ 우정총국 설치(1884) → ㉣ 체신부 탄생(1948) → ㉡ 정보통신부로 개칭(1994) → ㉢ 우정사업본부 출범(2000)

우정사업본부의 연혁
- 1884년 3월 27일 우정총국 설치
- 1884년 10월 21일 우정총국 개국
- 1900년 3월 23일 대한제국 농상공부 산하 통신원 설치
- 1948년 8월 15일 대한민국 체신부 탄생
- 1994년 12월 23일 정보통신부로 개칭
- 2000년 7월 1일 우정사업본부 출범
- 2008년 2월 29일 지식경제부 소속기관으로 부처 변경
- 2013년 3월 23일 미래창조과학부 소속기관으로 부처 변경
- 2017년 7월 과학기술정보통신부 소속기관으로 부처 변경

답 ③

55 우편사업의 보호규정에 해당하지 <u>않는</u> 것은?

① 우편업무 전용 물건의 압류 금지　　　　② 우편물 운송요구권

③ 운송원 등의 조력청구권　　　　　　　　④ 공동해상 손해부담권

 해설

④ 공동해상 손해부담권이 아닌 공동해상 손해부담의 면제를 보장한다.
① 「우편법」 제7조
② 「우편법」 제3조의2
③ 「우편법」 제4조

공동해상 손해부담의 면제
공동해상 손해부담이라 함은 선박이 위험에 직면하였을 때 선장은 적하되어 있는 물건을 처분할 수 있으나, 이때의 손해에 대하여는 그 선박의 화주전원이 적재화물비례로 공동 분담하는 것을 말하며(상법) 이 경우에도 우편물에 대하여는 이를 분담시킬 수 없다.

달 ④

56 다음은 우편사서함 사용계약 과정이다. ㉠~㉣에 들어갈 용어로 옳은 것은?

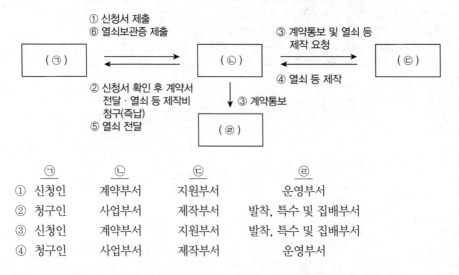

	㉠	㉡	㉢	㉣
①	신청인	계약부서	지원부서	운영부서
②	청구인	사업부서	제작부서	발착, 특수 및 집배부서
③	신청인	계약부서	지원부서	발착, 특수 및 집배부서
④	청구인	사업부서	제작부서	운영부서

해설

빈칸에 각각 들어갈 말은 ㉠ - 신청인, ㉡ - 계약부서, ㉢ - 지원부서, ㉣ - 발착, 특수 및 집배부서이다. 우편사서함이란 신청인이 우체국장과 계약을 하여 우체국에 설치된 우편함에서 우편물을 직접 찾아가는 서비스이다. 우편물을 다량으로 받는 고객이 우편물을 수시로 찾아갈 수 있으며, 수취인 주거지나 주소변경에 관계없이 이용할 수 있는 장점이 있다.

달 ③

57 우편사서함 사용계약에 대한 설명으로 옳지 <u>않은</u> 것은?

① 사서함은 2인 이상이 공동으로 사용할 수 없다.

② 법인, 공공기관 등 단체의 우편물 수령인은 5명까지 등록 가능하며 신규 개설할 때나 대리수령인이 바뀐 때는 미리 신고할 경우에만 가능하다.

③ 사서함 신청을 받은 관할 지방우정청장은 국가기관, 지방자치단체, 일일배달 예정 물량이 50통 이상인 다량이용자, 우편물배달 주소지가 사서함 설치 우체국의 관할구역인 신청자 순서로 우선 계약을 할 수 있다.

④ 사서함 관리를 위해 필요한 경우 신청인의 주소, 사무소나 사업소의 소재지를 확인할 수 있다.

 해설 사서함 신청을 받은 우체국장은 국가기관, 지방자치단체, 일일배달 예정 물량이 100통 이상인 다량이용자, 우편물배달 주소지가 사서함 설치 우체국의 관할구역인 신청자 순서로 우선 계약을 할 수 있다.

답 ③

58 국내우편물의 처리과정을 순서대로 바르게 나열한 것은?

① 발송인 → 접수 → 소인 → 정리 → 체결 → 운송 → 교환(구분) → 배달 → 수취인
② 발송인 → 접수 → 정리 → 소인 → 운송 → 체결 → 교환(구분) → 배달 → 수취인
③ 발송인 → 접수 → 소인 → 운송 → 체결 → 정리 → 배달 → 교환(구분) → 수취인
④ 발송인 → 소인 → 접수 → 정리 → 체결 → 교환(구분) → 운송 → 배달 → 수취인

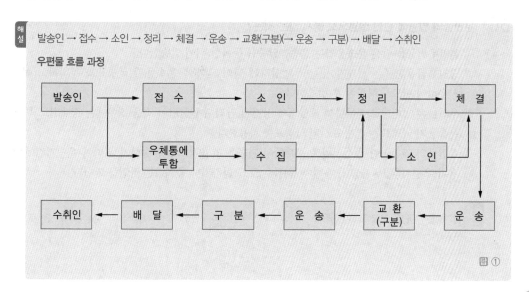

해설 발송인 → 접수 → 소인 → 정리 → 체결 → 운송 → 교환(구분)(→ 운송 → 구분) → 배달 → 수취인

우편물 흐름 과정

답 ①

59 운송할 우편물이 많아서 운송수단으로 운송할 수 없는 경우 다음 중 최우선하여 배달하여야 하는 우편물은?

① 당일특급우편물
② 등기통상우편물
③ 국제항공우편물
④ 국제선편우편물

 운송할 우편 물량이 많아 차량, 선박, 항공기, 열차 등의 운송수단으로 운송할 수 없는 경우에는 다음 순위에 따라 처리한다.
• 1순위 : 당일특급우편물, EMS우편물
• 2순위 : 익일특급우편물, 등기소포우편물(택배 포함), 등기통상우편물, 국제항공우편물
• 3순위 : 일반소포우편물, 일반통상우편물, 국제선편우편물

답 ①

60 우편물의 발송에 관한 설명으로 옳지 <u>않은</u> 것은?

① 일반우편물을 담은 운송용기는 운송송달증을 등록한 뒤에 발송한다.
② 당일특급우편물은 덮개가 있는 우편상자에 담아 덮개에 운송용기 국명표를 부착하고 묶음끈을 사용하여 반드시 봉함한 후 발송한다.
③ 우편물은 형태별로 분류하여 해당 우편상자에 담되 우편물량이 적을 경우에는 형태별로 묶어 담고 운송용기 국명표는 혼재 표시된 국명표를 사용한다.
④ 우편물의 교환이란 행선지별로 구분한 우편물을 효율적으로 운송하기 위하여 운송거점에서 운송용기(우편자루, 우편상자, 운반차 등)를 서로 교환하거나 중계하는 작업을 말한다.

 당일특급우편물은 국내특급우편자루를 사용하고 다른 우편물과 구별하여 해당 배달국이나 집중국으로 별도로 묶어서 발송한다.

답 ②

02 국제우편

01 만국우편연합(UPU)에 대한 설명으로 옳지 <u>않은</u> 것은?

① 기준 화폐는 SDR(Special Drawing Right)이다.
② 우편운영이사회에서는 우편에 관한 정부정책 및 감사 등과 관련된 사안을 담당한다.
③ 공용어로 프랑스어를 채택하였으며, 국제사무국에서는 프랑스어와 영어를 병용한다.
④ 1875년 출범한 일반우편연합(GPU)이 1878년 '만국우편연합(UPU)'으로 이름이 바뀌었다.

> **해설** 우편운영이사회에서는 우편업무에 관한 운영적, 상업적, 기술적, 경제적 사안을 담당한다. 우편에 관한 정부정책 및 감사 등과 관련된 사안을 담당하는 기관은 관리이사회이다.
>
> 답 ②

02 UPU의 임무(The Mission of the UPU)에 대한 설명으로 옳지 <u>않은</u> 것은?

① 변화하는 고객의 욕구를 충족
② 이해관계자들 간의 협력과 상호작용
③ 상호 연결된 단일 우편 영역에 걸쳐 우편물의 자유로운 교환 보장
④ 가입국 간 차별화된 표준을 채택하고, 협력국 간 기술 이용을 촉진

> **해설** UPU의 임무 전 세계 사람들 사이의 통신을 증진하기 위하여 다음과 같이 효율적이고 편리한 보편적 우편서비스의 지속적인 발전을 촉진한다.
> • 상호 연결된 단일 우편 영역에서 우편물의 자유로운 교환을 보장
> • 공정하고 공통된 표준을 채택하고, 기술 이용을 촉진
> • 이해관계자들 간의 협력과 상호작용의 보장
> • 효과적인 기술협력 증진
> • 고객의 변화하는 요구에 대한 충족을 보장
>
> 답 ④

03 UPU의 기관 중에서 다음 설명에 해당하는 역할을 수행하는 기관은?

> • 전 세계 우편 사업의 기본 발전방향을 설정한다.
> • 연합 최고의결기관으로서 매 4년마다 개최된다.

① 관리이사회(CA)
② 국제사무국(IB)
③ 우편운영이사회(POC)
④ 총회(Congress)

 해설 총회에 대한 설명이다.

UPU의 조직

총회 (Congress)	연합의 최고 의결기관으로서 매 4년마다 개최되며, 전 회원국의 전권대표로 구성되고, 전 세계 우편 사업의 기본 발전방향 설정함	
연합의 상설기관	관리이사회 (Council of Administration : CA)	우편에 관한 정부정책 및 감사 등과 관련된 사안을 담당
	우편운영이사회 (Postal Operations Council : POC)	우편업무에 관한 운영적, 상업적, 기술적, 경제적 사안을 담당
	국제사무국 (International Bureau : IB)	연합업무의 수행, 지원, 연락, 통보 및 협의 기관으로 기능

답 ④

04 국제우편물에 대한 설명으로 옳지 <u>않은</u> 것은?

① 국제우편물은 크게 국제통상우편물, 국제소포우편물, 국제특급우편물 등으로 나뉜다.

② K-Packet은 2kg 이하 소형물품의 해외배송에 적합한 우편서비스로 우체국과의 계약을 통해 이용하는 전자상거래용 국제우편서비스이다.

③ 우편물의 취급 속도에 따르면 우선취급우편물과 비우선취급우편물로 구분하는데, 우리나라에서 발송되는 국제우편물에 대하여는 이 제도를 적극적으로 시행하고 있다.

④ 국제소포우편물이란 「만국우편연합 소포우편규칙」에 규정된 바에 따라 우정당국 간에 교환하는 소포를 말한다.

 우리나라에서 발송되는 국제우편물에 대하여는 취급 속도에 따른 구분을 하지 않는다.

국제통상우편물

「만국우편협약」 제13조에 따라 통상우편물은 취급 속도나 내용물에 근거하여 분류하며, 이는 각 국가의 우정당국이 자유롭게 선택하여 발송우편물의 종류 및 취급 방법을 적용

우편물의 내용물을 근거로 하여 구분 (우리나라 구분방식)	취급 속도에 따라 우선취급우편물과 비우선취급우편물로 구분(일부 국가 구분방식)
① 서장(Letters), 소형포장물(Small packet) : 무게한계 2kg ② 인쇄물(Printed papers) : 무게한계 5kg ③ 시각장애인용 우편물(Items for the blind) : 무게한계 7kg ④ 우편자루 배달인쇄물(M-bag) : 10kg~30kg ⑤ 기타 : 항공서간(Aerogramme), 우편엽서(Postcard)	① 우선취급우편물 : 우선적 취급을 받으며 최선편(항공 또는 선편)으로 운송되는 우편물(무게한계 2kg) ② 비우선취급우편물 : 우선취급 우편물보다 상대적으로 송달이 늦고 요금도 상대적으로 싼 우편물(무게한계 2kg)

답 ③

시대에듀 | www.sdedu.co.kr

05 다음 중 국제우편물의 종류와 그 중량한계의 연결이 옳은 것은?

① 인쇄물－10kg

② 서장(Letters), 소형 포장물－2kg

③ 시각장애인용 우편물－10kg

④ 우편자루배달 인쇄물－40kg

 해설

① 인쇄물(Printed Papers)－5kg

③ 시각장애인용 점자우편물－7kg

④ 우편자루배달 인쇄물(M－bag)－최저 10kg~최고 30kg

답 ②

06 다음 국제우편물에 대한 설명 중 옳지 않은 것은?

① 우선취급(Priority) 우편물과 비우선취급(Non－priority) 우편물은 국제통상우편물의 일부 국가 구분방식이다.

② 국제소포우편물은 「만국우편연합 소포우편규칙」에 규정된 바에 따라 우정당국 간 교환하는 소포 우편물이다.

③ 비서류 국제특급우편물(EMS)은 서류용 특급우편물 이외의 우편물을 발송할 때 이용하며, 세관 검사 대상에 해당하지 않는다.

④ 한·중 해상특송서비스는 30kg 이하 물품의 해외 다량 발송에 적합한 서비스로서 우체국과 계약 하여 이용하는 전자상거래 전용 국제우편서비스이다.

 해설

비서류용(Non-Document) 국제특급우편물(EMS)는 서류용 특급우편물 이외의 우편물로 상품 견본(Sample)과 물품 (Gift, Merchandise) 등의 내용품을 발송할 때 이용하며, 비서류용 운송장 사용한다. 서류용과 비서류용 모두 세관검사 대상에 해당한다.

답 ③

260 PART 03 | 적중예상문제

07 국제우편물 중 우편엽서(Postcard)에 대한 설명으로 옳은 것은?

① 우편엽서는 정부가 발행하는 관제엽서와 정부 이외의 자가 발행하는 사제엽서로 구분된다.

② 모든 엽서는 앞면 윗부분에 우편엽서라는 뜻인 Postcard 또는 Carte postale이 표시되어야 한다.

③ 사제엽서는 우편요금을 표시하는 증표를 인쇄할 수 있다.

④ 우편엽서는 봉함한 상태로 발송된다.

> 해설
> ① 우편엽서는 조약에 규정된 조건에 따라 정부가 발행하는 것(관제엽서)과 정부 이외의 사람이 조제하는 것(사제엽서)으로 구분된다.
> ② 앞면 윗부분에 우편엽서를 뜻하는 영어 'Postcard'나 프랑스어 'Carte postale'를 표시하여야 하지만, 그림엽서의 경우 꼭 영어나 프랑스어로 표시해야 하는 것은 아니다.
> ③ 사제엽서는 우편요금을 표시하는 증표를 인쇄할 수 없다.
> ④ 우편엽서는 봉함하지 않은 상태로 발송된다.
>
> 답 ①

08 항공서간(Aerogramme)에 대한 설명으로 옳지 <u>않은</u> 것은?

① 항공서간은 항공통상우편물로서 세계 어느 지역이나 단일 요금으로 보낼 수 있는 국제우편 특유의 우편물 종류이다.

② 항공서간은 한 장의 종이로 되어 있으며 편지지와 봉투를 겸한 직사각형의 봉함엽서 형태이다.

③ 원형을 변경하여 사용할 수 있으며 등기로 발송 가능하다.

④ 항공서간에는 외부에 'Aerogramme'이란 표시를 하여야 한다.

> 해설
> 항공서간은 원형을 변경하여 사용할 수 없으며 등기로 발송 가능하고, 항공서간에는 우표 이외의 물품을 붙이지 못하며 어떠한 것도 넣을 수 없다.
>
> 답 ③

09 다음 중 인쇄물(Printed Papers)의 요건을 갖추지 않은 것 중 인쇄물로 취급하는 것을 모두 고르면?

> ㉠ 학교에서 학생들에게 보내는 통신강의록
> ㉡ 소설 또는 신문의 원고
> ㉢ 필사한 악보
> ㉣ 학생들의 과제원본과 채점답안

① ㉠, ㉡, ㉢
② ㉡, ㉣
③ ㉠, ㉢, ㉣
④ ㉠, ㉡, ㉢, ㉣

 모두 인쇄물로 취급된다.

인쇄물의 요건을 갖추지 않은 것 중 인쇄물로 취급하는 것
- 관계 학교의 교장을 통하여 발송하는 것으로 학교의 학생끼리 교환하는 서장이나 엽서
- 학교에서 학생들에게 보낸 통신강의록, 학생들의 과제 원본과 채점 답안(다만, 성적과 직접 관계되지 않는 사항은 기록할 수 없음)
- 소설이나 신문의 원고
- 필사한 악보
- 인쇄한 사진
- 동시에 여러 통을 발송하는 타자기로 치거나 컴퓨터 프린터로 출력한 인쇄물

답 ④

10 다음 중 소형포장물(Small packet)에 대한 설명으로 옳지 <u>않은</u> 것을 모두 고르면?

> ㉠ 내용품의 가격이 300SDR 이하인 경우 세관신고서(CN23)를 첨부한다.
> ㉡ 소형포장물 내부 또는 외부에 송장(INVOICE) 첨부가 가능하다.
> ㉢ 현실적이고 개인적인 통신문 성격의 서류 동봉이 가능하다.
> ㉣ 무게한계는 3kg까지이다.

① ㉠, ㉡
② ㉠, ㉣
③ ㉡, ㉢
④ ㉢, ㉣

 옳지 않은 것은 ㉠, ㉢이다.
㉠ 내용품의 가격이 300SDR 이하일 경우에는 세관표지(CN22)를 붙이고 300SDR이 초과될 경우에는 세관신고서 (CN23)를 첨부한다.
㉢ 무게한계는 2kg까지이다.

답 ②

11 다음 중 K-Packet에 대한 설명으로 <u>틀린</u> 것은?

① K-Packet은 「국제우편규정」에 따라 과학기술정보통신부장관이 고시한 전자상거래용 국제우편 서비스로 중국의 e-Packet, 일본의 e-small packet과 같은 해외 전자상거래용 우편서비스이다.
② 5kg 이하 소형물품을 인터넷우체국이 제공하는 API 시스템을 통해 온라인으로 접수한다.
③ 1회 배달 성공률 향상을 위해 해외우정당국과 제휴하여 수취인 서명 없이 배달한다.
④ 손해배상 처리절차는 원칙적으로 기존 국제등기우편과 동일하다.

 2kg 이하 소형물품을 인터넷우체국이 제공하는 API 시스템을 통해 온라인으로 접수한다.

K-Packet 취급조건
① 제한무게 : 2kg, 제한규격 : 최대길이 60cm, 가로+세로+높이 ≤ 90cm
② 우선취급 발송
③ 1회 배달 성공률 향상을 위해 해외우정당국과 제휴하여 수취인 서명 없이 배달
④ 손해배상
   ㉠ 발송우정청 책임
   ㉡ 손해배상 처리절차는 기존 국제등기우편과 동일. 단, 인터넷으로 종추적 배달결과가 없는 경우에 한하여 행방조사 청구가 가능
   ※ 배상액 : 기존 국제등기우편물 손해배상 지급기준과 동일

답 ②

안심Touch

12 국제특급우편(EMS)으로 보낼 수 있는 물품이 <u>아닌</u> 것은?

① 컴퓨터 데이터(Computer Data)
② 송금환(Money remittances)
③ 상품 견본(Business Samples)
④ 마그네틱테이프(Magnetic Tape)

> **해설** 송금환은 국제특급우편(EMS)로 보낼 수 없다.
>
> **국제특급우편으로 보낼 수 있는 물품**
>
> | 접수 가능 물품 | 접수 금지 물품 |
> | --- | --- |
> | ① 업무용 서류(Business Documents)
② 상업용 서류(Commercial papers)
③ 컴퓨터 데이터(Computer data)
④ 상품 견본(Business samples)
⑤ 마그네틱테이프(Magnetic tape)
⑥ 마이크로필름(Microfilm)
⑦ 상품(Merchandise) : 나라에 따라 취급을 금지하는 경우도 있음 | ① 동전, 화폐(Coins, Bank notes)
② 송금환(Money remittances)
③ 유가증권류(Negotiable articles)
④ 금융기관 간 교환 수표(Check clearance)
⑤ UPU 일반우편금지물품(Prohibited articles)
  ㉠ 취급상 위험하거나 다른 우편물을 더럽히거나 깨뜨릴 우려가 있는 것
  ㉡ 마약류 및 향정신성 물질
  ㉢ 폭발성, 가연성 또는 위험한 물질
  ㉣ 외설적이거나 비도덕적인 물품 등
⑥ 가공 또는 비가공의 금, 은, 백금과 귀금속, 보석 등 귀중품
⑦ 상대국가에서 수입을 금하는 물품
⑧ 여권을 포함한 신분증 |
>
> 답 ②

13 다음 중 국제특급우편(EMS)에 관한 설명으로 옳지 <u>않은</u> 것은?

① 다른 우편물보다 우선취급하게 되며, 통신문, 서류 또는 물품을 매우 짧은 시간 내에 수집·발송·배달하는 우편업무이다.
② 실물수단에 의한 가장 신속한 우편업무이기 때문에 초특급우편 등의 특수취급은 부가할 수 없다.
③ 행방조사 결과 우체국의 잘못으로 송달예정기간보다 48시간 이상 늦어진 것으로 판정된 경우 납부한 우편 요금을 환불해준다.
④ 동전 및 화폐(Coins, Bank notes)는 국제특급우편(EMS)으로 보낼 수 없다.

국제특급우편(EMS)는 항공 및 등기를 기본으로 하지만 배달통지, 보험취급, 배달보장서비스 등의 특수취급을 부가할 수 있다.

답 ②

14 국제통상우편물 중 우편자루배달 인쇄물(M-bag)의 접수방법에 대한 설명으로 옳지 <u>않은</u> 것은?

① 접수 시 각각의 통상우편물로 취급한다.
② 주소기록용 꼬리표를 2장 작성하여 1장은 우편물에 붙이고, 1장은 우편자루 목에 묶어 봉인한다.
③ 통관대상물품이 들어 있는 경우 CN22를 작성하여 붙인다.
④ 요금은 우표나 우편요금인영증지를 주소기록용 꼬리표 뒷면이나 우편물 표면에 부착한다.

해설 우편자루배달 인쇄물을 접수할 때는 하나의 통상우편물로 취급한다.

답 ①

15 다음 중 시각장애인용 점자우편물을 접수할 때 확인해야 할 사항으로 옳은 것은 몇 개인가?

> ⊙ 내용품의 가액이 300SDR을 초과할 경우 CN23을 작성하여 부착
> ⓒ 봉투 표면에 Items for the blind 표시
> ⓒ 항공으로 발송할 때에는 항공부가요금에 해당하는 요금을 수납
> ⓔ 등기를 접수할 때 등기료는 무료
> ⓜ AIRMAIL 또는 SURFACE MAIL 고무인
> ⓫ 국제우편00날짜도장으로 소인

① 3개
② 4개
③ 5개
④ 6개

 해설 옳은 것은 ⓒ · ⓒ · ⓔ · ⓜ · ⓫의 5개이다.
⊙ 접수 시 내용품의 가액이 300SDR을 초과할 경우 CN23을 작성하여 부착하는 것은 우편자루배달 인쇄물이다.

답 ③

16 국제보험소포우편물 운송장의 작성 및 첨부로 옳은 것은?

① 보험가액은 달러($)로 표시하여야 하며 발송인이 주소기표지 해당란에 영문과 아라비아숫자로 기재해야 한다.

② 보험가액은 잘못 기재하였다 하더라도 지우거나 정정할 수 없어 운송장을 재작성하여야 한다.

③ 보험소포우편물의 중량은 10kg 단위로 표시한다.

④ 소포우편물 내용물의 실제 가격보다 높은 가액을 보험가액으로 해야 한다.

① 보험가액은 원화(KRW)로 표시하여야 한다.

③ 보험소포우편물의 중량은 10g 단위로 표시하며, 10g 미만의 단수는 10g 단위로 절상한다.

④ 보험가액은 소포우편물 내용물의 실제 가격을 초과할 수 없지만 소포우편물 가격의 일부만을 보험에 가입하는 것은 허용한다.

답 ②

17 해외 전자상거래용 반품서비스(IBRS EMS)에 대한 설명으로 옳지 <u>않은</u> 것은?

① 기존의 국제우편요금 수취인부담 제도를 활용하여 반품을 수월하게 하는 제도이다.

② 취급대상 우편물은 EMS에 한정하며, 최대 중량은 5kg까지 가능하다.

③ EMS 우편물로 취급하는 것 이외에는 부가취급이 불가능하다.

④ 우편물의 요금은 수취인이 우편물을 받을 때 납부하게 하며 후납취급도 가능하다.

해외 전자상거래용 반품서비스(IBRS EMS)에서 취급대상 우편물의 최대 무게는 2kg까지이다.

답 ②

18 다음 중 EMS 배달보장 서비스에 대한 내용으로 <u>틀린</u> 것은?

① 대상지역은 11개 국가 우정당국간 공동시행하나 11개 우정당국이 모든 지역에 대해 EMS 배달
보장서비스가 제공되는 것은 아니다.

② 미국, 호주, 유럽은 접수일＋3일 이내 배달이 보장되며 아시아 지역은 접수일＋2일 이내 배달이 보
장된다.

③ 2005년 7월 25일 서비스가 최초 시행되었다.

④ 우정당국간 정산은 책임소재를 확인한 후 발송국가우정당국 변상 또는 사후 우정당국간 정산한다.

 11개 우정당국이 모든 지역에 대해 EMS 배달보장서비스를 제공한다.

EMS 배달보장 서비스 요약

구분	주요내용
대상지역	11개 국가 우정당국간 공동시행 ※ 11개 우정당국이 모든 지역에 대해 EMS 배달보장 서비스 제공
배달기한	배달보장일 계산프로그램 활용 • 배달보장일 계산프로그램에서 안내되는 배달보장일자가 EMS 배달보장 서비스 배달기한이 됨 • 아시아 지역 : 접수일＋2일 이내 배달보장 • 미국, 호주, 유력 : 접수일＋3일 이내 배달보장
배달기한보다 지연될 경우 손해배상	책임우정당국 책임과 배상
우정당국 정산방법	우정당국 간 상호 정산 ※ 책임소재를 확인한 후 발송국가우정당국 변상 또는 사후 우정당국 간 정산

답 ①

19 다음 중 국제우편서비스별 손해배상금에 대한 설명으로 옳지 <u>않은</u> 것은?

① 등기우편물이 일부 도난 또는 일부 훼손된 경우 등기료를 제외한 52,500원 범위 내의 실제 손해액과 납부한 우편요금이 배상금액에 해당한다.

② 보통소포우편물이 분실, 전부 도난 또는 전부 훼손된 경우 70,000원에 1kg당 7,870원을 합산한 금액범위 내의 실제 손해액과 납부한 우편요금이 배상금액에 해당한다.

③ 등기우편낭 배달 인쇄물이 일부 도난 또는 일부 훼손된 경우 262,350원 범위 내의 실제 손해액이 배상금액에 해당한다.

④ 내용품이 서류인 국제특급우편물이 분실된 경우 70,000원 범위 내의 실제 손해액과 국제특급우편 요금이 배상금액에 해당한다.

해설 내용품이 서류인 국제특급우편물이 분실된 경우 52,500원 범위 내의 실손해액과 국제특급우편 요금이 배상금액에 해당한다.

국제우편서비스별 손해배상

종류별	손해배상의 범위	배상금액
등기우편물	분실, 전부 도난 또는 전부 훼손된 경우	52,500원 범위 내의 실손해액과 납부한 우편요금(등기료 제외)
	일부 도난 또는 일부 훼손된 경우	52,500원 범위 내의 실손해액
등기우편낭 배달 인쇄	분실, 전부 도난 또는 전부 훼손된 경우	262,350원과 납부한 우편요금(등기료 제외)
	일부 도난 또는 일부 훼손된 경우	262,350원 범위 내의 실손해액
보통소포 우편물	분실, 전부 도난 또는 전부 훼손된 경우	70,000원에 1kg당 7,870원을 합산한 금액범위 내의 실손해액과 납부한 우편요금
	일부 분실·도난 또는 일부 훼손된 경우	70,000원에 1kg당 7,870원을 합산한 금액범위 내의 실손해액
보험서장 및 보험소포 우편물	분실, 전부 도난 또는 전부 훼손된 경우	보험가액 범위 내의 실손해액과 납부한 우편요금(보험취급수수료 제외)
	일부 분실·도난 또는 일부 훼손된 경우	보험가액 범위 내의 실손해액
국제특급 우편물	내용품이 서류인 국제특급우편물이 분실된 경우	52,500원 범위 내의 실손해액과 국제특급우편 요금
	내용품이 서류인 국제특급우편물이 일부 도난 또는 훼손된 경우	52,500원 범위 내의 실손해액과 납부한 국제특급우편요금
	내용품이 서류가 아닌 국제특급우편물이 분실·도난 또는 훼손된 경우	70,000원에 1kg당 7,870원을 합산한 금액 범위 내의 실손해액과 납부한 국제특급우편요금
	보험취급한 국제특급우편물이 분실·도난 또는 훼손된 경우	보험가액 범위 내의 실손해액과 납부한 국제특급우편요금(보험취급수수료 제외)
	배달예정일보다 48시간 이상 지연배달된 경우 (단, EMS 배달보장서비스는 배달예정일보다 지연 배달된 경우)	납부한 국제특급우편요금(보험취급수수료 제외)

※ 지연 배달 등으로 인한 간접손실 또는 수익의 손실은 배상하지 않도록 규정함

답 ④

20 다음의 빈칸에 들어갈 말을 순서대로 바르게 나열한 것은?

> 우편사업이나 우편창구업무의 위탁에 관한 사항은 따로 법률로 정한다. 다만, (   )은 우편창구업무
> 외의 우편업무의 일부를 (   )(으)로 정하는 바에 따라 다른 자에게 위탁할 수 있다.

① 과학기술정보통신부장관, 대통령령
② 과학기술정보통신부장관, 우정사업본부고시
③ 우정사업본부장, 대통령령
④ 우정사업본부장, 우정사업본부고시

 우편사업이나 우편창구업무의 위탁에 관한 사항은 따로 법률로 정한다. 다만, 과학기술정보통신부장관은 우편창구업무
외의 우편업무의 일부를 대통령령으로 정하는 바에 따라 다른 자에게 위탁할 수 있다(「우편법」 제2조 제5항).

답 ①

21 다음 설명 중 옳지 <u>않은</u> 것은?

① 우편업무에 종사하는 자 또는 종사하였던 자는 재직 중 우편에 관하여 지득한 타인의 비밀을 누설
하여서는 아니 된다.
② 우편물을 운송하는 자는 당해 차량·선박 또는 항공기에 실은 우편물을 그 목적지에서 내릴 때에는
다른 화물에 우선하여 내려야 한다.
③ 우편물을 운송하는 자는 당해 차량·선박 또는 항공기에 실은 우편물을 사고나 재해로 인하여 운송
도중에 바꿔 실을 때에는 다른 화물에 우선하여 바꿔 실어야 한다.
④ 우편물을 운송하는 자는 위험한 재난으로 인하여 부득이 화물을 처분하여야 할 경우에는 우편물을
우선하여 처분하여야 한다.

 우편물을 운송하는 자는 위험한 재난으로 인하여 부득이하게 화물을 처분하여야 할 경우에는 우편물을 가장 나중에
처분하여야 한다(「우편법」 제3조의3 제2항).

답 ④

22 다음 중 「우편법」상 옳지 <u>않은</u> 것은?

① 우편을 위한 용도로만 사용되는 물건은 압류할 수 없다.

② 우편을 위한 용도로 사용 중인 물건은 압류할 수 없다.

③ 우편을 위한 용도로만 사용되는 물건은 제세공과금의 부과대상이 된다.

④ 우편물과 그 취급에 필요한 물건은 해손을 부담하지 아니한다.

> **해설** 우편을 위한 용도로만 사용되는 물건(우편에 관한 서류를 포함한다)은 각종 세금 및 부과대상이 되지 아니한다(「우편법」 제7조 제2항).
>
> 답 ③

23 「우편법」상 요금 등의 납부의무는 그 납부하여야 할 날로부터 얼마 이내에 납부의 고지를 받지 아니하였을 때에 소멸하는가?

① 1개월

② 3개월

③ 6개월

④ 1년

> **해설** 요금 등의 납부의무는 그 납부하여야 할 날로부터 6개월 내에 납부의 고지를 받지 아니한 경우에는 소멸한다. 다만, 불법으로 면탈한 요금에 대하여는 그러하지 아니하다(「우편법」 제23조).
>
> 답 ③

24 우편에 관하여 이미 냈거나 초과하여 낸 요금은 어떻게 하는가?

① 전액을 되돌려 줘야 한다.
② 반액만 되돌려 준다.
③ 과학기술정보통신부장관이 정하는 경우에 한하여 되돌려 준다.
④ 대통령령으로 정하는 경우에 한하여 되돌려 준다.

 우편에 관하여 이미 냈거나 초과하여 낸 요금은 대통령령으로 정하는 경우 외에는 되돌려 주지 아니한다(「우편법」 제25조).

정답 ④

25 유가물과 매각대금은 당해 우편물을 보관한 날로부터 얼마 이내에 교부를 청구하는 자가 없을 때 국고에 귀속하는가?

① 1개월
② 3개월
③ 6개월
④ 1년

 유가물과 매각대금은 그 우편물을 보관한 날부터 1년 내에 내줄 것을 청구하는 자가 없을 때에는 국고에 귀속한다(「우편법」 제36조 제3항).

정답 ④

26 건물의 전부 또는 일부를 주택·사무소 또는 사업소로 사용하는 건축물 중 우편수취함을 설치하여야 하는 고층건물은?

① 2층 이상의 고층건물
② 3층 이상의 고층건물
③ 4층 이상의 고층건물
④ 5층 이상의 고층건물

3층 이상의 고층건물로서 그 전부 또는 일부를 주택·사무소 또는 사업소로 사용하는 건축물에는 대통령령이 정하는 바에 의하여 우편수취함을 설치하여야 한다(「우편법」제37조의2).

답 ②

27 다음 중 서신 제외 대상에 해당하는 범위를 잘못 설명한 것은?

① 국내에서 회사의 본점과 지점 간 또는 지점 상호 간에 수발하는 우편물로서 발송 후 24시간 이내에 배달이 요구되는 상업용 서류
② 여신전문금융업법에 해당하는 신용카드
③ 외국과 수발하는 국제서류
④ 화물에 첨부하는 봉하지 아니한 첨부서류 또는 송장

 국내에서 회사(「공공기관의 운영에 관한 법률」에 따른 공공기관을 포함한다)의 본점과 지점 간 또는 지점 상호 간에 수발하는 우편물로서 발송 후 12시간 이내에 배달이 요구되는 상업용 서류가 서신 제외 대상에 해당한다.

서신 제외 대상(「우편법 시행령」제3조)
• 「신문 등의 진흥에 관한 법률」제2조 제1호에 따른 신문
• 「잡지 등 정기간행물의 진흥에 관한 법률」제2조 제1호 가목에 따른 정기간행물
• 다음 요건을 모두 충족하는 서적
 – 표지를 제외한 48쪽 이상인 책자의 형태로 인쇄·제본되었을 것
 – 발행인·출판사나 인쇄소의 명칭 중 어느 하나가 표시되어 발행되었을 것
 – 쪽수가 표시되어 발행되었을 것
• 상품의 가격·기능·특성 등을 문자·사진·그림으로 인쇄한 16쪽 이상(표지를 포함한다)인 책자 형태의 상품안내서
• 화물에 첨부하는 봉하지 아니한 첨부서류 또는 송장
• 외국과 수발하는 국제서류
• 국내에서 회사(「공공기관의 운영에 관한 법률」에 따른 공공기관을 포함한다)의 본점과 지점 간 또는 지점 상호 간에 수발하는 우편물로서 발송 후 12시간 이내에 배달이 요구되는 상업용 서류
• 「여신전문금융업법」제2조 제3호에 해당하는 신용카드

답 ①

28 과학기술정보통신부장관이 우편물의 운송을 요구할 때에는 우편물 운송요구서를 운송개시 며칠 전까지 운송을 하는 자에게 교부하여야 하는가?

① 즉시
② 3일 전
③ 5일 전
④ 7일 전

 과학기술정보통신부장관이 우편물의 운송을 요구할 때에는 우편물 운송요구서를 운송개시 5일 전까지 운송을 하는 자에게 교부하여야 한다(「우편법 시행령」 제4조의2 제1항).

답 ③

29 다음 중 우편물 운송요구서에 기재할 사항이 <u>아닌</u> 것은?

① 운송료 및 그 지급방법
② 출발 및 도착일시
③ 우편물의 인수인계 장소 및 방법
④ 운송시간 및 운송횟수

 '운송시간 및 운송횟수'가 아닌 '운송구간 및 운송횟수'가 기재되어야 한다.

「우편법 시행령」 제4조의2(우편물의 운송요구 등)
① 과학기술정보통신부장관이 법 제3조의2 제1항의 규정에 의하여 우편물의 운송을 요구할 때에는 다음 각 호의 사항을 기재한 우편물 운송요구서를 운송개시 5일전까지 운송을 하는 자에게 교부하여야 한다. 다만, 천재지변 기타 특히 긴급을 요하는 경우에는 즉시 이를 요구할 수 있다.
1. 운송구간 및 운송횟수
2. 출발 및 도착일시
3. 우편물의 수량 또는 중량
4. 우편물의 인수인계 장소 및 방법
5. 운송료 및 그 지급방법
6. 우편물 운송도중 우편물의 망실 또는 훼손시 국가에 대하여 지불하여야 하는 손해배상 금액
7. 기타 우편물의 신속하고 안전한 운송을 위하여 필요한 사항

답 ④

30 국내통상우편물의 발송요건으로 적절하지 <u>않은</u> 것은?

① 통상우편물은 봉투에 넣어 봉함하여 발송하여야 하며, 봉함하기가 적절하지 않은 우편물은 우정사업본부장이 정하여 고시한 기준에 적합하도록 포장하여 발송할 수 있다.

② 우정사업본부장이 발행하는 우편엽서, 사제엽서 제조요건에 적합하게 제조한 모사전송(팩스)우편물, 전자우편물은 그 특성상 봉함이나 포장하지 아니하고 발송할 수 있다.

③ 통상우편물 중 의사 전달이 목적이지만 서신의 조건을 갖추지 못한 것은 의사전달물에 속한다.

④ 우편물의 외부에는 발송인 및 수취인의 주소 및 성명과 우편번호만 표시하여 발송하면 된다.

> **해설** 우편이용자는 우편물 접수 시 우편물의 외부에 발송인 및 수취인의 주소, 성명과 우편번호, 우편요금의 납부표시를 표시하여 발송하여야 한다.
>
> 目 ④

31 배달우체국장이 요금수취인부담의 이용계약자에 대하여 그 이용계약을 해지할 수 있는 경우가 <u>아닌</u> 것은?

① 정당한 사유 없이 요금수취인부담우편물의 수취를 거부한 때

② 수취인의 부재, 기타 사유로 수취장소에 1월 이상 배달할 수 없을 때

③ 1월 이상 요금수취인부담우편물을 이용하지 아니한 때

④ 우편요금 등의 납부를 태만히 하여 요금후납 이용계약을 해지한 때

> **해설** 2월 이상 요금수취인부담우편물을 이용하지 아니한 때 이용계약을 해지할 수 있다.
>
> **「우편법 시행규칙」 제97조(요금수취인부담 이용계약의 해지)**
> ① 배달우체국장은 요금수취인부담의 이용계약자가 다음 각호의 1에 해당하는 때에는 그 이용계약을 해지할 수 있다.
>   1. 제94조 제2항의 규정에 의한 통보를 게을리한 때
>   2. 정당한 사유 없이 요금수취인부담우편물의 수취를 거부한 때
>   3. 수취인의 부재 기타 사유로 수취장소에 1월 이상 배달할 수 없을 때
>   4. 2월 이상 요금수취인부담우편물을 이용하지 아니한 때
>   5. 제102조 제1항 제2호의 규정에 해당되어 요금후납 이용계약을 해지한 때
>
> 目 ③

32 다음 중 사서함 사용자가 계약우체국장에게 지체 없이 통보해야 하는 경우가 <u>아닌</u> 것은?

① 사서함이 훼손된 것을 발견한 경우
② 사서함의 열쇠를 잃어버린 경우
③ 사서함 내의 우편물을 분실한 경우
④ 사서함 사용자의 성명 또는 주소 등이 변경된 경우

 해설 사서함 내의 우편물을 분실한 경우는 해당되지 않는다.

사서함 사용자의 통보(「우편법 시행규칙」 제122조의3)
- 사서함 사용자는 다음 중 어느 하나의 내용이 변경된 경우에는 지체 없이 별지 제2호 서식을 작성하여 계약우체국장에게 통보하여야 한다.
  - 사서함 사용자의 성명 또는 주소 등
  - 우편물의 대리수령인
- 사서함 사용자는 다음 각 호의 어느 하나에 해당하는 경우에는 지체 없이 별지 제2호 서식을 작성하여 계약우체국장에게 통보하여야 한다.
  - 사서함이 훼손된 것을 발견한 경우
  - 사서함의 열쇠를 잃어버린 경우

目 ③

33 다음 중 EMS프리미엄 서비스에 대한 설명으로 옳지 <u>않은</u> 것은?

① EMS프리미엄 서비스는 민간 국제특송사 제휴서비스를 말하며, 2001년 TNT와의 전략적 제휴를 통해 탄생했다.
② 2012년부터는 UPS를 제휴사업자로 선정하여 운영하고 있다.
③ 공익성을 추구하는 공기업과 이윤추구를 목적으로 하는 사기업의 제휴를 통한 시너지를 제고하는 데 의의가 있다.
④ EMS프리미엄 서비스의 경우 우편취급국을 제외한 전국의 모든 우체국에서 접수가 가능하다.

 해설 EMS프리미엄 서비스는 우편취급국을 포함한 전국의 모든 우체국에서 접수가 가능하다.

目 ④

34 다음 중 EMS프리미엄의 접수에 관한 내용으로 옳지 <u>않은</u> 것은?

① EMS프리미엄 접수는 우체국에서, 해외운송은 UPS가 수행한다.
② 사서함 주소(P.O. Box) 접수도 가능하다.
③ 비서류 접수의 경우 취급한도는 60Kg이다.
④ 부피가 큰 우편물에 대해서는 실제무게에 비해 체적무게가 적용된다.

> **해설**
> ③ 비서류 접수의 경우 취급한도는 70Kg이다.
> ① EMS프리미엄 접수는 우체국에서, 해외운송은 UPS가 수행한다.
> ② 원칙적으로는 사서함 주소(P.O. Box) 접수가 불가능하지만, 사서함 발송동의서를 작성 및 첨부하면 발송이 가능하다.
> ④ 부피가 큰 우편물에 대해서는 실제무게에 비해 체적무게가 적용된다.
>
> 답 ③

35 다음 중 EMS프리미엄 서비스에서 발송이 불가능한 품목에 대한 설명 중 옳은 것을 모두 고르면?

> ㉠ 알코올이 첨가된 음료는 발송이 불가하지만, 향수나 스킨의 경우 발송이 가능하다.
> ㉡ 전자담배를 포함한 담배나 담배 관련 제품은 발송이 불가능하다.
> ㉢ 드라이아이스는 위험품으로 간주되므로, 발송이 불가능하다.
> ㉣ 장난감 총은 발송이 가능하다.

① ㉠, ㉡
② ㉡, ㉢
③ ㉡, ㉣
④ ㉢, ㉣

> **해설**
> ㉡ 전자담배를 포함한 담배나 담배 관련 제품은 발송이 불가능하다.
> ㉢ 드라이아이스는 위험품으로 간주되므로, 발송이 불가능하다.
> ㉠ 향수나 알코올이 포함된 스킨도 발송이 불가능하다.
> ㉣ 장난감 총도 발송이 불가능하다.
>
> 답 ②

36 다음 중 EMS프리미엄 서비스의 주요 부가서비스에 대한 설명으로 옳지 <u>않은</u> 것은?

① 30Kg 초과 100Kg 이하의 고중량 우편물을 해외로 배송하는 서비스가 가능하다.

② 우편물의 분실이나 파손에 대비하여 최고 50백만 원까지 내용품 가액에 대한 보험을 들어두는 서비스를 보험취급서비스라고 한다.

③ 접수우편물의 수출통관을 UPS에서 대행하는 서비스가 가능하다.

④ 우편물을 발송할 때의 요금을 도착국의 수취인이 지불하는 서비스가 가능하다.

 EMS프리미엄의 주요 부가서비스 중 고중량 서비스는 30kg 초과 70kg 이하의 고중량 우편물을 해외로 배송하는 서비스를 말한다.

目 ①

37 국제우편 중 통상우편물과 관련된 수수료로 바르게 짝지어지지 <u>않은</u> 것은?

① 국제반신 우표권의 판매 수수료 – 1,450원

② 등기료 – 2,800원

③ 통관절차대행수수료 중 통관 대상 발송 우편물 – 1,000원

④ 배달통지청구료(등기한) – 2,000원

 배달통지청구료(등기한)의 수수료는 1,500원이다.

目 ④

38 국제우편 중 특급우편물(EMS)과 관련된 수수료로 바르게 짝지어진 것은?

① 관세 부과된 도착 우편물 – 1,500원

② 보험료 기본요금 – 2,800원

③ 접수국 발송준비 완료 전의 주소변경 및 환부 청구료 – 1,800원

④ 접수익일 초특급 서비스 수수료 – 5,000원

② 보험료 기본요금 – 2,800원

① 관세 부과된 도착 우편물 – 4,000원

③ 접수국 발송준비 완료 전의 주소변경 및 환부 청구료 – 무료

④ 접수익일 초특급 서비스 수수료 – 4,500원

답 ②

39 다음은 과학기술정보통신부 고시 국제우편에 관한 요금 중 항공통상우편요금에 대한 표이다. ㉠과 ㉡에 들어갈 금액으로 바르게 짝지어진 것은?

구분	세계단일요금
항공서간	㉠
항공엽서	㉡

	㉠	㉡
①	430원	400원
②	430원	480원
③	480원	400원
④	480원	430원

항공서간의 세계단일요금은 480원, 항공엽서의 세계단일요금은 430원이다.

답 ④

40 다음 중 선편통상우편요금에 대한 설명으로 옳지 <u>않은</u> 것은?

① 서신의 경우 20g까지는 470원이 적용된다.

② 엽서는 중량과 관계없이 310원이 적용된다.

③ 중량이 90g인 인쇄물은 820원이 적용된다.

④ 인쇄물의 경우 모든 국가에 5kg까지 발송이 가능하다.

 인쇄물의 경우 캐나다와 아일랜드는 2kg까지만 발송이 가능하다.

답 ④

부록 | 우편 관련 법령 및 최근 기출문제

잠깐!

혼자 공부하기 힘드시다면 방법이 있습니다.
시대에듀의 동영상강의를 이용하시면 됩니다.
www.sdedu.co.kr → 회원가입(로그인) → 강의 살펴보기

부록 01

우편 관련 법령

01 우편법

[시행 2021.10.19.] [법률 제18476호, 2021.10.19. 일부개정]

제1장 총칙

제1조(목적)

이 법은 우편 이용에 관한 기본적인 사항을 정하여 공평하고 적정한 우편 역무를 제공함으로써 공공의 복지 증진에 이바지함을 목적으로 한다.

제1조의2(정의)

이 법에서 사용하는 용어의 뜻은 다음과 같다.

1. "우편물"이란 통상우편물과 소포우편물을 말한다.
2. "통상우편물"이란 서신(書信) 등 의사전달물, 통화(송금통지서를 포함한다) 및 소형포장우편물을 말한다.
3. "소포우편물"이란 통상우편물 외의 물건을 포장한 우편물을 말한다.
4. "우편요금"이란 우편물의 발송인이나 수취인이 그 송달의 대가로 우편관서에 내야 하는 금액을 말한다.
5. "우표"란 우편요금의 선납과 우표수집 취미의 문화를 확산시키기 위하여 발행하는 증표를 말한다.
6. "우편요금을 표시하는 증표"란 우편엽서, 항공서신, 우편요금 표시 인영(印影)이 인쇄된 봉투(연하장이나 인사장이 딸린 것을 포함한다)를 말한다.
7. "서신"이란 의사전달을 위하여 특정인이나 특정 주소로 송부하는 것으로서 문자·기호·부호 또는 그림 등으로 표시한 유형의 문서 또는 전단을 말한다. 다만, 신문, 정기간행물, 서적, 상품안내서 등 대통령령으로 정하는 것은 제외한다.

제2조(경영주체와 사업의 독점 등)

① 우편사업은 국가가 경영하며, 과학기술정보통신부장관이 관장한다. 다만, 과학기술정보통신부장관은 우편사업의 일부를 개인, 법인 또는 단체 등으로 하여금 경영하게 할 수 있으며, 그에 관한 사항은 따로 법률로 정한다.

② 누구든지 제1항과 제5항의 경우 외에는 타인을 위한 서신의 송달 행위를 업(業)으로 하지 못하며, 자기의 조직이나 계통을 이용하여 타인의 서신을 전달하는 행위를 하여서는 아니 된다.

③ 제2항에도 불구하고 서신(국가기관이나 지방자치단체에서 발송하는 등기취급 서신은 제외한다)의 중량이 350그램을 넘거나 제45조의2에 따라 서신송달업을 하는 자가 서신송달의 대가로 받는 요금이 대통령령으로 정하는 통상우편요금의 10배를 넘는 경우에는 타인을 위하여 서신을 송달하는 행위를 업으로 할 수 있다.

④ 누구든지 제2항 및 제3항을 위반하는 자에게 서신의 송달을 위탁하여서는 아니 된다.

⑤ 우편사업이나 우편창구업무의 위탁에 관한 사항은 따로 법률로 정한다. 다만, 과학기술정보통신부장관은 우편창구업무 외의 우편업무의 일부를 대통령령으로 정하는 바에 따라 다른 자에게 위탁할 수 있다.

제2조의2 삭제

제3조(우편물 등의 비밀 보장)

우편업무 또는 제45조의2에 따른 서신송달업에 종사하는 자나 종사하였던 자는 재직 중에 우편 또는 서신에 관하여 알게 된 타인의 비밀을 누설하여서는 아니 된다.

제3조의2(우편물의 운송 명령)

① 과학기술정보통신부장관은 다음 각 호의 어느 하나에 해당하는 자에게 대통령령으로 정하는 바에 따라 우편물의 운송을 명할 수 있다.

  1. 철도·궤도 사업을 경영하는 자
  2. 일반 교통에 이용하기 위하여 노선을 정하여 정기적으로 또는 임시로 자동차·선박·항공기의 운송 사업을 경영하는 자

② 과학기술정보통신부장관은 제1항에 따라 우편물을 운송한 자에게 정당한 보상을 하여야 한다.

제3조의3(우편물의 우선 취급)

① 우편물을 운송하는 자는 해당 차량·선박·항공기에 실은 우편물을 그 목적지에서 내릴 때 또는 사고나 재해로 운송 도중에 바꿔 실을 때에는 다른 화물에 우선하여 내리거나 바꿔 실어야 한다.

② 우편물을 운송하는 자는 위험한 재난으로 인하여 부득이하게 화물을 처분하여야 하는 경우에는 우편물을 가장 나중에 처분하여야 한다.

제4조(운송원 등의 조력 청구권)

① 우편업무를 집행 중인 우편운송원, 우편집배원과 우편물을 운송 중인 항공기·차량·선박 등이 사고를 당하였을 때에 우편운송원, 우편집배원 또는 우편관서의 공무원으로부터 도와줄 것을 요구받은 자는 정당한 사유 없이 그 요구를 거부할 수 없다. 이 경우 우편관서는 도움을 준 자의 청구에 따라 적절한 보수를 지급하여야 한다.

② 전시·사변이나 이에 준하는 국가 비상사태 시에 국가기관과 지방자치단체 상호 간에 주고 받는 행정우편을 취급하는 운송원 등은 우편관서 외의 다른 기관과 소속 직원에게 행정우편을 운송하기 위하여 필요한 교통수단의 제공이나 그 밖의 도움을 요구할 수 있다.

제5조(우편운송원 등의 통행권)

① 우편업무를 집행 중인 우편운송원, 우편집배원과 우편 전용 항공기 · 차량 · 선박 등은 도로의 장애로 통행이 곤란할 경우에는 담장이나 울타리가 없는 택지, 전답, 그 밖의 장소를 통행할 수 있다. 이 경우 우편관서는 피해자의 청구에 따라 손실을 보상하여야 한다.

② 우편업무를 집행 중인 우편운송원, 우편집배원과 우편 전용 항공기 · 차량 · 선박 등은 도선장(渡船場), 운하, 도로, 교량이나 그 밖의 장소를 통행할 때에 통행요금을 지급하지 아니하고 통행할 수 있다. 다만, 청구권자의 청구가 있을 때에는 우편관서는 정당한 보상을 하여야 한다.

③ 우편물을 운송 중인 우편운송원, 우편집배원은 언제든지 도선장에서 도선(渡船)을 요구할 수 있다.

④ 제3항의 요구를 받은 자는 정당한 사유 없이 이를 거부할 수 없다.

제6조(이용 제한 및 업무 정지 등)

① 과학기술정보통신부장관은 전시 · 사변이나 이에 준하는 국가 비상사태와 천재지변이나 그 밖의 부득이한 사유가 있을 경우에 우편운송원 및 우편집배원의 생명 · 신체를 보호하거나 중요한 우편물의 취급을 확보하기 위하여 필요하다고 인정될 때에는 우편물의 이용을 제한하거나 우편업무의 일부를 정지할 수 있다.

② 과학기술정보통신부장관은 제1항에 따라 우편업무의 일부가 정지된 우편운송원 및 우편집배원에 대하여 승진 · 전보 · 교육 · 포상 및 후생복지 등에서 불리한 처우를 하여서는 아니 된다.

③ 제1항에 따른 우편물의 이용 제한 및 우편업무의 일부 정지에 관한 기준은 대통령령으로 정한다.

제7조(우편 전용 물건 등의 압류 금지와 부과 면제)

① 우편을 위한 용도로만 사용되는 물건과 우편을 위한 용도로 사용 중인 물건은 압류할 수 없다.

② 우편을 위한 용도로만 사용되는 물건(우편에 관한 서류를 포함한다)은 각종 세금 및 공과금의 부과 대상이 되지 아니한다.

③ 우편물과 그 취급에 필요한 물건은 해손(海損)을 부담하지 아니한다.

제8조(우편물의 압류거부권)

우편관서는 우편물을 운송 중이거나 우편물의 발송 준비를 마친 후에만 그 압류를 거부할 수 있다.

제9조(우편물의 검역)

우편물의 검역을 받아야 하는 경우에는 다른 물건에 우선하여 검역을 받는다.

제10조(제한능력자의 행위에 관한 의제)

우편물의 발송 · 수취나 그 밖에 우편 이용에 관하여 제한능력자가 우편관서에 대하여 행한 행위는 능력자가 행한 것으로 본다.

제11조 삭제

제12조(「우편환법」의 적용)

우편에 의한 추심금(推尋金)의 지급이나 그 밖의 처분에 관하여는 이를 우편환금(郵便換金)으로 보고 「우편환법」을 적용한다.

제12조의2(우편작업의 효율화를 위한 지원 등)

① 과학기술정보통신부장관은 우편물의 수집·구분·운송·배달 등 우편 작업의 효율을 높이고 우편 이용자의 편의를 도모하기 위하여 해당 작업이나 이용에 관련되는 자 등에 대하여 대통령령으로 정하는 바에 따라 필요한 지원을 할 수 있다.

② 과학기술정보통신부장관은 우편 이용자의 편의를 도모하고 우편사업의 건전한 발전을 위하여 우편 관련 용품·장비의 개선 등에 관한 기술개발을 지원할 수 있다.

제12조의3(권한의 위임)

이 법에 따른 과학기술정보통신부장관의 권한은 그 일부를 대통령령으로 정하는 바에 따라 그 소속 기관의 장에게 위임할 수 있다.

제2장 우편역무

제13조 삭제

제14조(보편적 우편역무의 제공)

① 과학기술정보통신부장관은 전국에 걸쳐 효율적인 우편송달에 관한 체계적인 조직을 갖추어 모든 국민이 공평하게 적정한 요금으로 우편물을 보내고 받을 수 있는 기본적인 우편역무(이하 "보편적 우편역무"라 한다)를 제공하여야 한다.

② 제1항에 따른 보편적 우편역무의 대상은 다음 각 호와 같다.
  1. 2킬로그램 이하의 통상우편물
  2. 20킬로그램 이하의 소포우편물
  3. 제1호 또는 제2호의 우편물의 기록취급 등 특수취급우편물
  4. 그 밖에 대통령령으로 정하는 우편물

③ 과학기술정보통신부장관은 과학기술정보통신부령으로 정하는 바에 따라 보편적 우편역무 제공에 필요한 우편물의 수집·배달 횟수, 우편물 송달에 걸리는 기간, 이용조건 등에 필요한 사항을 정하여 고시하여야 한다.

제15조(선택적 우편역무의 제공)

① 과학기술정보통신부장관은 고객의 필요에 따라 제14조에 따른 보편적 우편역무 외의 우편역무(이하 "선택적 우편역무"라 한다)를 제공할 수 있다.

② 제1항에 따른 선택적 우편역무의 대상은 다음 각 호와 같다.
  1. 2킬로그램을 초과하는 통상우편물
  2. 20킬로그램을 초과하는 소포우편물
  3. 제1호 또는 제2호의 우편물의 기록취급 등 특수취급우편물
  4. 우편과 다른 기술 또는 역무가 결합된 역무
  5. 우편시설, 우표, 우편엽서, 우편요금 표시 인영이 인쇄된 봉투 또는 우편차량장비 등을 이용하는 역무

6. 우편 이용과 관련된 용품의 제조 및 판매

7. 그 밖에 우편역무에 부가하거나 부수하여 제공하는 역무

③ 선택적 우편역무의 종류와 그 이용조건은 과학기술정보통신부령으로 정한다.

제15조의2(우편업무의 전자화)

① 과학기술정보통신부장관은 우편업무를 효율적으로 처리하기 위하여 필요한 경우에는 종이문서나 그 밖에 전자적 형태로 작성되지 아니한 문서(이하 "전자화대상문서"라 한다)를 정보처리시스템이 처리할 수 있는 형태로 변환하여 처리할 수 있다.

② 제1항에 따라 정보처리시스템이 처리할 수 있는 형태로 변환한 문서(이하 "전자화문서"라 한다)가 다음 각 호의 요건을 모두 갖춘 경우에는 그 전자화문서를 보관함으로써 전자화대상문서의 보관을 갈음할 수 있다.

1. 전자화문서가 전자화대상문서와 그 내용 및 형태가 동일할 것

2. 전자화문서의 내용을 열람할 수 있을 것

3. 전자화문서가 작성 및 송신·수신된 때의 형태 또는 그와 같이 재현될 수 있는 형태로 보존되어 있을 것

4. 전자화문서의 작성자, 수신자 및 송신·수신 일시에 관한 사항이 포함되어 있는 경우에는 그 부분이 보존되어 있을 것

③ 과학기술정보통신부장관은 전자화문서를 출력한 문서가 제4항에 따른 전자우편서류관리시스템에 보관하고 있는 전자화문서와 일치하는지 여부를 확인할 수 있다.

④ 과학기술정보통신부장관은 전자화문서의 작성 및 보관, 제3항에 따른 동일성 확인, 그 밖에 우편업무의 전자적 처리를 효율적으로 수행하기 위하여 전자우편서류관리시스템(이하 "전자우편서류관리시스템"이라 한다)을 구축하여 운영할 수 있다.

⑤ 전자화문서의 작성 방법 및 절차와 보관, 제3항에 따른 동일성 확인, 전자우편서류관리시스템의 구축·운영, 그 밖에 필요한 사항은 대통령령으로 정한다.

제16조(군사우편)

① 과학기술정보통신부장관은 국방부장관의 요청에 따라 국군이 주둔하는 지역으로서 우체국의 기능이 미치지 아니하는 지역에 있는 부대(기관을 포함한다. 이하 같다)와 그 부대에 속하는 군인·군무원에 대한 우편역무(이하 "군사우편"이라 한다)를 제공할 수 있다.

② 군사우편물의 요금은 일반우편요금의 2분의 1로 한다.

③ 국방부장관은 군사우편을 취급하는 우체국(이하 "군사우체국"이라 한다)에 필요한 시설·장비를 제공하는 것 외에 용역의 일부를 지원할 수 있다. 부대의 이동에 따라 군사우체국을 이동하는 경우에도 또한 같다.

④ 국방부장관은 특별한 사유가 있는 경우 외에는 군사우체국 직원에게 영내(營內) 출입, 군(軍)주둔지역의 통행, 그 밖의 업무 수행에 필요한 편의를 제공하여야 한다.

⑤ 제2항부터 제4항까지에 규정된 것 외에 군사우편에 필요한 사항은 대통령령으로 정한다.

제17조(우편금지물품, 우편물의 용적 · 중량 및 포장 등)

① 과학기술정보통신부장관은 건전한 사회질서를 해치거나 우편물의 안전한 송달을 해치는 물건(음란물, 폭발물, 총기 · 도검, 마약류 및 독극물 등으로서 우편으로 취급하는 것이 부적절하다고 인정되는 물건을 말하며, 이하 "우편금지물품"이라 한다)을 정하여 고시하여야 한다.

② 과학기술정보통신부장관은 우편물의 취급 용적 · 중량 및 포장에 관한 사항을 정하여 고시하여야 한다.

③ 과학기술정보통신부장관은 우편금지물품과 제2항에 따라 고시한 기준에 맞지 아니한 물건에 대하여는 우편역무의 제공을 거절하거나 제한할 수 있다.

제18조 삭제

제3장 우편에 관한 요금

제19조(우편요금 등의 결정)

우편에 관한 요금과 우편 이용에 관한 수수료(이하 "요금등"이라 한다)는 과학기술정보통신부장관이 정한다.

제20조(요금등의 납부방법)

요금등은 다음 각 호의 방법으로 내게 할 수 있다.

　　1. 현금

　　2. 우표

　　3. 우편요금을 표시하는 증표

　　4. 「여신전문금융업법」에 따른 신용카드 또는 직불카드

　　4의2. 「전자금융거래법」에 따른 직불전자지급수단

　　5. 정보통신망을 이용한 전자화폐 또는 전자결제

　　6. 우편요금이 인쇄된 라벨 등 과학기술정보통신부령으로 정하는 납부방법

제21조(우표의 발행권)

① 우표와 우편요금을 표시하는 증표는 과학기술정보통신부장관이 발행한다.

② 우표와 우편요금을 표시하는 증표의 판매, 관리와 그 밖의 필요한 처분 등에 관한 사항은 과학기술정보통신부령으로 정한다.

③ 우편엽서는 과학기술정보통신부령으로 정하는 바에 따라 제조하여 사용할 수 있다.

제21조의2 삭제

제22조(우표의 효력)

오염이나 훼손된 우표와 우편요금을 표시하는 증표는 무효로 한다.

제23조(요금등의 제척기간)

요금등의 납부의무는 요금등을 내야 하는 날부터 6개월 내에 납부의 고지를 받지 아니한 경우에는 소멸한다. 다만, 불법으로 면탈한 요금에 대하여는 그러하지 아니하다.

제24조(체납 요금등의 징수방법)

① 요금등의 체납 금액은 「국세징수법」에 따른 체납처분의 예에 따라 징수한다.

② 제1항의 경우 체납 요금등에 대하여는 대통령령으로 정하는 바에 따라 연체료를 가산하여 징수한다.

③ 제1항과 제2항의 체납 요금등과 연체료는 조세를 제외한 다른 채권에 우선한다.

제25조(기납 · 과납 요금의 반환 등)

우편에 관하여 이미 냈거나 초과하여 낸 요금은 대통령령으로 정하는 경우 외에는 되돌려 주지 아니한다.

제26조(무료 우편물)

다음 각 호의 우편물은 우편요금을 무료로 할 수 있다.

    1. 과학기술정보통신부와 그 소속 기관이 발송하는 우편물 중 우편업무와 관련된 것

    2. 과학기술정보통신부와 그 소속 기관으로 발송하는 우편물 중 우편물에 관한 손해배상, 우편요금 등의 반환 청구, 우편물에 관한 사고조회 및 과학기술정보통신부와 그 소속 기관의 우편업무상 의뢰에 의한 것

    3. 재해복구를 위하여 설치된 구호기관이 이재민의 구호를 위하여 발송하는 것

    4. 시각장애인용 점자 또는 시각장애인을 위한 법인 · 단체 또는 시설(법률에 따라 설치되거나 허가 · 등록 · 신고 등을 한 법인 · 단체 또는 시설만 해당한다)에서 시각장애인용 녹음물을 발송하는 것

    5. 전쟁포로가 발송하는 것

제26조의2(요금등의 감액)

① 과학기술정보통신부장관은 우편 이용의 편의와 우편물의 원활한 송달을 확보할 수 있는 방법으로 발송하는 다량의 우편물에 대하여는 그 요금등의 일부를 감액할 수 있다.

② 제1항에 따라 요금등을 감액할 수 있는 우편물의 종류, 수량, 취급 요건 및 감액 범위 등에 관한 사항은 과학기술정보통신부령으로 정한다.

제4장 우편물의 취급

제27조(우편물 내용의 신고와 개봉 요구)

① 우편관서는 우편물을 접수할 때에 우편물 내용물의 종류와 성질에 대하여 발송인에게 신고를 받을 수 있다.

② 제1항의 경우 우편물의 내용이 발송인의 신고와 달라서 이 법 또는 대통령령으로 정한 규정을 위반한다고 인정되면 우편관서는 발송인에게 그 개봉을 요구할 수 있다.

③ 발송인이 제1항의 신고나 제2항의 개봉을 거부할 때에는 우편물은 접수하지 아니할 수 있다.

제28조(법규 위반 우편물의 개봉)

① 우편관서는 취급 중인 우편물의 내용이 이 법 또는 대통령령으로 정한 규정을 위반한 혐의가 있으면 발송인이나 수취인에게 그 우편물의 개봉을 요구할 수 있다.

② 발송인이나 수취인이 제1항의 개봉을 거부하였을 때 또는 발송인이나 수취인에게 그 개봉을 요구할 수 없을 때에는 과학기술정보통신부장관이 지정하는 우편관서의 장이 그 우편물을 개봉할 수 있다. 다만, 대통령령으로 정하는 봉함한 우편물은 개봉하지 아니한 채로 발송인에게 되돌려 보내야 한다.

제29조(법규 위반 우편물의 반환)

우편관서는 취급 중인 우편물이 이 법 또는 대통령령으로 정한 규정을 위반하였을 때에는 발송인에게 되돌려 보내야 한다. 다만, 다른 법률에 따라 되돌려 보내지 아니할 수 있는 경우에는 그러하지 아니하다.

제30조 삭제

제31조(우편물의 배달)

우편물은 그 표면에 기재된 곳에 배달한다. 다만, 대통령령으로 정하는 경우는 그러하지 아니하다.

제31조의2(우편물의 전송)

① 과학기술정보통신부장관은 우편물의 수취인이 주거를 이전하고 그 이전한 곳을 과학기술정보통신부령으로 정하는 바에 따라 신고한 경우에는 수취인이 이전한 곳으로 우편물을 무료로 전송하여야 한다. 다만, 주거 이전을 신고한 날부터 3개월이 지난 후에 도착하는 우편물은 발송인에게 되돌려 보낼 수 있다.

② 제1항에도 불구하고 다음 각 호의 어느 하나에 해당하는 경우에는 대통령령으로 정하는 바에 따라 수취인에게 수수료를 내게 하고 우편물을 전송할 수 있다.

1. 주거이전을 신고한 날부터 3개월이 지난 후에 도착하는 우편물을 수취인이 받기를 신고한 경우
2. 수취인이 주거를 이전한 곳에 우편물을 전송하는 데 상당한 비용이 소요되는 경우

제32조(반환우편물의 처리)

① 수취인에게 배달할 수 없거나 수취인이 수취를 거부한 우편물은 발송인에게 되돌려 보낸다. 다만, 발송인이 발송할 때에 과학기술정보통신부령으로 정하는 바에 따라 반환 거절의 의사를 우편물에 기재한 경우에는 그러하지 아니하다.

② 제1항 본문의 경우에 발송인은 되돌아온 우편물의 수취를 정당한 사유 없이 거부할 수 없다.

③ 과학기술정보통신부장관은 제1항 본문에 따라 우편물을 발송인에게 되돌려 보낼 때에는 과학기술정보통신부령으로 정하는 바에 따라 되돌려 보내는 사유를 발송인에게 알려주어야 한다.

제33조(우편관서의 증명 요구)

우편관서는 우편물 수취인의 진위를 확인하기 위하여 수취인에 대하여 필요한 증명을 요구할 수 있다.

제34조(정당 교부의 인정)

이 법 또는 이 법에 따른 명령으로 정한 절차를 밟아 우편물을 내주었을 때에는 정당하게 내준 것으로 본다.

제35조(반환 불능 우편물의 개봉)

발송인의 주소나 성명이 불분명하여 되돌려 보낼 수 없는 우편물은 그 주소 · 성명을 알기 위하여 필요한 경우에는 우편관서에서 이를 개봉할 수 있다.

제36조(우편물의 처분)

① 제35조에 따라 개봉하여도 배달하거나 되돌려 보낼 수 없는 우편물과 제32조 제1항 단서에 따라 되돌려 보내지 아니하는 우편물은 해당 우편관서에서 보관한다. 이 경우 그 우편물이 유가물(有價物)이면 보관한 날부터 1개월간 해당 우편관서의 게시판 등에 그 사실을 게시하여야 한다.

② 제1항에 따라 보관한 우편물은 다음 각 호의 구분에 따라 처리하여야 한다.

　1. 유가물이 아닌 경우 : 보관하기 시작한 날부터 3개월 내에 내줄 것을 청구하는 자가 없을 때에는 폐기. 다만, 제32조 제1항 단서에 따라 발송인에게 되돌려 보내지 아니하는 우편물은 1개월 내에 내줄 것을 청구하는 자가 없을 때에는 폐기한다.

　2. 유가물로서 멸실 또는 훼손의 우려가 있는 것이나 보관비용이 지나치게 많이 드는 경우 : 매각하여 그 대금을 보관하되 매각하는 데에 드는 비용은 매각한 대금으로 충당

③ 유가물과 매각대금은 그 우편물을 보관한 날부터 1년 내에 내줄 것을 청구하는 자가 없을 때에는 국고에 귀속한다.

제37조(우편사서함)

우편관서에 대통령령으로 정하는 바에 따라 우편사서함을 설치할 수 있다.

제37조의2(고층건물의 우편수취함 설치)

3층 이상의 고층건물로서 그 전부 또는 일부를 주택 · 사무소 또는 사업소로 사용하는 건축물에는 대통령령으로 정하는 바에 따라 우편수취함을 설치하여야 한다.

제5장 손해배상

제38조(손해배상의 범위)

① 과학기술정보통신부장관은 다음 각 호의 어느 하나에 해당하는 사유가 발생한 경우에는 그 손해를 배상하여야 한다.

　　1. 우편역무 중 취급과정을 기록취급하는 우편물을 잃어버리거나 못 쓰게 하거나 지연 배달한 경우

　　2. 우편역무 중 보험취급 우편물을 잃어버리거나 못 쓰게 하거나 지연 배달한 경우

　　3. 우편역무 중 현금추심 취급 우편물을 배달하면서 추심금액을 받지 아니하고 수취인에게 내준 경우

　　4. 제1호부터 제3호까지 외의 우편역무로서 대통령령으로 정하는 경우

② 제1항의 배상금액과 지연배달의 기준은 과학기술정보통신부령으로 정한다.

③ 국제우편물에 관한 손해배상액은 조약에서 정하는 손해배상액을 넘지 아니하는 범위에서 과학기술정보통신부장관이 정하여 고시한다.

④ 제2항과 제3항의 손해배상액은 대통령령으로 정하는 바에 따라 우편관서에서 즉시 지급할 수 있다.

제39조(책임 원인의 제한)

정부는 우편물의 손해가 발송인 또는 수취인의 잘못으로 인한 것이거나 해당 우편물의 성질, 결함 또는 불가항력으로 인하여 발생한 경우에는 제38조에도 불구하고 그 손해를 배상하지 아니한다.

제40조(손해배상의 한계)

우편물을 내줄 때에 외부에 파손 흔적이 없고 중량에 차이가 없는 경우에는 손해가 없는 것으로 본다.

제41조(우편물 수취거부권)

우편물의 발송인 또는 수취인은 그 우편물에 대하여 우편관서에서 배상하여야 할 손해가 있다고 인정될 때에는 우편물을 받는 것을 거부할 수 있다. 다만, 우편물을 받은 후에는 이의를 제기할 수 없다.

제42조(손해배상 청구권자)

제38조에 따른 손해배상을 청구할 수 있는 자는 그 우편물의 발송인이나 그 승인을 받은 수취인으로 한다.

제43조(배상 및 보수 등의 단기소멸시효)

이 법에 따른 보수 또는 손실보상, 손해배상의 청구권은 과학기술정보통신부장관이 지정한 우편관서에 대하여 다음 각 호의 구분에 따른 기간 내에 행사하지 아니하면 소멸시효가 완성된다.

　　1. 제4조 제1항 후단에 따른 보수와 제5조 제1항·제2항에 따른 보상은 그 사실이 있었던 날부터 1년

　　2. 제38조에 따른 배상은 우편물을 발송한 날부터 1년

제44조(보수 등의 결정에 대한 불복의 구제)

제4조 제1항 후단에 따른 보수, 제5조 제1항·제2항에 따른 보상 및 제38조에 따른 손해배상에 관한 과학기술정보통신부장관의 결정에 불복하는 자는 그 통지를 받은 날부터 3개월 내에 소송을 제기할 수 있다.

제45조(손해배상에 따른 대위)

우편관서는 손해배상을 한 후 그 우편물의 전부 또는 일부를 발견하였을 때에는 그 손해배상을 받은 자에게 통지하여야 한다. 이 경우 손해배상을 받은 자는 그 통지를 받은 날부터 3개월 내에 대통령령으로 정하는 바에 따라 배상금의 전부 또는 일부를 반환하고 그 우편물의 교부를 청구할 수 있다.

제6장 서신송달업자 등의 관리

제45조의2(서신송달업의 신고 등)

① 제2조 제3항에 따라 서신을 송달하는 업(이하 "서신송달업"이라 한다)을 하려는 자는 과학기술정보통신부 장관에게 신고하여야 한다. 다만, 대통령령으로 정하는 기준에 해당하는 소규모 서신송달업을 하려는 자는 신고하지 아니하고 서신송달업을 할 수 있다.

② 제1항에 따른 신고를 하려는 자는 해당 신고서에 과학기술정보통신부령으로 정하는 사업계획서를 첨부하여 과학기술정보통신부장관에게 제출하여야 한다.

③ 제1항 본문에 따라 서신송달업의 신고를 한 자는 신고한 사항 중 과학기술정보통신부령으로 정하는 사항을 변경하려는 경우에는 변경신고를 하여야 한다.

④ 제1항 및 제3항에 따른 신고 및 변경신고에 필요한 사항은 과학기술정보통신부령으로 정한다.

제45조의3(유사명칭의 사용금지 등)

① 제45조의2 제1항 본문에 따라 서신송달업의 신고를 한 자와 같은 항 단서에 따라 신고하지 아니하고 서신 송달업을 하는 자(이하 "서신송달업자"라 한다)는 서신송달업무의 운영과정에서 우편관서가 우편사업 운영과 관련하여 사용하는 우편, 우편물, 우체국 및 그와 유사한 명칭을 사용해서는 아니 된다.

② 서신송달업자는 타인에게 자기의 성명 또는 상호를 사용하여 서신송달업을 경영하게 해서는 아니 된다.

제45조의4(휴업 · 폐업 등의 신고)

서신송달업자(제45조의2 제1항 본문에 따라 신고한 서신송달업자만 해당한다. 이하 제45조의5, 제45조의6 및 제45조의8에서 같다)가 그 영업을 30일 이상 휴업 또는 폐업하거나 휴업 후 재개하려는 경우에는 과학기 술정보통신부령으로 정하는 바에 따라 과학기술정보통신부장관에게 신고하여야 한다.

제45조의5(사업개선명령)

과학기술정보통신부장관은 서신송달서비스의 개선과 서신송달업자에 대한 지도 · 감독을 위하여 과학기술정 보통신부령으로 정하는 바에 따라 필요하다고 인정되는 경우 서신송달업자에게 다음 각 호의 사항을 명할 수 있다.

　　1. 사업계획의 변경
　　2. 영업소, 대리점 및 작업장 등 시설의 개선
　　3. 그 밖에 서신송달업자의 지도 · 감독을 위하여 필요한 사항

제45조의6(영업소의 폐쇄 등)

① 과학기술정보통신부장관은 서신송달업자가 다음 각 호의 어느 하나에 해당하면 영업소의 폐쇄를 명하거나 6개월 이내의 기간을 정하여 그 사업의 전부 또는 일부의 정지를 명할 수 있다. 다만, 제1호 또는 제5호에 해당하면 영업소의 폐쇄를 명하여야 한다.

1. 거짓으로 작성된 사업신고서를 제출한 경우
2. 제2조 제3항의 중량 및 요금 기준을 위반하여 서신을 취급한 경우
3. 제45조의3 제2항을 위반하여 타인에게 자기의 성명 또는 상호를 사용하여 서신송달업을 경영하게 한 경우
4. 제45조의5의 사업개선명령에 따르지 아니한 경우
5. 사업정지명령을 위반하여 사업정지기간에 사업을 경영한 경우

② 제1항에 따른 처분의 기준 및 절차와 그 밖에 필요한 사항은 과학기술정보통신부령으로 정한다.

제45조의7(보고 및 조사 등)

① 과학기술정보통신부장관은 서신송달업의 감독을 위하여 필요하다고 인정할 때에는 다음 각 호의 어느 하나에 해당하는 자에게 서신송달이나 서신송달 위탁 관련 업무 및 경영상황, 장부·서류, 전산자료, 그 밖에 과학기술정보통신부령으로 정하는 자료를 제출하게 하거나 보고하게 할 수 있다.

1. 서신송달업자
2. 서신송달을 위탁한 자

② 과학기술정보통신부장관은 제1항에 따른 제출 자료 또는 보고 내용을 검토한 결과 현장조사를 할 필요가 있다고 인정하는 경우에는 관계 공무원으로 하여금 영업소, 대리점 및 작업장 등 시설이나 그 밖에 필요한 장소에 출입하여 해당 시설이나 서류·장부, 그 밖의 물건을 조사하게 하거나 관계인에게 질문하게 할 수 있다.

③ 과학기술정보통신부장관은 제2항에 따른 출입·조사 또는 질문을 하려는 경우에는 출입·조사 또는 질문을 하기 7일 전까지 출입·조사 또는 질문의 일시·이유 및 내용 등을 포함한 계획을 조사대상자에게 통지하여야 한다. 다만, 긴급하거나 사전에 통지하면 증거인멸 등으로 출입·조사 또는 질문의 목적을 달성할 수 없다고 인정되는 경우에는 그러하지 아니하다.

④ 제2항에 따라 출입·조사 또는 질문을 하는 공무원은 그 권한을 표시하는 증표를 지니고 이를 관계인에게 보여 주어야 하며, 출입 시 해당 공무원의 성명, 출입 시간 및 출입 목적 등이 적힌 문서를 관계인에게 교부하여야 한다.

제45조의8(청문)

과학기술정보통신부장관은 제45조의6 제1항에 따라 서신송달업자의 영업소 폐쇄를 명하려면 청문을 하여야 한다.

제7장 벌칙

제46조(사업독점권 침해의 죄)

① 제2조 제2항 및 제3항을 위반하여 타인을 위한 서신의 송달 행위를 업으로 하거나 자기의 조직이나 계통을 이용하여 타인의 서신을 전달하는 행위를 한 자는 3년 이하의 징역 또는 3천만 원 이하의 벌금에 처한다.

③ 제1항의 경우에 금품을 취득하였으면 그 금품을 몰수한다. 이를 몰수할 수 없을 때에는 그 가액을 추징한다.

④ 법인의 대표자, 대리인, 사용인, 그 밖의 종업원이 법인의 업무에 관하여 제1항의 위반행위를 하면 그 행위자를 벌하는 외에 그 법인에도 해당 조문의 벌금형을 과(科)한다. 다만, 법인이 그 위반행위를 방지하기 위하여 해당 업무에 관하여 상당한 주의와 감독을 게을리하지 아니한 때에는 그러하지 아니하다.

⑤ 개인의 대리인, 사용인, 그 밖의 종업원이 그 개인의 업무에 관하여 제1항의 위반 행위를 하면 그 행위자를 벌할 뿐만 아니라 그 개인에게도 해당 조문의 벌금형을 과한다. 다만, 개인이 그 위반행위를 방지하기 위하여 해당 업무에 관하여 상당한 주의와 감독을 게을리 하지 아니한 때에는 그러하지 아니하다.

제47조(우편특권 침해의 죄)

다음 각 호의 어느 하나에 해당하는 자는 100만 원 이하의 벌금에 처한다.

1. 제3조의2 제1항에 따른 우편물의 운송명령을 따르지 아니한 자
2. 제4조 제1항 전단을 위반하여 정당한 사유 없이 우편운송원, 우편집배원 또는 우편관서 공무원의 조력 요구를 거부한 자
3. 제5조 제1항·제2항에 따른 통행을 방해한 자
4. 제5조 제4항을 위반하여 정당한 사유 없이 도선 요구를 거부한 자
5. 제9조를 위반하여 우선 검역을 하지 아니한 자

제47조의2(전시 우편특권 침해의 죄)

제4조 제2항을 위반하여 우편운송원 등의 조력 요구를 거부한 자는 100만 원 이하의 벌금에 처한다.

제48조(우편물 등 개봉 훼손의 죄)

① 우편관서 및 서신송달업자가 취급 중인 우편물 또는 서신을 정당한 사유 없이 개봉, 훼손, 은닉 또는 방기(放棄)하거나 고의로 수취인이 아닌 자에게 내준 자는 3년 이하의 징역 또는 3천만 원 이하의 벌금에 처한다.

② 우편업무 또는 서신송달업무에 종사하는 자가 제1항의 행위를 하였을 때에는 5년 이하의 징역 또는 5천만 원 이하의 벌금에 처한다.

제49조(우편전용 물건 손상의 죄)

① 우편을 위한 용도로만 사용되는 물건이나 우편을 위한 용도로 사용 중인 물건에 손상을 주거나 그 밖에 우편에 장해가 될 행위를 한 자는 3년 이하의 징역 또는 3천만 원 이하의 벌금에 처한다.

② 우편업무에 종사하는 자가 제1항의 행위를 하였을 경우에는 5년 이하의 징역 또는 5천만 원 이하의 벌금에 처한다.

제50조(우편취급 거부의 죄)

우편업무에 종사하는 자가 정당한 사유 없이 우편물의 취급을 거부하거나 이를 고의로 지연시키게 한 경우에는 1년 이하의 징역 또는 1천만 원 이하의 벌금에 처한다.

제51조(서신의 비밀침해의 죄)

① 우편관서 및 서신송달업자가 취급 중인 서신의 비밀을 침해한 자는 3년 이하의 징역 또는 3천만 원 이하의 벌금에 처한다.
② 우편업무 및 서신송달업무에 종사하는 자가 제1항의 행위를 하였을 경우에는 5년 이하의 징역 또는 5천만 원 이하의 벌금에 처한다.

제51조의2(비밀 누설의 죄)

제3조를 위반하여 비밀을 누설한 자는 5년 이하의 징역 또는 5천만 원 이하의 벌금에 처한다.

제52조(우편금지물품 발송의 죄)

우편금지물품을 우편물로서 발송한 자는 2년 이하의 징역 또는 2천만 원 이하의 벌금에 처하고 그 물건을 몰수한다.

제53조 삭제

제54조(우표를 떼어낸 죄)

① 우편관서에서 취급 중인 우편물에 붙어 있는 우표를 떼어낸 자는 50만 원 이하의 벌금에 처한다.
② 제1항의 경우에 소인(消印)이 되지 아니한 우표를 떼어낸 자는 1년 이하의 징역 또는 1천만 원 이하의 벌금에 처한다.

제54조의2(과태료)

① 제2조 제4항을 위반하여 서신의 송달을 위탁한 자에게는 5천만 원 이하의 과태료를 부과한다.
② 다음 각 호의 어느 하나에 해당하는 자에게는 1천만 원 이하의 과태료를 부과한다.
　1. 제45조의2 제1항을 위반하여 신고를 하지 아니한 자
　2. 제45조의3 제1항을 위반하여 유사명칭을 사용한 자
　3. 제45조의3 제2항을 위반하여 타인에게 자기의 성명 또는 상호를 사용하여 서신송달업을 경영하게 한 자
　4. 제45조의4를 위반하여 신고하지 아니하고 휴업·폐업 또는 휴업 후 재개업을 한 자
　5. 제45조의7에 따른 자료제출·보고 또는 조사를 정당한 사유 없이 거부·방해 또는 기피한 자
③ 다음 각 호의 어느 하나에 해당하는 자에게는 50만 원 이하의 과태료를 부과한다.
　1. 제32조 제2항을 위반하여 우편물의 수취를 거부한 자
　2. 우편업무에 종사하는 자로서 중대한 과실로 인하여 우편물을 잃어버린 자
④ 제1항부터 제3항까지에 따른 과태료는 대통령령으로 정하는 바에 따라 과학기술정보통신부장관이 부과·징수한다.

제55조(미수죄의 처벌)

제46조, 제48조, 제49조, 제51조, 제52조 및 제54조의 미수범은 처벌한다.

부칙 〈법률 제18476호, 2021.10.19.〉

이 법은 공포한 날부터 시행한다.

02 우편법 시행령

[시행 2021.1.5] [대통령령 제31380호, 2021.1.5, 타법개정]

제1조(목적)

이 영은 「우편법」에서 위임된 사항과 그 시행에 관하여 필요한 사항을 정함을 목적으로 한다.

제2조 삭제

제3조(서신 제외 대상)

「우편법」(이하 "법"이라 한다) 제1조의2 제7호 단서에서 "신문, 정기간행물, 서적, 상품안내서 등 대통령령으로 정하는 것"이란 다음 각 호의 어느 하나를 말한다.

    1. 「신문 등의 진흥에 관한 법률」 제2조 제1호에 따른 신문

    2. 「잡지 등 정기간행물의 진흥에 관한 법률」 제2조 제1호 가목에 따른 정기간행물

    3. 다음 각 목의 요건을 모두 충족하는 서적

        가. 표지를 제외한 48쪽 이상인 책자의 형태로 인쇄·제본되었을 것

        나. 발행인·출판사나 인쇄소의 명칭 중 어느 하나가 표시되어 발행되었을 것

        다. 쪽수가 표시되어 발행되었을 것

    4. 상품의 가격·기능·특성 등을 문자·사진·그림으로 인쇄한 16쪽 이상(표지를 포함한다)인 책자 형태의 상품안내서

    5. 화물에 첨부하는 봉하지 아니한 첨부서류 또는 송장

    6. 외국과 주고받는 국제서류

    7. 국내에서 회사(「공공기관의 운영에 관한 법률」에 따른 공공기관을 포함한다)의 본점과 지점 간 또는 지점 상호간에 주고받는 우편물로서 발송 후 12시간 이내에 배달이 요구되는 상업용 서류

    8. 「여신전문금융업법」 제2조 제3호에 해당하는 신용카드

제3조의2(기본통상우편요금)

법 제2조 제3항에서 "대통령령으로 정하는 통상우편요금"이란 제12조에 따라 고시한 통상우편물요금 중 중량이 5그램 초과 25그램 이하인 규격우편물의 일반우편요금을 말한다.

제4조(우편업무의 위탁)

① 과학기술정보통신부장관은 법 제2조 제5항 단서에 따라 다음 각 호의 어느 하나에 해당하는 업무를 과학기술정보통신부령이 정하는 자에게 위탁한다.

  1. 우편이용자를 방문하여 우편물을 접수하는 업무

  2. 교통이 불편한 지역 기타 우편물의 집배업무 · 운송업무 또는 발착업무(우편물을 구분 및 정리하는 업무를 말한다. 이하 같다)상 특히 필요하다고 인정하는 지역에서 우편물을 집배 · 운송 또는 발착하는 업무

  3. 우표류(우표, 우편요금을 표시하는 증표와 우표책, 우편물의 특수취급에 필요한 봉투 및 국제반신우표권을 말한다. 이하 같다)를 조제하는 업무

  4. 그 밖에 우편이용의 편의, 우편물의 원활한 송달 및 우편사업 운영의 효율을 제고하기 위하여 과학기술정보통신부령이 정하는 업무

② 제1항 제1호 및 제2호의 규정에 의한 우편물 방문접수업무와 집배업무를 위탁하는 때에는 과학기술정보통신부령이 정하는 바에 따라 당해 위탁업무를 행하는 지역을 구분하여 위탁방법을 달리 정할 수 있다.

③ 과학기술정보통신부장관은 제1항의 규정에 의하여 업무를 위탁받은 자(이하 "수탁자"라 한다)에 대하여 수수료 및 당해 업무의 수행에 직접 소요되는 경비를 지급할 수 있다.

④ 수탁자가 위탁받은 업무의 처리와 수탁자에게 지급하는 수수료 및 경비의 지급 등에 관하여 필요한 사항은 과학기술정보통신부령으로 정한다.

제4조의2(우편물의 운송요구등)

① 과학기술정보통신부장관이 법 제3조의2 제1항의 규정에 의하여 우편물의 운송을 요구할 때에는 다음 각 호의 사항을 기재한 우편물 운송요구서를 운송개시 5일 전까지 운송을 하는 자에게 교부하여야 한다. 다만, 천재 · 지변 기타 특히 긴급을 요하는 경우에는 즉시 이를 요구할 수 있다.

  1. 운송구간 및 운송횟수

  2. 출발 및 도착일시

  3. 우편물의 수량 또는 중량

  4. 우편물의 인수인계 장소 및 방법

  5. 운송료 및 그 지급방법

  6. 우편물 운송도중 우편물의 망실 또는 훼손시 국가에 대하여 지불하여야 하는 손해배상 금액

  7. 기타 우편물의 신속하고 안전한 운송을 위하여 필요한 사항

② 법 제3조의2 제2항의 규정에 의하여 보상하여야 할 금액은 당해 운송구간에 적용되고 있는 운송요금 등이 고려되어야 한다.

제5조(우편구 및 우편번호의 지정)

① 과학기술정보통신부장관은 우편물의 배달지역을 구분하는 우편구 및 우편번호를 정할 수 있다.

② 과학기술정보통신부장관은 제1항의 규정에 의한 우편구와 우편구별 우편번호를 정한 때에는 미리 고시하여야 한다. 이를 변경한 때에도 또한 같다.

제6조(우편물의 외부기재사항)

① 우편물의 외부에는 발송인 및 수취인의 성명·주소와 우편번호를 기재하여야 한다. 다만, 취급과정을 기록하는 우편물(이하 "등기우편물"이라 한다)을 제외한 우편물은 수취인의 성명을 생략할 수 있다.

② 제1항의 규정에 의한 기재사항 외에 필요한 기재사항은 과학기술정보통신부령으로 정한다.

제7조(우편업무의 시험적 실시)

과학기술정보통신부장관은 우편업무에 관한 새로운 제도(제도의 변경을 포함한다)를 시험적으로 실시할 수 있다.

제7조의2(수탁취급)

과학기술정보통신부장관은 국민의 편의를 위하여 필요한 경우에는 다른 국가기관·지방자치단체 또는 「공공기관의 운영에 관한 법률」에 따른 공공기관 등의 업무중 우편역무의 방법으로 취급할 수 있는 업무를 수탁할 수 있다.

제8조(보수 및 손실보상)

법 제4조 제1항의 규정에 의한 운송원등의 조력자에 대한 보수와 법 제5조의 규정에 의한 운송원등의 통행에 따른 손실보상에 관한 사항은 과학기술정보통신부령으로 정한다.

제8조의2(이용 제한 및 업무 정지 등)

① 과학기술정보통신부장관은 법 제6조 제1항에 따른 전시·사변이나 이에 준하는 국가 비상사태와 천재지변이나 그 밖의 부득이한 사유(이하 "비상사태등"이라 한다)가 있을 경우 안전사고 등이 발생할 우려가 높은 정도에 따라 집배구를 1급지부터 3급지까지 구분하여 위험등급을 지정할 수 있다.

② 과학기술정보통신부장관은 비상사태등이 발생할 경우 다음 각 호의 구분에 따라 우편업무를 정지하거나 이에 수반되는 우편물의 이용을 제한할 수 있으며, 해당 집배구의 상황을 고려하여 순차적으로 이를 해제할 수 있다.

1. 1급지 및 발생한 비상사태등의 정도가 심각하다고 인정되는 2급지 : 모든 집배업무 및 과학기술정보통신부장관이 정하여 고시하는 업무

2. 2급지(제1호에 따른 2급지는 제외한다) 및 3급지 : 과학기술정보통신부장관이 정하여 고시하는 범위의 집배업무 및 과학기술정보통신부장관이 정하여 고시하는 업무

③ 제1항에 따른 위험등급의 구분기준, 제2항 제1호에 따른 비상사태등의 심각성 인정기준, 제1항 및 제2항에서 규정한 사항 외에 우편물의 이용 제한과 우편업무의 일부 정지에 필요한 사항은 과학기술정보통신부장관이 정하여 고시한다.

제9조(우편작업 효율화를 위한 지원대상 등)

① 법 제12조의2 제1항의 규정에 의한 우편작업이나 이용에 관련되는 자 등은 다음 각 호의 어느 하나에 해당하는 자를 말한다.

    1. 제4조 제1항의 규정에 의하여 업무를 위탁받은 자

    2. 제4조의2 제1항의 규정에 의하여 우편물을 운송하는 자

    3. 우편물의 발송 또는 제작 등을 대행하는 자

    4. 우편물의 처리를 위한 관련 기기 · 장비 및 용기 등을 제조 · 판매하는 자

    5. 우편관련 장비 및 기술개발을 담당하는 자

    6. 우편에 사용되는 용품 등을 제조 · 판매하는 자

    7. 기타 우편작업의 효율을 높이고 우편이용자의 편의를 도모하기 위하여 과학기술정보통신부장관이 필요하다고 인정하는 자

② 제1항의 규정에 해당하는 자에 대하여는 다음 각 호의 지원을 할 수 있다.

    1. 우편작업 관련기기 · 장비의 성능향상 및 기능개선을 위한 기술지원

    2. 우편기술 개발을 위한 연구비 지원 및 기술정보의 제공

    3. 우편물 처리 관련장비 및 용기 등의 대여

    4. 기타 우편작업 효율화를 위하여 과학기술정보통신부장관이 필요하다고 인정하는 사항

제9조의2(권한의 위임)

① 과학기술정보통신부장관은 법 제12조의3에 따라 다음 각 호의 권한을 우정사업본부장에게 위임한다.

    1. 법 제2조 제5항 단서에 따른 우편업무의 위탁

    1의2. 삭제

    2. 법 제3조의2에 따른 우편물의 운송 명령(제2항 제1호의 업무는 제외한다)

    3. 법 제6조에 따른 우편물이용의 제한 및 우편업무의 일부정지

    4. 법 제12조의2에 따른 우편작업 효율화를 위한 지원 등

    5. 법 제14조에 따른 보편적 우편역무의 제공

    6. 법 제15조에 따른 선택적 우편역무의 제공

    6의2. 법 제15조의2에 따른 우편업무의 전자화에 관한 업무

    7. 법 제16조 제1항에 따른 군사우편역무의 제공

    8. 법 제17조에 따른 우편금지물품의 결정(변경결정을 포함한다. 이하 같다) · 고시, 우편물의 취급용적 · 중량 · 포장의 결정 · 고시 및 우편역무의 제공거절 · 제한

    9. 법 제21조 제1항에 따른 우표와 우편요금을 표시하는 증표의 발행

    10. 법 제26조의2 제1항에 따른 우편물 요금등의 감액

    11. 법 제28조 제2항 본문에 따른 우편관서의 지정

    11의2. 법 제31조의2에 따른 우편물의 전송

    12. 법 제38조 제3항에 따른 국제우편물에 관한 손해배상액의 결정 및 고시

    13. 법 제43조에 따른 우편관서의 지정

    14. 삭제

15. 제5조에 따른 우편번호의 결정·고시

16. 제7조에 따른 우편업무에 관한 새로운 제도(제도의 변경을 포함한다)의 시험적 실시

17. 제7조의2에 따른 업무수탁

18. 제9조 제1항 제7호 및 같은 조 제2항 제4호에 따라 우편작업의 효율화를 위한 지원대상자 및 지원사항 인정

19. 제10조의3 제1항에 따른 군사우편 요금수납

20. 제10조의5에 따른 해외특수지역 군사우편에 관한 업무

21. 제13조 제1항 전단에 따른 우표류의 발행·판매에 관한 공고

22. 제25조 제2항에 따른 우편요금등을 따로 납부할 수 있는 우편물의 종류·수량 및 취급우편관서 그 밖에 필요한 사항의 결정·고시

23. 제33조 제2항에 따른 수취인으로부터의 우편요금등을 징수하고 우편물을 배달할 수 있는 경우의 인정

24. 다음 각 목의 사항의 결정·고시

　　가. 제42조 제3항 제1호에 따라 무인우편물보관함 또는 전자 잠금장치가 설치된 우편수취함에서 제공하는 배달확인이 가능한 증명자료로 수령사실의 확인을 갈음할 수 있는 등기우편물에서 제외되는 우편물

　　나. 제42조 제3항 제2호 후단에 따른 등기우편물의 배달방법, 증명자료 및 적용기간 등

24의2. 제42조 제4항에 따른 등기우편물로서 소포우편물의 수령사실 확인방법의 결정·고시

25. 제43조 제3호의2에 따른 무인우편물보관함에서 우편물을 교부하는 경우의 본인확인방법, 수취인에 대한 통지방법 및 보관기간 등의 결정·고시

26. 제43조 제10호에 따른 수취인이 우편물의 표면에 기재된 곳 외의 곳으로 배달을 청구할 수 있는 우편물의 결정·고시

27. 제43조 제4호에 따른 우편물배달 특례지역의 인정

② 과학기술정보통신부장관은 법 제12조의3에 따라 다음 각 호의 권한을 지방우정청장에게 위임한다.

1. 법 제3조의2에 따른 우편물의 운송 명령 중 국내우편물의 관내운송 명령

1의2. 삭제

2. 법 제45조의2에 따른 서신송달업의 신고 및 변경신고 수리

3. 법 제45조의4에 따른 서신송달의 휴업·폐업 및 재개업 신고 수리

4. 법 제45조의5에 따른 서신송달업자에 대한 사업개선 명령

5. 법 제45조의6에 따른 서신송달업자에 대한 영업소 폐쇄 및 사업정지 명령

6. 법 제45조의7에 따른 서신송달업자 또는 서신송달을 위탁한 자의 보고 및 조사 등

7. 법 제45조의8에 따른 서신송달업자의 청문

8. 법 제54조의2에 따른 과태료의 부과·징수

9. 제5조에 따른 우편구의 지정·고시(변경하는 경우를 포함한다)

제9조의3(우편업무의 전자화)

① 과학기술정보통신부장관은 법 제15조의2 제1항에 따른 전자화대상문서(이하 "전자화대상문서"라 한다)를 정보처리시스템이 처리할 수 있는 형태로 변환하여 처리하려는 경우에는 다음 각 호의 장치 또는 시설을 모두 갖추어야 한다.

1. 법 제15조의2 제2항에 따른 전자화문서(이하 "전자화문서"라 한다)를 작성하는 데 사용되는 스캐너 등의 장치

2. 법 제15조의2 제4항에 따른 전자우편서류관리시스템(이하 "전자우편서류관리시스템"이라 한다)

3. 보안시설

② 과학기술정보통신부장관은 제1항 제1호에 따른 스캐너 등의 장치를 이용하여 전자화문서를 작성하여야 하며, 작성된 전자화문서가 전자화대상문서와 동일성이 확보되도록 기술적 조치를 하여 전자우편서류관리시스템에 보관하여야 한다.

③ 과학기술정보통신부장관은 전자화문서를 출력한 문서가 전자우편서류관리시스템에 보관하고 있는 전자화문서와 동일한지 여부에 대하여 발송인, 수취인 등이 확인을 요청한 경우에는 그 동일성을 확인하여 주어야 한다.

④ 과학기술정보통신부장관은 전자우편서류관리시스템에 보관하는 전자화문서의 유출·훼손·위조·변조 등을 방지하기 위하여 접근 권한자 지정, 방화벽 설치 및 암호화 소프트웨어의 활용 등 관리적·기술적 조치를 하여야 한다.

⑤ 제1항부터 제4항까지에서 규정한 사항 외에 우편업무의 전자화에 필요한 사항은 과학기술정보통신부장관이 정한다.

제10조(고유식별정보의 처리)

과학기술정보통신부장관(제9조의2에 따라 과학기술정보통신부장관의 권한을 위임받은 자를 포함한다)은 법 제2조 제5항 단서에 따른 우편업무의 위탁에 관한 사무를 수행하기 위하여 불가피한 경우 「개인정보보호법 시행령」 제19조 제1호에 따른 주민등록번호가 포함된 자료를 처리할 수 있다.

제10조의2(군사우편물)

① 법 제16조 제2항의 규정에 의한 군사우편물이라 함은 다음 각 호의 우편물을 말한다.

1. 국방부장관이 지정하는 지역에 있는 부대(기관을 포함한다. 이하 같다) 및 그 부대에 속하는 군인·군무원이 발송하는 통상우편물

2. 제1호의 부대에 입영한 자의 소지품 및 의류 등을 발송하는 소포우편물

② 군사우편물을 발송하는 자는 군사우편물 표면에 "군사우편"이라 표시하여야 한다.

제10조의3(군사우편 요금납부)

① 군사우편물의 요금은 발송인이 납부하지 아니하고 국방부장관이 과학기술정보통신부장관에게 분기별로 납부한다.

② 제1항의 납부액은 국방부소관 세출예산과 우편사업특별회계 세입예산간에 대체납입할 수 있다.

제10조의4(군사우편업무 수행에 필요한 편의제공 등)

국방부장관은 법 제16조 제4항에 따라 다음 각 호의 편의를 제공한다.

    1. 전시작전지역에 있는 군사우체국에 근무하는 직원에 대한 의복대여 및 급식제공. 이 경우 급식비는 제10조의3 제1항에 따라 납부하는 요금에서 이를 공제한다.

    2. 전시작전지역 안에서 공무수행 중 부상을 입은 군사우체국 근무 직원에 대한 우선 응급치료 및 후방 요양기관에의 후송입원

    3. 군사우체국에 근무하는 직원에 대한 종군확인증 발급

제10조의5(해외특수지 군사우편)

해외특수지역에 주둔하는 부대 및 그 부대에 속하는 군인·군무원에 대한 군사우편에 대하여는 과학기술정보통신부장관이 국방부장관과 협의하여 정한다.

제11조(우편역무 등의 이용에 따른 수수료)

우편이용자는 다음 각 호의 경우에는 수수료를 납부하여야 한다.

    1. 법 제14조 제2항 제3호에 따른 보편적 우편역무와 법 제15조 제2항에 따른 선택적 우편역무의 이용

    2. 법 제32조 제1항에 따른 반환우편물 중 등기우편물의 반환

    3. 제29조 제1항의 규정에 의한 수취인 부담 우편물의 취급

    4. 제36조의2에 따른 수취인과 수취인 주소변경 또는 우편물 반환의 청구

    5. 제38조 제1항의 규정에 의한 사설우체통의 설치·이용

    6. 제43조 제10호에 따른 우편물 배달의 청구

제12조(우편요금등의 고시)

과학기술정보통신부장관은 법 제19조의 규정에 의한 우편에 관한 요금 및 우편이용에 관한 수수료(이하 "우편요금등"이라 한다)를 고시하여야 한다.

제13조(우표류의 발행)

① 과학기술정보통신부장관은 법 제21조 제1항 및 제2항의 규정에 의하여 우표와 우편요금을 표시하는 증표를 발행하여 판매할 때에는 그 종류·액면·형식·판매기일 및 판매장소등을 그때마다 공고하여야 한다. 이 경우 우편요금표시인영이 인쇄된 봉투는 그 발행에 소요되는 비용을 우편요금과 합산한 금액으로 판매한다.

② 삭제

제14조~제24조 삭제

제25조(우편요금등의 별납)

① 동일인이 동시에 우편물의 종류와 우편요금등이 동일한 우편물을 다량으로 발송할 때에는 그 우편요금등을 따로 납부할 수 있다.

② 제1항에 따라 우편요금등을 따로 납부할 수 있는 우편물의 종류·수량 및 취급우편관서, 그 밖에 필요한 사항은 과학기술정보통신부장관이 정하여 고시한다.

제26조(우편요금표시기를 사용한 우편물 발송)

① 우편물 발송인은 우표를 부착하지 아니하고 우편요금 납부표시 인영을 인쇄하는 표시기(이하 "우편요금표시기"라 한다)를 사용하여 우편물을 발송할 수 있다.

② 제1항의 규정에 의한 우편요금표시기의 사용 및 취급에 관하여 필요한 사항은 과학기술정보통신부령으로 정한다.

제27조 삭제

제28조(우편관서에 설치된 우편요금표시기의 이용)

우편물의 발송 우편관서의 장은 해당 우편관서에 설치된 우편요금표시기에 의하여 그 우편요금을 납부하게 할 수 있다.

제29조(우편요금등의 수취인 부담)

① 다음 각 호의 어느 하나에 해당하는 우편물은 우편요금등을 수취인의 부담으로 발송할 수 있다.

　　1. 우편물을 다량으로 수취하는 자가 자기부담으로 수취하기 위하여 발송하는 통상우편물

　　2. 우편요금등을 수취인이 지불하는 것에 대하여 발송인이 수취인의 승낙을 얻은 등기우편물. 다만, 통상우편물은 우편관서의 장과 발송인 간에 별도의 계약을 체결한 경우로 한정한다.

② 제1항의 규정에 의한 우편요금등은 수취인이 우편물을 받을 때에 납부한다. 다만, 제30조의 규정에 의하여 우편요금등을 후납하는 때에는 그러하지 아니하다.

③ 제1항 제2호 본문에 따른 우편물의 우편요금등을 수취인이 납부하지 아니하는 때에는 발송인에게 그 우편물을 반환한다. 이 경우 발송인은 우편요금등 및 반환 수수료를 납부하여야 한다.

④ 제1항의 규정에 의한 우편요금등의 수취인 부담 우편물의 취급에 관하여 필요한 사항은 과학기술정보통신부령으로 정한다.

제30조(우편요금등의 후납)

우편물 발송인은 과학기술정보통신부령이 정하는 우편물의 우편요금등을 발송시에 납부하지 아니하고 일정 기간 이내에 후납할 수 있다.

제31조~제32조 삭제

제33조(우편요금등의 미납 또는 부족한 우편물)

① 우편요금등을 미납하거나 부족하게 납부한 우편물은 이를 발송인에게 되돌려 준다.

② 제1항의 경우에 발송인의 성명 또는 주소의 불명 기타 사유로 인하여 우편물을 되돌려 줄 수 없거나 해외 체류자 또는 해외여행자가 귀국하는 인편을 통하여 국내에서 발송한 경우 기타 과학기술정보통신부장관이 필요하다고 인정하는 경우에는 미납하거나 부족하게 납부한 우편요금등과 동액의 부가금을 합하여 수취인으로부터 징수하고 이를 배달할 수 있다.

③ 우편요금등의 미납 또는 부족이 우편관서의 과실로 인한 때에는 그 미납 또는 부족한 우편요금등을 징수하지 아니한다.

제34조(연체료)

① 우편요금등의 납부의무자가 우편요금등을 납부기한까지 완납하지 아니하였을 때에는 법 제24조 제2항에 따라 체납된 우편요금등의 100분의 3에 상당하는 연체료를 가산하여 징수하며, 납부기한이 지난 날부터 매 1개월이 지날 때마다 체납된 우편요금등의 1천분의 12에 상당하는 연체료를 추가로 가산하여 징수한다.

② 제1항에도 불구하고 체납된 우편요금등이 100만 원 미만인 경우에는 체납기간에 관계없이 체납된 우편요금등의 100분의 3에 상당하는 연체료를 징수하며, 납부의무자가 주한외국공관이나 주한국제연합기관인 경우에는 연체료를 징수하지 아니한다.

③ 제1항에 따라 연체료를 추가로 가산하여 징수하는 기간은 60개월을 초과하지 못한다.

제35조(우편요금등의 반환)

① 법 제25조의 규정에 의하여 납부인의 청구에 따라 되돌려 주는 우편요금등은 다음 각 호와 같다.

    1. 우편관서의 과실로 인하여 과다징수한 우편요금등

    2. 우편관서에서 우편물의 특수취급의 수수료를 받은 후 우편관서의 과실로 인하여 특수취급을 하지 아니한 경우 그 특수취급수수료

    3. 사설우체통의 사용을 폐지하거나 사용을 폐지시킨 경우 그 폐지한 다음날부터의 납부수수료 잔액

    4. 납부인이 우편물을 접수한 후 우편관서에서 발송이 완료되지 아니한 우편물의 접수를 취소한 경우

② 제1항의 규정에 의한 우편요금등의 반환청구는 다음 각 호의 기간내에 납부한 우편관서에 청구하여야 한다.

    1. 제1항 제1호 및 제2호의 경우에는 납부일로부터 60일

    2. 제1항 제3호의 경우에 폐지 또는 취소한 날로부터 30일

제36조 삭제

제36조의2(우편물 주소 등의 변경 및 반환청구)

우편물 발송인은 우편관서에서 우편물을 배달하기 전 또는 제43조 제6호 및 제7호의 규정에 의하여 배달우편관서의 창구에서 수취인에게 우편물을 교부하기 전에 한하여 수취인과 수취인 주소의 변경 또는 우편물의 반환을 우편관서에 청구할 수 있다. 이 경우 당해 우편관서의 장은 업무상 지장이 큰 것으로 판단하는 때에는 이에 응하지 아니할 수 있다.

제36조의3(열어보지 아니하고 되돌려 보내는 우편물의 범위)

법 제28조 제2항 단서에서 "대통령령이 정하는 봉함한 우편물"이라 함은 서신, 통화가 들어 있는 봉함한 통상우편물을 말한다.

제37조 삭제

제38조(사설우체통의 설치·이용)

① 우편물 발송인은 자기부담으로 설치한 사설우체통을 이용하여 우편물을 발송할 수 있다.

② 제1항의 규정에 의한 사설우체통의 설치 및 이용에 관하여 필요한 사항은 사설우체통을 설치한 자와 당해 우체통의 우편물을 수집하는 우체국장 간의 계약으로 정한다.

제39조~제41조 삭제

제42조(우편물의 배달)

① 법 제31조 본문의 규정에 의하여 우편물은 관할 배달우편관서에서 그 우편물의 표면에 기재된 곳에 배달한다. 이 경우 2인 이상을 수취인으로 정한 우편물은 그중 1인에게 배달한다.

② 우편사서함(이하 "사서함"이라 한다) 번호를 기재한 우편물은 당해 사서함에 배달한다.

③ 등기우편물은 수취인·동거인(동일 직장에서 근무하는 자를 포함한다) 또는 제43조 제1호 및 제5호에 따른 수령인으로부터 그 수령사실의 확인을 받고 배달해야 한다. 다만, 다음 각 호의 어느 하나에 해당하는 경우에는 해당 증명자료로 그 수령사실의 확인을 갈음할 수 있다.

   1. 등기우편물(법원의 송달서류, 현금, 유가증권 등을 발송하는 우편물로서 과학기술정보통신부장관이 정하여 고시하는 우편물은 제외한다. 이하 제2호 및 제43조 제8호에서 같다)을 제43조 제8호에 따라 무인우편물보관함(대면 접촉 없이 우편물을 수령하는 장치를 말한다. 이하 같다)에 배달하거나 전자잠금장치가 설치된 우편수취함에 배달하고 해당 무인우편물보관함 또는 우편수취함에서 배달확인이 가능한 증명자료를 제공하는 경우

   2. 「감염병의 예방 및 관리에 관한 법률」에 따른 감염병 확산으로 인해 「재난 및 안전관리 기본법」 제60조에 따른 특별재난지역으로 선포된 지역에서 감염병 확산 방지 및 예방을 위해 등기우편물을 대면 접촉 없이 우편수취함(무인우편물보관함 및 전자 잠금장치가 설치된 우편수취함은 제외한다)에 배달하고 배달안내문, 배달사진, 전화, 이메일 등에 의하여 배달확인이 가능한 증명자료를 제공하는 경우. 이 경우 구체적인 배달방법, 증명자료 및 적용기간 등은 과학기술정보통신부장관이 정하여 고시한다.

④ 등기우편물로서 소포우편물을 배달하는 경우에는 제3항에도 불구하고 과학기술정보통신부장관이 수령사실의 확인방법을 달리 정하여 고시할 수 있다.

제43조(우편물 배달의 특례)

법 제31조 단서에 따라 우편물을 해당 우편물의 표면에 기재된 곳 외의 곳에 배달할 수 있는 경우는 다음 각 호와 같다.

   1. 동일건축물 또는 동일구내의 수취인에게 배달할 우편물로서 그 건축물 또는 구내의 관리사무소, 접수처 또는 관리인에게 배달하는 경우

   2. 사서함을 사용하고 있는 수취인에게 배달할 우편물로서 사서함 번호를 기재하지 아니한 것을 그 사서함에 배달하는 경우

   3. 우편물을 배달하지 아니하는 날에 수취인의 청구에 의하여 배달우편관서 창구에서 우편물을 교부하는 경우

   3의2. 수취인의 일시부재나 그 밖의 사유로 우편물을 배달하지 못하여 배달우편관서 창구 또는 무인우편물보관함(과학기술정보통신부장관이 본인확인방법, 수취인에 대한 통지방법, 보관기간 등을 정하여 고시하는 기준에 적합한 무인우편물보관함을 말한다)에서 우편물을 교부하는 경우

   4. 교통이 불편한 도서지역이나 농어촌지역 또는 과학기술정보통신부장관이 필요하다고 인정하는 지역으로 배달할 우편물을 과학기술정보통신부령이 정하는 바에 의하여 개별 또는 공동수취함을 설치하고 그 수취함에 배달하는 경우

5. 수취인이 동일 집배구(우편집배원이 우편물을 수집하고 배달하는 구역을 말한다. 이하 같다)에 거주하는 자를 대리수령인으로 지정하여 배달우편관서에 신고한 경우에는 그 대리수령인에게 등기우편물을 배달하는 경우

6. 우편물에 "우체국보관" 표시가 있는 것으로서 과학기술정보통신부령이 정하는 바에 의하여 당해 배달우편관서 창구에서 수취인에게 교부하는 경우

7. 교통이 불편하여 통상의 방법으로 우편물 배달이 어려운 지역에 배달할 우편물로서 과학기술정보통신부령이 정하는 바에 의하여 당해 배달우편관서 창구에서 수취인에게 교부하는 경우

8. 무인우편물보관함을 이용하는 수취인의 신청 또는 동의를 받아 그 수취인과 동일 집배구에 있는 무인우편물보관함에 등기우편물을 배달하는 경우

9. 법 제31조의2에 따라 수취인이 주거이전을 신고한 경우로서 우편물을 수취인이 신고한 곳으로 전송하는 경우

10. 수취인이 과학기술정보통신부장관이 정하여 고시하는 우편물에 대하여 우편물의 표면에 기재된 곳 외의 곳으로 배달을 청구하는 경우

제44조(우편물의 전송 수수료)

법 제31조의2 제2항에 따른 우편물의 전송 수수료는 우편물을 수취인이 주거를 이전한 곳으로 전송하는 거리에 따라 소요되는 비용 등을 고려하여 과학기술정보통신부장관이 정하여 고시한다.

제45조 삭제

제46조(사서함의 설치·이용등)

① 우편관서는 법 제37조의 규정에 의하여 배달우편관서에 사서함을 설치할 수 있다. 다만, 관할 지방우정청장이 필요하다고 인정하는 경우에는 배달업무를 취급하지 아니하는 우편관서에도 사서함을 설치할 수 있다.

② 사서함의 이용 및 관리 등에 관하여 필요한 사항은 과학기술정보통신부령으로 정한다.

제47조~제49조 삭제

제50조(고층건물의 우편수취함 설치)

① 법 제37조의2의 규정에 의한 건축물의 소유자 또는 관리인은 당해 건축물의 출입구에서 가까운 내부의 보기 쉬운 곳에 그 건축물의 주거시설·사무소 또는 사업소별로 우편수취함을 설치하여야 한다.

② 제1항의 규정에 의한 우편수취함의 설치 및 관리등에 관하여 필요한 사항은 과학기술정보통신부령으로 정한다.

제51조(고층건물 내의 우편물의 배달)

① 제50조 제1항의 규정에 의한 건축물에 배달되는 우편물은 해당 건축물에 설치된 우편수취함에 배달한다. 다만, 제43조 제1호의 규정에 의한 경우에는 그러하지 아니하다.

② 법 제37조의2의 규정에 의한 건축물에 우편수취함을 설치하지 아니한 경우에는 배달우편관서에서 우편물을 보관교부할 수 있다.

③ 제2항의 규정에 의한 보관교부는 그 실시일전 5일까지 그 건축물의 관리인 및 입주자에게 우편수취함 설치의 촉구, 우편물의 보관사유·장소, 우편물의 수취요령등을 통지하여야 한다.

제52조(손해배상)

① 삭제

② 법 제38조 제4항의 규정에 의하여 손해배상액은 예산의 범위안에서 당해 우편관서에서 보유하고 있는 자금 중에서 우선 지급하고 이를 사후 보전할 수 있다.

제53조(손해배상금의 반환)

법 제45조의 규정에 의하여 우편물의 교부를 청구하고자 하는 자가 반환하여야 할 손해배상금은 다음 각 호와 같다.

    1. 우편물에 손해가 없는 경우에는 손해배상금의 전액

    2. 우편물에 손해가 있는 경우에는 손해배상금 중 실제 손해액을 뺀 금액

제53조의2(소규모 서신송달업자의 신고 면제)

법 제45조의2 제1항 단서에서 "대통령령으로 정하는 기준에 해당하는 소규모 서신송달업을 하려는 자"란 「부가가치세법」 제61조에 따라 간이과세자에 관한 규정이 적용되는 사업자로서 서신송달업을 하려는 자를 말한다.

제53조의3(규제의 재검토)

과학기술정보통신부장관은 제54조 및 별표에 따른 과태료의 부과기준에 대하여 2015년 1월 1일을 기준으로 3년마다(매 3년이 되는 해의 1월 1일 전까지를 말한다) 그 타당성을 검토하여 개선 등의 조치를 하여야 한다.

제54조(과태료의 부과기준)

법 제54조의2에 따른 과태료의 부과기준은 별표와 같다.

부칙 〈제31380호, 2021.1.5.〉

(어려운 법령용어 정비를 위한 473개 법령의 일부개정에 관한 대통령령)

이 영은 공포한 날부터 시행한다. 〈단서 생략〉

별표/서식

[별표] 과태료의 부과기준(제54조 관련)

1. 일반기준
    가. 위반행위의 횟수에 따른 과태료의 부과기준은 최근 1년간 같은 위반행위로 과태료 부과처분을 받은 경우에 적용한다. 이 경우 위반행위에 대하여 과태료 부과처분을 한 날과 다시 같은 위반행위를 하여 적발된 날을 각각 기준으로 하여 위반횟수를 계산한다.
    나. 부과권자는 다음의 어느 하나에 해당하는 경우에는 제2호에 따른 과태료 금액의 2분의 1의 범위에서 그 금액을 감경할 수 있다. 다만, 과태료를 체납하고 있는 위반행위자의 경우에는 그러하지 아니하다.
        1) 위반행위자가 「질서위반행위규제법 시행령」 제2조의2 제1항 각 호의 어느 하나에 해당하는 경우
        2) 위반행위가 사소한 부주의나 오류로 인한 것으로 인정되는 경우
        3) 위반행위자가 법 위반 상태를 시정하거나 해소하기 위한 노력이 인정되는 경우
        4) 그 밖에 위반행위의 정도, 위반행위의 동기 및 그 결과 등을 고려하여 감경할 필요가 있다고 인정되는 경우

2. 개별기준

(단위 : 만 원)

위반행위	근거 법조문	과태료 금액		
		1차 위반	2차 위반	3차 이상 위반
가. 법 제2조 제4항을 위반하여 서신의 송달을 위탁한 경우	법 제54조의2 제1항			
1) 해당 서신을 우편관서에 접수하는 경우의 우편요금이 1천만 원 이하인 경우		750	1,000	2,000
2) 해당 서신을 우편관서에 접수하는 경우의 우편요금이 1천만 원을 초과하는 경우		5,000만 원의 범위에서 해당 우편요금의 2배 이하의 금액		
나. 법 제32조 제2항을 위반하여 우편물의 수취를 거부한 경우	법 제54조의2 제3항 제1호	50	50	50
다. 법 제45조의2 제1항을 위반하여 신고를 하지 않은 경우	법 제54조의2 제2항 제1호	300	600	1,000
라. 법 제45조의3 제1항을 위반하여 유사명칭을 사용한 경우	법 제54조의2 제2항 제2호	300	600	1,000
마. 법 제45조의3 제2항을 위반하여 타인에게 자기의 성명 또는 상호를 사용하여 서신송달업을 경영하게 한 경우	법 제54조의2 제2항 제3호	300	600	1,000
바. 법 제45조의4를 위반하여 신고하지 않고 휴업·폐업 또는 휴업 후 재개업을 한 경우	법 제54조의2 제2항 제4호	300	600	1,000
사. 법 제45조의7에 따른 자료제출·보고 또는 조사를 정당한 사유 없이 거부·방해 또는 기피한 경우	법 제54조의2 제2항 제5호	300	600	1,000
아. 우편업무에 종사하는 자가 중대한 과실로 인하여 우편물을 잃어버린 경우	법 제54조의2 제3항 제2호	50	50	50

03 우편법 시행규칙

[시행 2022.1.4.] [과학기술정보통신부령 제86호, 2022.1.4, 타법개정]

제1장 총칙

제1조(목적)

이 규칙은「우편법」및 같은 법 시행령에서 위임된 사항과 그 시행에 관하여 필요한 사항을 규정함을 목적으로 한다.

제2조(창구업무의 취급 등)

① 우체국의 창구에서 취급하는 우편업무의 범위와 취급시간은 우정사업본부장이 정하는 바에 의한다. 다만, 특별한 사정이 있는 때에는 우체국장은 필요하다고 인정하는 업무에 대하여 취급시간을 연장할 수 있다.

② 우편물의 수집 · 배달 및 운송의 횟수와 시간은 관할 지방우정청장이 정한다.

③ 우체국장은 취급업무의 종류 · 취급시간, 우편물의 규격 · 중량 · 포장, 우편요금 및 우편이용수수료 등 우편이용자가 알아야 할 사항을 적은 안내판을 우체국안의 보기 쉬운 곳에 언제나 걸어 놓아야 한다.

제2조의2(우편주문판매 등의 위탁)

「우편법 시행령」(이하 "영"이라 한다) 제4조 제1항 제4호에서 "과학기술정보통신부령이 정하는 업무"라 함은 다음 각 호의 업무를 말한다.

1. 제25조 제1항 제10호의 우편주문판매 공급업체의 선정 및 관리 업무

1의2. 영 제4조 제1항 제3호에 따른 우표류(이하 "우표류"라 한다)를 이용한 제25조 제1항 제11호의 광고우편의 모집 및 대리점 선정 · 관리업무

2. 제25조 제1항 제12호의 전자우편물 내용의 출력 · 인쇄 업무 및 이를 봉투에 넣거나 봉함하는 업무

3. 제25조 제1항 제21호에 따른 우편물의 반환 정보 제공 업무

제2조의3 삭제

제3조(방문접수업무와 집배업무 위탁방법)

영 제4조 제2항에 따른 우편물 방문접수업무와 집배업무의 위탁방법은 해당 위탁업무를 하는 지역의 인구와 우편물의 증감 등을 고려하여 우정사업본부장이 정한다.

제4조(우편업무의 일부를 수탁할 수 있는 자의 자격)

① 영 제4조 제1항 제1호에 따른 우편물방문접수 업무를 위탁받을 수 있는 자는 다음 각 호와 같다.

1. 개인 : 18세 이상으로서「국가공무원법」제33조 각 호의 어느 하나에 해당하지 아니한 자

2. 법인 : 위탁업무의 수행에 필요한 시설 · 장비 및 인력 등 우정사업본부장이 정하는 요건을 갖춘 자

② 영 제4조 제1항 제2호에 따른 우편물의 집배업무 · 운송업무 및 발착업무를 위탁받을 수 있는 자는 다음 각 호의 구분에 따른다.

1. 우편물 집배업무 위탁의 경우
    가. 개인 : 18세 이상으로서 「국가공무원법」 제33조 각 호의 어느 하나에 해당하지 아니한 자
    나. 법인 : 위탁업무 수행에 필요한 시설·장비 및 인력등 우정사업본부장이 정하는 요건을 갖춘 자
    다. 「우체국창구업무의 위탁에 관한 법률」 제4조에 따른 수탁자
    라. 그 밖에 집배업무의 공익성·정시성(正時性) 등을 고려하여 우정사업본부장이 정하는 요건을 충족하는 자
2. 삭제
3. 우편물 운송업무 위탁의 경우 : 우정사업본부장이 지정하는 비영리법인 또는 「화물자동차 운수사업법 시행령」 제3조 제1호에 따른 일반화물자동차운송사업자
4. 우편물 발착업무 위탁의 경우 : 우정사업본부장이 지정하는 비영리법인 또는 발착업무의 공익성·정시성 등을 고려하여 우정사업본부장이 정하는 요건에 적합한 자
③ 영 제4조 제1항 제3호에 따른 우표류 조제업무를 위탁받을 수 있는 자는 우정사업본부장이 지정하는 비영리법인 또는 특별법에 의하여 설립된 법인으로 한다.
④ 제2조의2에 따른 업무를 위탁받을 수 있는 자는 위탁업무의 수행에 필요한 시설·장비 및 인력 등 우정사업본부장이 정하는 요건을 갖춘 법인으로 한다.

제4조의2(위탁지역의 우편물방문접수업무의 처리절차)

우편물방문접수업무의 처리절차는 우정사업본부장이 정하는 바에 따라 위탁지역을 관할하는 우체국장과 당해 업무를 위탁받는 자와의 계약에 의하여 이를 정한다.

제5조(위탁지역의 우편물 집배·운송절차)

① 제3조에 따라 위탁한 우편물의 집배절차는 우정사업본부장이 정하는 바에 따라 관할 지방우정청장 또는 관할 우체국장과 집배업무를 위탁받는 자와의 계약으로 정한다.
② 삭제
③ 우편물위탁운송지역의 우편물의 운송절차는 우정사업본부장이 정하는 바에 따라 위탁지역 관할 지방우정청장과 해당 업무를 위탁받는 자와의 계약으로 정한다.
④ 우편물 발착위탁업무의 처리절차는 우정사업본부장이 정하는 바에 따라 발착업무를 위탁하는 우체국장과 그 업무를 위탁받는 자와의 계약에 따라 정한다.

제5조의2(우표류조제위탁업무의 처리절차)

우표류조제위탁업무의 처리절차는 우정사업본부장과 당해업무를 위탁받는 자와의 계약에 의하여 이를 정한다.

제5조의3(우편주문판매등의 위탁업무의 처리절차)

제2조의2의 규정에 의한 위탁업무의 처리절차는 우정사업본부장과 당해업무를 위탁받는 자와의 계약에 의하여 이를 정한다.

제6조(위탁업무의 취급수수료등)

① 영 제4조 제4항에 따라 같은 조 제1항 제1호·제3호 및 제4호의 위탁업무의 위탁수수료 및 경비는 우편의 공공성·신뢰성을 유지하기 위하여 소요되는 원가 등을 고려하여 산정·지급한다.

② 삭제

③ 우편물 집배업무, 운송업무와 발착(發着)업무의 위탁수수료는 우편물의 공공성·안전성 및 정시성을 유지하기 위하여 소요되는 원가를 고려하여 산정·지급한다.

제7조(손실보상등의 청구)

① 법 제4조 제1항에 따른 우편운송등의 조력자에 대한 보수와 법 제5조에 따른 우편운송원등의 통행으로 인한 피해에 대한 손실보상을 청구하고자 하는 자는 다음 각 호의 사항을 기재한 청구서를 그 우편운송원등이 소속된 우체국장을 거쳐 관할 지방우정청장에게 제출하여야 한다.

1. 청구인의 성명·주소
2. 청구사유
3. 청구금액

② 제1항의 경우 소속우체국장은 보수 또는 손실보상의 청구내용에 대한 의견서를 첨부하여야 한다.

③ 제1항 및 제2항에 따른 청구서 및 의견서를 받은 지방우정청장은 그 내용을 심사하여 청구내용이 정당하지 아니하다고 인정하여 청구금액을 지급할 수 없는 때에는 그 사유서를 청구인에게 송부하고, 청구내용이 정당하다고 인정하는 때에는 청구한 보수 또는 손실보상금을 청구인에게 지급하여야 한다.

④ 제1항에 따른 청구를 받은 지방우정청장은 필요하다고 인정하는 때에는 청구인의 출석을 요구하여 질문하거나 관계자료를 제출하게 할 수 있다.

제8조(이용의 제한 및 업무의 정지)

우정사업본부장은 법 제6조의 규정에 의하여 우편이용을 제한하거나 우편업무의 일부를 정지한 때에는 이를 공고하여야 한다.

제9조(우편구의 구별)

① 영 제5조 제1항에 따른 우편구는 시내우편구와 시외우편구로 구분하되 시내우편구는 우체국의 소재지와 그 가까운 지역으로서 관할 지방우정청장이 지정하는 지역으로 하고, 시외우편구는 시내우편구를 제외한 지역으로 한다.

② 지방우정청장은 제1항에 따라 시내우편구를 지정한 때에는 이를 고시하여야 한다. 이를 변경한 때에도 또한 같다.

제10조(우편업무의 시험적 실시)

우정사업본부장은 영 제7조의 규정에 의하여 우편업무에 관한 새로운 제도를 시험적으로 실시하고자 할 때에는 그 명칭 또는 종류·내용 기타 필요한 사항을 미리 공고하여야 한다.

제11조(수탁취급)

우정사업본부장은 영 제7조의2의 규정에 의하여 다른 국가기관·지방자치단체 또는 「공공기관의 운영에 관한 법률」에 따른 공공기관(이하 "공공기관"이라 한다) 등의 업무를 수탁취급하는 경우에는 그 업무의 종류·내용 기타 필요한 사항을 미리 공고하여야 한다.

제2장 우편역무

제1절 보편적 우편역무

제1관 통칙

제12조(보편적 우편역무의 제공기준 및 이용조건 등)

① 과학기술정보통신부장관은 법 제14조 제3항에 따라 보편적 우편역무의 제공을 위하여 1근무일에 1회 이상 우편물을 수집하고 배달하여야 한다. 다만, 지리, 교통, 사업 환경 등이 열악하여 부득이한 경우에는 이를 조정할 수 있다.

② 제1항에 따라 수집하거나 우체국 창구에 접수한 우편물의 송달에 걸리는 기간(이하 "우편물 송달기준"이라 한다)은 수집이나 접수한 날의 다음 날부터 3일 이내로 한다. 이 경우 수집이나 접수한 날이란 우편물의 수집을 관할하는 우체국장이 관할 지역의 지리·교통상황·우편물처리능력 및 다른 지역의 우편물송달 능력 등을 참작하여 공고한 시간 내에 우체통에 투입되거나 우체국 창구에 접수한 경우를 말한다.

③ 「관공서의 공휴일에 관한 규정」에 의한 공휴일 기타 다른 법령에 의한 유급휴일·토요일 및 우정사업본부 장이 배달하지 아니하기로 정한 날은 이를 우편물송달기준에 산입하지 아니한다.

④ 우정사업본부장은 우체국 및 우체통의 설치현황을 고시하여야 한다.

제12조의2(보편적 우편역무의 특수취급)

① 법 제14조 제2항 제3호에 따른 특수취급은 제25조 제1항, 제26조부터 제29조까지, 제46조부터 제55조까지, 제57조부터 제59조까지, 제61조, 제62조부터 제65조까지, 제70조의8, 제70조의11부터 제70조의17 까지를 준용한다.

② 보편적 우편역무의 특수취급 종류와 이에 따른 우편물은 별표 1과 같다.

③ 보편적 우편역무에 부가할 수 있는 우편역무는 별표 2와 같다.

제13조(도서·산간오지등의 우편물송달기준)

① 우정사업본부장은 도서·산간오지등 교통이 불편하여 우편물의 운송이 특히 곤란한 지역에 대하여는 제12 조에도 불구하고 지역별 또는 지역상호간에 적용할 우편물송달기준을 달리 정할 수 있다.

② 제1항에 따라 우편물송달기준을 달리 정한 때에는 관할 지방우정청장은 그 지역과 세부적인 우편물송달기 준을 정하여 공고하여야 한다.

제14조(우편물송달기준 적용의 예외)

「신문 등의 진흥에 관한 법률」 제9조에 따라 등록된 일간신문(주 5회 이상 발행되는 신문으로 한정한다) 및 관보를 제86조 제1항에 따른 우편물정기발송계약에 따라 발송할 때에는 제12조 제2항 전단에도 불구하고 접수한 날의 다음날까지 이를 송달할 수 있다.

제15조(우편물송달기준의 이행)

① 우정사업본부장은 우편물의 종류별·지역별로 우편물송달기준의 이행목표율을 정하여 고시하여야 한다.
② 우정사업본부장은 제1항의 규정에 의한 이행목표율의 달성도를 매년 1회 이상 조사하여 그 결과를 공표하여야 한다.
③ 우정사업본부장은 법 제6조의 규정에 의하여 우편물의 이용을 제한하거나 우편업무의 일부를 정지하는 경우 또는 일시에 다량의 우편물이 접수되어 특별한 송달대책이 요구되는 경우 그 기간동안에는 제1항의 규정에 의한 이행목표율을 보다 낮은 수준으로 정하여 고시할 수 있다.

제15조의2(이용자에 대한 실비의 지급)

① 우편관서의 장은 보편적 우편역무 및 선택적 우편역무의 제공과 관련하여 우정사업본부장이 공표하는 기준을 충족하지 못한 경우에는 예산의 범위 안에서 해당 이용자에게 교통비 등 실비의 전부 또는 일부를 지급할 수 있다.
② 제1항의 규정에 의한 실비 지급의 절차는 우정사업본부장이 정하여 고시한다.

제16조(우편물의 외부 기재사항)

① 영 제6조 제2항에 따라 우편물의 외부에는 우편요금의 납부표시, 그 밖에 우편물의 취급을 위하여 이 규칙에서 정한 사항을 적어야 한다.
② 우편물의 발송인은 제1항의 기재사항외에 우편물의 취급에 지장이 없는 범위안에서 우정사업본부장이 정하여 고시하는 사항을 우편물의 외부에 표시하거나 부착할 수 있다.
③ 제1항 및 제2항의 규정에 의한 사항을 우편물의 외부에 기재하거나 표시 또는 부착하는 경우 그 방법·위치 등은 우정사업본부장이 정하여 고시하는 요건에 적합하여야 한다.

제17조(우편날짜도장의 사용)

① 우체국은 우편물의 접수확인 및 우표의 소인을 위하여 우편날짜도장을 찍는다. 다만, 영 제13조 제1항에 따라 우정사업본부장이 발행하는 우편요금표시인영이 인쇄된 연하우편엽서와 연하우편봉투 및 이 규칙에서 따로 정한 경우에는 그러하지 아니하다.
② 우편날짜도장의 종류·형식 및 사용범위에 관하여는 우정사업본부장이 정한다.

제18조 삭제

제2관 통상우편물

제19조(통상우편물의 봉함 · 규격등)

① 통상우편물은 봉투에 넣어 봉함하여 발송해야 하며, 봉함하기가 적합하지 않은 우편물은 법 제17조 제2항에 따라 우정사업본부장이 정하여 고시한 기준에 적합하도록 포장하여 발송할 수 있다. 다만, 다음 각 호의 어느 하나에 해당하는 우편물의 경우에는 그렇지 않다.

1. 우정사업본부장이 발행하는 우편엽서

1의2. 영 제3조 제4호에 해당하는 우편물

2. 제20조의 규정에 의한 요건을 갖춘 사제엽서

3. 제25조 제1항 제9호에 따른 팩스우편물

4. 제25조 제1항 제12호의 규정에 의한 전자우편물

② 삭제

③ 우편엽서는 그 종류 · 규격 · 형식 · 발행방법등에 관하여 우정사업본부장이 정하여 고시하는 것으로 한다.

④ 우정사업본부장은 우편물의 안전한 송달과 취급을 위하여 필요한 경우에는 우편물의 규격을 정하여 고시할 수 있다.

제20조(사제엽서의 제조요건)

법 제21조 제3항에 따라 우편엽서를 개인, 기관 또는 단체가 조제하는 경우에는 제19조 제3항에 따라 우정사업본부장이 정하여 고시하는 우편엽서의 종류 · 규격 · 형식 등에 적합하여야 한다.

1. 삭제

2. 삭제

3. 삭제

4. 삭제

제21조(투명봉투의 사용)

통상우편물로서 무색 투명한 부분이 있는 봉투를 사용하는 경우에는 해당 봉투의 투명한 부분으로 발송인 또는 수취인의 성명 · 주소와 우편번호를 볼 수 있도록 하여야 한다. 이 경우 투명부분의 크기는 우편날짜도장의 날인, 우편요금의 납부표시, 우편물의 종류표시 그 밖의 우편물 취급에 지장이 없도록 하여야 한다.

제3관 소포우편물

제22조~제24조 삭제

제2절 선택적 우편역무

제1관 통칙

제25조(선택적 우편역무의 종류 및 이용조건 등)

① 법 제15조 제3항에 따른 선택적 우편역무의 종류는 다음 각 호와 같이 구분한다.

1. 등기취급

   우편물의 접수에서 배달까지 모든 단계의 취급과정을 기록하는 우편물의 특수취급제도

1의2. 준등기취급

   우편물의 접수에서 배달 전(前) 단계까지의 취급과정을 기록하는 우편물의 취급제도

1의3. 선택등기취급 : 등기취급 및 제112조의2에 따른 우편물의 반환거절을 전제로 우편물을 배달하되,
   그 우편물을 수취인에게 배달할 수 없는 경우에는 준등기취급에 따라 우편물을 배달하는 특수취급제도

2. 보험취급

   가. 보험통상 : 등기취급을 전제로 보험등기 취급용 봉투를 이용하여 유가증권, 통화 또는 소형포장우
      편물 등의 통상우편물을 배달하는 특수취급제도

   나. 보험소포 : 등기취급을 전제로 사회통념상 용적에 비하여 가격이 높다고 발송인이 신고한 것으로서
      그 취급에 특히 유의할 필요가 있는 고가품 · 귀중품 등의 소포우편물을 배달하는 특수취급제도

3. 삭제

4. 증명취급

   가. 내용증명 : 등기취급을 전제로 우체국창구 또는 정보통신망을 통하여 발송인이 수취인에게 어떤
      내용의 문서를 언제 발송하였다는 사실을 우체국이 증명하는 특수취급제도

   나. 삭제

   다. 배달증명 : 등기취급을 전제로 우편물의 배달일자 및 수취인을 배달우체국에서 증명하여 발송인에게
      통지하는 특수취급제도

5. 국내특급우편

   등기취급을 전제로 국내특급우편 취급지역 상호간에 수발하는 긴급한 우편물로서 통상적인 송달방법보다
   빠르게 송달하기 위하여 접수된 우편물을 약속한 시간 내에 신속히 배달하는 특수취급제도

6. 특별송달

   등기취급을 전제로 「민사소송법」 제176조의 규정에 의한 방법으로 송달하는 우편물로서 배달우체국에서
   배달결과를 발송인에게 통지하는 특수취급제도

7. 민원우편

   우정사업본부장이 정하여 고시하는 민원서류 발급을 위하여 등기취급을 전제로 우편 또는 정보통신망을
   통하여 발급신청에 필요한 서류와 발급수수료를 송부하고 그에 따라 발급된 민원서류와 발급수수료 잔
   액등을 우정사업본부장이 발행하는 민원우편봉투에 함께 넣어 송달하는 특수취급제도

8. 삭제

9. 팩스우편

   우체국에서 서신 · 서류 · 도화 등의 통신문을 접수받아 수취인의 팩스에 전송하는 제도

10. 우편주문판매

　등기취급을 전제로 우체국 창구나 정보통신망, 방송채널 등을 통하여 전국 각 지역에서 생산되는 특산품이나 소상공인 및 중소·중견기업 제품 등을 생산자나 판매자에게 주문하고 생산자나 판매자는 우편을 통하여 주문자에게 직접 공급하는 제도

11. 광고우편

　우정사업본부장이 조제한 우표류 및 우편차량 또는 우편시설등에 개인 또는 단체로부터 의뢰받아 광고를 게재하거나 광고물을 부착하는 제도

12. 전자우편

　우체국 창구나 정보통신망을 통하여 전자적 형태로 접수된 통신문 등을 발송인이 의뢰한 형태로 출력·봉함하여 수취인에게 배달하는 제도

13. 우편물방문접수

　발송인의 요청 또는 발송인과 발송인 소재지역을 관할하는 우체국장과 사전계약에 따라 발송인을 방문하여 우편물을 접수하는 제도

14. 삭제

15. 삭제

16. 착불배달

　영 제29조 제1항 제2호에 따른 등기우편물에 대하여 그 요금을 배달 시 수취인으로부터 수납하는 특수취급제도

17. 계약등기

　등기취급을 전제로 우체국장과 발송인과의 별도의 계약에 따라 접수한 통상우편물을 배달하고 그 배달결과를 발송인에게 전자적 방법 등으로 통지하는 특수취급제도

18. 회신우편

　등기취급을 전제로 우체국과 발송인과의 별도의 계약에 따라 수취인을 직접 대면하여 우편물을 배달하면서 서명이나 도장을 받는 등 응답을 필요로 하는 사항을 받거나 서류를 인수받아 발송인이나 발송인이 지정하는 자에게 회신하는 특수취급제도

19. 본인지정배달

　등기취급을 전제로 우편물을 수취인 본인에게만 배달하여 주는 특수취급제도

20. 우편주소 정보제공

　등기취급을 전제로 이사 등 거주지 이전으로 우편주소가 변경된 경우에 우편물을 변경된 우편주소로 배달하고 수취인의 동의를 받아 발송인에게 변경된 우편주소정보를 제공하는 특수취급제도

21. 우편물의 반환 정보 제공

　수취인에게 배달할 수 없거나 수취인이 수취를 거부하여 발송인에게 되돌려 보내는 우편물의 목록, 봉투를 스캔한 이미지 및 반환 사유 등 우편물의 반환 정보를 발송인에게 제공하는 제도

22. 선거우편

　「공직선거법」, 「국민투표법」, 그 밖에 선거 또는 투표 관련 법령에서 정하는 우편물로서 통상적인 우편물보다 정확하고 신속하게 송달하기 위하여 우선적으로 우편물을 취급 및 배달하는 특수취급제도

② 선택적 우편역무의 종류에 따른 우편물은 별표 3과 같다.

③ 선택적 우편역무에 부가할 수 있는 우편역무는 별표 4와 같다.

제2관 등기취급

제26조(등기취급)
제25조 제1항 제1호의 등기취급(이하 "등기"라 한다)을 하는 우편물(이하 "등기우편물"이라 한다)에는 발송인이 그 표면의 왼쪽 중간에 "등기"의 표시를 하여야 한다.

제27조(등기우편물의 접수)
① 삭제
② 등기우편물을 접수한 때에는 발송인에게 접수번호를 기록한 특수우편물수령증을 교부하여야 한다.

제28조(등기우편물 배달시의 수령사실확인등)
영 제42조 제3항 본문에 따른 등기우편물 배달시의 수령사실확인은 특수우편물배달증에 수령인이 서명(전자서명을 포함한다) 또는 날인하는 것으로 한다. 다만, 수령인이 본인이 아닌 경우에는 수령인의 성명 및 본인과의 관계를 기재하고 서명(전자서명을 포함한다) 또는 날인하게 하여야 한다.

제2관의2 준등기취급

제28조의2(준등기취급)
제25조 제1항 제1호의2의 준등기취급(이하 "준등기"라 한다)을 하는 우편물(이하 "준등기우편물"이라 한다)에는 발송인이 그 표면의 왼쪽 중간에 "준등기"의 표시를 하여야 한다.

제28조의3(준등기우편물의 접수)
준등기우편물을 접수한 때에는 발송인에게 접수번호를 기록한 우편물수령증을 교부하여야 한다.

제28조의4(준등기우편물의 배달)
준등기우편물의 배달은 우편수취함 등에 투함함으로써 완료되며, 수령인의 수령사실을 확인하지 아니한다.

제2관의3 선택등기취급

제28조의5(선택등기취급)
제25조 제1항 제1호의3의 선택등기취급(이하 "선택등기"라 한다)을 하는 우편물(이하 "선택등기우편물"이라 한다)에는 발송인이 그 표면의 왼쪽 중간에 "반환 불필요" 및 "선택등기"의 표시를 해야 한다.

제28조의6(선택등기우편물의 접수)
선택등기우편물을 접수한 때에는 발송인에게 접수번호를 기록한 우편물수령증을 교부해야 한다.

제28조의7(선택등기우편물의 배달)

선택등기우편물은 영 제42조 제3항 및 이 규칙 제28조에 따라 배달한다. 다만, 선택등기우편물을 수취인에게 배달할 수 없는 경우에는 제28조의4에 따라 배달한다.

제3관 보험취급

제29조(보험통상 및 보험소포의 취급조건 등)

① 통화를 우편물로 발송하려는 경우에는 제25조 제1항 제2호 가목에 따른 보험통상으로 한다. 다만, 제25조 제1항 제7호에 따른 민원우편의 경우에는 그러하지 아니하다.

② 제1항에서 규정한 사항 외에 제25조 제1항 제2호에 따른 보험통상 또는 보험소포 취급우편물의 세부종류, 취급한도, 취급방법 및 절차 등 보험취급에 필요한 사항은 우정사업본부장이 정하여 고시한다.

제30조~제31조의2 삭제

제4관 삭제

제32조~제45조 삭제

제5관 증명취급

제46조(내용증명)

① 제25조 제1항 제4호 가목에 따른 내용증명우편물은 한글, 한자 또는 그 밖의 외국어로 자획을 명료하게 기재한 문서(첨부물을 포함한다. 이하 같다)인 경우에 한하여 취급하며, 공공의 질서 또는 선량한 풍속에 반하는 내용의 문서 또는 문서의 원본(사본을 포함한다. 이하 같다)과 등본이 같은 내용임을 일반인이 쉽게 식별할 수 없는 문서는 이를 취급하지 아니한다.

② 제1항에 따른 문서(이하 "내용문서"라 한다)에는 숫자·괄호·구두점이나 그 밖에 일반적으로 사용하는 단위 등의 기호를 함께 기재할 수 있다.

제47조(동문내용증명)

2인 이상의 수취인에게 발송하는 내용증명우편물로서 그 내용문서가 동일한 것은 이를 동문내용증명으로 할 수 있다.

제48조(내용문서 원본 및 등본의 제출등)

① 내용증명우편물을 발송하고자 하는 자는 내용문서 원본 및 그 등본 2통을 제출하여야 한다.

② 동문내용증명 우편물인 경우에는 각 수취인별·내용문서 원본과 수취인 전부의 성명 및 주소를 기재한 등본 2통을 제출하여야 한다.

③ 제1항 및 제2항에 따라 제출받은 등본 중 한 통은 우체국에서 발송한 다음날부터 3년간 보관하고 나머지 한 통은 발송인에게 이를 되돌려 준다. 다만, 발송인이 등본을 필요로 하지 아니하는 때에는 제1항 및 제2항에 따른 등본은 한 통을 제출할 수 있다.

제49조(내용문서 원본 및 등본의 규격등)

① 내용문서의 원본 및 등본은 「행정 효율과 협업 촉진에 관한 규정」 제7조 제6항에 따라 가로 210밀리미터, 세로 297밀리미터의 용지(이하 "기준용지"라 한다)를 사용하여 작성하되, 등본은 내용문서의 원본을 복사한 것이어야 한다.

② 삭제

제50조(문자의 정정등)

① 내용문서의 원본 또는 등본의 문자나 기호를 정정·삽입 또는 삭제한 때에는 "정정"·"삽입" 또는 "삭제"의 문자 및 자수를 난외 또는 말미여백에 기재하고 그 곳에 발송인의 도장 또는 지장을 찍거나 서명을 해야 한다.

② 제1항의 경우 정정 또는 삭제된 문자나 기호는 명료하게 판독할 수 있도록 남겨두어야 한다.

③ 내용증명우편물을 접수한 후에는 발송인 및 수취인의 성명·주소의 변경, 내용문서원본 또는 등본의 문자나 기호의 정정등을 청구할 수 없다.

제51조(발송인 및 수취인등의 성명·주소)

① 내용증명우편물의 내용문서 원본, 그 등본 및 우편물의 봉투에 기재하는 발송인 및 수취인의 성명·주소는 동일하여야 한다.

② 제1항의 규정에 불구하고 다수인이 연명하여 동일인에게 내용증명우편물을 발송하는 때에는 연명자중 1인의 성명·주소만을 우편물의 봉투에 기재하여야 한다.

제52조(내용문서의 증명)

① 내용증명우편물을 접수할 때에는 접수우체국에서 내용문서 원본과 등본을 대조하여 서로 부합함을 확인한 후 내용문서 원본과 등본의 각통에 발송연월일 및 그 우편물을 내용증명우편물로 발송한다는 뜻과 우체국명을 기재하고 우편날짜도장을 찍는다.

② 수취인에게 발송할 내용문서의 원본, 우체국에서 보관할 등본 및 발송인에게 교부할 등본 상호 간에는 우편날짜도장을 걸쳐 찍어야 한다.

③ 내용문서의 원본 또는 등본이 2매이상 합철되는 곳에는 우편날짜도장을 찍거나 구멍을 뚫는 방식 등으로 간인(間印)해야 하며, 제50조 제1항에 따라 내용문서의 원본 또는 등본의 정정·삽입 또는 삭제를 기재한 곳에는 우편날짜도장을 찍어야 한다.

④ 제1항부터 제3항까지의 규정에 따라 증명한 내용문서의 원본은 우체국의 취급직원이 보는 곳에서 발송인이 수취인 및 발송인의 성명·주소를 기재한 봉투에 넣고 봉함하여야 한다.

제53조(내용증명 취급수수료의 계산방법)

① 내용증명 취급수수료는 기준용지의 규격을 기준으로 내용문서의 매수에 따라 계산하되, 양면에 기재한 경우에는 이를 2매로 본다.

② 내용증명 취급수수료의 계산에 있어서 내용문서의 규격이 기준용지보다 큰 것은 기준용지의 규격으로 접어서 매수를 계산하고, 기준용지보다 작은 것은 기준용지로 매수를 계산한다.

제54조(발송 후의 내용증명 청구)

① 내용증명우편물의 발송인 또는 수취인은 내용증명우편물을 발송한 다음 날부터 3년까지는 우체국에 특수우편물수령증·주민등록증등의 관계자료를 내보여 동 우편물의 발송인 또는 수취인임을 입증하고 내용증명의 재증명을 청구할 수 있다.

② 제1항에 따른 재증명 청구인은 우체국에서 보관 중인 최초의 내용문서 등본과 같은 등본을 우체국에 제출하여야 하며, 재증명 청구를 받은 우체국은 청구인이 제출한 내용문서를 재증명하여 내주어야 한다. 다만, 청구인이 분실 등의 사유로 내용문서를 제출하기 어려운 경우에는 우체국에서 보관 중인 내용문서를 복사한 후 재증명하여 내줄 수 있다.

③ 제49조·제50조·제52조 제1항 내지 제3항 및 제53조의 규정은 제1항의 규정에 의한 재증명의 청구에 관하여 이를 준용한다.

제55조(등본의 열람청구)

내용증명우편물의 발송인 또는 수취인은 우편물을 발송한 다음 날부터 3년까지는 발송우체국에 특수우편물수령증·주민등록증등의 관계자료를 내보여 동 우편물의 발송인 또는 수취인임을 입증하고 내용문서 등본의 열람을 청구할 수 있다.

제56조 삭제

제57조(배달증명의 표시)

제25조 제1항 제4호 다목의 규정에 의한 배달증명우편물에는 발송인이 그 표면의 보기 쉬운 곳에 "배달증명"의 표시를 하여야 한다.

제58조(배달증명서의 송부)

배달증명우편물을 배달한 때에는 발송인에게 배달증명서를 우편으로 송부한다. 다만, 발송인이 원하는 경우에는 정보통신망을 통한 전자적 방법으로 송부할 수 있다.

제59조(발송후 배달증명 청구)

등기우편물의 발송인 또는 수취인은 우편물을 발송한 다음날부터 1년까지는 우체국에 당해 특수우편물수령증·주민등록증등의 관계자료를 내보여 동 우편물의 발송인 또는 수취인임을 입증하고 그 배달증명을 청구할 수 있다. 다만, 내용증명우편물에 대한 배달증명의 청구기간은 우편물을 발송한 다음 날부터 3년까지로 한다.

제6관 특급취급

제60조 삭제

제61조(국내특급우편)

① 제25조 제1항 제5호에 따른 국내특급우편물에는 발송인이 그 표면의 보기 쉬운 곳에 "국내특급"의 표시를 하여야 한다.

② 삭제

③ 국내특급우편물의 배달은 다음 각 호의 기준에 따른다.

1. 도착된 특급우편물은 가장 빠른 배달편에 배달한다.

2. 수취인의 부재등의 사유로 1회에 배달하지 못한 특급우편물을 다시 배달하는 경우 2회째에는 제1호에 따른 배달의 예에 따르고, 3회째에는 통상적인 배달의 예에 따른다.

3. 수취인의 거주이전등으로 배달하지 못한 특급우편물을 전송하거나, 성명·주소등의 불명으로 반환하는 경우에는 전송 또는 반환하는 날의 다음날까지 송달한다.

④ 삭제

⑤ 삭제

⑥ 국내특급우편물의 취급지역·취급우체국·취급시간 그 밖에 필요한 사항은 관할 지방우정청장이 정하여 고시한다.

제61조의2 삭제

제7관 특별송달

제62조(특별송달)

① 다른 법령에 의하여 「민사소송법」이 정하는 방법으로 송달하여야 할 서류를 내용으로 하는 등기통상우편물은 이를 제25조 제1항 제6호의 규정에 의한 특별송달로 할 수 있다.

② 특별송달우편물을 발송할 때에는 그 표면의 왼쪽 중간에 "특별송달"의 표시를 하고, 그 뒷면에 송달상 필요한 사항을 기재한 우편송달통지서용지를 첨부하여야 한다.

제63조(특별송달우편물의 배달)

① 특별송달우편물을 배달하는 때에는 우편송달통지서의 해당란에 수령인의 서명(전자서명을 포함한다) 또는 날인을 받아야 한다.

② 특별송달우편물의 수령을 거부하는 때에는 다음 각 호의 1에 해당하는 경우를 제외하고는 그 장소에 우편물을 두어 유치송달할 수 있다.

1. 수취인의 장기간 부재 등으로 대리수령인이 그 우편물을 수취인에게 전달할 수 없는 사유가 입증된 경우

2. 우편물에 기재된 주소지에 수취인이 사실상 거주하지 아니하는 경우

③ 특별송달우편물을 배달한 때에는 배달우체국에서 당해우편물에 첨부된 우편송달통지서에 송달에 관한 사실(제2항의 경우에는 유치송달의 사유 또는 제2항 각호의 사유를 포함한다)을 기재하여 발송인에게 등기우편으로 송부하여야 한다. 다만, 발송인이 원하는 경우에는 정보통신망을 통한 전자적 방법으로 송부할 수 있다.

제8관 민원우편

제64조(민원우편물)

① 제25조 제1항 제7호의 규정에 의한 민원우편에 의하여 민원서류를 발급받고자 하는 자는 민원서류의 발급에 필요한 서류와 발급수수료를 우정사업본부장이 발행하는 민원우편발송용 봉투에 함께 넣어 발송하여야 한다. 다만, 정보통신망을 통하여 민원서류를 발급받고자 하는 경우에는 우정사업본부장이 따로 정하는 방법에 의한다.

② 민원서류를 발급한 기관은 발급된 민원서류와 민원인으로부터 우편으로 송부된 통화중에서 발급수수료를 뺀 잔액의 통화를 우정사업본부장이 발행하는 민원우편회송용 봉투에 함께 넣어 회송해야 한다.

③ 민원우편물을 발송·회송 및 배달하는 경우에는 국내특급우편물로 취급하여야 한다. 민원우편물을 수취인 부재등의 사유로 배달하지 못하여 다시 배달하는 경우 및 배달하지 못한 민원우편물을 전송 또는 반환하는 경우에도 또한 같다.

제65조(민원우편물의 금액표기)

제64조 제1항 및 제2항의 규정에 의하여 통화를 발송하거나 회송하는 경우에는 그 민원우편의 발송용봉투 또는 회송용봉투의 해당란에 그 금액을 기재하여야 한다.

제9관 삭제

제66조~제68조 삭제

제10관 팩스우편

제69조(팩스우편)

① 제25조 제1항 제9호에 따른 팩스우편물을 우체국에서 발송하려는 자는 통신문 및 수취인 성명 등 팩스에 필요한 사항을 우체국에 제출해야 한다.

② 우체국은 발송인으로부터 제출 받은 통신문을 전송한 후에는 발송인에게 돌려주어야 한다.

③ 팩스우편의 취급지역·취급우체국 기타 필요한 사항은 우정사업본부장이 정하여 고시한다.

제70조 삭제

제11관 우편주문판매

제70조의2(우편주문판매의 신청)
제25조 제1항 제10호에 따른 우편주문판매로 물품을 구매하려는 자는 우체국 창구, 정보통신망 또는 방송채널 등을 통하여 주문신청을 하고 그 대금을 지급하여야 한다.

제70조의3(우편주문판매 취급조건 등)
우정사업본부장은 우편주문판매로 취급하는 물품의 종류 및 주문방법 등에 관하여 필요한 사항을 인터넷 홈페이지 등에 게시하여야 한다.

제12관 광고우편

제70조의4(광고우편의 광고금지)
다음 각 호의 1에 해당하는 광고는 이를 광고우편으로 게재할 수 없다.
1. 공공의 질서와 선량한 풍속을 저해하는 광고
2. 국민의 건전한 소비생활을 저해하는 광고
3. 우편사업에 지장을 주는 광고
4. 특정단체의 정치적 목적을 위한 광고
5. 과대 또는 허위의 광고

제70조의5(광고우편의 이용조건)
광고우편의 이용조건등 역무제공에 관하여 필요한 사항은 우정사업본부장이 정한다.

제13관 전자우편

제70조의6(전자우편의 접수)
제25조 제1항 제12호의 규정에 의한 전자우편은 우정사업본부장이 정하는 방식에 따라 우체국 창구 또는 정보통신망 등을 이용하여 접수하여야 한다.

제70조의7(전자우편물의 취급조건)
전자우편물의 인쇄 · 봉함 및 배달등 취급조건에 관하여는 우정사업본부장이 이를 정하여 고시한다.

제14관 그 밖의 선택적 우편역무

제70조의8(우편물 방문접수의 이용조건)
제25조 제1항 제13호의 규정에 의한 우편물 방문접수의 대상우편물 · 통수 및 취급우체국등 우편물 방문접수에 관하여 필요한 사항은 우정사업본부장이 정하여 고시한다.

제70조의9(우편용품의 조제 · 판매)

우정사업본부장은 우편이용자의 편의를 도모하기 위하여 특수취급에 필요한 봉투 또는 우편물 포장상자 등 우편관련 용품을 조제 · 판매할 수 있다.

제70조의10 삭제

제70조의11(착불배달의 취급범위 및 배달방법)

제25조 제1항 제16호에 따른 착불배달의 취급범위 및 배달방법 등에 관하여 필요한 사항은 우정사업본부장이 정하여 고시한다.

제70조의12(계약등기의 종류 및 취급관서)

제25조 제1항 제17호에 따른 계약등기의 종류, 취급관서 및 이용조건 등에 관하여 필요한 사항은 우정사업본부장이 정하여 고시한다.

제70조의13(회신우편의 회신방법)

제25조 제1항 제18호에 따른 회신우편의 회신방법 등에 관하여 필요한 사항은 우정사업본부장이 정하여 고시한다.

제70조의14(본인지정배달의 배달방법)

제25조 제1항 제19호에 따른 본인지정배달의 배달방법 등에 관하여 필요한 사항은 우정사업본부장이 정하여 고시한다.

제70조의15(우편주소 정보제공의 방법)

제25조 제1항 제20호에 따른 우편주소 정보제공의 방법 등에 관하여 필요한 사항은 우정사업본부장이 정하여 고시한다.

제70조의16(우편물 반환 정보 제공의 방법)

제25조 제1항 제21호에 따른 우편물의 반환 정보 제공의 방법 등에 관하여 필요한 사항은 우정사업본부장이 정하여 고시한다.

제70조의17(선거우편의 취급 및 배달)

① 제25조 제1항 제22호에 따른 선거우편(이하 이 조에서 "선거우편"이라 한다)은 우정사업본부장이 정하여 고시하는 우체국에서 접수한다.
② 선거우편의 취급절차 및 발송방법 등에 관하여 선거 또는 투표 관련 법령에서 특별히 정하는 경우를 제외하고는 우정사업본부장이 정한다.

제3장 우편에 관한 요금

제1절 우표류의 관리 및 판매

제71조(우표류의 판매기관등)

① 우표류는 우체국과 다음 각 호의 자가 판매한다.

　1. 우표류를 판매하고자 하는 장소의 소재지를 관할하는 우체국장(열차 또는 선박에서 우표류를 판매하고자 하는 자는 그 시발지, 종착지 또는 선적항을 관할하는 우체국장)과 국내에서의 우표류판매업무에 관한 계약을 체결한 자(이하 "국내판매인"이라 한다)

　2. 우정사업본부장과 국내에서의 우표류 수집 및 취미우표등을 보급하는 업무(이하 "우취보급업무"라 한다)에 관한 계약을 체결한 자(이하 "국내보급인"이라 한다)

　3. 우정사업본부장과 해외에서의 우취보급업무에 관한 계약을 체결한 자(이하 "국외보급인"이라 한다)

② 삭제

제71조의2(국내판매인등의 자격요건)

① 국내판매인이 되고자 하는 자는 다음 각 호의 요건을 갖추어야 한다.

　1. 우표류를 일반공중에게 판매하는 것을 목적으로 할 것

　2. 계약신청일 전 1년 이내에 제81조 제1항의 규정에 의한 계약해지를 받은 사실이 없을 것

　3. 삭제

② 제1항의 요건을 갖춘 자로서 「장애인복지법」 제2조의 규정에 의한 장애인 또는 65세 이상인 자가 국내 우표류판매업무계약을 신청하는 경우에는 우선적으로 계약할 수 있다.

③ 국내보급인은 우표문화의 향상과 우취보급업무를 목적으로 설립된 법인으로 한다.

④ 국외보급인은 다음 각 호의 1에 해당하는 자로 한다.

　1. 국외에 우표류 거래처를 100개소 이상 가진 자로서 국외에서 우표류 및 우표류를 소재로 한 작품을 연간 미합중국통화 5만 달러 이상 판매한 실적이 있는 자

　2. 국외에 지사를 5개소 이상 가진 수출업자로서 연간 미합중국통화 1천만 달러 이상 수출실적이 있는 자

　3. 우표문화의 향상과 우취보급업무를 위하여 우정사업본부장이 필요하다고 인정하는 법인 또는 단체

제72조~제76조 삭제

제76조의2(우표류의 정가판매등)

① 우표류는 제76조의3의 규정에 의한 할인판매의 경우 외에는 정가로 판매하여야 한다. 다만, 제25조 제11호의 규정에 의한 광고우편엽서는 정가와 함께 판매가를 표시하여 할인판매할 수 있으며, 그 할인금액은 정가의 100분의 30의 범위 안에서 우정사업본부장이 미리 정하여 고시한다.

② 우표류의 판매기관에서 판매한 우표류에 대하여는 환매 또는 교환의 청구를 할 수 없다. 다만, 다음 각 호의 1에 해당하는 경우에는 동일한 금액에 해당하는 우표류로 교환의 청구를 할 수 있다.

1. 사용하지 아니한 우표류로서 더럽혀지거나 헐어 못쓰게 되지 아니한 경우
2. 우편요금이 표시된 인영 외의 부분이 더럽혀지거나 헐어 못쓰게 되어 사용하지 아니한 우편엽서 및 항공서간으로서 우정사업본부장이 고시하는 교환금액을 납부한 경우. 이 경우 헐어 못쓰게 된 경우에는 그 남은 부분이 3분의 2 이상이어야 한다.

③ 제2항 단서의 규정에 의하여 교환을 청구하고자 하는 자는 교환청구서에 교환하고자 하는 우표·우편엽서 또는 항공서간을 첨부하여 우체국에 제출하여야 한다.

제76조의3(우표류의 할인판매등)

① 우체국은 별정우체국·우편취급국 및 판매인에게, 별정우체국은 우편취급국 및 국내판매인에게 우표류를 할인하여 판매할 수 있다.

② 제1항에 따른 우표류의 할인율은 다음 각 호의 범위에서 우정사업본부장이 정하여 고시한다.

1. 별정우체국·우편취급국·국내판매인 및 국내보급인 : 월간 매수액의 100분의 15이내
2. 국외보급인 : 매수액의 100분의 50이내

③ 제1항에 따라 할인하여 판매한 우표류는 다음 각 호의 어느 하나에 해당하는 우표류에 한하여 환매 또는 교환할 수 있다.

1. 판매를 폐지한 우표류
2. 판매에 부적합한 우표류
3. 고의 또는 과실에 의하지 아니하고 더럽혀 못쓰게 된 우표류

④ 우정사업본부장은 제3항에도 불구하고 우표류의 원활한 보급을 위하여 특히 필요하다고 인정하는 경우에는 국내보급인 또는 국외보급인이 할인매수한 우표류를 교환할 수 있다.

⑤ 판매인이 계약을 해지하거나 사망한 때에는 본인 또는 상속인은 그 잔여 우표류에 대하여 매수당시의 실제 매수가액으로 계약우체국(국내보급인 및 국외보급인의 경우에는 우표류를 매수한 우체국)에 그 환매를 청구할 수 있다.

제77조~제78조 삭제

제79조(별정우체국등의 우표류판매장소)

별정우체국 및 우편취급국은 매수한 우표류를 각각 해당 별정우체국 및 우편취급국의 창구에서만 판매하여야 한다.

제80조(통신판매)

① 우정사업본부장은 우표류를 수집하는 자의 구입편의를 위하여 새로 발행하는 우표류를 통신판매할 수 있다.

② 수취인의 주소불명 등으로 배달할 수 없는 통신판매우표류는 법 제36조의 규정을 준용하여 처리한다.

제81조(우표류 판매업무계약의 해지)

① 계약우체국장은 국내판매인이 다음 각 호의 어느 하나에 해당하는 때에는 그 계약을 해지할 수 있다.

  1. 제71조 제1항 제1호에 따른 계약을 위반한 경우

  2. 제71조의2 제1항에 따른 자격요건에 미달하게 된 경우

  3. 제76조의2 제1항 본문에 따른 정가 또는 같은 항 단서에 따른 판매가를 위반하여 우표류를 판매한 경우

② 우정사업본부장은 국내보급인 또는 국외보급인이 다음 각 호의 어느 하나에 해당하는 경우에는 그 계약을 해지할 수 있다.

  1. 제71조 제1항 제2호 및 제3호에 따른 계약을 위반한 경우

  2. 제71조의2 제3항 및 제4항에 따른 자격요건에 미달하게 된 경우

  3. 제1항 제3호에 해당하는 경우

제82조(우표류의 관리등)

① 우표류는 우정사업본부장이 지정하는 물품출납공무원 또는 물품운용관이 이를 관리한다.

② 제1항의 규정에 의한 물품출납공무원 또는 물품운용관이 관리하는 우표류를 망실한 때에는 그 정가에 해당하는 금액을, 더럽혀지거나 헐어 못쓰게 된 때에는 그 조제에 소요된 실비액을 변상하여야 한다.

③ 우표류의 출납·보관 기타 처분등에 관하여 필요한 사항은 우정사업본부장이 정한다.

제82조의2(우표류의 기증 및 사용)

① 우정사업본부장은 국제협력의 증진과 정보통신사업의 발전 및 우표문화의 보급등을 위하여 특히 필요하다고 인정하는 때에는 우표류 및 시험인쇄한 우표를 기증할 수 있다.

② 우표류는 그 조제를 위한 자료로 사용하거나 판매를 위한 견본으로 사용할 수 있다.

③ 제1항의 규정에 의한 우표류의 기증에 관하여 필요한 사항은 우정사업본부장이 정한다.

제2절 수수료

제83조(우편역무수수료의 부가)

제25조 제3항의 규정에 의하여 우편역무에 다른 우편역무를 부가한 경우에는 그 부가한 우편역무의 수수료를 가산하여 납부하여야 한다.

제84조(반환취급수수료)

① 영 제11조 제2호에 따라 등기우편물을 반환하는 경우에는 발송인으로부터 반환취급수수료를 징수한다. 다만, 배달증명우편물·특별송달우편물·민원우편물 및 회신우편물의 경우에는 그러하지 아니하다.

② 등기우편물의 반환 도중 반환취급수수료의 변동이 있는 경우에는 해당 등기우편물이 발송인의 주소지 배달우체국에 도착한 날을 기준으로 하여 이를 징수한다.

③ 제1항의 규정에 불구하고 우체국과 발송인과의 사전계약에 따라 발송하는 소포우편물 및 계약등기우편물을 반환하는 경우에는 그 계약에서 정한 반환취급수수료를 징수한다.

제3절 우편요금등의 감액

제85조(우편요금등의 감액대상우편물)

법 제26조의2 제2항에 따라 법 제19조에 따른 요금등(이하 "우편요금등"이라 한다)을 감액할 수 있는 우편물의 종류 및 수량은 다음과 같다.

1. 통상우편물

   가. 「신문 등의 진흥에 관한 법률」 제2조 제1호에 따른 신문(그와 관련된 호외·부록 또는 증간을 포함한다)과 「잡지 등 정기간행물의 진흥에 관한 법률」 제2조 제1호 가목·나목 및 라목의 정기간행물(그와 관련된 호외·부록 또는 증간을 포함한다) 중 발행주기를 일간·주간 또는 월간으로 하여 월 1회 이상 정기적으로 발송하는 것으로서 중량과 규격이 같은 요금별납 또는 요금후납 일반우편물. 다만, 우정사업본부장이 공공성·최소발송부수 및 광고게재한도 등을 고려하여 고시하는 기준에 미달하는 것은 제외한다.

   나. 표지를 제외한 쪽수가 48쪽이상인 책자의 형태로 인쇄·제본되어 발행인·출판사 또는 인쇄소의 명칭 중 어느 하나와 쪽수가 각각 표시되어 발행된 서적으로서 요금별납 또는 요금후납 일반우편물 (상품의 선전 및 그에 관한 광고가 전지면의 10분의 1을 초과하는 것을 제외한다)

   다. 우편물의 종류와 중량 및 규격이 같은 우편물로서 우정사업본부장이 정하여 고시하는 수량(이하 "감액기준 수량"이라 한다) 이상 발송하는 요금별납 또는 요금후납 일반우편물

   라. 「비영리민간단체지원법」 제4조에 따라 등록된 비영리민간단체가 공익활동을 위하여 발송하는 요금별납 또는 요금후납 일반우편물

   마. 국회의원이 의정활동을 당해지역구 주민에게 알리기 위하여 연간 3회의 범위에서 감액기준 수량 이상 발송하는 요금별납 또는 요금후납 일반우편물

   바. 감액기준 수량 이상 발송하는 요금별납 또는 요금후납 등기우편물

   사. 상품의 광고에 관한 우편물로서 종류와 규격이 같고 감액기준 수량 이상 발송하는 요금별납 또는 요금후납 일반우편물

   아. 영 제3조 제4호에 해당하는 상품안내서로서 중량과 규격이 같고, 감액기준 수량 이상 발송하는 요금후납 일반우편물

2. 소포우편물

   가. 우체국 창구에서 접수하는 우편물로서 감액기준 수량 이상 발송하는 일반 또는 등기 우편물

   나. 발송인을 방문하여 접수하는 우편물로서 감액기준 수량 이상 발송하는 등기우편물

   다. 삭제

제86조(우편요금등의 감액요건)

① 제85조 제1호 가목에 해당하는 우편물에 대하여 우편요금의 감액을 받고자 하는 자는 우정사업본부장이 정하여 고시하는 바에 따라 우체국과 우편물정기발송계약을 체결하고 그 계약내용에 적합하도록 우편물을 제출하여야 한다.

② 제85조 제1호 나목 및 다목에 해당하는 우편물에 대하여 우편요금의 감액을 받고자 하는 자는 우정사업본부장이 정하여 고시하는 요건에 적합하도록 하여 지정된 우체국에 우편물을 제출하여야 한다.

③ 제85조 제1호 라목에 해당하는 우편물에 대하여 우편요금의 감액을 받고자 하는 자는 우정사업본부장이 정하여 고시하는 요건에 적합하도록 하여 비영리 민간단체 등록증 사본을 우체국에 제출하여야 한다.

④ 제85조 제1호 마목·사목 또는 아목에 해당하는 우편물에 대하여 우편요금의 감액을 받고자 하는 자는 우정사업본부장이 정하여 고시하는 요건에 적합하도록 하여 지정된 우체국에 우편물을 제출하여야 한다.

⑤ 제85조 제1호 바목에 해당하는 우편물에 대하여 우편요금등의 감액을 받고자 하는 자는 우편물접수목록을 작성하여 우편물과 함께 우체국에 제출하는 등 우정사업본부장이 정하여 고시하는 요건에 적합한 방법에 의하여야 한다.

⑥ 제85조 제2호 가목에 해당하는 우편물에 대한 우편요금 등의 감액요건은 우정사업본부장이 정하여 고시하며, 우편요금등의 감액을 받고자 하는 자는 우정사업본부장이 정하여 고시하는 우체국에 우편물을 제출하여야 한다.

⑦ 제85조 제2호 나목에 해당하는 우편물에 대한 우편요금등의 감액요건은 우정사업본부장이 정하여 고시한다.

⑧ 발송인이 제출한 우편물이 제1항부터 제7항까지의 규정에 따른 요건에 적합하지 아니하는 때에는 발송우체국장은 그 요건에 적합하도록 시정을 요구할 수 있으며 발송인이 이를 거절하는 때에는 우편물의 전부 또는 일부에 대하여 그 우편요금등을 감액하지 아니할 수 있다.

제87조(우편요금등의 감액의 범위)

① 제85조 제1호 가목 또는 나목에 해당하는 우편물로서 제86조 제1항 또는 제2항에 따른 요건을 갖춘 우편물에 대한 우편요금감액은 우정사업본부장이 정하여 고시한다.

② 제85조 제1호 다목·라목 또는 사목에 해당하는 우편물로서 각각 제86조 제2항부터 제4항까지의 규정에 따른 요건을 갖춘 우편물에 대한 우편요금감액률은 납부하여야 할 요금의 100분의 75의 범위 안에서 우정사업본부장이 정하여 고시한다.

③ 제85조 제1호 마목·바목 또는 아목에 해당하는 우편물로서 제86조 제4항 또는 제5항에 따른 요건을 갖춘 우편물에 대한 우편요금감액은 우정사업본부장이 정하여 고시한다.

④ 제85조 제2호 가목에 해당하는 우편물로서 제86조 제6항에 따른 요건을 갖춘 우편물에 대한 우편요금등의 감액률은 납부하여야 할 우편요금등의 100분의 75의 범위 안에서 우정사업본부장이 정하여 고시한다.

⑤ 제85조 제2호 나목에 해당하는 우편물로서 제86조 제7항에 따른 요건을 갖춘 우편물에 대한 우편요금등의 감액률은 우정사업본부장이 정하여 고시한다.

⑥ 제1항부터 제5항까지의 규정에 따른 우편요금등의 감액의 계산에 있어서 10원 미만의 단수는 이를 계산하지 아니한다.

⑦ 감액할 우편요금이 이미 납부된 때에는 우체국장은 다음에 납부하여야 할 우편요금에서 이를 차감할 수 있다.

제3절의2 우편요금의 납부방법

제87조의2(우편요금의 납부방법)

① 법 제20조 제6호에서 "우편요금이 인쇄된 라벨 등 과학기술정보통신부령으로 정하는 납부방법"이란 우편요금의 납부 용도로 우편요금이 인쇄되어 있는 라벨로서 우편물에 부착하는 라벨(이하 "선납라벨"이라 한다)을 말한다.

② 선납라벨의 종류 및 취급방법은 우정사업본부장이 정한다.

제4절 우편요금등 납부의 특례

제1관 삭제

제88조~제89조 삭제

제2관 우편요금표시기의 사용

제90조(우편요금표시기의 사용신청 등)

① 영 제26조 제1항의 규정에 의하여 우편요금표시기(이하 "표시기"라 한다)를 사용해 우편물을 발송하려는 자는 사전에 발송우체국장으로부터 인영번호를 부여받아 그 인영번호가 표시된 표시기와 다음 각 호의 사항을 기재 또는 첨부한 신청서를 발송우체국장에게 제출하여야 한다.

1. 표시기의 명칭·구조 및 조작방법
2. 표시기인영번호
3. 발송우체국명
4. 발송인의 성명·주소와 우편번호
5. 표시기인영의 견본 10매

② 제1항 제5호의 표시기인영 견본은 다음 각 호의 사항이 선명히 표시되어야 한다.

1. 우편요금등
2. 발송우체국명
3. 발송연월일
4. 표시기인영번호

제91조(표시기의 사용)

표시기를 사용하는 자는 사용 시 발송우체국장의 지시사항을 지켜야 한다.

제92조(표시기사용우편물의 발송)

① 표시기사용우편물에는 그 발송인이 우편물 표면의 오른쪽 윗부분에 표시기로 인영을 선명히 표시하여야 한다.

② 표시기사용우편물을 발송하는 때에는 표시기별납우편물발송표(이하 "발송표"라 한다)에 다음 각 호의 사항을 기재하여 발송우체국에 제출하여야 한다.

1. 표시기의 번호와 명칭
2. 발송통수 및 요금(수수료를 포함한다. 이하 이 조에서 같다)
3. 표시기의 전회요금표시액
4. 표시기의 금회요금표시액
5. 사용하지 아니한 인영증지·인영봉투등의 매수와 합계금액
6. 발송일자
7. 발송인의 성명·주소

③ 표시기사용우편물의 발송인은 표시기사용우편물의 요금으로서 제2항 제3호 및 제4호의 표시액의 차액을 현금으로 납부하여야 한다. 다만, 잘못 표시되거나 기타 부득이한 사정으로 요금납부에 사용하지 아니한 인영증지 · 인영봉투등이 있는 경우에는 그 표시된 금액을 납부할 요금에서 공제하여야 한다. 이 경우 사용하지 아니한 인영증지 · 인영봉투등을 발송표에 첨부하여야 한다.

④ 표시기에 의하여 표시된 금액이 납부할 요금보다 부족한 때에는 그 부족액에 해당하는 우표를 붙여야 한다.

⑤ 표시기사용우편물에는 제4항의 우표를 소인하는 경우를 제외하고는 우편날짜도장을 찍지 않는다.

⑥ 제2항 및 제3항의 규정에 불구하고 발송우체국에 정보통신망을 통하여 발송내역을 통보하고 요금을 별도로 납부하는 표시기를 이용하여 우편물을 발송하는 경우 그 발송조건 및 요금납부등에 관한 사항은 우정사업본부장이 정하여 고시한다.

제93조(다량의 표시기사용우편물)

① 다량의 표시기사용우편물을 특수취급으로 하고자 할 때에는 발송우체국에서 교부하는 특수우편물수령증 및 그 원부에 발송인 및 수취인의 성명 · 주소와 기타 필요한 사항을 기재하여 제출하여야 한다.

② 발송우체국장은 다량의 표시기사용우편물의 발송인에게 그 취급장소를 따로 지정하거나 우편물의 종류별 · 지역별 또는 수취인 주소지의 우편번호별로 구분하여 발송하게 할 수 있다.

제93조의2(표시기 사용계약의 해지)

발송우체국장은 표시기의 사용자가 다음 각 호의 어느 하나에 해당하는 때에는 그 이용계약을 해지할 수 있다.

1. 표시기를 부정하게 사용한 때
2. 표시기의 인영을 위조 또는 변조하여 사용한 때
3. 표시기의 인영을 분실하고 이를 즉시 통보하지 않은 때
4. 우편요금등의 납부를 게을리 한 때

제3관 우편요금 수취인 부담

제94조(우편요금등의 수취인 부담의 이용신청)

① 영 제29조 제1항 제1호에 따른 우편요금등의 수취인 부담(이하 "요금수취인부담"이라 한다)의 이용신청, 우편물 표시 · 발송 등에 관한 사항은 우정사업본부장이 정하여 고시한다.

② 배달우체국장은 요금수취인부담과 관련된 우편요금등의 변동이 생긴 경우에는 제98조의2 제2항에 따라 담보금액을 증감해야 한다.

③ 요금수취인부담우편물의 발송유효기간은 이용일부터 2년을 초과할 수 없다. 다만, 국가기관 · 지방자치단체 또는 공공기관의 경우에는 그러하지 아니하다.

제95조~제96조 삭제

제97조(요금수취인부담 이용계약의 해지)

① 배달우체국장은 요금수취인부담의 이용계약자가 다음 각 호의 1에 해당하는 때에는 그 이용계약을 해지할 수 있다.

　　1. 제94조 제2항의 규정에 의한 통보를 게을리 한 때

　　2. 정당한 사유없이 요금수취인부담우편물의 수취를 거부한 때

　　3. 수취인의 부재 기타 사유로 수취장소에 1월 이상 배달할 수 없을 때

　　4. 2월 이상 요금수취인부담우편물을 이용하지 아니한 때

　　5. 제102조 제1항 제2호의 규정에 해당되어 요금후납 이용계약을 해지한 때

② 요금수취인부담을 이용하는 자가 요금수취인부담 이용계약을 해지하고자 할 때에는 해지하기 15일 전까지 배달우체국에 해지통보를 하여야 한다.

③ 제1항 또는 제2항의 규정에 의한 요금수취인부담 이용계약의 해지이후 발송유효기간내에 발송된 우편물은 수취인에게 배달하여야 한다. 이 경우 수취인은 우편물의 수취를 거부할 수 없다.

④ 제3항의 규정에 의하여 요금수취인부담의 이용계약이 해지된 우편물을 수취인에게 배달한 경우에는 제98조의2 제1항의 규정에 의한 보증금에서 당해우편물의 우편요금등을 뺀 금액을 당해우편물의 발송유효기간이 만료된 후 신청인에게 환급한다.

제4관 우편요금 후납

제98조(우편요금등의 후납)

① 영 제30조에 따라 우편요금등의 후납(이하 "요금후납"이라 한다)을 할 수 있는 우편물은 다음 각 호와 같다. 다만, 국가 또는 지방자치단체에서 발송하는 우편물은 발송우체국장이 그 후납조건을 따로 정할 수 있다.

　　1. 동일인이 매월 100통 이상 발송하는 우편물

　　2. 법 제32조에 따른 반환우편물 중 요금후납으로 발송한 등기우편물

　　3. 삭제

　　4. 제25조 제1항 제9호에 따른 팩스우편물

　　5. 제25조 제1항 제12호의 규정에 의한 전자우편물

　　6. 제90조의 규정에 의한 표시기사용우편물

　　7. 제94조의 규정에 의한 우편요금수취인부담의 우편물

　　8. 우체통에서 발견된 습득물 중 우편물에서 이탈된 것으로 인정되지 아니하는 주민등록증

② 제1항에 따라 요금후납을 하려는 자는 발송우체국장에게 요금후납신청서를 제출해야 한다.

③ 요금후납을 하는 자는 매월 이용한 우편물의 우편요금등을 다음 달 20일까지 발송우체국에 납부해야 한다. 다만, 발송우체국장과 발송인과의 계약에 따라 접수하는 등기취급 소포우편물의 경우에는 다음 달 중에 그 계약서에 정한 날까지 납부할 수 있다.

④ 제1항부터 제3항까지에서 규정한 사항 외에 요금후납의 이용신청, 변경사항 통보, 우편물 표시 등 필요한 사항은 우정사업본부장이 정하여 고시한다.

⑤ 삭제

제98조의2(담보금의 제공)

① 요금후납을 하고자 하는 자는 그가 납부할 1월분 우편요금등의 예상금액의 2배 이상에 해당하는 금액의 보증금을 납부하거나 우정사업본부장이 지정하는 이행보증보험증권 또는 지급보증서를 제공하여야 한다. 다만, 국가 · 지방자치단체 · 공공기관 · 「은행법」에 따른 은행 및 특별법에 의하여 설립된 공공기관과 우정사업본부장이 정하여 고시하는 기준에 적합한 자에 대하여는 담보의 제공을 면제할 수 있다.

② 발송우체국장은 납부할 우편요금등의 변동에 따라 제1항의 규정에 의한 담보금액을 증감할 수 있다.

제99조~제101조 삭제

제102조(요금후납 계약의 해지 등)

① 발송우체국장은 요금후납을 하는 자가 다음 각 호의 어느 하나에 해당한 때에는 그 계약을 해지할 수 있다.
  1. 매월 100통 이상의 우편물을 발송할 것을 조건으로 우편요금등을 후납하는 자가 발송하는 우편물이 계속하여 2월 이상 또는 최근 1년간 4월 이상 월 100통에 미달한 때
  2. 제98조 제3항의 규정에 의한 우편요금등의 납부를 최근 1년간 3회 이상 태만히 한 때
  3. 제98조의2의 규정에 의한 담보금을 제공하지 않은 때

② 요금후납으로 우편물을 발송하는 자가 요금후납 계약을 해지하고자 할 때에는 이를 발송우체국에 통보하여야 한다.

③ 제1항 및 제2항의 규정에 의하여 요금후납 계약을 해지하고자 할 때에는 그 납부하여야 할 우편요금등을 즉시 납부하여야 한다.

제103조(담보금의 반환)

요금후납계약을 해지한 경우 제98조의2에 따른 담보금은 납부하여야 할 우편요금등을 빼고 그 잔액을 되돌려 주어야 한다.

제5절 삭제

제104조 삭제

제6절 무료우편물

제105조(무료우편물의 발송)

① 법 제26조에 따른 무료우편물에는 발송인이 그 우편물 표면의 윗부분 오른쪽에 다음 각 호의 구분에 따라 표시하여야 한다.
  1. 법 제26조 제1호 및 제2호에 해당하는 우편물 : "우편사무"
  2. 법 제26조 제3호에 해당하는 우편물 : "구호우편"
  3. 법 제26조 제4호에 해당하는 우편물 : "시각장애인용우편"
  4. 법 제26조 제5호에 해당하는 우편물 : "전쟁포로우편"

② 무료우편물의 발송인 또는 수취인이 국가·지방자치단체 또는 공무원인 경우에는 그 기관명 또는 직위 및 성명을, 개인, 기관 또는 단체인 경우에는 그 성명, 기관명 또는 단체명 및 주소를 우편물의 외부에 기재하여야 한다.

③ 제1항 및 제2항을 위반한 우편물은 무료우편물로 취급하지 아니한다.

④ 법 제26조 제3호 및 제5호에 따른 무료우편물에 대해서는 우정사업본부장이 정하는 바에 따라 해당 발송 기관의 장이 인정하는 것만 해당한다.

⑤ 제4항에 따른 무료우편물을 발송할 때에는 우편물의 종별 및 수량 등을 기재한 발송표를 발송우체국에 제출하여야 한다.

⑥ 무료우편물은 우정사업본부장이 특별히 정하는 것을 제외하고는 특수취급을 하지 아니한다.

⑦ 무료우편물의 발송에 관하여는 제100조 제3항 및 제4항을 준용한다. 이 경우 "요금후납우편물"을 "무료우편물"로 본다.

제106조 삭제

제4장 우편물의 송달

제1절 통칙

제107조(우편물의 발송)

① 특수취급이 아닌 통상우편물은 우체통(우정사업본부장이 설치한 무인우편물 접수기기를 포함한다)에 투입하여 발송하여야 한다. 다만, 우편물의 용적이 크거나 일시 다량발송으로 인하여 우체통(우정사업본부장이 설치한 무인우편물 접수기기를 포함한다)에 투입하기 곤란한 경우와 이 규칙에서 달리 정하는 경우에는 그러하지 아니하다.

② 소포우편물과 특수취급으로 할 통상우편물은 우체국 창구(우정사업본부장이 설치한 무인우편물 접수기기를 포함한다)에 이를 제출하여야 한다.

③ 제1항 및 제2항의 규정에 의하여 우편물을 발송하기 곤란한 특별한 사정이 있는 경우에는 우정사업본부장이 정하는 바에 따라 우편물 집배원에게 우편물의 발송을 의뢰할 수 있다.

제108조~제109조 삭제

제110조(우편물의 전송을 위한 주거이전 신고 등)

① 법 제31조의2 제1항에 따라 주거이전을 신고하려는 자는 별지 제1호 서식을 작성하여 우체국장에게 제출하여야 한다. 이 경우 우체국장은 다음 각 호의 서류를 확인하여야 한다.
  1. 신고인이 본인임을 증명할 수 있는 서류
  2. 주거이전을 증명할 수 있는 서류
  3. 대리인이 신고하는 경우에는 위임받은 사실을 증명할 수 있는 서류

② 법 제31조의2 제1항에 따라 주거이전을 신고한 자가 그 신고를 철회하려는 경우 또는 주거이전을 신고한 날부터 3개월이 지난 후에도 주거이전을 신고한 곳으로 도착하는 우편물을 받으려는 경우에는 별지 제1호 서식을 작성하여 우체국장에게 신고하여야 한다. 이 경우 우체국장은 다음 각 호의 서류를 확인하여야 한다.
1. 신고인이 본인임을 증명할 수 있는 서류
2. 대리인이 신고하는 경우에는 위임받은 사실을 증명할 수 있는 서류
③ 우체국장은 제1항에 따라 주거이전을 신고한 자가 동의하는 경우에는 「전자정부법」 제36조 제1항에 따라 행정정보의 공동이용을 통하여 주거이전을 증명할 수 있는 서류를 확인할 수 있다.

제111조(잘못 배달된 우편물의 반환등)
① 잘못 배달된 우편물 또는 수취인이 주거를 이전한 우편물을 받은 자는 즉시 해당 우편물에 그 뜻을 기재한 쪽지를 붙여 우체통에 투입하거나 우체국에 돌려주어야 한다.
② 제1항의 경우 잘못하여 그 우편물을 개봉한 자는 다시 봉함한 후 그 사유를 쪽지에 적어 붙여야 한다.

제112조(우편물의 조사)
① 우체국장은 업무상의 필요에 의한 관계자료로서 우편물의 봉투 · 포장지 또는 수취한 엽서등의 확인을 위하여 우편물 수취인에게 협조를 요청할 수 있다.
② 제1항의 규정에 의한 확인을 마친 경우에는 수취인에게 이를 반환하여야 한다.

제112조의2(반환거절의 표시)
법 제32조 제1항 단서에 따라 우편물의 반환을 원하지 아니하는 자는 발송시 우편물 표면 좌측 중간에 "반환불필요"라고 표시하여야 한다.

제112조의3(반환우편물의 처리)
법 제32조 제3항에 따라 우편물을 발송인에게 되돌려 보낼 때에는 수취인불명, 수취거부 등의 반환사유를 우편물의 표면에 기재하여야 한다.

제2절 사설우체통

제113조~제121조 삭제

제2절의2 보관교부

제121조의2(우체국보관 우편물의 보관기간)
영 제43조 제6호의 규정에 의한 우편물의 보관기간은 우편물이 도착한 다음 날부터 기산하여 10일로 한다. 다만, 교통이 불편하거나 그 밖의 사유로 인하여 수취인이 10일 이내에 우편물을 교부받을 수 없다고 인정될 때에는 20일의 범위 안에서 이를 연장할 수 있다.

제121조의3(보관교부지 우편물의 교부)

① 영 제43조 제7호에 따른 교통이 불편하여 통상의 방법으로 우편물 배달이 어려운 지역(이하 "보관교부지"라 한다)에 송달하는 우편물은 배달우체국에서 보관하고 수취인의 청구에 따라 내준다. 다만, 보관교부지에 거주하는 자가 미리 당해배달우체국 관할구역안의 일정한 곳을 지정하여 배달할 것을 신청한 때에는 그 곳에 배달하여야 한다.

② 제1항에 따른 우편물의 보관기간은 우편물이 도착한 다음 날부터 기산하여 30일로 하고, 보관교부지는 관할 지방우정청장이 정하여 공고하여야 한다.

제121조의4(보관교부우편물의 기재사항변경등)

① 제121조의2 및 제121조의3의 규정에 의하여 우체국에서 보관·교부할 우편물에 대하여는 수취인이 아직 교부받지 아니한 경우에 한하여 보관우체국을 변경하거나 배달장소를 지정하여 그 곳에 배달하여 줄 것을 보관우체국장에게 청구할 수 있다.

② 제1항의 규정에 의한 보관우체국의 변경청구는 1회에 한한다.

③ 제121조의2 및 제121조의3 제2항에 따른 보관기간이 경과된 우편물은 발송인에게 되돌려 주어야 한다.

제3절 우편사서함

제122조(우편사서함 사용신청 등)

① 영 제46조 제2항에 따라 우편사서함(이하 "사서함"이라 한다)을 사용하려는 자는 별지 제2호 서식을 작성하여 사서함이 설치된 우체국의 우체국장에게 제출하여야 한다.

② 제1항의 신청을 받은 우체국장은 다음 각 호의 순위에 따라 우선적으로 사서함 사용계약을 할 수 있다.

　　1. 국가기관 및 지방자치단체

　　2. 일일배달 예정물량이 100통 이상인 다량 이용자

　　3. 우편물배달 주소지가 사서함 설치 우체국의 관할구역인 경우

제122조의2(사서함의 사용)

① 사서함은 2인 이상이 공동으로 사용할 수 없다.

② 사서함 사용자는 계약우체국장이 정하는 기간 내에 사서함의 자물쇠 및 열쇠의 제작실비에 해당하는 금액을 납부하여야 한다.

③ 계약우체국장은 사서함을 관리함에 있어서 필요하다고 인정할 때에는 사서함 사용자(사용계약 신청 중에 있는 자를 포함한다)의 주소·사무소 또는 사업소의 소재지를 확인할 수 있다.

제122조의3(사서함 사용자의 통보)

① 사서함 사용자는 다음 각 호의 어느 하나의 내용이 변경된 경우에는 지체 없이 별지 제2호 서식을 작성하여 계약우체국장에게 통보하여야 한다.

　　1. 사서함 사용자의 성명 또는 주소 등

　　2. 우편물의 대리수령인

② 사서함 사용자는 다음 각 호의 어느 하나에 해당하는 경우에는 지체 없이 별지 제2호 서식을 작성하여 계약우체국장에게 통보하여야 한다.
  1. 사서함이 훼손된 것을 발견한 경우
  2. 사서함의 열쇠를 잃어버린 경우

제123조(열쇠의 교부등)

① 계약우체국장은 사서함의 사용자에게 그 번호를 통지하고 사서함의 개폐에 사용하는 열쇠 한 개를 교부한다. 다만, 사용자의 요구가 있는 때에는 2개 이상을 교부할 수 있다.
② 사서함의 사용자는 제1항에도 불구하고 계약우체국장과 협의하여 사서함의 열쇠를 직접 제작하여 사용할 수 있다.
③ 제1항 단서의 규정에 의하여 2개 이상의 열쇠를 교부받고자 하는 자는 추가 개수의 열쇠제작실비를 납부하여야 한다. 열쇠의 분실로 인한 추가교부의 경우에도 또한 같다.

제124조 삭제

제125조(사서함앞 우편물의 배달)

① 사서함의 사용자가 공공기관·법인 기타 단체인 경우에 그 소속직원에게 배달할 우편물은 당해 사서함에 배부할 수 있다.
② 사서함앞 우편물로서 등기우편물, 요금수취인부담우편물, 요금등이 미납되거나 부족한 우편물 또는 용적이 크거나 수량이 많아 사서함에 넣을 수 없는 우편물은 이를 따로 보관하고, 우편물배달증용지 또는 우편물을 따로 보관하고 있다는 뜻을 기재한 표찰을 사서함에 넣어야 한다.

제126조 삭제

제126조의2(사서함 사용계약 해지 등)

① 계약우체국장은 사서함 사용자가 다음 각 호의 어느 하나에 해당하는 때에는 사서함의 사용계약을 해지할 수 있다.
  1. 사서함에 배달된 우편물을 정당한 사유없이 30일 이상 수령하지 아니한 때
  2. 최근 3월간 계속하여 사서함에 배달한 우편물의 통수가 월 30통에 미달한 때
  3. 우편관계법령의 규정에 위반한 때
  4. 공공의 질서 또는 선량한 풍속에 반하여 사서함을 이용한 때
② 제1항에 따라 계약이 해지된 사서함에 배달된 우편물은 그 해지통지를 한 날부터 10일 이내에 사서함을 사용하였던 자의 교부신청이 없는 때에는 발송인에게 이를 되돌려 주어야 한다.
③ 사서함 사용자가 사서함 사용계약을 해지하려는 경우에는 별지 제2호 서식에 그 해지예정일 및 계약을 해지한 후의 우편물 수취장소 등을 기재하여 해지예정일 10일 전까지 계약우체국장에게 통보하여야 한다.

제127조 삭제

제4절 우편수취함

제128조(개별 또는 공동수취함의 설치)
영 제43조 제4호의 규정에 의한 개별 또는 공동수취함(이하 "마을공동수취함"이라 한다)은 배달우체국장이 설치한다.

제129조(마을공동수취함앞 우편물의 배달등)
마을공동수취함앞 우편물에 대한 배달 및 관리등은 우정사업본부장이 정하는 바에 따라 배달우체국장과 마을공동수취함을 관리하는 자와의 계약에 의하여 이를 정한다.

제130조(마을공동수취함의 관리수수료)
우정사업본부장은 마을공동수취함의 관리인에게 예산의 범위안에서 배달소요시간을 기준으로 한 실비를 수수료로 지급하여야 한다.

제131조(고층건물우편수취함의 설치)
영 제50조 제1항의 규정에 의한 고층건물의 우편수취함(이하 "고층건물우편수취함"이라 한다)은 건물구조상 한 곳에 그 전부를 설치하기가 곤란한 경우에는 3층 이하의 위치에 3개소이내로 분리하여 설치할 수 있다. 다만, 고층건물우편수취함 설치대상 건축물로서 그 1층 출입구, 관리사무실 또는 수위실등(출입구 근처에 있는 것에 한한다)에 우편물 접수처가 있어 우편물을 배달할 수 있는 경우에는 고층건물우편수취함을 설치하지 아니할 수 있다.

제132조(고층건물우편수취함등의 규격 · 구조등)
영 제50조 제2항의 규정에 의한 고층건물우편수취함의 표준규격 · 재료 · 구조 및 표시사항은 우정사업본부장이 정하여 고시한다.

제133조(고층건물우편수취함의 관리 · 보수)
① 건축물의 관리책임자 또는 사용자는 설치된 고층건물우편수취함이 그 사용에 지장이 없도록 이를 관리하여야 한다.
② 고층건물우편수취함이 훼손된 경우 훼손된 날부터 15일 이내에 이를 보수하지 아니한 때에는 이를 우편수취함으로 보지 아니한다.

제134조(고층건물우편수취함에 넣을 수 없는 우편물의 배달)
① 다음 각 호의 어느 하나에 해당하는 경우에는 수취인에게 직접 배달해야 한다.
  1. 요금수취인부담우편물
  2. 양이 많거나 부피가 커서 고층건물우편수취함에 넣을 수 없는 우편물
② 제1항 각 호 외의 특수취급우편물은 수취인에게 직접 배달하는 것을 원칙으로 하되, 등기우편물은 영 제42조 제3항 단서에 따라 전자 잠금장치가 설치된 고층건물우편수취함에 넣을 수 있다.

제135조(고층건물앞 우편물의 보관 및 반환)

① 영 제51조 제2항의 규정에 의하여 배달우체국에서 보관·교부할 우편물은 그 우편물이 배달우체국에 도착한 다음 날부터 10일간 이를 보관한다.

② 제1항에 따른 기간이 경과하여도 우편물의 수취청구가 없는 경우에는 발송인에게 이를 되돌려 준다.

제5장 손해배상등

제135조의2(우편물의 손해배상금액 및 지연배달의 기준)

① 법 제38조 제1항 제1호 및 제2호에 따라 잃어버리거나 못쓰게 된 우편물의 손해배상금액은 다음과 같다.

  1. 등기통상우편물 : 10만 원
  2. 준등기통상우편물 : 5만 원
  2의2. 선택등기통상우편물 : 10만 원
  3. 등기소포우편물 : 50만 원
  4. 민원우편물 : 표기금액
  5. 보험취급우편물 : 신고가액

② 법 제38조 제1항 제3호의 규정에 의한 현금추심취급 우편물의 손해배상금액은 그 추심금액으로 한다.

③ 제1항 및 제2항의 경우에 실제 손해액이 손해배상금액보다 적을 때는 그 실제 손해액을 배상한다.

④ 법 제38조 제1항 제1호 및 제2호의 규정에 의하여 배상하는 지연배달의 기준 및 배상금액은 별표 5와 같다.

제136조(손해의 신고등)

① 등기우편물의 배달(반환을 포함한다. 이하 같다)에 있어서 수취인 또는 발송인이 그 우편물에 손해가 있음을 주장하여 수취를 거부하고자 할 때에는 집배원 또는 배달우체국에 그 사유를 통보하여야 한다.

② 배달우체국장은 제1항에 따른 우편물이 외부에 파손의 흔적이 없고 중량에 차이가 없어 법 제40조에 해당한다고 인정하는 때에는 그 사유를 기재한 조서와 함께 수취를 거부한 자에게 우편물을 교부해야 하며, 그렇지 않다고 인정하는 때에는 수취를 거부한 다음 날부터 15일 이내에 기일을 정하여 수취를 거부한 자 또는 손해배상 청구권자의 출석을 요구하고 그 출석 하에 해당 우편물을 개봉하여 손해의 유무를 검사해야 한다.

③ 제2항의 규정에 의한 검사결과 우편물에 손해가 없다고 인정하는 때에는 그 사유를 기재한 조서와 함께 동 우편물을 교부하고, 손해가 있다고 인정하는 때에는 손해조서를 작성하여 제135조의2의 규정에 의한 손해배상금을 지급한다.

제137조(수취를 거부한 자가 출석하지 아니한 때의 처리)

제136조 제2항의 경우에 수취를 거부한 자 또는 손해배상청구권자가 지정기일에 출석하지 아니한 때에는 당해인에게 그 우편물을 배달하여야 한다.

제138조(손해배상청구의 취소)

우편물의 손해배상을 청구한 자가 그 청구를 취소한 때에는 우체국은 즉시 당해우편물을 청구인에게 교부하여야 한다.

제139조(손해배상금의 반환통지)

손해를 배상한 우체국에서 법 제45조의 규정에 의한 통지를 하는 때에는 영 제53조의 규정에 의한 반환금액·반환방법 및 우편물의 청구방법을 명시하여야 한다.

제140조 삭제

제6장 서신송달업자 등의 관리

제141조(서신송달업자의 신고 등)

① 법 제45조의2 제1항에 따라 서신을 송달하는 업(이하 "서신송달업"이라 한다)을 신고하려는 자는 별지 제3호 서식의 서신송달업 신고서에 사업계획서(사업운영 및 시설에 관한 사항, 수입·지출계산서 등을 포함한다)를 첨부하여 관할 지방우정청장에게 제출하여야 한다.

② 제1항에 따라 신고를 받은 담당공무원은 「전자정부법」 제36조 제1항에 따른 행정정보의 공동이용을 통하여 다음 각 호의 서류를 확인하여야 한다. 다만, 신고를 한 자가 제2호의 확인에 동의하지 아니하는 경우에는 해당 서류를 첨부하도록 하여야 한다.
  1. 법인 등기사항증명서(신고를 한 자가 법인인 경우에 한정한다)
  2. 사업자등록증명(신고를 한 자가 개인사업자인 경우에 한정한다)
  3. 삭제

③ 서신송달업의 신고를 한 자의 상호, 소재지, 대표자 및 사업계획 등이 변경된 경우에는 별지 제3호 서식의 서신송달업 변경신고서에 그 변경사실을 증명할 수 있는 서류를 첨부하여 관할 지방우정청장에게 제출하여야 한다.

④ 관할 지방우정청장은 제1항과 제3항에 따른 신고를 받은 경우에는 별지 제4호 서식의 신고대장에 이를 기재하고 별지 제5호서식의 신고필증을 교부하여야 한다.

제142조(휴업·폐업 등의 신고)

법 제45조의4에 따라 서신송달업자가 그 영업을 30일 이상 휴업 또는 폐업하거나 휴업 후 재개하려는 경우에는 별지 제6호 서식의 신고서를 지방우정청장(관할 지방우정청장 또는 그 밖의 지방우정청장 중 어느 한 지방우정청장을 말한다)에게 제출하여야 한다. 이 경우 관할 지방우정청장이 아닌 지방우정청장이 신고서를 제출받으면 이를 관할 지방우정청장에게 송부하여야 한다.

제143조(사업개선명령)

법 제45조의5에 따라 관할 지방우정청장은 서신송달업자가 다음 각 호의 어느 하나에 해당할 때에는 그 시정을 명할 수 있다.

1. 법 제45조의2 제3항에 따른 변경신고를 하지 아니하는 경우
2. 화재 등으로 인하여 서신송달서비스의 제공에 지장이 발생하였음에도 보수 등 필요한 조치를 하지 아니하는 경우
3. 작업장의 보안 등이 상당히 취약하여 서신의 비밀침해 등으로 이용자의 권익을 현저히 해친다고 인정되는 경우

제144조(행정처분의 기준)

① 법 제45조의6 제2항에 따른 서신송달업자에 대한 처분의 기준은 별표 6과 같다.
② 관할 지방우정청장은 행정처분을 한 때에는 별지 제7호서식의 행정처분기록대장에 그 내용을 기록하여야 한다.

제145조(규제의 재검토)

① 과학기술정보통신부장관은 제141조에 따른 서신송달업 신고 및 변경신고에 대하여 2014년 1월 1일을 기준으로 3년마다(매 3년이 되는 해의 1월 1일 전까지를 말한다) 그 타당성을 검토하여 개선 등의 조치를 해야 한다.
② 과학기술정보통신부장관은 제143조에 따른 사업개선명령에 대하여 2015년 1월 1일을 기준으로 5년마다(매 5년이 되는 해의 1월 1일 전까지를 말한다) 그 타당성을 검토하여 개선 등의 조치를 해야 한다.

부칙 〈제86호, 2022.1.4.〉

이 규칙은 공포한 날부터 시행한다.

별표/서식

[별표 1] 보편적 우편역무의 특수취급 종류와 이에 따른 우편물(제12조의2 제2항 관련)

[별표 2] 보편적 우편역무에 부가할 수 있는 우편역무(제12조의2 제3항 관련)

[별표 3] 선택적 우편역무 종류에 따른 우편물(제25조 제2항 관련)

[별표 4] 보편적 우편역무에 부가할 수 있는 우편역무(제12조의2 제3항 관련)

[별표 5] 지연배달 기준 및 배상금액(제135조의2 제4항 관련)

[별표 6] 행정처분의 기준(제144조 제1항 관련)

■ 우편법 시행규칙 [별표 1] 〈개정 2021.7.1.〉

보편적 우편역무의 특수취급 종류와 이에 따른 우편물(제12조의2 제2항 관련)

특수취급 종류 〳 우편물	통상우편물	소포우편물
등기취급	○	○
준등기취급	○	
선택등기취급	○	
보험통상	○	
보험소포		○
내용증명	○	
배달증명	○	○
국내특급우편	○	○
특별송달	○	
민원우편	○	
우편물방문접수	○	○
착불배달	○	○
계약등기	○	
회신우편	○	
본인지정배달	○	
우편주소정보제공	○	
우편물의 반환정보제공	○	
선거우편	○	

■ 우편법 시행규칙 [별표 2] 〈개정 2021.7.1.〉

보편적 우편역무에 부가할 수 있는 우편역무(제12조의2 제3항 관련)

구분	등기	준등기	선택등기	배달증명	국내특급우편	착불배달	회신우편	본인지정배달	우편주소정보제공
등기취급			○	○	○				○
보험통상	○			○	○				
보험소포	○			○	○				
내용증명	○			○	○				
배달증명	○		○		○				
국내특급우편	○		○	○					
특별송달	○				○				
민원우편	○				○				
우편물방문접수	○			○	○				
착불배달	○								
계약등기	○		○	○	○	○	○	○	○
선거우편	○	○							

※ 비고 : 선택등기역무를 부가한 배달증명 우편역무는 등기우편물의 배달방법으로 배달이 완료된 경우에 한정하여 배달 단계의 취급 과정을 기록하고 배달을 증명한다.

■ 우편법 시행규칙 [별표 3] 〈개정 2021.7.1.〉

선택적 우편역무 종류에 따른 우편물(제25조 제2항 관련)

종류＼우편물	통상우편물	소포우편물
등기취급	○	○
준등기취급	○	
선택등기취급	○	
보험통상	○	
보험소포		○
내용증명	○	
배달증명	○	○
국내특급우편	○	○
특별송달	○	
민원우편	○	

모사전송우편	○	
우편주문판매		○
광고우편	○	
전자우편	○	
우편물방문접수	○	○
착불배달	○	○
계약등기	○	
회신우편	○	
본인지정배달	○	
우편주소정보제공	○	
우편물의 반환정보제공	○	
선거우편	○	

■ 우편법 시행규칙 [별표 4] 〈개정 2021.7.1.〉

선택적 우편역무에 부가할 수 있는 우편역무(제25조 제3항 관련)

구분	등기	준등기	선택등기	내용증명	배달증명	국내특급우편	착불배달	회신우편	본인지정배달	우편주소정보제공
등기취급			○	○	○	○				○
보험통상	○				○	○				
보험소포	○				○	○				
내용증명	○				○	○				
배달증명	○		○			○				
국내특급우편	○		○		○					
특별송달	○					○				
민원우편	○					○				
우편주문판매	○				○	○				
전자우편	○	○	○	○	○	○				
우편물방문접수	○				○	○				
착불배달	○									
계약등기	○		○		○	○	○	○	○	○
선거우편	○	○								

■ 우편법 시행규칙 [별표 5] 〈개정 2014.12.4.〉

지연배달 기준 및 배상금액(제135조의2 제4항 관련)

구분			지연배달 기준	배상금액
통상 우편물	등기취급		송달기준보다 2일 이상 지연배달	우편요금 및 등기취급 수수료
	국내 특급 우편	당일 배달	다음 날 0시~20시 전까지 배달	국내특급수수료
			다음 날 20시 이후 배달	우편요금 및 국내특급수수료
		다음 날 배달	송달기준보다 2일 이상 지연배달	우편요금 및 국내특급수수료
소포 우편물	등기취급		송달기준보다 2일 이상 지연배달	우편요금 및 등기취급 수수료
	국내 특급 우편	당일 배달	다음 날 0시~20시 전까지 배달	국내특급수수료
			다음 날 20시 이후 배달	우편요금 및 국내특급수수료

※ 비고

다음 각 호의 어느 하나에 해당하는 경우에는 지연배달의 예외로 한다.

1. 설이나 추석 등에 우편물이 대량으로 늘어나 지연배달 되는 경우
2. 우편번호를 잘못 기재하거나 수취인이 부재 중인 경우 등 발송인 또는 수취인의 귀책사유로 인하여 지연배달 되는 경우
3. 천재지변 등 불가항력으로 인하여 지연배달 되는 경우

■ 우편법 시행규칙 [별표 6] 〈신설 2014.12.4.〉

행정처분의 기준(제144조 제1항 관련)

1. 일반기준

가. 위반행위의 횟수에 따른 행정처분의 기준은 최근 1년간 같은 위반행위로 처분을 받은 경우에 적용한다. 이 경우 위반행위에 대하여 행정처분을 한 날과 다시 같은 위반행위를 적발한 날을 각각 기준으로 하여 위반횟수를 계산한다.

나. 위반행위가 둘 이상인 경우에는 그 중 중한 처분기준을 적용한다. 다만, 처분기준이 동일한 영업정지인 경우에는 각각의 처분기준을 합산한 기간을 넘지 않는 범위에서 중한 처분기준의 2분의 1까지 가중할 수 있으며, 가중하는 경우에도 총 영업정지 기간은 6개월을 초과할 수 없다.

다. 처분권자는 다음의 어느 하나에 해당하는 경우에는 처분기준의 2분의 1까지 감경할 수 있다. 다만, 처분 기준이 영업소 폐쇄인 경우는 제외한다.

1) 위반행위가 고의나 중대한 과실이 아닌 사소한 부주의나 오류로 인한 것으로 인정되는 경우

2) 위반행위자가 해당 위반행위를 처음 한 경우로서, 지난 3년 이상 서신송달업을 모범적으로 운영해온 사실이 인정되는 경우

3) 그 밖에 위반행위의 동기, 방법 및 결과 등을 고려하여 처분을 감경할 필요가 있다고 인정되는 경우

2. 개별기준

위반행위	근거법조문	행정처분기준		
		1차 위반	2차 위반	3차 이상 위반
가. 거짓으로 작성된 사업신고서를 제출한 경우	법 제45조의6 제1호	영업소 폐쇄		
나. 법 제2조 제3항의 중량 및 요금 기준을 위반하여 서신을 취급한 경우	법 제45조의6 제2호	영업정지 1개월	영업정지 3개월	영업정지 6개월
다. 법 제45조의3 제2항을 위반하여 타인에게 자기의 성명 또는 상호를 사용하여 서신송달업을 경영하게 한 경우	법 제45조의6 제3호	영업정지 1개월	영업정지 3개월	영업정지 6개월
라. 법 제45조의5의 사업개선명령에 따르지 않은 경우	법 제45조의6 제4호	경고	영업정지 1개월	영업정지 3개월
마. 사업정지명령을 위반하여 사업정지기간에 사업을 경영한 경우	법 제45조의6 제5호	영업소 폐쇄		

04 국제우편규정

[시행 2021.1.5] [대통령령 제31380호, 2021.1.5, 타법개정]

제1장 총칙

제1조(목적)

이 영은 우편에 관한 국제조약에 따라 우리나라와 외국 간에 교환하는 우편물의 이용 및 취급에 필요한 사항을 규정함을 목적으로 한다.

제2조(다른 법령과의 관계)

우리나라에서 외국으로 발송하는 우편물(이하 "발송우편물"이라 한다) 및 외국으로부터 우리나라에 도착한 우편물(이하 "도착우편물"이라 한다)의 취급에 관하여 우편에 관한 국제조약(이하 "협약"이라 한다)과 이 영에서 정한 것을 제외하고는 국내우편에 관한 법령에서 정하는 바에 따른다.

제2장 국제우편물의 종류 및 취급대상

제3조(국제우편물의 종류)

① 우리나라와 외국 간에 교환하는 우편물(이하 "국제우편물"이라 한다)의 종류는 다음 각 호와 같다.

　　1. 통상우편물

　　2. 소포우편물

　　3. 특급우편물

　　4. 그 밖에 과학기술정보통신부장관이 필요하다고 인정하여 고시하는 우편물

② 제1항 제4호에 따른 우편물의 이용조건 및 취급절차 등에 관하여 필요한 사항은 과학기술정보통신부장관이 정하여 고시한다.

제4조(통상우편물의 취급대상)

① 통상우편물은 서류우편물과 비서류우편물로 구분한다.

② 서류우편물의 취급대상은 다음 각 호와 같다.

　　1. 「우편법」 제1조의2 제7호에 따른 서신

　　2. 시각장애인을 위한 우편물

　　3. 여러 개의 동일한 사본으로 생산된 인쇄물

　　4. 하나의 주소지의 같은 수취인을 위한 신문, 정기간행물, 서적 및 상품안내서 등이 담긴 특별우편자루로서 30킬로그램 이하인 것

　　5. 우편엽서

　　6. 항공서간(航空書簡)

③ 비서류우편물의 취급대상은 제2항 각 호의 우편물을 제외한 2킬로그램 이하의 물품(이하 "소형포장물"이라 한다)으로 한다.

제5조(우편엽서와 항공서간)

① 우편엽서와 항공서간은 정부가 발행하는 것과 정부 외의 자가 제조하는 것으로 구분한다.

② 정부가 발행하는 우편엽서와 항공서간에는 우편요금을 표시하는 증표를 인쇄할 수 있다.

③ 정부가 발행하는 우편엽서와 항공서간은 원형을 변경하여 사용할 수 없다.

④ 정부 외의 자가 제조하는 우편엽서와 항공서간은 제15조 제1항에 따라 과학기술정보통신부장관이 고시한 우편물의 규격에 적합하여야 한다.

⑤ 정부 외의 자가 제조하는 우편엽서와 항공서간에는 우편요금을 표시하는 증표를 인쇄할 수 없다.

⑥ 제4항을 위반하여 제조된 우편엽서와 항공서간은 제4조 제2항 제1호에 따른 서신으로 본다.

제6조(소포우편물의 취급대상)

소포우편물의 취급대상은 제4조에 따른 통상우편물을 제외한 물품으로 한다.

제7조(특급우편물의 취급대상)

① 특급우편물의 취급대상은 **빠르게** 해외로 배송하여야 하는 서류 및 물품으로 하며, 기록취급을 원칙으로 한다.

② 제1항에 따른 특급우편물의 이용조건 및 취급절차 등에 관하여 필요한 사항은 과학기술정보통신부장관이 정하여 고시한다.

제8조(국제우편물의 부가취급)

국제우편물에 대한 부가취급의 종류는 다음 각 호와 같다.

1. 등기(통상우편물만 해당한다)
2. 배달통지
3. 보험취급
4. 그 밖에 국제적으로 시행되고 있는 업무 중 과학기술정보통신부장관이 정하여 고시하는 업무

제3장 요금

제9조(국제우편요금 등)

① 국제우편요금 및 국제우편 이용에 관한 수수료(이하 "국제우편요금등"이라 한다)는 협약에서 정한 범위에서 과학기술정보통신부장관이 정하여 고시한다.

② 제8조에 따른 부가취급에 관한 국제우편요금등에 대하여 협약에서 정하지 아니한 사항은 과학기술정보통신부장관이 정하여 고시한다.

제10조(국제우편요금등의 납부)

국제우편요금등은 다음 각 호의 어느 하나에 해당하는 방법으로 납부할 수 있다.

1. 현금
2. 우표
3. 우편요금을 표시하는 증표
4. 「여신전문금융업법」에 따른 신용카드 · 직불카드 · 선불카드(이하 "신용카드등"이라 한다)
5. 정보통신망을 이용한 전자화폐 또는 전자결제

제11조(국제우편요금등의 별납 또는 후납)

① 발송우편물은 국내우편물 취급의 예에 따라 국제우편요금등을 별납 또는 후납할 수 있다.

② 국제우편요금등의 별납 및 후납의 표시와 취급우체국 등에 관한 사항은 과학기술정보통신부장관이 정하여 고시한다.

제12조(국제우편요금등의 감액)

① 국제우편요금등은 일부를 감액할 수 있다.

② 제1항에 따라 국제우편요금등을 감액할 수 있는 우편물의 종류 · 수량 · 취급요건 · 감액범위 등에 관한 사항은 협약에서 정한 범위에서 과학기술정보통신부장관이 정하여 고시한다.

제13조(국제회신우표권)

① 외국에서 판매한 국제회신우표권은 국내우체국에서 제9조 제1항에 따라 고시된 요금에 해당하는 우표류와 교환한다.

② 우리나라에서 판매한 국제회신우표권은 국내우체국에서 교환할 수 없다.

제4장 발송

제14조(국제우편물의 발송)

① 다음 각 호의 어느 하나에 해당하는 국제우편물을 발송하려는 경우에는 우체국에 직접 접수해야 한다. 다만, 제1호와 제8호에 해당하는 우편물은 발송인의 요청에 따라 발송인을 방문하여 접수할 수 있다.

　　1. 소포우편물 및 특급우편물

　　2. 제8조에 따른 부가취급이 필요한 우편물

　　3. 소형포장물

　　4. 통관을 하여야 하는 물품이 들어 있는 우편물

　　5. 제11조에 따라 국제우편요금등을 별납 또는 후납하는 우편물

　　6. 항공으로 취급하는 시각장애인을 위한 우편물

　　7. 협약 및 제12조에 따른 우편요금 감면대상 우편물

　　8. 제3조 제1항 제4호에 따른 우편물

② 제1항 각 호의 우편물 외의 국제우편물을 발송하려는 경우에는 우체통에 투입할 수 있다.

제15조(우편물의 규격·포장 및 외부기재사항 등)

① 제14조에 따라 국제우편물을 발송하려는 자는 과학기술정보통신부장관이 정하여 고시하는 발송우편물의 규격·포장에 관한 사항 및 외부기재사항을 준수하여야 한다.

② 과학기술정보통신부장관은 협약 및 제1항에 따라 고시한 기준에 맞지 아니하는 우편물에 대해서는 발송인에게 보완하여 제출하게 하거나 우편물로서의 취급을 거절할 수 있다.

③ 발송인의 포장부실로 인하여 우편물의 송달과정에서 발생한 내용물의 파손·탈락 또는 다른 우편물의 파손, 그 밖의 모든 손해에 대해서는 발송인이 책임을 진다.

제16조(첨부물의 중량)

발송우편물에 붙인 부가표시물 및 서류의 중량은 그 우편물의 중량에 포함하여 계산한다. 다만, 우표, 운송장 및 통관을 위하여 붙인 서류의 중량은 포함하지 아니한다.

제17조(우편물의 접수증 등)

① 기록취급 우편물을 발송하는 경우 발송인은 그 우편물의 접수증 또는 운송장 사본과 영수증을 교부받을 수 있으며, 발송일의 다음 날부터 1년 이내에 우편물을 접수한 우체국에 우편물의 접수증 또는 운송장 등본의 교부를 신청할 수 있다.

② 우편물을 발송한 후에 제1항에 따라 우편물의 접수증 또는 운송장 등본의 교부를 신청하는 경우에는 그 우편물의 영수증을 제시하여야 하며, 영수증을 제시할 수 없을 때에는 그 발송 사실을 소명하여야 한다.

③ 다량의 기록취급 우편물을 발송하는 자에게는 미리 잇따라 적는 방식으로 된 우편물 접수증 용지를 작성하도록 하고 우편물과 함께 제출하게 할 수 있다.

④ 인터넷 등 전자적 방법으로 접수한 우편물의 접수증은 전자적 방법으로 교부할 수 있다.

제18조(발송우편물의 외부기재사항 변경 또는 반환청구 등)

국제우편물의 발송인은 그 우편물의 외부기재사항의 변경·정정 또는 우편물의 반환을 우체국에 청구할 수 있다. 이 경우 제9조 제1항에 따라 고시된 국제우편요금등을 납부하여야 한다.

제19조(국제우편요금등이 미납된 발송우편물의 처리)

① 국제우편요금등의 전부 또는 일부가 납부되지 아니한 발송우편물에 대해서는 우편물을 접수한 우체국장이 그 납부되지 아니한 국제우편요금등(이하 "미납요금"이라 한다)을 발송인에게 통지하고, 발송인으로부터 미납요금을 징수한 후 발송한다.

② 발송인의 주소·성명이 명확하지 아니하거나 그 밖의 사유로 미납요금을 징수할 수 없는 경우에는 우편물 표면의 윗부분에 미납요금이 있는 우편물임을 표시하는 문자인 T(이하 "T"라 한다) 및 미납요금을 기재하여 발송한다.

제20조(발송상대국의 우편업무 일시정지)

발송상대국의 우편업무 일시정지로 인하여 발송할 수 없는 우편물은 그 상대국의 우편업무가 재개되면 지체 없이 발송하여야 한다.

제21조(국제우편금지물품)

① 과학기술정보통신부장관은 음란물, 폭발물, 총기·도검, 마약류 및 독극물 등 우편으로 취급하는 것이 부적절하다고 인정되는 물품(이하 "우편금지물품"이라 한다)을 정하여 고시하여야 한다.

② 과학기술정보통신부장관은 제1항에 따라 고시된 물품에 대해서는 우편물로서의 취급을 거절할 수 있다.

제22조(예외적으로 허용되는 위험물질)

① 제21조에도 불구하고 협약에서 예외적으로 허용한 위험물질은 우편물로서 취급할 수 있다.

② 제1항에 따른 우편물의 이용조건과 취급절차는 과학기술정보통신부장관이 정하여 고시한다.

제5장 배달

제23조(도착우편물의 배달)

① 도착우편물의 배달에 관하여는 협약과 이 영에서 정한 것을 제외하고는 국내우편 배달의 예에 따른다. 다만, 보관교부 우편물의 보관기간은 30일로 한다.

② 협약에서 정한 규격을 위반한 우편물이나 우편금지물품이 들어있는 우편물이 외국에서 접수되어 우리나라에 도착하였으나 해당 우편물에 대하여 다른 법령에 압수 또는 반송에 관한 처리규정이 없는 경우에는 이를 수취인에게 배달할 수 있다.

제24조(통관우편물의 배달)

① 통관절차를 거쳐야 하는 국제우편물은 통관우체국에 보관하고 통관우체국장은 국제우편물의 통관 안내서(이하 "안내서"라 한다)를 수취인에게 송달할 수 있다.

② 제1항에 따라 안내서를 송달받은 수취인은 제25조에 따른 보관기간 내에 부과된 세금 및 통관절차 대행 수수료를 납부하고 해당 우편물을 수령하여야 한다.

제25조(보관기간)

도착우편물의 보관기간은 통관우체국장이 안내서를 발송한 날의 다음 날부터 15일간으로 한다. 다만, 통관절차나 그 밖의 부득이한 사유로 수취인의 청구가 있거나 통관우체국장이 필요하다고 인정할 때에는 45일의 범위에서 연장할 수 있다.

제26조(국제우편요금등이 미납된 도착우편물의 배달)

T 표시가 있는 도착우편물은 미납요금을 우리나라 통화로 환산하여 수취인으로부터 징수한 후 배달한다.

제27조(국제우편물의 전송)

도착우편물의 국내 간 전송에 관하여는 발송인이 이를 금지한 경우를 제외하고 국내우편물 전송의 예에 따른다.

제28조(종추적배달우편물의 배달)

종추적배달우편물(우편물의 접수에서 배달까지의 취급과정을 기록하나 서명 또는 기명날인을 받지 아니하고 배달하는 우편물을 말한다)을 배달할 때에는 국내 등기우편물 배달의 예에 따르되, 수령하는 사람의 서명 또는 기명날인은 생략한다.

제29조(배달통지서에의 서명ㆍ기명날인)

① 배달통지 청구가 있는 도착우편물을 수령하는 사람은 배달통지서에 서명 또는 기명날인을 하여야 한다.

② 부득이한 사유로 제1항에 따른 서명 또는 기명날인을 받지 못한 경우에는 우편물을 배달한 우체국장이 그 배달 사실을 증명하여야 한다.

제30조(국제우편물의 탈락물 및 수취 포기 우편물 등의 처리)

① 수취인을 확인할 수 없는 국제우편물의 탈락물은 다음 각 호의 방법에 따라 처리한다.

1. 탈락물을 발견한 우체국장은 우체국 내의 공중이 보기 쉬운 장소나 게시판에 그 내용을 1개월간 게시하고 보관한다.

2. 제1호의 게시기간 내에 정당한 권리자의 교부청구가 없는 경우에는 「우편법」 제36조 제2항 및 제3항에 따른 절차를 준용하여 처리한다.

② 통관 대상인 도착우편물로서 수취인이 그 우편물의 전부(반송 또는 전송할 수 없는 것으로 한정한다) 또는 일부의 수취를 포기한 경우에는 「우편법」 제36조에 따른 절차를 준용하여 처리한다.

③ 외국으로부터 반송된 우편물은 다음 각 호의 어느 하나에 해당하는 방법에 따라 처리한다.

1. 통상우편물을 발송인에게 배달하는 경우에는 제23조 제1항 본문 및 같은 조 제2항을 준용한다. 다만, 등기의 경우에는 국내 등기취급 수수료에 해당하는 금액을 징수한 후 배달한다.

2. 소포우편물은 반송료 및 그 밖의 요금을 징수한 후 발송인에게 배달한다.

3. 발송인의 주소불명이나 그 밖의 부득이한 사유로 반송할 수 없는 우편물과 내용품의 파손·변질 등의 사유로 발송인이 수취를 거절하는 우편물은 「우편법」 제36조에 따른 절차를 준용하여 처리한다.

제6장 통관

제31조(국제우편물의 통관)

① 제4조 제2항 제1호, 제5호 및 제6호에 따른 우편물을 제외한 국제우편물은 통관하여야 한다. 다만, 통관우체국장 또는 세관장이 필요하다고 인정하는 경우에는 제4조 제2항 제1호, 제5호 및 제6호에 따른 우편물도 통관할 수 있다.

② 제1항에 따른 통관절차에는 우체국 직원 또는 우체국의 위탁을 받은 업체의 직원이 참관해야 한다.

③ 통관우체국장은 특히 필요하다고 인정될 때에만 우편물의 수취인을 통관절차에 참관하게 할 수 있다.

④ 수취인에게 책임이 있는 사유로 제25조에 따른 보관기간 내에 통관절차를 끝내지 못한 도착우편물은 배달할 수 없는 우편물에 준하여 처리한다.

제32조(통관절차 대행수수료의 납부)

① 통관한 우편물의 수취인은 제10조 제1호·제4호 또는 제5호의 방법 중 하나로 통관절차 대행수수료를 납부하여야 한다.

② 다음 각 호의 어느 하나에 해당하는 국제우편물에 대해서는 통관절차 대행수수료의 납부를 면제한다.

1. 전쟁포로 및 전쟁으로 인하여 억류된 민간인이 발송한 우편물

2. 시각장애인을 위한 우편물

3. 주한외교공관 및 그 공관에 근무하는 외교관과 이에 준하는 대우를 받는 국제기관 및 그 기관의 직원을 수취인으로 지정한 우편물

4. 국가원수를 수취인으로 지정한 우편물

5. 과학기술정보통신부장관이 인정하는 우편업무와 관련된 우편물 등

6. 그 밖에 관세가 부과되지 아니하는 우편물

제33조(관세에 대한 불복의 신청에 따른 조치)

① 세관장에게 「관세법」에 따른 이의신청·심사청구 또는 심판청구를 한 도착우편물의 수취인이 우편물의 반송 또는 관련 처분의 보류를 희망하는 경우에는 지체 없이 그 뜻을 통관우체국장에게 통지하여야 한다.

② 「관세법」에 따라 이의신청·심사청구 또는 심판청구를 한 날부터 결정일까지의 기간과 그 결정통지에 걸리는 기간(결정일부터 5일간을 말한다)은 제25조에 따른 보관기간에 산입하지 아니한다.

제34조(재수출면세 또는 보세구역으로의 이송신청에 따른 조치)

① 도착우편물의 재수출면세 또는 보세구역으로의 이송을 세관장에게 신청한 도착우편물의 수취인은 그 사실을 통관우체국장에게 통지하여야 한다.

② 제1항의 경우 제33조 제2항을 준용한다.

제7장 책임

제35조(행방조사의 청구)

발송우편물 또는 도착우편물에 대하여 발송인 또는 수취인은 그 우편물을 발송한 다음 날부터 6개월 이내에 행방조사 청구를 할 수 있다. 다만, 특급우편물에 대한 행방조사 청구는 4개월 이내에 하여야 한다.

제36조(국제우편요금등의 반환)

① 발송인은 다음 각 호의 어느 하나에 해당하는 국제우편요금등에 대하여 과학기술정보통신부장관에게 반환을 청구할 수 있다.

1. 우편관서의 과실로 과다징수한 경우 : 과다징수한 국제우편요금등

2. 부가취급 국제우편물의 국제우편요금등을 받은 후 우편관서의 과실로 부가취급을 하지 아니한 경우 : 부가취급 수수료

3. 항공서간을 선편으로 발송한 경우 : 항공서간 요금과 해당 지역의 선편 보통서신 최저요금의 차액

4. 등기우편물·소포우편물 또는 보험취급된 등기우편물·소포우편물의 분실·전부도난 또는 완전파손 등의 경우 : 납부한 국제우편요금등. 다만, 등기·보험취급 수수료는 제외한다.

5. 특급우편물 또는 보험취급된 특급우편물의 분실·도난 또는 파손 등의 경우 : 납부한 국제우편요금등. 다만, 보험취급 수수료는 제외한다.

6. 행방조사청구에 따른 조사결과 우편물의 분실 등이 우편관서의 과실로 발생하였음이 확인된 경우 : 행방조사청구료

7. 수취인의 주소·성명이 정확하게 기재된 우편물을 우편관서의 과실로 발송인에게 반환한 경우 : 납부한 국제우편요금등

8. 외국으로 발송하는 부가취급되지 아니한 통상우편물이 우편관서의 취급과정에서 파손된 경우 : 납부한 국제우편요금등

② 국제우편요금등을 완납한 발송우편물이 다른 법령에 따른 수출금지 대상이거나 그 밖의 부득이한 사유로 발송인에게 반환된 경우에는 발송인의 청구에 따라 완납한 국제우편요금등에서 해당 우편물의 반환에 따른 국내우편요금 및 수수료를 공제한 금액을 반환한다. 다만, 발송인의 고의 또는 중대한 과실이 있다고 인정되는 경우에는 반환하지 아니한다.

③ 제1항 및 제2항에 따라 반환하는 국제우편요금등은 현금으로 지급할 수 있다. 다만, 발송인이 국제우편 요금등을 제10조 제4호에 따라 신용카드등으로 납부한 경우에는 카드거래 취소로 대신할 수 있다.

④ 국제우편요금등의 반환청구는 발송한 다음 날부터 1년 이내에 하여야 한다.

⑤ 다른 법령 또는 상대국의 규정에 따라 압수되는 등의 사유로 반환되지 아니하는 우편물에 대한 국제우편요 금등은 반환하지 아니한다.

부칙 〈제31380호, 2021.1.5.〉

이 영은 공포한 날부터 시행한다. 〈단서 생략〉

안심Touch

부록 02

최근 기출문제(2022)

※ 문제 옆의 별 표시는 난도를 구분하여 하~상까지 각각 1~3개를 부여한 것이므로 학습에 참고하시기 바랍니다.
※ 최신 기출문제에 대한 무료해설강의는 시대플러스(https://www.sdedu.co.kr/sidaeplus)에서 수강하실 수 있습니다.

01 우편물의 외부표시(기재) 사항에 대한 설명으로 옳은 것은? ★★

① 통상우편물 요금감액을 받기 위해서는 집배코드별로 구분하여 제출해야 한다.

② 집배코드는 도착집중국 3자리, 배달국 2자리, 집배팀 2자리, 집배구 2자리로 구성되어 있다.

③ 우체국과 협의되지 않은 우편요금 표시인영은 표기할 수 없으나, 개인정보보호 법령에 따른 주민등록번호는 기재할 수 있다.

④ 집배코드란 우편물 구분을 편리하게 할 수 있도록 만든 일종의 코드로서, 문자로 기재된 수취인의 주소 정보를 일정한 기준에 따라 숫자로 변환한 것이다.

해설

② 집배코드는 총 9자리로 도착집중국 2자리, 배달국 3자리, 집배팀 2자리, 집배구 2자리로 구성되어 있다.

③ 우체국과 협의되지 않은 우편요금 표시인영은 표시할 수 없고, 개인정보보호 법령에 따른 주민등록번호 등 고유식별정보도 기재할 수 없다.

④ 집배코드는 우편물의 구분·운송·배달에 필요한 구분정보를 가독성이 높은 단순한 문자와 숫자로 표기한 것이다. 우편물 구분을 편리하게 할 수 있도록 만든 일종의 코드는 우편번호로서, 문자로 기재된 수취인의 주소 정보를 일정한 기준에 따라 숫자로 변환한 것이다.

답 ①

더 알아보기 ⊕

집배코드 구성 체계

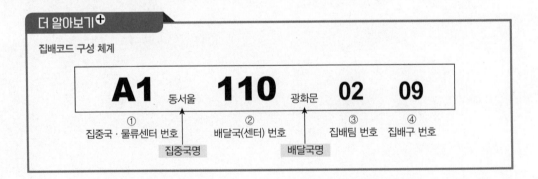

02 방문접수소포(우체국소포)에 대한 설명으로 옳은 것은? ★★

① 인터넷우체국을 이용하여 방문접수 신청은 가능하나, 요금수취인 부담(요금 착불) 신청은 불가하다.
② 초소형 특정 요금은 월 평균 10,000통 이상 발송업체 중 초소형 물량이 80% 이상인 경우에 적용이 가능하다.
③ 연합체 발송계약이란 계약자가 주계약 우체국을 지정하여 이용계약을 체결하고 여러 우편관서에서 별도의 계약 없이 계약소포를 발송하는 것이다.
④ 한시적 발송계약은 3개월 이내에 한시적으로 계약소포를 발송하는 것이다.

> **해설**
> ① 인터넷우체국(www.epost.kr)을 통하여 방문접수 신청이 가능하고, 요금수취인부담(요금 착불)도 가능하다.
> ② 초소형 특정 요금이란. 초소형 계약소포에 대하여 규격 · 물량 · 단계별 요금 및 평균요금을 적용하지 않고 본부장 또는 지방우정청장 승인으로 적용하는 요금을 말한다. 단, 월 평균 1만 통 이상 발송업체 중 초소형 물량이 90% 이상인 경우 적용 가능하다.
> ③ 연합체 발송계약이란. 상가나 시장 또는 농장 등을 중심으로 일정한 장소에 유사사업을 목적으로 연합되어 있는 법인, 임의단체의 회원들이 1개의 우편관서와 계약을 체결하고 한 장소에 집하하여 계약소포를 발송하는 것을 말한다.
>
> 답 ④

03 선택등기 서비스에 대한 설명으로 옳은 것은? ★★

① 취급대상은 2kg(특급 취급 시 30kg) 이하 통상우편물이다.
② 전자우편, 익일특급, 계약등기, 발송 후 배달증명 부가취급이 가능하나, 우편함에 배달이 완료된 경우에는 발송 후 배달증명 청구를 할 수 없다.
③ 배달기한은 접수한 다음 날부터 4일 이내이다.
④ 손실 또는 망실일 때 최대 5만 원까지 손해배상을 제공하나, 배달이 완료된 후에 발생한 손실 또는 망실은 손해배상 대상에서 제외한다.

> **해설**
> ① 취급대상은 6kg까지 통상우편물이다(특급 취급 시 30kg 가능).
> ③ 배달기한은 접수한 다음 날부터 3일 이내이다.
> ④ 손실 · 망실에 한하여 최대 10만 원까지 손해배상을 제공하며, 배달완료(우편함 등) 후에 발생된 손실 · 망실은 손해배상 대상에서 제외한다.
>
> 답 ②

04 선납 라벨 서비스에 대한 설명으로 옳은 것을 모두 고른 것은? ★★

> ㉠ 사용권장기간 경과로 인쇄 상태가 불량하거나 라벨지 일부 훼손으로 사용이 어려운 경우 동일한 발행번호와 금액으로 재출력이 가능하다.
> ㉡ 훼손 정도가 심각하여 판매정보의 식별이 불가능한 경우 동일한 발행번호와 금액으로 재출력이 가능하다.
> ㉢ 우편물 접수 시 우편요금보다 라벨 금액이 많은 경우 잉여금액에 대해 환불이 가능하다.
> ㉣ 구매 당일에 한해 판매 우체국에서만 환불 처리가 가능하다.

① ㉠, ㉡   ② ㉠, ㉣
③ ㉡, ㉢   ④ ㉢, ㉣

 해설

선납 라벨 서비스에 대한 설명으로 옳은 것은 ㉠, ㉣이다.
㉠ (○) 사용권장기간 경과로 인쇄 상태가 불량하거나 라벨지 일부 훼손으로 사용이 어려운 경우 동일한 발행번호와 금액으로 재출력(교환)이 가능하다.
㉡ (×) 선납라벨 훼손 정도가 심각하여 판매정보(발행번호, 바코드 등)의 식별이 불가능한 경우에는 재출력(교환)이 불가하다.
㉢ (×) 우편물 접수 시 우편요금보다 라벨 금액이 많은 경우 잉여금액에 대한 환불은 불가하다.
㉣ (○) 선납 라벨 구매 고객이 취소를 요청하는 경우 구매 당일에 한해 판매 우체국에서만 환불 처리가 가능하다(우표류 판매취소 프로세스 적용).

정답 ②

05 내용증명 우편물에 대한 설명으로 옳은 것은? ★★

① 문서 이외의 물건도 그 자체 단독으로 내용증명의 대상이 될 수 있다.

② 내용문서의 크기가 A4 용지 규격보다 큰 것은 발송할 수 없다.

③ 다수인이 연명으로 발송하는 내용문서의 경우 다수 발송인 중 1인의 이름, 주소를 우편물의 봉투에 기록한다.

④ 발송인이 재증명을 청구한 경우 문서 1통마다 재증명 청구 당시 내용증명 취급수수료 전액을 징수한다.

 ① 내용증명의 대상은 문서에 한정하며 문서 이외의 물건(예 우표류, 유가증권, 사진, 설계도 등)은 그 자체 단독으로 내용증명의 취급대상이 될 수 없다.

② 내용문서의 크기가 A4 용지 규격보다 큰 것은 A4 용지의 크기로 접어서 총 매수를 계산하고, A4 용지보다 작은 것은 이를 A4 용지로 보아 매수를 계산한다.

④ 재증명 당시 내용증명 취급수수료의 반액을 재증명 문서 1통마다 각각 징수한다(10원 미만의 금액이 발생할 경우에는 절사).

답 ③

더 알아보기 ➕

내용증명의 개념

• 발송인이 수취인에게 어떤 내용의 문서를 언제 발송하였다는 사실을 우편관서가 공적으로 증명해 주는 우편서비스이다.

• 내용증명제도는 개인끼리 채권·채무의 이행 등 권리의무의 득실 변경에 관하여 발송되는 우편물의 문서내용을 후일의 증거로 남길 필요가 있을 경우와 채무자에게 채무의 이행 등을 최고(催告)하기 위한 경우에 주로 이용되는 제도이다.

• 우편관서는 내용과 발송 사실만을 증명할 뿐, 그 사실만으로 법적효력이 발생되는 것은 아님에 주의해야 한다.

06 국내우편서비스에 대한 설명으로 옳은 것을 모두 고른 것은? ★★

> ㉠ 모사전송(팩스) 우편은 우편취급국을 포함한 모든 우체국에서 신청이 가능하다.
> ㉡ 나만의 우표 홍보형 신청 시에는 기본 이미지 1종 외에 큰 이미지 1종을 무상으로 제공한다.
> ㉢ 고객이 고객맞춤형 엽서를 교환 요청한 때에는 교환금액을 수납한 후 액면 금액에 해당하는 우표, 엽서, 항공서간으로 교환해 준다.
> ㉣ 우체국축하카드 발송 시 50만 원 한도 내에서 문화상품권을 함께 발송할 수 있다.

① ㉠, ㉢   ② ㉠, ㉣

③ ㉡, ㉢   ④ ㉡, ㉣

 국내우편서비스에 대한 설명으로 옳은 것은 ㉡, ㉢이다.
㉠ (×) 모사전송(팩스) 우편 서비스는 우정사업본부장이 지정·고시하는 우체국에서만 취급할 수 있다. 우편취급국은 제외이고, 군부대 내에 소재하는 우체국은 우정사업본부장이 지정·고시하는 우체국만 가능하다.
㉡ (○) 나만의 우표 홍보형 신청 시에는 기본 이미지 1종 외에 큰 이미지 1종을 무상으로 제공한다.
㉢ (○) 고객이 고객맞춤형 엽서를 교환 요청한 때에는 훼손엽서로 규정하여 교환금액(현행 10원)을 수납한 후 액면금액에 해당하는 우표, 엽서, 항공서간으로 교환해 준다.
㉣ (×) 우체국축하카드 발송 시, 경조카드와 함께 20만 원 한도 내에서 문화상품권을 함께 발송할 수 있다.

답 ③

07 국내우편 요금별납 및 요금후납 우편물에 대한 설명으로 옳지 않은 것은? ★★

① 관할 지방우정청장이 요금별납 우편물을 접수할 수 있도록 정한 우체국이나 우편취급국에서 이용이 가능하다.
② 요금별납 우편물에는 원칙적으로 우편날짜도장을 찍지 않는다.
③ 최초 요금후납 계약일부터 체납하지 않고 4년간 성실히 납부한 사람은 담보금 50% 면제 대상이다.
④ 모든 요금후납 계약자는 요금후납 계약국 변경 신청제도를 이용할 수 있다.

 최초 후납 계약일부터 체납하지 않고 4년간 성실히 납부한 사람은 담보금 전액 면제 대상이다. 최초 계약한 날부터 체납하지 않고 2년간 성실히 납부할 경우에는 담보금 50% 면제 대상이 된다.

답 ③

08 다음 설명 중 서적우편물로 요금감액을 받을 수 <u>없는</u> 것의 총 개수는?　　★★★

> ㉠ 표지를 제외한 쪽수가 40쪽이며 책자 형태로 인쇄된 것
> ㉡ 우편엽서, 지로용지가 각각 1장씩 동봉된 것
> ㉢ 본지, 부록을 포함한 우편물 1통의 무게가 1kg인 것
> ㉣ 상품의 선전 및 광고가 전 지면의 20%인 것

① 1개　　　　　　　　　　　　② 2개
③ 3개　　　　　　　　　　　　④ 4개

해설
서적우편물로 요금감액을 받을 수 없는 우편물은 ㉠과 ㉣로 총 2개이다.
㉠ (×) 표지를 제외한 쪽수가 48쪽 이상인 책자의 형태로 인쇄·제본되어 발행인·출판사 또는 인쇄소의 명칭 중 어느 하나와 쪽수가 각각 표시되어 발행된 종류와 규격이 같은 서적으로서 우편요금 감액요건을 갖춰 접수하는 요금별납 또는 요금후납 일반우편물이 감액대상이 된다.
㉡ (○) 우편엽서, 빈 봉투, 지로용지, 발행인(발송인) 명함은 각각 1장만 동봉이 가능하고, 이를 본지 및 부록과 함께 제본할 때는 수량의 제한이 없다.
㉢ (○) 본지, 부록 등을 포함한 우편물 1통의 총 무게는 1,200g을 초과할 수 없으며, 본지 외 내용물(부록, 기타 동봉물)의 무게는 본지의 무게를 초과해서는 안 된다.
㉣ (×) 상품의 선전 및 광고가 전 지면의 10%를 초과하는 것은 서적우편물 감액대상에서 제외한다.

답 ②

09 우편사서함 사용계약에 대한 설명으로 ㉠, ㉡, ㉢에 들어갈 말로 옳게 짝 지어진 것은? ★★★

> • 사서함 신청을 받은 우체국장은 국가기관, 지방자치단체, 일일 배달 예정물량이 (㉠)통 이상인 다량 이용자, 우편물 배달 주소지가 사서함 설치 우체국의 관할구역인 신청자 순서로 우선적으로 계약할 수 있다.
> • 최근 3개월간 계속하여 사서함에 배달된 우편물의 총 수량이 월 (㉡)통에 미달한 경우, 사서함 사용 계약을 해지할 수 있다.
> • 사서함을 운영하고 있는 관서의 우체국장은 연 (㉢)회 이상 운영 실태를 점검하고 사용계약 해지 대상자 등을 정비하여야 한다.

	㉠	㉡	㉢
①	50	30	1
②	100	50	1
③	50	50	2
④	100	30	2

 해설
> • 사서함 신청을 받은 우체국장은 국가기관, 지방자치단체, 일일 배달 예정물량이 100통 이상인 다량이용자, 우편물 배달 주소지가 사서함 설치 우체국의 관할구역인 신청자 순서로 우선적으로 계약할 수 있다.
> • 최근 3개월간 계속하여 사서함에 배달된 우편물의 총 수량이 월 30통에 미달한 경우 사서함 사용계약을 해지할 수 있다.
> • 사서함을 운영하고 있는 관서의 우체국장은 연 2회 이상 운영 실태를 점검하고 사용계약 해지 대상자 등을 정비하여야 한다.

정답 ④

10 우편물 운송용기의 종류와 용도에 대한 설명으로 옳지 <u>않은</u> 것은? ★

① 우편운반대(평팔레트) : 소포 등 규격화된 우편물 담기와 운반
② 소형우편상자 : 소형통상우편물 담기
③ 대형우편상자 : 얇은 대형통상우편물 담기
④ 특수우편자루 : 부가취급우편물 담기

해설 대형우편상자는 두꺼운 대형통상우편물을 담는 용도이다.

답 ③

더 알아보기 ➕

운송용기의 종류와 용도

종류		용도	비고
운반차	우편운반차 (롤팔레트)	통상 · 소포우편물, 우편상자, 우편자루의 담기와 운반	
	우편운반대 (평팔레트)	소포 등 규격화된 우편물 담기와 운반	
	상자운반차 (트롤리)	우편상자(소형, 중형, 대형) 담기와 운반	
우편 상자	소형상자	소형상자 소형통상우편물 담기	부가취급우편물을 적재할 때에는 상자덮개를 사용 하여 봉함하여야 함
	중형상자	얇은 대형통상우편물 담기	
	대형상자	두꺼운 대형통상우편물 담기	
접수상자		소형통상 다량우편물 접수, 소형통상우편물 담기	
우편 자루	일반자루	일반우편물(통상 · 소포) 담기	크기에 따라 가호, 나호
	특수자루	부가취급우편물 담기	가호, 나호
	특급자루	국내특급우편물(익일특급우편물 제외) 담기	가호, 나호, 다호

11 손해배상 및 이용자 실비지급에 대한 설명으로 옳은 것은? ★★

① 설 · 추석 등 특수한 기간에 우편물이 대량으로 늘어나 늦게 배달되는 경우에도 지연배달로 인한 손해배상 대상이 된다.

② D(우편물 접수일)+1일 20시 이후 배달된 당일특급 우편물은 국내특급수수료만 손해배상한다.

③ EMS 우편물의 종 · 추적조사나 손해배상을 청구한 때, 3일 이상 지연 응대한 경우에는 무료발송권(1회 3만 원권)을 이용자 실비로 지급한다.

④ 이용자 실비를 지급받기 위해서는 사유가 발생한 다음 날부터 15일 이내에 해당 우체국에 신고해야 한다.

 ① 설 · 추석 등 특수한 기간에 우편물이 대량으로 늘어나 늦게 배달되는 경우 지연배달로 보지 않는다.
② D+1일 20시 이후 배달된 당일특급 우편물은 우편요금과 국내특급수수료를 손해배상한다.
④ 이용자 실비지급 사유가 발생한 날부터 15일 이내에 해당 우체국에 신고해야 한다.

답 ③

12 우편물 운송 용어에 대한 설명으로 옳은 것의 총 개수는? ★★

⊙ 감편 : 우편물 감소로 운송편의 톤급을 하향 조정(예) 4.5톤 → 2.5톤)
ⓒ 거리연장 : 운송구간에 추가로 수수국을 연장하여 운행함
ⓒ 구간 : 정해진 운송구간을 운송형태별(교환, 수집, 배집 등)로 운행함
② 배집 : 우편집중국 등에서 배달할 우편물을 배달국으로 보내는 운송형태

① 1개 ② 2개
③ 3개 ④ 4개

우편물 운송 용어에 대한 설명으로 옳은 것은 ⓒ으로 총 1개이다.
⊙ 감편 : 우편물의 발송량이 적어 정기편을 운행하지 아니함
ⓒ 구간 : 최초 발송국에서 최종 도착국까지의 운송경로
② 배집 : 배분과 수집이 통합된 운송형태

답 ①

13 우편물 발착업무에 대한 설명으로 옳지 <u>않은</u> 것은? ★

① 발착업무의 처리과정은 분류 · 정리, 구분, 발송, 도착 작업으로 구성되어 있다.
② 분류 · 정리작업은 구분이 완료된 우편물을 보내기 위한 송달증 생성, 체결, 우편물 적재 등의 작업이다.
③ 주소와 우편번호 주위에 다른 문자가 표시된 우편물은 기계구분이 불가능한 우편물이다.
④ 소포우편물을 우편운반차에 적재할 때는 수취인 주소가 기재된 앞면이 위쪽으로 향하도록 적재한다.

 우편물 발착업무에서 분류 · 정리작업은 우편물을 우편물 종류별로 구분하고 우편물 구분작업을 쉽게 하기 위하여 기계구분우편물과 수구분우편물로 분류하여 구분기계에 인입이 가능하도록 정리하는 등의 작업이다. 구분이 완료된 우편물을 보내기 위한 송달증 생성, 체결, 우편물 적재 등의 작업은 발송작업이다.

답 ②

14 다음 설명에 해당하는 국제우편 업무 관련 국제연합체는? ★★

• 2002년 아시아 · 태평양 연안 지역 6개 국가로 결성, 2021년 12월 현재 한국 포함 11개 국가로 구성
• 공동으로 구축한 단일 네트워크 기반 및 'The Power to Deliver'라는 슬로건하에 활동

① Universal Postal Union
② Asian Pacific Postal Union
③ World Logistics Organization
④ Kahala Posts Group

카할라 우정연합(Kahala Posts Group) : 아시아 · 태평양 연안 지역 내 6개 우정당국(한국, 미국, 일본, 중국, 호주, 홍콩)이 국제특송시장에서의 주도권 확보 및 국제특급우편(EMS) 경쟁력 향상을 목적으로 2002년 6월에 결성하여 회원국을 유럽까지 확대하고 있다. 사무국은 홍콩에 소재하고 있으며, 회원국은 11개국(2021년 12월 현재)이 가입되어 있다.
※ Kahala는 최초 회의가 개최된 미국(하와이) 내 지명(地名)으로, 11개 회원국은 한국, 미국, 일본, 중국, 호주, 홍콩, 스페인, 영국, 프랑스, 태국, 캐나다이다.

답 ④

15 국제우편물의 종류별 접수에 대한 설명으로 옳은 것은? ★★

① 우편자루배달 인쇄물의 등기취급은 미국, 캐나다 등 북미권역과 유럽, 아시아 등 만국우편연합 회원국가 간 발송에 제한이 없다.

② 시각장애인이나 공인된 시각장애인 기관에서 발송하는 공무를 위한 모든 우편물은 시각장애인용우편물로 취급 가능하다.

③ 소형포장물은 현실적이고 개인적인 통신문의 서류 동봉이 가능하며, 내용품의 탈락을 방지하기 위하여 단단히 밀봉하여야 한다.

④ 보험소포의 보험가액은 'Insured Value-words 보험가액-문자' 칸과 'Figures 숫자' 칸에 영문과 아라비아 숫자로 원화(KRW) 단위로 기재한다.

> **해설**
> ① 2021년 12월 현재, 등기 취급이 불가한 국가는 미국과 캐나다이다. 우편자루배달 인쇄물(M-bag)은 일반적으로는 어느 나라든지 보낼 수 있으나, 등기를 취급하는 나라가 제한된다.
> ② 모든 우편물은 아니고, 일정조건에 부합해야 한다. 시각장애인용 우편물(Items for the blind)은 시각장애인이나 공인된 시각장애인 기관에서 발송하거나 수신하는 경우에 해당하며, 녹음물·서장·시각장애인용 활자가 표시된 금속판을 포함한다.
> ③ 소형포장물(Small packet)은 현실적이고 개인적인 통신문과 같은 성질의 그 밖의 서류 동봉이 가능하다. 다만, 그러한 서류는 해당 소형포장물의 발신인이 아닌 다른 발신인이 작성하거나 다른 수취인 앞으로 주소를 쓸 수 없다. 소형포장물을 봉할 때에는 특별 조건이 필요한 것은 아니나, 내용품 검사를 위하여 이를 쉽게 열어볼 수 있도록 하여야 한다.
>
> 달 ④

16 국제우편물 사전 통관정보 제공에 대한 설명으로 옳지 <u>않은</u> 것은? ★

① 우리나라의 HS코드는 10자리이며, 그중 앞자리 6개 숫자는 국제 공통 분류에 해당한다.

② 우편취급국을 포함한 전국 모든 우체국이 적용 대상 관서이다.

③ 대상우편물은 EMS(비서류), 항공소포, 소형포장물, K-Packet으로 한정하며, 포스트넷 입력은 숫자 이외의 문자는 모두 영문으로 입력하여야 한다.

④ 대상국가는 미국, 캐나다, 브라질 등 39개국이다.

> **해설**
> 선편소포도 포함된다. 즉 사전 통관정보 제공 대상이 되는 우편물은 EMS(비서류), 소포(항공, 선편), 소형포장물, K-Packet 등이다.
>
> 달 ③

17 국제소포우편물 접수 시 기표지(운송장) 작성에 대한 설명으로 옳지 <u>않은</u> 것은? ★★

① 도착국가에서 배달불능 시, 발송인이 우편물을 돌려받지 않길 원할 경우 '□ Treat as abandoned 포기'를 선택하여 ∨ 또는 × 표시한다.

② 항공우편물의 Actual weight 실중량, Volume weight 부피중량, 요금, 접수우체국명/접수일자 등을 접수 담당자가 정확하게 기재한다.

③ 중량기재 시 보통소포는 100g 단위로 절상하고, 보험소포는 10g 단위로 절상하여야 한다.

④ 보험소포의 보험가액을 잘못 기재한 경우 1회에 한하여 정정이 가능하나, 이후에 잘못 기재한 경우는 기표지를 새로 작성하여야 한다.

> **해설** 보험가액을 잘못 기재한 경우 지우거나 수정하지 말고 주소기표지(운송장)를 다시 작성하도록 발송인에게 요구한다.
>
> 답 ④

18 국제우편 K-Packet에 대한 설명으로 옳은 것은? ★★

① 국제우편규정에 따라 우정사업본부장이 고시한 전자상거래용 국제우편서비스이다.

② EMS와 같은 경쟁서비스이며 고객맞춤형 국제우편서비스로서 평균 송달기간은 5~6일이다.

③ 'L'로 시작하는 우편물번호를 사용하며, 1회 배달 성공률 향상을 위해 해외 우정당국과 제휴하여 발송인 서명 없이 배달하기로 약정한 국제우편서비스이다.

④ 제휴(서비스)국가는 우정사업본부장이 고시하여 정한다.

> **해설**
> ① 「국제우편규정」 제3조·제9조에 따라 과학기술정보통신부장관이 고시한 전자상거래용 국제우편서비스이다.
> ② EMS와 같은 경쟁서비스이며 고객맞춤형 국제우편서비스로서 평균 송달기간은 7~10일이다.
> ③ 온라인으로 판매되는 소형물품(2kg 이하)의 해외배송에 적합한 서비스로 'L'로 시작하는 우편물번호를 사용하며, 1회 배달 성공률 향상을 위해 해외 우정당국과 제휴하여 수취인 서명 없이 배달하기로 약정한 국제우편서비스이다.
>
> 답 ④

19 국제우편 스마트 접수에 대한 설명으로 옳지 <u>않은</u> 것은? ★★

① 접수대상 우편물은 EMS, 국제소포, 등기소형포장물이다.

② 국제우편 스마트 접수 우편물에 대해서는 우편물 종별에 관계없이 스마트 접수 요금할인이 5% 적용된다.

③ 국제우편 스마트 접수 우편물 중 대상우편물에 따라 방문(픽업) 접수가 가능한 우편물과 그렇지 못한 우편물이 있다.

④ 국제우편 접수채널의 다양화를 통해 이용고객의 편의증진 및 접수창구요원의 접수부담 경감에 기여한다.

> **해설** 국제우편 스마트 접수 대상이 되는 우편물은 EMS, 국제소포, 등기소형포장물이다. 그중에서 EMS를 스마트 접수할 경우 5% 할인이 적용된다.
>
> **답 ②**

더 알아보기⊕

국제우편 스마트 접수 시스템 처리도(우체국 방문접수)

발송정보 입력 (고객)	정보 자동연계 (우체국)	우체국 방문 (고객 → 우체국)	접수처리 (우체국)	배송 (우체국)
• 발송 · 수취인 주소, 성명, 국가명 등 • 접수확인서출력	등기번호 생성	• 기표지 재작성 필요 없음 • 접수확인서 또는 등기번호 제출	• 연계정보활용 접수 • 요금결제, 영수증 출력 • 라벨기표지(A4) 출력	
인터넷 우체국	포스트넷		포스트넷	

20 국제회신우표권(IRC)에 대한 설명으로 옳은 것의 총 개수는? ★★★

> ○ 수취인의 회신요금 부담 없이 외국으로부터 회답을 받는 제도이다.
> ○ 만국우편연합 총회가 개최되는 매 4년마다 총회 개최지명으로 발행한다.
> ○ 만국우편연합 관리이사회(CA)에서 발행하며 각 회원국에서 판매한다.
> ○ 현재 필요한 상태에 있지 않으면서 다량 구매를 요구하는 경우, 판매제한과 거절사유에 해당된다.
> ○ 국제회신우표권 판매 시 교환 개시일 안내를 철저히 해야 한다.
> ○ 우리나라에서는 1,450원에 판매하고, 교환은 850원에 해당하는 우표류와 교환한다.

① 3개 ② 4개
③ 5개 ④ 6개

해설

국제회신우표권(IRC)에 대한 설명으로 옳은 것은 ○, ○, ○, ○으로 총 4개이다.

○ (○) 수취인에게 회신요금의 부담을 지우지 아니하고 외국으로부터 회답을 받는 데 편리한 제도이다.
○ (○) 만국우편연합(UPU) 총회가 개최되는 매 4년마다 총회 개최지명으로 국제회신우표권을 발행하며(4년마다 디자인 변경) 국제회신우표권의 유효기간은 앞면 우측과 뒷면 하단에 표시한다.
○ (×) 만국우편연합 국제사무국에서 발행하며 각 회원국에서 판매한다. 국제회신우표권 1장은 그 나라에서 외국으로 발송되는 항공보통서장 최저 요금의 우표와 교환한다.
○ (○) 현재 필요한 상태에 있지 않으면서 한꺼번에 다량 구매를 요구하는 경우, 판매제한과 거절사유에 해당된다.
○ (×) 국제회신우표권 판매 시 교환 마감일(유효기간) 안내를 철저히 한다.
○ (○) 우리나라에서는 1매당 1,450원에 판매한다. 외국에서 판매한 국제회신우표권의 교환은 우리나라에서 외국으로 발송되는 항공보통서장의 4지역 20g 요금(850원)에 해당하는 우표류와 교환한다.

  ※ 우표류 : 과학기술정보통신부장관이 발행한 우표(소형시트 포함), 우편요금을 표시하는 증표와 우표책, 우편물의 부가취급에 필요한 봉투 등
  ※ 국제회신우표권은 '우표류'에 속하나 할인판매 불가

답 ②

안심Touch

MEMO

좋은 책을 만드는 길, 독자님과 함께 하겠습니다.

2023 우정 9급 계리직 공무원 우편상식 기본서

개정1판1쇄 발행	2023년 03월 06일 (인쇄 2023년 01월 16일)
초 판 발 행	2022년 02월 21일 (인쇄 2022년 02월 04일)
발 행 인	박영일
책 임 편 집	이해욱
저 자	SD 공무원시험연구소
편 집 진 행	신보용 · 전소정
표지디자인	박종우
편집디자인	김예슬 · 박서희
발 행 처	(주)시대고시기획
출 판 등 록	제10-1521호
주 소	서울시 마포구 큰우물로 75 [도화동 538 성지 B/D] 9F
전 화	1600-3600
팩 스	02-701-8823
홈 페 이 지	www.sdedu.co.kr
I S B N	979-11-383-4254-4 (13350)
정 가	19,000원

합격의 공식 온라인 강의